Auxiliando a humanidade a encontrar a Verdade

Roger Bottini Paranhos

A HISTÓRIA DE UM ANJO
A vida nos mundos invisíveis

Obra mediúnica
orientada pelo Espírito
Hermes

© 1999
Roger Bottini Paranhos

A HISTÓRIA DE UM ANJO
A vida nos mundos invisíveis
Roger Bottini Paranhos

Todos os direitos desta edição reservados à
CONHECIMENTO EDITORIAL LTDA.
Caixa Postal 404
CEP 13480-970 - Limeira - SP
Fone/Fax: 19 3451-0143
www.edconhecimento.com.br
conhecimento@edconhecimento.com.br

Nos termos da lei que resguarda os direitos autorais, é proibida a reprodução total ou parcial, de qualquer forma ou por qualquer meio — eletrônico ou mecânico, inclusive por processos xerográficos, de fotocópia e de gravação — sem permissão, por escrito, do Editor.

Projeto Gráfico: Sérgio Carvalho
Revisão: Mariléa de Castro
Ilustração da Capa: Cláudio Gianfardoni
Colaboraram nesta edição:
Paulo Contijo de Almeida
Sebastião de Carvalho
Karla Carvalho

ISBN 978-85-7618-124-8 - 6ª EDIÇÃO — 2007
• Impresso no Brasil • *Printed in Brazil*
• *Presita en Brazilo*

Produzido no Departamento Gráfico da
CONHECIMENTO EDITORIAL LTDA
grafica@edconhecimento.com.br

Dados Internacionais de Catalogação na Publicação (CIP)
(Câmara Brasileira do Livro, SP, Brasil)

Hermes (espírito)
A História de um Anjo - a vida nos mundos invisíveis/ obra mediúnica orientada pelo espírito Hermes ; [psicografado por] Roger Bottini Paranhos. — 6ª ed. — Limeira, SP : Editora do Conhecimento, 2007.

ISBN 978-85-7618-124-8

1. Espiritismo 2. Ficção espírita 3. Psicografia I. Paranhos, Roger Bottini, 1969. II Título

07-2732   CDD - 133.9

Índice para catálogo sistemático:
1. Ficção : Espiritismo 133.9

Roger Bottini Paranhos

A HISTÓRIA
DE UM ANJO
A vida nos mundos invisíveis

Obra mediúnica
orientada pelo Espírito
Hermes

6ª edição - 2007

EDITORA DO
CONHECIMENTO

Obras do autor editadas pela Editora do Conhecimento:

- A HISTÓRIA DE UM ANJO
A Vida nos Mundos Invisíveis
2000

- SOB O SIGNO DE AQUÁRIO
Narrações sobre Viagens Astrais
2001

- AKHENATON
A Revolução Espiritual do Antigo Egito
2002

- A NOVA ERA
Orientações Espirituais para o Terceiro Milênio
2004

- MOISÉS
O libertador de Israel (Volume 1)
2004

- MOISÉS
Em busca da terra prometida (Volume 2)
2005

- UNIVERSALISMO CRÍSTICO
O futuro das religiões
2007

Sumário

Considerações Iniciais 9
Prefácio 11
1. Iniciando 13
2. O Império do Amor Universal 17
3. Um anjo chamado Gabriel 24
4. Um espetáculo inesquecível 35
5. Conversa entre dois irmãos 48
6. No Templo da União Divina 55
7. Ao encontro de Danúbio 63
8. No Hospital Intermediário 77
9. Nas zonas de trevas 85
10. A força do Amor 98
11. Todos somos filhos de Deus 111
12. Almas em recuperação 126
13. Retornando à Luz 132
14. Confraternizando com Jesus 143
15. Os preparativos para a descida 156
16. A chegada de um anjo 168
17. Conversa com os anjos 180
18. Mudança de rumo 187
19. O encontro com a Luz 198
20. Entre o Catolicismo e o Espiritismo 208
21. Noite de Luz 207

22. Grandes surpresas 229
23. Com o poder da fé 245
24. O Senhor é o Nosso Pastor 256
25. Crer ou não crer, eis a questão 266
26. A União Cristã 277
27. A hora de Sebastião 288
28. Gabriel e o Papa 297
29. A grande despedida 305
30. O retorno ao Mundo Maior 317
31. A dor de Sebastião 327
32. A missão de Ethel 333
33. O fim do Juízo Final 338
34. O começo de uma Nova Era 344
Posfácio 348
Últimas Palavras 349

Considerações iniciais

Prezado leitor:
Em março de 1990, quando eu contava vinte e um anos de idade nesta existência, fui avisado, por irmãos inspirados pela luz do Cristo, sobre a necessidade de cumprir uma tarefa já planejada pelo Alto faz algumas décadas.

Naqueles dias do mês de março, meus "espíritos amigos" (como os chamo) levaram-me para uma viagem astral inesquecível, por diversos reinos do mundo espiritual, onde pude vislumbrar o horror das zonas de trevas e a paz e a incrível luz dos reinos superiores.

Como que na velocidade da luz, então, foi-me permitido, pela infinita misericórdia divina, a possibilidade de entrever a obra que se inicia neste momento, quase cinco anos após, com a graça de Deus.

Às vezes, pergunto-me se sou digno de mais esta revelação do Plano Maior. Com certeza procuro esforçar-me no estudo dos ensinamentos do Mestre Jesus e dos irmãos que nos trazem a luz espírita, mas sinto-me, muitas vezes, pequeno perante a grandiosidade desta obra de que, humildemente, faço-me portador entre os homens.

É importante lembrar, que não se trata de mediunidade mecânica, e sim, de uma "parceria" com os irmãos desencarnados que me assistem nesta obra. Portanto, peço que perdoem os erros de qualquer natureza, pois eles apenas me inspiram, enquanto eu materializo no papel esta história, que é uma homenagem a todos aqueles que se esforçam para preparar a humanidade terrena para uma vida superior.

Tentaremos, eu e os espíritos amigos, contar a história de

um anjo chamado Gabriel. Espírito iluminado, que devido a sua grande dedicação aos semelhantes e à obra Cristã, torna-se eleito para as esferas espirituais mais paradisíacas da escola espiritual Terra. E mais, torna-se o eleito para a Grande Missão...

Com esta obra segue minha homenagem pessoal aos anjos que desceram até nós durante toda a história da humanidade: Chico Xavier, Irmã Dulce, Madre Tereza de Calcutá, Mahatma Gandhi, Dr. Bezerra de Menezes, Francisco de Assis, Paulo de Tarso, os apóstolos de Cristo, Buda, Krishna e outros tantos anônimos para nós; mas para Deus, almas eleitas por seu próprio amor e dedicação ao gênero humano. Já é tempo de a humanidade compreender que anjos não são seres estranhos ao homem e com asas, como se fossem uma outra espécie na criação divina, mas sim espíritos, como todos nós, que conquistaram o estado de iluminação espiritual perante Deus, depois de diversas reencarnações.

O leitor observará, no decorrer desta obra, um posicionamento de minha parte diferente do usual neste tipo de literatura. Devido ao auxílio do irmão Hermes e outros amigos espirituais, foi-me facultado "assistir" ao desenrolar dos acontecimentos, permitindo maior riqueza de detalhes, dentro de minhas limitações, principalmente nas esferas espirituais. Mesmo possuindo um razoável conhecimento espiritual, serei constantemente socorrido pelo abnegado irmão Hermes e por outros amigos espirituais, para assim poder explicar os fenômenos que se desenrolarão durante a narração.

Por fim, ou por início, para o amigo que aqui começa esta rica viagem, peço a Deus e a Jesus as suas bênçãos para que o objetivo seja alcançado: enriquecer e esclarecer o homem moderno sobre verdades em que poucos hoje em dia acreditam.

Que Deus abençoe a todos nós!

Roger Bottini Paranhos
Porto Alegre, 13 de janeiro de 1995

Prefácio

Queridos Irmãos:

Como foi colocado pelo irmão Roger, esta obra diferencia-se das demais pela forma inédita como foi compilada. A possibilidade de colocá-lo como espectador dos acontecimentos que agora repousam nas mãos do leitor, decorre do motivo único de ser ele um dos autores da obra no plano espiritual.

Em meados da década de cinqüenta do presente século, o irmão idealizou esta obra em consórcio com aqueles que simpatizaram com o projeto, no qual nos incluímos.

Como todos que se afinam com a seara espírita sabem: somos responsáveis pelos nossos atos em encarnações passadas. Como já dizia Jesus: "A semeadura é livre, mas a colheita é obrigatória" e "A cada um será dado segundo suas obras". Nosso irmão, ciente de suas responsabilidades e da necessidade de reparar erros do passado, motivou-se, retornando à esfera da carne, a materializar no mundo físico a presente obra.

Efetuado seu retorno no ano de mil novecentos e sessenta e nove do nascimento de Nosso Senhor Jesus Cristo, coube-nos aguardar o momento, que é chegado, para que o irmão, junto com os procedimentos naturais para atender ao seu programa evolutivo nesta encarnação, viesse a iniciar o trabalho a que se propôs.

Analisando o exposto, fica fácil compreender como Roger conseguiu "assistir" aos eventos descritos a seguir, e realizou esta obra pesquisando junto conosco, no mundo espiritual, as situações que agora relembra, muitas vezes com espanto, pois seu cérebro físico desconhece as realidades que se passaram antes de seu corpo físico ser formado. Somente vagas impressões permanecem em seu cérebro perispiritual, enquanto ele estiver aprisionado ao cárcere físico.

Nós, os espíritos amigos, como Roger nos chama, participaremos da obra intuindo-o diretamente para que o conteúdo deste trabalho, que unidos idealizamos, não sofra distorções.

A pedido dele, a identidade de todos os espíritos amigos não será revelada para evitar discussões e constrangimentos desnecessários, com o que concordamos plenamente. Ser-vos-á revelada apenas a minha particular identidade, desconhecido que sou em vosso meio: — Irmão Hermes, muito prazer!

Cabe-nos, agora, somente permitir ao leitor amigo o acesso às próximas páginas, mas como diria o bom sábio: — Se não acredita nos acontecimentos que lhe são narrados, não critique. Colha as riquezas, as verdades implícitas que ali estão contidas, ou seja, "Não se prenda à letra que mata, mas, sim, ao espírito que vivifica".

Paz e Luz com a Glória do Cristo!

Irmão Hermes
Porto Alegre, 13 janeiro de 1995

1.
Iniciando

O irmão Hermes, às vezes, espanta pela humildade. Em seu prefácio, só faltou colocar-se na condição de meu assistente na elaboração desta obra no Plano Espiritual, enquanto todos sabemos que, obviamente, foi ao contrário.

Amparo-me francamente no auxílio dele e dos outros Espíritos Amigos para realizar este projeto. E que Deus nos ilumine!

Em muitos momentos acredito que se notará o conflito de linguagens e de conceitos. O leitor perceberá o meu sincero desejo de acertar dentro das minhas limitações e, também, perceberá a grandiosa interferência dos "Espíritos Amigos" transformando esta obra em algo mágico que poderá sensibilizar (quem sabe?!) até mesmo os corações mais empedernidos e os intelectuais mais céticos.

Mas..., vamos lá, mãos à obra! E que os Grandes Orientadores do Mundo Maior me inspirem para que o conteúdo aqui descrito reproduza com fidelidade o Grande Projeto dos Planos Superiores.

Estamos vivendo o período prenunciado como o Final dos Tempos, que abrange, aproximadamente, de 1900 e 2100. Nesta época, segundo as profecias do governador espiritual da Terra, o sublime Jesus, será separado o trigo do joio, ou seja, serão separados aqueles que evoluíram nas diversas encarnações ofertadas na Terra, daqueles que se negarem a evoluir, segundo os preceitos de paz e amor, até o período definido como "Fim dos Tempos". Assim como nos alertam os Livros Sagrados, serão separados os da direita do Cristo dos da esquerda.

Obviamente esta providência visa sanear o planeta, livrando-o dos espíritos cruéis e perturbadores do progresso da humanidade. Jamais se poderá pensar que Deus destruirá o planeta para que se cumpra esta etapa já anunciada pelos grande profetas.

Ocorrerá apenas um exílio, sendo despachados para um planeta, de ordem inferior, aqueles que se negarem a viver em paz. Os que insistem em desprezar a beleza da vida, através de atitudes anticristãs, serão arrastados, em espírito, para um mundo onde "haverá dor e ranger de dentes", como nos preceitua o Evangelho de Cristo, cumprindo-se assim as profecias. É claro que o objetivo de nosso amoroso Pai não é o castigo, o sadismo de ver seus filhos sofrerem, pois isto é incompatível com a Natureza Divina.

Este exílio para um mundo inferior tem por objetivo privar os espíritos preguiçosos na busca da evolução para o amor e a fraternidade de todos os recursos tecnológicos, que aliaram, em muitos casos, o conforto ao desprezo do homem aos seus semelhantes, negando o resumo da Lei de Deus: "Ama a Deus sobre todas as coisas e ao teu próximo como a ti mesmo". Portanto, a Sabedoria Divina conclui que, em um mundo primitivo, com todos os riscos e necessidades, estes filhos rebeldes terão que se unir para estabelecerem, entre si, laços fraternos para poderem sobreviver em um mundo selvagem, onde não haverá mais o avanço da medicina, nem mesmo o luxo moderno. Os exilados, também, não poderão contar com as avançadas formas de energia, pois na Terra só alimentaram idéias destrutivas, de posse de tais tecnologias. Através da dor e do sofrimento, abandonarão o orgulho, a vaidade, a prepotência e o desprezo pelos seus semelhantes, abrindo seus corações ao mais puro sentimento de auxílio mútuo, para poderem, então, sobreviver em um mundo tão hostil.

Este procedimento lembra-nos a lenda de Adão e Eva, na qual o casal morde a maçã do pecado e perde o paraíso. Novamente a lenda alimentará a imaginação destes que se colocam à esquerda do Cristo e mordem a maçã, diariamente, através de seus atos inconfessáveis e, em breve, estarão perdendo o paraíso Terra... No mundo do exílio, repousando em cavernas e buscando alimento e moradia na forma mais primitiva que o gênero humano já conheceu, sentirão no fundo d'alma o "déjà vu" de Adão e Eva.

Mas nem tudo é tristeza, porque Deus representa a felicidade, o amor e a paz.

Durante todos os séculos que se passaram, desde que nós, espíritos imortais, começamos a habitar este planeta, foi conquistado por muitos espíritos de boa-vontade o ingresso para herdar a Terra no terceiro milênio, como Jesus nos prometeu: "Bem-aventurados os mansos de coração, pois herdarão a Terra".

Muitos irmãos já aguardam nas cidades espirituais de paz e de amor, o momento de voltar ao cenário da vida física para promover o impulso de progresso espiritual e material planejado para a Nova Era, que se inicia no século vindouro, pois, hoje em dia, infelizmente, a humanidade vive um período de triste decadência, devido a este mundo ser dirigido por espíritos que vibram em uma sintonia primária, colocando, muitas vezes, seus interesses egoísticos em primeiro plano, relegando o povo à miséria.

Mas mesmo neste período de Final dos Tempos, onde é dada a última oportunidade àqueles que ainda não adquiriram o ingresso para ficar, é facultada por Deus a encarnação na Terra de espíritos missionários com o objetivo de ajudar os rebeldes encarnados, que, mesmo intuitivamente sentindo o grave momento por que passa a humanidade, entregam-se desequilibradamente às paixões inferiores.

Esta história, que homenageia estes espíritos missionários, terá como protagonista Gabriel, que personificará os grandes missionários que este mundo recebeu durante toda a sua história, por graça e infinita misericórdia de Deus e de Jesus. Assim poderemos compreender como chega até nós o auxílio divino.

Compreendendo a necessidade de auxiliar os que estão encarnados no plano físico, em momento tão decisivo, almas abnegadas abrem mão da paz e da ventura em cidades astrais elevadas para descer à precariedade da crosta terrestre com o objetivo único de trazer a luz aos homens, em uma sublime missão de paz, a exemplo de Jesus, o maior de todos os Enviados de Deus.

Não me perguntem: quando, como, onde, de que forma? Somente posso dizer-lhes que é algo mágico, maravilhoso e incompreensível à nossa natureza temporária de seres encarnados. O que não nos espera após a morte do corpo físico? Talvez aquelas situações que imaginamos ser ficção ou fruto de uma imaginação fértil, se descortinem aos nossos olhos, após o desenlace do corpo material, como a mais pura e bela verdade. Só que esta verdade é fruto de uma outra dimensão imperceptível para aqueles que, ainda, não desenvolveram a faculdade mediúnica.

O irmão Hermes, então, convidou-me, naquela inesquecível noite, a fechar os olhos da carne e abrir, vivamente, os olhos espirituais. Solicitou-me efetuar uma oração a Deus e a Jesus, na qual eu obtive sua amigável companhia.

"Amado Mestre Jesus,
Fonte inesgotável de paz e harmonia,
Pedimos-te neste instante o teu amparo e a tua luz,

Tu que és fonte geradora dos mais sublimes sentimentos,

Ilumina-nos para que aqui, de tão baixo, possamos sentir-te a força e sentirmo-nos, assim, capazes de enfrentar com coragem e determinação tão importante tarefa,

Abençoa-nos, Mestre dos mestres, para que encontremos êxito nesta iniciativa, para que possamos unicamente colocar aos teus pés os louros desta vitória, que com certeza, não será nossa, pois somos apenas humildes trabalhadores que procuramos iluminar o mundo com a tua luz,

Na busca da felicidade através da doação, encontramos em ti o receber das tuas infinitas bênçãos,

Quando buscamos amar para auxiliar os nossos semelhantes, encontramos mais uma vez, tu, ó Mestre, a nos amar com infinito desvelo,

E quando buscamos perdoar para compreendermos o mecanismo da vida criada por Deus, encontramos em ti o exemplo do perdão ilimitado que efetuaste do alto da cruz, como exemplo imorredouro da atitude que devemos tomar ante a todas as iniqüidades dos homens.

Abençoa-nos, Senhor, a empreitada, pois tu és o Caminho, a Verdade e a Vida."

Ao encerrar a súplica Divina, Hermes disse-me:

— A fé é instrumento inabalável para transpormos as barreiras do mundo espiritual. A confiança é o combustível que nos moverá nesta dimensão. Se te faltar a fé, retornarás na velocidade do pensamento ao teu pesado corpo físico; portanto, crê em Deus e no que vês e jamais tenhas medo, pois o Bem sempre vence quando realmente acreditamos na sua existência.

Confiei; tive fé. E lá estava eu!!!

2.
O Império do Amor Universal

A sensação de transporte foi curiosa, como se eu estivesse ficando mais leve, mais feliz, mais puro. Logo descobri o porquê: estávamos adentrando uma das cidades astrais mais elevadas da Terra.

O irmão Hermes convidava-me constantemente a manter a paz, o equilíbrio e o pensamento voltado para as virtudes cristãs. Percebi que ele tomava providências para "enquadrar-me" no ambiente, de forma que eu não ficasse como um "peixe fora d'água".

Apesar da solicitação do meu querido amigo para manter o equilíbrio, o meu coração pulsava a uma velocidade impressionante. Que fazer? Era uma emoção nova para mim, e também maravilhosa!

A paisagem mostrava-se deslumbrante demais para quem está acostumado ao mundo físico, geralmente pálido e com uma atmosfera pesada.

A luz abundante dava-nos segurança e bem-estar. Era a luz solar, mas não causava um calor estressante e muito menos cegava. Óculos de sol eram completamente desnecessários, mesmo com a forte claridade, que nos passava a idéia de estarmos por volta das quatorze horas de um dia ensolarado.

Ficamos parados, estáticos, em um extenso e perfeito gramado. Hermes resolveu aguardar em silêncio, enquanto eu observava, extasiado, a beleza e a paz daquela morada de Deus.

Fixei, demoradamente, um grande lago de águas cristalinas, que refletia caprichosamente a luz solar, como se fossem estrelas piscando sobre o volumoso líquido azul. Às margens do lago, frondosas árvores permitiam aos residentes daquela cidade uma conversa amigável, desfrutando uma agradável brisa que se acentuava em todos os finais de tarde.

Observando a todos que conversavam, perto de nós, pude notar logo que não havia espaço para conversações fúteis e desinteressantes, mas sim, para uma contínua troca de experiências puras e sinceras no campo da evolução espiritual. Alguns falavam de atividades e situações corriqueiras, até muito divertidas. Mesmo sem entender direito o assunto, pois havia escutado pela metade, surpreendi-me alegre e com um vasto sorriso no rosto. Meu tutor esclareceu-me que aquela sensação era decorrente das vibrações de paz e amor que eu havia captado do trio que eu estava a observar.

— Roger, a simpatia e a antipatia são frutos do nosso estado de espírito. Estás predisposto a receber luz, então recebes o que caracteriza a luz. Da mesma forma, pessoas negativas e pessimistas geram antipatia, e quando retornam ao plano espiritual vão estabelecer morada nas zonas de trevas.

Aquelas últimas palavras, "zonas de trevas", fizeram-me lembrar que existe um outro lado triste e desolador que eu deveria visitar. Mas o momento era de alegria, eu deveria analisar e desfrutar daquele saudável ambiente. Permiti-me, então, analisar outra conversação de quatro jovens, dois casais, que estavam sentados em belas cadeiras de um material que parecia um tipo de mármore, mas não era gelado e passava-me a sensação de não ser desconfortável para sentar. Estavam todos sendo protegidos da inofensiva luz solar por uma linda árvore.

Iludi-me acreditando que estariam conversando sobre assuntos de somenos importância. Com uma alegria radiante no olhar, o quarteto conversava sobre trabalho.

— Miriam, conseguimos finalmente — dizia um dos rapazes, com extrema felicidade. — Neutralizamos a força de atuação dos irmãos Siqueira sobre os seus trinta subordinados. Conseguimos a conversão dos trinta, eles estão sendo transferidos para o nosso hospital intermediário neste momento.

— Que maravilha! — atalhou a bela moça, com uma alegria tão sincera que me fez perceber que ela estava já há muito tempo empenhada nesta tarefa. — Mais uma vez a força do Cristo faz-se presente. Urge tomarmos providências para o início do tratamento aqui, na nossa esfera, pois em breve, após o tratamento nas zonas inferiores, serão todos transferidos para o centro de reabilitação, aqui no hospital de nossa cidade.

Todos abraçaram-se naquele momento, gerando um halo de luz ao redor do grupo. Então, Miriam indagou aos amigos:

— E, então, já comunicaram a boa nova ao irmão Gabriel?

Aquela pergunta deixou-me estático, com um nó na garganta, se não estou enganado um calor envolveu todo meu ser. Gabriel, o protagonista deste humilde compêndio, estava sendo citado na conversação. Eram tantas coisas ao mesmo tempo, que eu havia me esquecido de que aquela cidade, o Império do Amor Universal, era o seu lar. Olhei para o irmão Hermes, e ele devolveu-me um olhar divertido, como se estivesse feliz com as minhas surpresas e emoções. Reparei, também, em seu olhar, a felicidade que ele estava sentindo por poder executar uma tarefa que aguardava há vários anos. Exatos vinte e seis anos.

— Não fiques ansioso — disse-me o benfeitor — em breve o conhecerás.

E a conversa entre os jovens continuou com a resposta de um dos rapazes.

— Não, ainda não comunicamos a Gabriel. Aguardávamos a tua presença, pois sabemos o quanto te empenhaste nesta tarefa. Danúbio informou-nos que ele visitará a creche de Marianna, ao final da tarde, para brincar com as crianças. Não haverá ocasião melhor para comunicarmos o êxito obtido.

— Eu fico muito feliz, meus amigos. Vocês não imaginam o quanto eu orei a Deus para receber esta notícia.

Após a saudável conversação, os quatro levantaram-se e seguiram em direção a um imponente prédio rodeado de uma vegetação exuberante. Solicitei ao irmão Hermes para irmos até lá.

Ao chegarmos perto da magnífica edificação, fiquei profundamente maravilhado com os jardins que contornavam o prédio naquela linda tarde de sol. A atmosfera extremamente agradável, permitia-nos encher os pulmões com aquele oxigênio puríssimo, refazendo-nos as energias. Pode parecer estranho, àquele que desconhece as verdades espirituais, mas no mundo espiritual temos um corpo muito semelhante ao de carne, que ora utilizamos, inclusive possuindo os mesmos órgãos do nosso pesado corpo material.

O extenso gramado, que causaria inveja ao mais famoso campo de golfe do mundo, estava caprichosamente ornamentado com as mais belas flores que já tive a alegria de observar. Como é belo apreciar a natureza criada por Deus! Havia, por toda a parte, belíssimas flores, dos mais diversos tipos e cores. Um detalhe importante: quando se falar de cores nos planos paradisíacos, deve-se entender que a vida no mundo físico é como se fosse um televisor em branco e preto, comparado com um televisor colorido, que é esta cidade. Existem, também, cores que eu nunca vi na Terra e não conseguiria descrever, por mais que eu tentasse. Matizes de uma beleza, realmente, impressionante!

E o mais maravilhoso foi ver essas cores nos pequenos helicópteros coloridos, em torno das flores: os beija-flores. Diversas destas pequenas aves rodeando todo jardim nos seus vôos multidirecionais, enriquecendo o local com uma beleza indescritível.

A cada passo que eu dava, mais eu me impressionava com a beleza e a perfeição daquela morada de Deus. Perguntei, então, ao meu zeloso amigo:

— Como pode ser tudo tão perfeito?

— Perfeito aos teus olhos, meu querido amigo — respondeu Hermes. — Comparado com o nosso plano material, este é um reino perfeito, mas imagina a cidade astral em que reside Jesus, ou então imagina os mundos mais evoluídos do que a Terra.

Fiquei a meditar sobre sua resposta e ele, captando minhas reflexões, confirmou meus pensamentos, dizendo:

— A evolução do espírito imortal até Deus é infinita.

Assenti com um gesto de cabeça, expressando no olhar uma profunda admiração e respeito pela criação Divina. Existem pessoas que não acreditam em vidas em outros planetas, mas observem a incoerência desta idéia. Um universo infinito, como os cientistas nos afirmam, sendo a Terra um minúsculo grão de areia neste imenso litoral (o universo). Por que haveria de só a minúscula Terra ter vida? Para os que crêem em Deus, torna-se absurdo acreditar que o Criador, em sua magnânima sabedoria, criasse toda esta imensidão nos céus simplesmente para alegrar os olhos dos terráqueos, nos momentos em que a luz solar banha o hemisfério oposto ao qual vivemos. Como diziam os poetas antigos: "Serão as estrelas apenas furos na cortina da noite?" Ao homem moderno cabe analisar, com equilíbrio e bom-senso, a realidade que o cerca. Devemos, também, nos embasar nos ensinamentos do homem mais sábio que desceu até este planeta: Jesus! Em seus ensinamentos o Rabi da Galiléia já dizia: "Há muitas moradas na Casa de meu Pai".

Continuamos caminhando e percebi que as pessoas não notavam a nossa presença e, então, perguntei ao amorável instrutor:

— Ninguém nos vê, ninguém identifica nossa presença?

— Meu amado irmão — respondeu o afetuoso Hermes — o que tu vês são reflexos de tua mente eterna. Assimilas, no momento, imagens que tu viste há mais de quarenta anos atrás. Neste momento, para nós, tudo não passa de um filme. Nosso amoroso Pai está permitindo que tua mente espiritual projete no teu transitório cérebro físico situações reais do mundo espiritual, conceitos verdadeiros, que nós, unidos, revelaremos aos espíritos encarnados na Terra. As personagens representam diversos irmãos nossos, em diversos momentos das suas existências. Os atos, as situações, os locais, os conceitos, as emoções, a alegria e a dor são verídicos. Unimos, juntos, diversos acontecimentos, em ambos os planos da vida, para narrarmos estas verdades aos homens, com o objetivo de trazer nossa pequena parcela de luz para iluminar a humanidade.[1]

A explicação era complicada, mas sensata. Desliguei-me um pouco das minhas reflexões para poder direcionar a atenção ao prédio no qual estávamos entrando. Era a Casa da Sabedoria, dirigida por um irmão muito simpático, chamado Glaucus.

Amplos salões com móveis e uma decoração riquíssima embelezavam e permitia pleno conforto a todos que ali procurassem refúgio para o mais belo dos passatempos: estudar. Livros, telas e esculturas de diversos tipos e confeccionados com os mais diversos tipos de materiais. Pode parecer estranho falar em matéria em um mundo espiritual, mas na verdade, pode-se constatar, facilmente, que o espírito, o espiritual, é o pensamento, enquanto o material é a execução deste pensamento, tanto no lado de cá, quanto no lado de lá. A matéria é apenas energia, podendo estar livre, sutilmente condensada (plano espiritual) ou grosseiramente condensada (plano material).

A impressão que se tem dentro desse grande prédio é a de estarmos em um grande museu-biblioteca, com a diferença de que tudo existente naquele local é novíssimo, ao contrário dos museus e bibliotecas que conhecemos, que são infestados de mofo e pó, devido às décadas de armazenamento do material.

O atencioso Hermes explicou-me que aquele prédio localiza-se no vértice direito do Grande Triângulo, pois a cidade foi construída em forma de um triângulo, sendo que no vértice esquerdo haveríamos de encontrar o famoso hospital da cidade, que atende a desencarnados de esferas inferiores, pois os moradores do Império do Amor Universal já não mais necessitam de amparo neste campo. Na zona central da cidade estão as áreas para descanso e lazer, onde se encontra a margem oposta do Grande Lago, local de incomparável beleza.

Estávamos saindo do prédio da cultura, quando, movido pela curiosidade, eu comecei a passar os olhos pelos livros dispostos ordenadamente nas estantes e arrisquei uma pergunta ao atencioso irmão:

— São livros conhecidos na Terra e, com certeza, obras de grande utilidade para o progresso humano. São cópias fiéis dos originais?

O irmão Hermes, com inesgotável paciência, respondeu-me:

— Não, estes é que são os originais! As cópias estão na Terra.

---

[1] NE - Essa explicação do mentor espiritual que orientou a elaboração da obra esclarece o processo de confecção do texto, que difere da psicografia comumente utilizada em obras mediúnicas.

Aquela resposta deixou-me boquiaberto. E o mentor prosseguiu:

— Tu mesmo disseste, há pouco, que o espiritual é o pensamento e o material é a execução deste pensamento. As grandes obras são criadas aqui, nos planos de luz, onde o progresso já está muito mais avançado. O espírito, após reencarnar, na forma de homem ou mulher, executa essa obra através de Divina inspiração.

Após dar-me essa explicação, o irmão Hermes lançou-me um olhar travesso, como se estivesse me convidando a desvendar um mistério. Demorei alguns segundos para captar a mensagem e, então, dirigi-lhe um olhar de incredulidade. Com um gesto bem seu, Hermes dirigiu o olhar para aquela montanha de livros como se estivesse me dizendo: "Se não acreditas, procura com os teus próprios olhos". Foi o que eu fiz; corri as fileiras intermináveis à procura de meu objetivo, até que balbuciei:

— Meu Deus!!!

Estava lá, em letras douradas, a frase que há tantos anos está gravada em minha mente e acalenta meu coração: "A história de um anjo".

Fiquei completamente emocionado e gritei:

— Está aqui! Está aqui!

Eu parecia uma criança grande. Não sou muito de me emocionar, portanto não sei reagir muito bem ante a fortes emoções. As lágrimas corriam de meus olhos: era o meu sonho dourado acalentado há tanto tempo. E lá estava ele, como se realmente já estivesse concluído há longos quarenta anos.

O irmão Hermes, sempre com seu olhar fraternal, que nos envolve num grande bem-estar, aproximou-se e colocou a mão direita em meu ombro e disse:

— Só nos falta, agora, materializá-lo entre os homens.

Senti o peso da responsabilidade que pairava sobre mim e, meio assustado, disse-lhe:

— Mas, não é muito grosso?

O livro me parecia ter umas quinhentas páginas. O irmão Hermes, sempre divertido, demonstrando a maior característica dos que já conquistaram o título de anjos de Deus, a alegria sem futilidade, respondeu-me:

— É que as letras são grandes!

Ambos soltamos uma saudável gargalhada. A princípio, envergonhei-me, pois estávamos em ambiente de estudo, mas logo lembrei-me das palavras de Hermes sobre estarmos simplesmente rememorando, nos escaninhos da mente espiritual, os fatos que se desenrolavam com profunda nitidez para os meus olhos espirituais.

E, então, saímos abraçados, felizes e com fé em Deus e Jesus.

Na saída da Casa da Sabedoria, Hermes fechou o semblante e olhou nos meus olhos com um ar melancólico. E disse:

— Vamos, temos muito trabalho pela frente.

Pela primeira vez, eu pude, nem sei como, ler seus pensamentos. O nobre benfeitor transmitia imensa compaixão pelos irmãos infelizes que vivem nas cidades de trevas do mundo espiritual, vítimas de seus próprios vícios e atitudes anticristãs, e que, certamente, teríamos que narrar.

3.
Um anjo chamado Gabriel

Saindo do grande palácio, percebi que o dia já estava chegando ao seu fim. O sol começava a preparar o seu espetáculo diário dos fins de tarde. Naquele ambiente celeste, a cena se fazia mais bela. No lado oposto do Grande Lago, em meio a dois montes, o sol tomava posição digna de uma pintura dos mais célebres artistas. A refrescante brisa do final da tarde revigorava-nos. A natureza convidava-nos a respirar profundamente aquele divino alimento espiritual.

Algumas flores começavam a fechar as pétalas para o repouso noturno. Outras começavam a "acordar" para um belo espetáculo que narrarei à noite. Os pássaros, também, começavam a retornar para seus ninhos: bem-te-vis, canários, sabiás, viuvinhas, cotovias e outros, proporcionando um grande espetáculo com seus cantos e revoadas. Imaginei o que deveria ser o amanhecer naqueles sítios.

Hermes, chamando minha atenção, tirou-me do deslumbre ante aquele mundo encantado, dizendo:

— Estamos caminhando em direção ao vértice esquerdo do Grande Triângulo; se virarmos à direita e seguirmos reto subiremos ao vértice superior, onde encontraremos o Grande Templo da União Divina. Mas, seguiremos por aqui; a meio caminho entre a Casa da Sabedoria e o Hospital, fica a creche de Marianna, onde encontraremos Gabriel, como disse um daqueles rapazes.

Sim, um dos rapazes havia dito que no final da tarde ele iria a essa creche para brincar com as crianças. Fiquei me perguntando como ele seria: alto ou baixo, pele clara ou escura, cor dos cabelos, etc. Pelo visto simpático, pois gostava de crianças!

A caminhada, ao lado de Hermes, transcorreu recheada de emoções e experiências agradáveis. Os caminhos que seguíamos estavam sempre movimentados com a presença de belíssimos espíritos, todos com a tradicional túnica branca e com um franco sorriso no rosto.

Perguntei, então, ao irmão, se na cidade havia algum meio de transporte.

— Não, Roger. A capacidade de volitação é algo corriqueiro para estes irmãos evoluídos, não se fazendo necessário empreender mais do que ligeira força do pensamento para transporem longas distâncias.

Aceitei a afirmação de Hermes com serenidade, porque por diversas vezes havia lido em obras espíritas sobre o fenômeno, no qual espíritos com relativa evolução, transpunham grandes distâncias, através da força do pensamento.

Logo vimos um prédio com decoração tipicamente infantil e, ao seu redor, os tradicionais brinquedos que fazem a alegria da garotada, sempre cercado pela exuberante natureza, com árvores imensas nas quais balanços estavam instalados. Tudo embelezado por um perfeito gramado. O verde vivíssimo da grama formava par perfeito com aquelas crianças lindas, todas com as túnicas brancas e com cordéis azuis ajustados à cintura. As meninas com tiaras floridas prendendo os cabelos e os meninos com os longos cabelos soltos esvoaçando ao vento do final da tarde.

Aquela intrigante brisa estimulou-me a uma pergunta:

— Esta brisa ocorre todos os dias no mesmo horário?

— Sim — respondeu o amigo — mas não é só a brisa; em certos dias da semana cai uma chuva rápida, também no final da tarde, para refrescar as plantas e a atmosfera. Às vezes — continuou Hermes — chove com sol, permitindo um bonito espetáculo da natureza. Mas, logo após a chuva, o tempo volta a ficar belo e ensolarado para o tradicional pôr-do-sol.

Intrigado, perguntei-lhe:

— Mas como ocorre este fenômeno? Parece-me controlado.

— Mas, realmente, é controlado. É o conjunto das aspirações destes cidadãos equilibrados. Todos vibram na mesma freqüência, permitindo que direcionem seus pensamentos para manter um clima agradável. De resto, a natureza segue o comando dos moradores para que o clima se mantenha perfeito. Da mesma forma, no plano material temos terremotos, maremotos, tempestades, vendavais, enchentes, etc. Tudo fruto da perturbada sintonia mental dos encarnados no plano físico. Aqui, também, o tempo pode ficar nublado, no início da tarde, mas só quando está quente. E, então, a brisa se faz presente. Quando o tempo retorna aos padrões idealizados, o céu volta a ficar limpo e a brisa cessa até o entardecer.

Hermes pegou-me pelo braço e convidou-me a tirar os olhos

do céu e direcioná-los para Marianna que, junto com algumas assistentes, corria para lá e para cá com as crianças.

— Vê a alegria que reina nos planos de luz. E há quem pense que somos fantasmas a perambular em meio a uma nuvem fumacenta.

Dirigi-lhe um sorriso franco e voltei meu olhar para aquele alegre grupo. Pensei em certos homens encarnados que só buscam a alegria através dos estúpidos vícios e festas degradantes. Quão longe estão da verdadeira felicidade. O irmão Hermes captando meus pensamentos apenas disse:

— Tens razão, meu amigo. Tens razão.

Marianna, a exemplo de todos os habitantes desta cidade, demonstrava, no envolvimento com as crianças, a beleza e a meiguice dos anjos de Deus. Com notável competência, ela coordenava as atividades daquele grande número de crianças. O que, também, não era tão difícil, porque as crianças demonstravam uma educação e um respeito incomuns. Mesmo a alguma distância do grande complexo hospitalar, evitavam a gritaria vulgar e as atitudes caprichosas das crianças longe deste grau evolutivo. Elas mantinham apenas o burburinho ingênuo e arteiro da fase infantil.

— Estas crianças — perguntei — que desencarnaram na fase infantil, permanecerão por quanto tempo com a forma espiritual de crianças?

— Aqui é o "reino dos céus" pregado por Jesus; só são encaminhados para cá almas de considerável luz. Estes espíritos detêm um grande poder de comando sobre seus periespíritos, basta adaptarem-se ao novo meio e, em questão de dias ou semanas, já recuperam a forma adulta no mundo espiritual; ao contrário dos espíritos primários, a grande maioria deste planeta, que, muitas vezes, desencarnam na infância, com pouco ou nenhum poder de comando sobre si, e terminam tendo que aguardar seu crescimento como se encarnados estivessem. Aqui a rotatividade é alta; estas crianças, em poucos dias, já estarão em trabalho e estudo profundos, prosseguindo em suas respectivas jornadas. Enquanto nas colônias espirituais menos iluminadas, os educandários infantis acompanham a mesma criança por anos e mais anos, muitas vezes até sua reencarnação no mundo físico. — E, por fim, Hermes arrematou: — Tudo depende do nível de desenvolvimento espiritual de cada um.

Realmente, cada espírito é um filho imortal de Deus, e cada um está em um degrau diferente da escada evolutiva.

Conduzindo-me pelo braço, Hermes convidou-me a ingressar no prédio. Caminhamos em direção a uma formosa moça que vestia a tradicional túnica utilizada por todos os habitantes do Império do Amor Universal. Espíritos libertos da vaidade humana rejeitam o uso de jóias ou roupas que venham a diferenciá-los de seus irmãos. O único patrimônio que demonstram possuir é a riqueza de seus corações.

Aproximando-me da moça, observei que conversava com um menino, nestes termos:

— Flavinho, está na hora de crescer! Já brincaste bastante.

— Ah, tia, só mais um pouquinho.

— Já estás há duas semanas dizendo: "Só mais um pouquinho".

Gostei da forma como ela disse esta frase. A criança compreendeu que não se tratava de repreensão, mas sim de um conselho fraterno. E a moça continuou:

— E não esqueçe que existem outros irmãos nossos chegando da Crosta, e a casa está lotada.

Lembrando da necessidade de ser solidário, Flavinho mudou a fisionomia, como se tivesse se libertando de um torpor, e acrescentou em um tom de voz adulta.

— Tens razão, minha irmã.

Ela assentiu com um olhar fraterno, e ocorreu o inesperado para mim. O menino começou rapidamente a retomar a sua forma adulta, como se fosse um processo de computação gráfica, tão comum nos comerciais de televisão e "video-clips", entre os encarnados.

O homem feito, olhou para si, e vendo que havia concluído a transformação, dirigiu o olhar para a moça com intraduzível gratidão, no que ela rematou:

— Não estás te sentindo melhor assim?

E ambos se abraçaram.

Retiramo-nos para o pátio e Hermes confidenciou-me, com um largo sorriso:

— Normalmente o processo de crescimento é natural, quando as orientadoras percebem já estão crescidos, mas, às vezes, é preciso dar um empurrãozinho.

Aquela visita estava sendo muito produtiva, tanto pelo aspecto científico, como pela alegria daqueles bons momentos. Com crianças por perto tudo torna-se mais belo e feliz. Deus é sábio em tudo. Imaginem um reino perfeito como este sem crianças. Aqueles que não crêem na existência de crianças aqui, lembrem-se da máxima de Jesus: "Deixai vir a mim as criancinhas, porque é delas o reino dos céus".

Estava eu novamente perdido em minhas reflexões, quando o atencioso amigo chamou-me para observar um grupo de crianças. Dirigi minha atenção ao grupo e percebi, de pronto, que o adulto que estava entre elas era Gabriel. Na verdade mais

parecia uma criança, tal o entrosamento com os pequeninos.
    Olhei fixamente para ele. Ele aparentava ter a constituição física de um homem de trinta anos. A sua altura, notei ser em torno de um metro e oitenta centímetros. Poderíamos considerá-lo um porte médio, nem fraco e magro, nem forte e gordo. Vestia-se com a tradicional túnica branca e na cintura trazia um cordel dourado. O tom de sua pele, naquela tarde, mostrava-se divinamente claro, mas sem mancha alguma, como é comum entre as pessoas de cútis clara. Seus olhos demonstravam um misto de amor e sabedoria; eram verde-claros, combinando perfeitamente com os longos cabelos castanhos, quase louros. Os belos cabelos desciam até a altura dos ombros, sendo que nas costas formavam um "v", terminando os últimos fios na altura das omoplatas.
    Tudo em Gabriel mostrava-se perfeito, naquela tarde inolvidável para mim: nariz, boca, dentes, braços. As suas mãos demonstravam ser senhoras de poderosa energia. Mas o que mais me impressionou foi a constante luz que o envolvia, principalmente na região do coração, que, por certo, demonstrava os grandes valores que ali se abrigavam.
    Todos no Império do Amor Universal sabiam que Gabriel poderia viver em cidades astrais mais evoluídas, até mesmo na esfera de Jesus, mas, por amor a todos, ele ficava para auxiliar nas atividades daquela cidade que ele tanto amava. Também os laços do coração o mantinham ali, cidade através da qual ele prestou numerosos serviços à obra cristã e cidade na qual residia a sua alma gêmea: Ethel, que mais tarde conheceremos, e que, junto com Gabriel centralizará os acontecimentos desta narrativa.
    Todos já haviam encerrado as atividades recreativas, com exceção do grupo de Gabriel. As crianças o olhavam com profunda admiração e ouviam suas palavras com notável interesse. Visto serem todos espíritos evoluídos, apenas aprisionados temporariamente à personalidade infantil, o assunto das brincadeiras não poderia ser outro: sabedoria.
    Aproximei-me e acompanhei o anjo de Deus, conduzindo a brincadeira:
    — Digam-me, por que devemos perdoar aos nossos semelhantes?
    Mal Gabriel terminou a pergunta e um dos jovenzinhos levantou-se, para melhor ser ouvido, e solicitou a oportunidade de dar a resposta, no que foi autorizado pelo divino instrutor.
    — Devemos perdoar aos nossos irmãos, porque compreender as falhas alheias é um ato de amor e respeito a Deus e àqueles que o nosso Pai colocou em nosso caminho. O perdão

ilumina o pecador e o ofendido, enquanto a revolta e a crítica alimentam o ódio e afastam-nos da verdade e do amor de Deus.

O irmão Hermes teve que me segurar para que eu não caísse sentado, assombrado com o que via, ou melhor ouvia. Divertindo-se com a minha surpresa, o nobre instrutor esclareceu-me:

— Calma: lembra, eles são espíritos iluminados, estão apenas temporariamente vivendo a fase infantil. Por detrás destes rostinhos inocentes brilha a luz imortal de grandes sábios.

A explicação não poderia ser mais clara, mas era difícil manter-me calmo e sereno vendo uma criança, que aparentava uns oito anos de idade, dissertar com tanta sabedoria sobre assuntos de que raros idosos na Terra possuem noção tão clara.

Observei Gabriel, na forma mais natural e descontraída do mundo, aplaudir e parabenizar o jovenzinho com uma expressão de grande reconhecimento pela bela resposta.

— Parabéns! Parabéns! Disseste bem. Ganhaste mais dois pontos.

E, então, o sábio professor acalmou o burburinho do aplauso geral e questionou a todos com um olhar sério, mas fraterno.

— Mas... digam-me. O que é melhor do que perdoar?

Fez-se um silêncio geral, entre as crianças; todas sabiam que não era momento de responder e, sim, de aprender. Gabriel levantou-se e começou a caminhar entre as crianças sentadas no extenso gramado. Sua luz estava realmente impressionante, naquela tarde; tudo nele parecia mais vivo e mais belo. Tudo nele parecia divino! Seu olhar envolveu os pequeninos com um profundo amor, que imediatamente os cativou. O ato fez-me lembrar Jesus. E, então, aquela voz tranqüila e agradável invadiu nossos ouvidos:

— Minhas crianças, melhor que perdoar é não se sentir ofendido. O perdão implica em receber uma ofensa e guardar mágoa, para após exercitar o ato de perdoar, desculpando o agressor. Mas a beleza maior está em não se magoar quando ofendido! Devemos manter nossos braços abertos para receber o agressor e, envolvidos em luz, encaminharmos este irmão para a paz de Deus através do amor, e, não, através da defesa doentia de um determinado ponto de vista.

Todos permaneceram quietos, meditativos, assimilando a pérola com que Gabriel os havia presenteado. Ao contrário dos homens, em geral, aquelas palavras tocaram fundo nas crianças. Não entraram por um ouvido e saíram pelo outro, como comumente se diz e como ocorre na grande maioria das vezes.

E, então, um gesto de uma das crianças comoveu-nos a todos. Uma menininha, que aparentava cinco anos no traje físico, sentada mais a frente da graciosa platéia, levantou-se e pediu a Gabriel para que se abaixasse. O anjo assim o fez, descendo de seus um metro e oitenta de altura. E a menina ofertou-lhe um amoroso beijo no rosto e com indescritível ternura disse:

— Agradecemos a Deus por podermos brincar contigo, irmão Gabriel.

Gabriel deixou escapulir uma lágrima de seus belos olhos e abraçando a menina disse:

— Eu também, meu amor. Eu também agradeço.

Olhei para o irmão Hermes, que estava profundamente sensibilizado e observei que uma lágrima corria por seu rosto bronzeado. Ele olhou para mim. Instintivamente, abracei-o e disse-lhe:

— Obrigado, meu Deus, por existir a beleza do amor em sua forma mais plena. Obrigado por não ser apenas um conto de fadas. O mal, hoje em dia, domina o mundo dos homens, mas em breve, ao rufar os tambores da concretização do final dos tempos, estes anjos de luz descerão à Terra para estabelecer uma nova ordem mundial. A ordem do Amor Crístico! Obrigado, meu Deus.

Senti a cabeça de Hermes, ao lado da minha, durante o fraterno abraço, movendo-se em sinal afirmativo, num sinal de confirmação às minhas palavras.

Não éramos os únicos comovidos, Marianna e duas assistentes estavam mais atrás observando a cena. Vendo que aquele era o fechamento ideal para as atividades do dia que estava terminando, a nobre coordenadora convidou as crianças a se despedirem do querido amigo para recolherem-se ao necessário descanso.

— Recolherem-se? — perguntei ao irmão Hermes. — Os desencarnados precisam dormir?

— Não — respondeu o amigo. — No caso das crianças elas estão passando por um processo de adaptação, o que exige períodos de descanso. Mas não se preocupe, no Império do Amor Universal as noites são curtas.

— Curtas?

— Sim, como já lhe disse, o ambiente é o conjunto dos desejos de bem viver destes cidadãos iluminados. Aqui nesta cidade, todos desejam dias belos, ensolarados e, às vezes, com chuva ao entardecer, e uma bela noite estrelada, que aproveitam para teatros e palestras agradáveis sob o luar magnífico. A madrugada é desprezada, portanto não existe aqui.

— Quer dizer que após o final da noite, quando nós encarnados vamos dormir, aqui amanhece.

— Exatamente, mas cada reino é diferente. Existem cidades astrais em que não existe noite, é dia constante sem jamais anoitecer. Ocorre, também, o contrário, nas zonas umbralinas, onde a noite é ininterrupta. E não devemos esquecer que o tempo e o espaço correm de formas diferentes no plano espiritual e no plano material, não nos permitindo comparações desta natureza.

As crianças estavam entrando no prédio acompanhadas pelas atenciosas assistentes, quando despontaram no firmamento as primeiras estrelas. E, então, lembrei-me que não havia visto postes para iluminação pública. Quando desci o olhar do céu descobri o porquê. As flores, certas folhagens e algumas árvores detinham a propriedade de acumular luz durante o dia, tornando-se, à noite, grandes fontes de luz.

As árvores davam-me a impressão de estarem decoradas para festas natalinas, tal a beleza da luz colorida que projetavam. Desnecessário dizer da beleza das flores iluminadas. Pareciam decorações feitas em "neon".

Em outras noites, pude ver a beleza do jardim da Casa da Sabedoria com este efeito noturno, mas sem dúvida o Templo da União Divina, no vértice superior do Grande Triângulo, é o local mais belo à noite, nesta cidade. Talvez seja por isto que as orações coletivas, em favor dos encarnados, são realizadas sempre à noite. O astral torna-se mais perfeito, permitindo um melhor resultado na irradiação de vibrações de luz para o tumultuado mundo dos encarnados. Mas narraremos mais tarde este fenômeno impressionante, que nos deu a certeza de que a oração é realmente poderoso instrumento a favor daqueles que buscam o bem e a paz.

Abandonando, por alguns momentos, o meu quase que contínuo deslumbramento, ante aquele mundo de surpresas, que muitos devem estar crendo que é um conto de fadas ou fruto de uma mente alucinada, eu resolvi deter a atenção em Gabriel e Marianna, que haviam se dirigido para um jardim que começava a irradiar aquela linda luz de aspecto natalino. O jardim não se distanciava mais do que cinqüenta passos do educandário infantil. Lá sentaram-se, naquelas estranhas, mas confortáveis poltronas de estranho material. Gabriel, sentado em elegante postura, levava a mão sob o queixo e os olhos direcionados ao firmamento, talvez em busca de alguma estrela em especial. Marianna, tirando Gabriel de seus devaneios, dirigiu-lhe a palavra, nestes termos:

— Gabriel, andas trabalhando demais. Precisas descansar, dedicar-te um pouco mais ao lazer. Nossa cidade é tão bela e oferece-nos muitas opções. O teu trabalho é muito árduo e as esferas inferiores, muitas vezes, chocam-nos o espírito. E, lembre-se, o refazimento, através das diversões saudáveis, permite-nos renovar as forças para o trabalho.

— Eu sei — respondeu Gabriel — mas são tantos necessitados. Sei que as leis de Deus são perfeitas, mas dói-me o coração ver tanta imprudência e insensatez entre os homens. Estes retornam ao mundo espiritual em deplorável estado, devido ao desrespeito para com as leis Divinas. E, agora, com a chegada do "Final dos Tempos", a situação torna-se mais caótica.

— Tens razão Gabriel, eu entendo as tuas preocupações. E nem me atrevo a questionar o teu empenho, mesmo porque não compreendo todas as tuas atividades por completo, devido a seres mais adiantados do que eu. Mas insisto em que venhas ao teatro esta noite, junto conosco, para espairecer.

Gabriel fez um gesto espirituoso e disse:

— Conosco? Duvido tu conseguires convencer Marcus esta noite. Aquele anda mais ocupado do que eu. Ele não sai nunca do hospital, devido à grande leva de desequilibrados sexuais que desencarnaram após as tristes festividades carnavalescas no Brasil.

— Engano teu, Gabriel. Já o convenci. Só falta a ti.

Naquele instante da conversação, vimos uma luz formando-se no meio dos dois amigos. Em instantes, materializava-se entre eles um belo rapaz de pele morena clara e cabelos negros, envolto em uma diamantina luz. Era Marcus.

— E, então Marianna, convenceu-o? — e Marcus continuou: — Vamos lá Gabriel, será divertido. Apresentar-se-á no teatro, esta noite, a companhia "Filhos do Vento". E apresentarão a peça "Aurora para o terceiro milênio". E, também, tu estás só; Ethel, o amor da tua vida, está nas zonas de trevas da crosta terrestre em trabalho assistencial.

Pensei, de mim para comigo: aqueles que pensam que o reino dos céus é um mundo de ociosidade, onde os anjos ficam sentados em cima de nuvens tocando harpa, estão redondamente enganados. Até agora, só havia visto entre todos a mais pura disposição para o trabalho de auxílio aos que sofrem nos desenganos da vida.

— Sim — respondeu Hermes, captando minhas ondas mentais. — A bela Ethel partiu faz dez dias, em caravana, para assistência aos irmãos perturbados em cidade astral localizada perto da crosta, nas imediações do Rio de Janeiro.

O período carnavalesco no Brasil implica em muito trabalho nas zonas de trevas e no próprio plano material. Os encarnados descem aos mais torpes sentimentos, desencadeando graves situações. Estimulados pelos espíritos obsessores, que geralmente estão envolvidos em inconfessáveis planos e, amparados pelo caráter nefasto do carnaval, os foliões entregam-se de corpo e alma, dementados, às sensações infelizes dos seus caprichos pervertidos e doentios. — O amigo voltou então o olhar para os três ali reunidos e concluiu: — Ethel está atuando diretamente na cidade astral conhecida como Império dos Dragões do Mal.

Meditei sobre a profundidade dos conceitos do irmão e companheiro. Realmente, o carnaval desencadeia deprimentes vibrações na atmosfera astral terrestre. Falou-me também o companheiro sobre Ethel, a alma gêmea de Gabriel. Eu fiquei curioso para ver com os meus próprios olhos tão famosa beleza. Fiquei decepcionado, pois queria ter sua primeira imagem, ante os meus olhos, naquele deslumbrante lugar. Certamente, Ethel faria um grande contraste, com a sua beleza, naquele lugar horripilante chamado o Império dos Dragões do Mal.

— Está certo! Convenceram-me — respondeu Gabriel — Aproveitaremos a noite, mas amanhã partirei para auxiliar a caravana de Ethel e Lívia, nas esferas de trevas.

— Eu irei contigo — respondeu Marcus.

— Mas antes — disse Gabriel — vamos atender a estes jovens.

No mesmo instante o grupo encabeçado por Miriam surgiu entre eles para dar a notícia que havíamos escutado anteriormente.

— Gabriel, conseguimos! Os irmãos Siqueira perdem forças em suas atividades obsessivas. Os trinta irmãos que estavam escravizados já se encontram em repouso no hospital intermediário. E mais, acreditamos que a conversão dos irmãos Siqueira ocorrerá em breves dias.

O irmão Gabriel levantou-se, abraçou a jovem mulher e disse-lhe:

— Ótimo! Bom trabalho. Iremos juntos amanhã às zonas de sofrimento, onde ajudaremos Ethel, Lívia e os demais irmãos que saíram em caravana faz dez dias. E lá trabalharemos a renovação dos irmãos Siqueira, com a bênção de Jesus.

O grupo que acompanhava Miriam comemorava, intimamente, a oportunidade de trabalho ao lado de tão elevada entidade espiritual. Já Miriam esboçava no rosto uma expressão de profunda gratidão ante o amparo de Gabriel. Com certeza Miriam possuía um envolvimento mais profundo naquele caso.

Após cordiais cumprimentos e abraços, onde Gabriel envolveu a todos em uma poderosa onda de otimismo, que o anjo direcionou principalmente a Miriam, eles dirigiram-se para o teatro na região central da cidade, onde aqueles elevados filhos de Deus poderiam relaxar e descontrair, preparando-se para as atividades do dia seguinte.

4.
Um espetáculo inesquecível

Desta vez não fomos caminhando. O teatro onde seria realizado o espetáculo localizava-se na região central da cidade. Muito longe para irmos a pé e chegarmos a tempo.

A exemplo de Gabriel e seus amigos, deslocamo-nos através da força de nossos pensamentos. Os espíritos desencarnados, desde que detenham o poder de comando sobre si, ou seja, uma considerável força de vontade, podem, através de um forte desejo, deslocarem-se por longas distâncias na velocidade do pensamento, ou suavemente sobre o ambiente, como se estivessem voando sobre o percurso. Fenômeno este conhecido como volitação, no meio espiritualista.

Somente através desse processo é possível visitar planetas a milhares de anos-luz da Terra e conhecer outras "moradas da Casa do Pai". Claro que a distância que cada um tem capacidade de percorrer depende do seu grau evolutivo. É evidente que um fumante inveterado, um viciado em drogas ou todas aquelas pessoas que não conseguem nem mesmo libertar-se de vícios que lhes destroem o corpo e a alma, ou seja, pessoas que não possuem força de vontade nem mesmo para cultivar uma vida saudável, não poderão nem mesmo deslocar-se da sala para a cozinha de uma residência, através da volitação. Muitas vezes, estes irmãos que não conseguem decidir o rumo de suas próprias vidas, não obtêm êxito para atravessar uma simples parede do mundo material, após seu tormentoso desencarne, tendo que aguardar que um encarnado abra uma porta para poder sair do ambiente em que está confinado. Ao contrário dos espíritos puros, que chegam a cruzar a galáxia em uma fração de segundo, através do poder de suas vigorosas mentes.

A sensação de volitar foi emocionante; senti-me desajeitado, e pude notar a intervenção do irmão Hermes para que eu obtivesse êxito sem problemas, naquela forma de transporte em que já me sentia destreinado, ainda mais na condição de espírito encarnado, liberto temporariamente do corpo físico. Senti-me como na primeira vez em que andei de bicicleta: assustado, mas empolgado.

Antes de "decolarmos", o irmão Hermes pegou minha mão e solicitou que eu mentalizasse o teatro que estava na outra margem do Grande Lago. Era uma considerável distância. Eu podia ver a casa de espetáculos, mas não conseguia analisar seus detalhes, devido à grande distância. O solícito amigo disse-me para desejar, intensamente, estar lá. Como se uma força começasse a exercer atração entre mim e o teatro.

Comecei, então, a sentir que o fofo gramado em que eu estava pisando ficava mais leve. Logo mais, senti que não havia mais o contato entre os meus pés e o solo. Segundos depois, estávamos sobrevoando o imenso lago. Indescritível emoção! "Obrigado meu Deus, mais uma vez, por isto ser a mais pura verdade e não um conto de fadas!" gritei.

Em poucos minutos, havíamos percorrido a grande distância que separava os dois pontos. Aterrissamos suavemente no fofo gramado predominante em toda a cidade.

Olhei para o lago e observei, na outra margem, a imponente Casa da Sabedoria e um pouco mais ao lado, perto de outras edificações, a creche em que nos encontrávamos. Naquela margem do lago eu pude constatar a beleza dos dois grandes morros verdes, acarpetados com a beleza do gramado perfeito, onde momentos antes havíamos apreciado o magnífico pôr-do-sol.

Hermes chamou-me a atenção, ajeitando sua vasta cabeleira.

— Estás vendo aquele morro? — Assenti com a cabeça. — É ali que o Mestre Jesus costuma proferir suas belas palavras aos habitantes do Império do Amor Universal.

Meus olhos brilharam de emoção. Hermes, conhecendo-me muito bem, enriqueceu a afirmação com detalhes:

— De vez em quando, Jesus visita esta cidade para estabelecer diretrizes e confraternizar com seus moradores. — O adorável amigo olhou para o monte como se o Messias lá estivesse, e continuou: — O governador deste mundo sobe no pico do monte, humildemente, como fazia há dois mil anos na antiga Judéia. Os habitantes cercam o sopé do morro reproduzindo a cena bíblica do monte Tabor, aliás, nome desta elevação às margens do Grande Lago. O ambiente, Roger — continuou Hermes — fica tomado de milhares de pessoas, em silêncio, aguardando as palavras e as bênçãos de nosso Irmão Maior.

Voltando de sua "viagem mental", Hermes disse-me o que eu queria ouvir:

— É mais um momento maravilhoso que esta cidade nos propicia, mas não fiques triste, com esta expressão de quem perdeu valiosa pérola, porque tu irás presenciar uma destas maravilhosas palestras do Mestre.

Como me sentia bem na companhia daquele incansável amigo! Eu estava em um ambiente diferente, longe de casa, inseguro; mas ele passava-me uma sensação de infinita paz e bem-estar, que eu procurava converter em segurança e confiança.

Fiquei feliz em saber que voltaríamos àquele local para assistir uma pregação do próprio Cristo; também, por poder ver aquela região com a luz do dia. Apesar da competente iluminação das árvores e flores à noite, eu não poderia deixar de ver toda aquela beleza sob a luz do sol!

Caminhamos, então, alguns passos, até as portas do teatro. Impressionei-me com o tamanho; aliás, tudo é monumental nesta cidade. Os habitantes, muito amigos, possuem uma vida social intensa. As noites são utilizadas geralmente para o lazer construtivo, ou seja, diversão aliada a instrução, portanto as casas de espetáculo ficam completamente lotadas. Ao contrário da Terra, onde existem noites frias, chuvosas e povoadas de assaltantes, no Império do Amor Universal e em todas as cidades astrais de paz e de luz, as noites são sempre estreladas, com o tradicional clima primaveril e com a mais absoluta paz e segurança, convidando os cidadãos a participar das saudáveis diversões que a cidade oferece. Estes fatores é que motivam a construção de casas de espetáculos daquele porte, com capacidade para mais de trezentos mil espectadores perfeitamente acomodados.

Na entrada principal, observa-se um amplo salão, onde identificam-se os diversos acessos para os corredores que circundam todo o anfiteatro. Os espectadores que chegam com antecedência geralmente ficam neste salão conversando até o momento do espetáculo. Já os que se encontram muito atarefados chegam em cima da hora, materializando-se, através da volitação espiritual, nos assentos disponíveis. E como trata-se de espíritos de elevado quilate espiritual, ninguém chega atrasado, buscando evitar o inconveniente incômodo gerado pelos atrasados. Apesar de poderem se materializar nos devidos assentos, sabem o quanto devem respeitar o seu semelhante, tanto da platéia, quanto do palco.

A máxima "não faças aos outros o que não queres que te façam" é muito observada pelos cidadãos de esferas paradisíacas. E são estas pequenas atitudes que tornam estes mundos perfeitos e tão diferentes de nosso primário plano físico.

Logo, percebendo que não poderão chegar a tempo para o

início do espetáculo, os habitantes do Império do Amor Universal resolvem adiar para uma outra ocasião, procurando, então, outra atividade para realizar nesta grande metrópole espiritual, visto que o motivo comum para o atraso não é a preguiça ou a irresponsabilidade, e sim o trabalho árduo em prol da Obra de Deus. Nestas ocasiões é melhor adiar a diversão para atender plenamente ao trabalho, o que é um prazer para os anjos. Ah! Como estão enganados aqueles que acreditam que o céu e o ócio são compatíveis!

Mas, voltemos ao teatro. Ganhamos as grandes portas que dividiam o grande hall que circunda a sala de espetáculos. Que cena maravilhosa! Um monumental anfiteatro com milhares de assentos confortáveis, confeccionados com aquele mesmo estranho material, semelhante ao mármore.

No centro, o grande palco, de proporções faraônicas. Estranhei a falta total de cenários, mas logo após, surgiu um pequeno grupo de artistas que começaram a realizar um processo de materialização prévia do cenário, segundo me explicou Hermes. Através de suas vigorosas mentes, preparavam as energias para o "espetáculo vivo".

"Aurora para o terceiro milênio", o nome do espetáculo prometia. As dimensões e os preparativos eram dignos de um mega show. Na parte mais alta do palco encontrava-se estranho instrumento, similar a um órgão moderno, mas muito maior e com uma infinidade de teclas, o que permitiria ao instrumentista milhares de combinações de sons. Eu fiquei imaginando que, no mínimo, cinco pessoas iriam "tocar" o gigantesco aparelho, simultaneamente.

Enquanto esperávamos o início do espetáculo, o céu do cenário mudava de cores, apareciam nuvens, claridades, relâmpagos. Começou a surgir uma mata selvagem no chão, e estranhas árvores. O cenário mudava rapidamente, como se estivessem sendo passadas as cenas básicas do espetáculo. Mas tudo em silêncio, sem som algum, somente era possível ouvir a conversa amena dos espectadores. Quando, de repente, surgiu à frente do grande órgão uma moça que aparentava a idade física de uns vinte e cinco anos, cabelos louros e a tradicional túnica branca com cordel lilás.

Sem apresentações, a moça executou silenciosa prece e após concentrou-se no enorme teclado do órgão à sua frente. Aí ocorreu o impressionante; as teclas começaram a ser pressionadas pelo invisível, ou seja, pela mente da moça. Era um movimento frenético que produzia uma composição musical impressionante. O mais interessante é que ninguém cantava, mas havia no âmago da música uma voz quase imperceptível,

cantando, narrando o espetáculo.
Compreendi, então, a limitação do ser humano e do corpo físico. Uma única pessoa não seria capaz de executar tal instrumento, com tal grau de complexidade em sua musicalidade, sem um pelotão a auxiliá-la. Mas o espírito imortal, que tudo pode, ultrapassa as limitações físicas e consegue o impressionante para os olhos encarnados na Terra. A música tocada, em sua complexidade, lembrou-me um computador executando milhões de instruções por segundo, algo impossível para um ser humano com seus parcos recursos físicos.

Com certeza os músicos encarnados ficariam boquiabertos presenciando esta cena. Lembrei-me, então, de Mozart, um dos mais sublimes compositores que pisou na Terra e pensei: "Não será esta moça o próprio espírito de Mozart com outra forma espiritual, depois de nova encarnação no mundo físico?"

Hermes socorreu meus pensamentos dizendo-me que a moça não era Mozart. O grande compositor residia, também, em cidades de luz no plano espiritual; e ele, tocando aquele instrumento, "me enlouqueceria" com as riquezas de som que produziria, levando-me a um grande êxtase musical. A moça, comparada a Mozart, era só uma aprendiz. Impressionei-me.

A música, incomparável a qualquer uma elaborada e executada na Terra, elevou nossas almas a sublimes emoções. No âmago, a narração cantada, com estrofes belíssimos sobre o início da evolução espiritual na Terra: as leis mosaicas e o advento de Jesus. Todas as cenas passavam à nossa frente com se fosse um "grande filme", um épico, uma superprodução cinematográfica que era criada pelos integrantes do grupo teatral que, através de suas mentes, projetavam as cenas que víamos, sem a tradicional participação dos atores na peça.

O irmão Hermes fez-me um sinal para que eu observasse os integrantes da companhia Filhos do Vento, no centro do espetáculo, materializando as imagens que víamos. Lembravam-me médiuns encarnados em profunda concentração para poderem gerar o fenômeno maravilhoso.

O constante duelo entre o Bem e o Mal, os ensinamentos sagrados sendo desdenhados pela humanidade, como realmente ocorre nos dias de hoje, arrastando os homens para o despenhadeiro de trevas. O constante ciclo de reencarnações de cada criatura simbolizando o infinito perdão, amor e misericórdia de Deus. Mas os homens, apesar de fazerem infindáveis promessas de mudança de rumo, no mundo espiritual: ao chegarem ao plano físico retornavam aos atos desregrados e anticristãos.

Observamos, também, nas cenas, os abnegados missionários descendo à Terra em missão de paz e progresso para a humanidade, como Francisco de Assis e outros. Muitos homens convertendo-se para receber o amor de Cristo, através de sua conduta renovada, alguns mesmo sem acreditar em Deus, comprovando que Deus espera de seus filhos o bom proceder, e não a crença dissimulada e a adoração fanática.

Nos momentos em que o espetáculo mostrava os que se colocavam à direita do Cristo, a música tomava um aspecto divino, clareando as imagens. A noite da vida humana recebia a luz, através da manifestação do Bem.

O espetáculo desenrolava-se com uma perfeição e inteligência incríveis. Nada era esquecido e tudo era mostrado de uma forma ampla, mas em cenas rápidas e profundas, para evitar que o espetáculo ultrapassasse o horário pré-estabelecido.

Apresentava-se a cena de um pastor louvando a Deus e mostrando seu grande conhecimento das Leis. Logo após, o mesmo pastor expulsando a filha de casa, amaldiçoando e condenando a pobre moça ao fogo do inferno por desvios de conduta, fruto do desinteresse paterno para com suas aflições de adolescente.

Em outra cena, a mesma moça entregando-se ao trabalho árduo e honesto, como doméstica em uma casa de família justa, que amparou a ela e ao filhinho, do qual o pai da moça, transtornado, desejou promover macabro aborto, que foi evitado pela sensatez da moça e pela influência de espíritos de luz. Nova cena apresentou-se no grande palco: o pai, arrogante e prepotente, dizendo aos amigos que auxiliava a sua filha, com grande empenho, rezando por sua alma pecadora.

O fim deste breve ato mostra o desencarne de ambos. O pastor descendo às trevas infernais e a moça sendo carregada para instituições espirituais por irmãos abnegados.

A riqueza de cores e a perfeição das imagens era impressionante. A música continuava a nos envolver.

Em outro momento do espetáculo, mostravam-se diversas encarnações de um homem. Todas desperdiçadas por motivos fúteis e infantis. Quando pobre, lamentava a pobreza e ofendia a Deus por permitir as diferenças sociais; quando rico suicidou-se entediado com sua vida fútil e preguiçosa; quando seriamente enfermo escravizou os familiares, porque achava-se injustiçado pela vida e, portanto, todos deveriam servir ao "pobre coitado" como se autodenominava; em outra encarnação, recuperou a saúde física, mas terminou morto em um estúpido acidente automobilístico, causado por sua própria embriaguez; e, por fim, em sua última chance, antes do exílio dos da esquerda do Cristo, como preceituam as profecias de final dos tempos, nasceu no subúrbio carioca amparado por família honesta. Antes dos vinte anos já havia conquistado uma "boca de fumo" para administrar nas favelas cariocas. Poucos meses depois estava metralhado no solo do seu antro, vitimado por rivais do narcotráfico.

O som ambiental nesses momentos era assustador: O som das metralhadoras, a vivacidade das imagens. Quando as cenas ficavam muito pesadas, o tema voltava-se para cenas mais amenas, cheias de esperança e paz.

As cenas chocantes eram mostradas com o objetivo único de estudo e análise. Impossível tapar o sol com uma peneira, porque esta é a realidade atual do mundo em que vivemos no plano físico: cenas de final dos tempos!

Após os pequenos atos individuais, foi a vez das confirmações das profecias: tempestades, terremotos, inundações, fome, miséria, guerras. Os relâmpagos que apareceram nos preparativos para o espetáculo, agora adicionados ao som poderoso dos trovões, tomavam um aspecto assustador.

As profecias eram recitadas no íntimo da música, enquanto as cenas comprovadoras eram reproduzidas no palco, no centro dos trezentos mil espectadores.

A fome, a guerra, a peste, a inversão dos valores, as grandes calamidades, tudo era mostrado em rápidos flashes.

Eram mostrados, também, os falsos profetas. Os pastores de igrejas que iludem o povo com um sensacionalismo barato para extorquir dinheiro dos que tanto precisam. Neste momento, a música tornou-se serena, como se estivesse transmitindo um sentimento de piedade por estes homens que distorcem os ensinamentos de Jesus para obter dinheiro desonesto através do sofrimento de pessoas humildes. Grande sofrimento, com certeza, os aguarda no além-túmulo.

O espetáculo desenrolava-se com cenas cada vez mais deslumbrantes. A fotografia era perfeita. A amplitude do cenário nos obrigava a movimentos frenéticos com a cabeça para não perdermos os detalhes, dignos de um minucioso artista.

O palco gigantesco, no centro da platéia, a exemplo de um grande estádio de futebol, obrigava os "mentalizadores" do espetáculo a realizar uma construção de imagens rica em detalhes, visto que havia público em todos os ângulos do palco. Fiquei abismado com o domínio exercido por toda companhia de teatro sobre o espetáculo. Desde a moça que dominava aquele instrumento musical complicadíssimo aos meus olhos, até os construtores de imagens no palco.

O que poderíamos chamar de primeiro ato desenrolou-se por cerca de uma hora (do que entendo por hora, pois no plano espiritual todas as referências terrenas perdem seu sentido).

Goram mostradas as aberrações da humanidade, como o nazismo, mas, também, as vitórias de Deus, como a vida messiânica de Gandhi. Pode-se observar que muitos venceram a atual etapa de evolução espiritual da humanidade nestes séculos que se passaram. Espíritos valorosos que compreenderam, através de todas as religiões e até mesmo sem elas, que amar ao próximo como a si mesmo é o caminho para a verdadeira vitória.

Hoje, estes vitoriosos de Deus, que cultivaram na Terra uma vida de amor e de paz, residem nos planos espirituais superiores, ou no Reino dos Céus, como queiram chamar. São apenas palavras que representam a mesma verdade incontestável. Esses irmãos apenas aguardam a entrada da Nova Era para reencarnarem e produzirem um verdadeiro progresso para a humanidade, construindo um novo mundo sobre as cinzas deixadas pelos exilados do Juízo Final.

Este período em que vivemos, o qual foi denominado pelos grandes profetas de "final dos tempos", que nada mais é que o final de um ciclo evolutivo da Terra, divide-se entre aqueles que obtiveram a aprovação neste "ano letivo" de evolução do planeta e que aguardam o próximo período no "Reino dos Céus", e, aqueles que ainda não adquiriram sua condição de eleitos para o terceiro milênio, os que vivem o seu período de "recuperação terapêutica", ou seja, sua última encarnação na Terra para salvar-se do exílio iminente para um mundo inferior. Segundo Jesus esta é a convocação dos "trabalhadores da última hora" (vide evangelho). Todo aquele que não for aprovado, por sua própria conduta, deverá ser enviado para um mundo que esteja em sintonia com sua índole viciosa e degradante, ficando na Terra os eleitos para novas encarnações de aprendizado e evolução.

Voltemos ao espetáculo. Quase no final deste primeiro grande ato, as imagens mostravam o retorno ao mundo espiritual desses que estavam encerrando sua última oportunidade de ficarem na Terra. A maioria esmagadora ao chegar ao plano espiritual, depois de libertarem-se de seus caprichos infantis adquiridos através de uma vida extremamente materialista na Terra, terminavam por conscientizar-se das promessas feitas antes de reencarnarem. Promessas feitas, mas não cumpridas. E, então, passou a apresentar-se naquelas "telas vivas" do palco, o choro e a lamentação dos exilados: os que se colocaram à esquerda do Cristo; os que preferiram ser lobos, ao invés de cordeiros de Deus.

Alguns poucos conseguiram dominar seus instintos inferiores e vencer. Muitos destes, auxiliados por irmãos benfeitores que desceram à Terra, já na condição de eleitos, apenas para auxiliar os irmãos de boa-vontade.

Uma cena do espetáculo que emocionou a todos, foi a de uma nobre mulher que já havia adquirido o passaporte para a Nova Era, mas por extremo amor retornou à Terra com seu marido de diversas encarnações anteriores, que estava por um fio para ser exilado. Tanto ela trabalhou pelo engajamento do marido no caminho do Bem, que obteve sucesso. O marido e ela converteram-se ao Espiritismo e, paulatinamente, ela conquistou a sincera renovação interior do companheiro. O que permitiu o ingresso de seu amado para ser cidadão da Terra na Nova Era.

Retornando ambos ao plano espiritual, compreenderam plenamente a importância grandiosa do Bem e do cultivo da fé em uma vida superior. E receberam de Deus e de Jesus valiosa recompensa. O marido, reconhecendo todo o esforço de sua esposa para promover a sua reforma íntima, ajoelhou-se e beijou-lhe as mãos em sinal de gratidão.

As últimas cenas do primeiro ato foram referentes à descida à Terra de espíritos missionários para desenvolver tecnológica e espiritualmente o planeta para o terceiro milênio. Cientistas trazendo descobertas, principalmente, para a área médica. Também foi mostrado o desenvolvimento de formas alternativas de energia e diversas descobertas que as almas dedicadas aguardavam ansiosamente a autorização de Jesus para descer ao mundo e revelar.

Foram mostrados, também, os missionários designados para a revelação da nova concepção religiosa para o terceiro milênio: O "Consolador Prometido por Jesus". As manifestações puras, como a Doutrina Espírita e outras, que buscam revelar a vida e os ensinamentos de Jesus sem a fantasia e a burocracia decadente daqueles que se intitulam donos da verdade. A revelação de ensinamentos que libertarão os homens da cegueira espiritual, fazendo-os compreender os mecanismos da vida criada por Deus.

O único dos missionários, ainda encarnado, dos que foram projetados no espetáculo e de quem podemos revelar o nome, segundo orientações dos Espíritos Amigos, foi Chico Xavier.

No final desta etapa do espetáculo, surgiu uma grande luz nas zonas de trevas, o que propiciou uma cena comovedora: Uma multidão de sofredores com os corpos enlameados, com as roupas rasgadas e com expressões de cansaço nos rostos disformes. Todos com os olhos inchados de tantas lágrimas. Todo o orgulho e toda vaidade dos que se achavam donos do mundo e que acreditavam que a vida deveria ser vivida de forma que atendesse plenamente a seus desejos, sem preocupar-se com seu semelhante. Um dos homens, apesar da roupa em frangalhos, portava, ainda, na cintura, um telefone celular. Vi o momento em que ele lançou ao chão, com raiva, o aparelho. E vi seu olhar que traduzia a efemeridade das riquezas materiais. Onde estava, agora, aquele orgulho, aquela infeliz vaidade, aquela prepotência, aquela falsa visão de vida ideal?

A cena lembrou-me a passagem do Evangelho na qual Jesus recebe a humanidade no "dia do juízo" e lhes diz que todo aquele que o vestiu, que lhe deu de comer e lhe deu de beber receberia o seu reino. E um dos que ouviam pergunta: Senhor, quando Te vestimos, quando Te demos de comer e de beber? E Jesus responde: "Toda vez que o fizestes a um desses pequeninos irmãos, a Mim o fizestes". Infelizmente, aqueles que ali estavam desconheciam o significado da palavra caridade e jamais haviam assistido a alguém em nome de Jesus.

Tantos séculos de desprezo e desrespeito para com Deus e Jesus! Jamais haviam acreditado em Deus verdadeiramente, apenas simulavam uma falsa crença quando alguma pessoa conhecida desencarnava. As tradicionais palavras: "Ele deve estar com Deus". Ou então, nos momentos de dificuldade: "Deus vai nos ajudar". Mas nos momentos de paz e riqueza, somente pensavam em extravasar os instintos inferiores. Os sentimentos de ódio e inveja, a maledicência, prejudicar o próximo em benefício próprio. Tudo para si, nada para seu semelhante. Estas eram sempre "as ordens do dia".

A cena entristeceu o teatro. A "imagem viva" daquele povo sofrido no centro do palco, em um ambiente sujo e escuro, iluminado apenas pela grande luz que surgiu em cima de suas cabeças.

Muitos ali presentes dedicaram séculos para auxiliar a estes que estavam sendo mostrados no palco. Tudo parecia em vão..., mas não era. Na vida imortal, nós adquirimos "luz" por etapas. Aquela etapa na Terra ficaria marcada naquele povo exilado, preparando-os para a nova caminhada que deveriam empreender.

Eles sentiam que a perda do paraíso Terra estava próxima. Sentiam isto no fundo d'alma. Morderam a maçã do pecado e, como na lenda de Adão e Eva, deveriam perder a beleza e o progresso tecnológico do paraíso Terra.

Após alguns minutos de silêncio, uma voz ecoou no anfiteatro. Era a primeira voz direta do espetáculo, até o momento somente a narração no âmago da música identificava a articulação de palavras.

— Meus filhos — era a voz de Cristo, eu tinha certeza. Estava sendo reproduzida fielmente pelo grande órgão dirigido pela bela moça, que ficava em um elevado do palco — termina aqui o prazo para a renovação interior segundo as leis do Criador. Irmãos abnegados esforçaram-se para fazer da Terra um mundo de paz. Mas nem todos quiseram vencer suas imperfeições do espírito; alguns alimentaram o ódio, o egoísmo, a inveja e todos os sentimentos inferiores do espírito. E, portanto, deverão viver em um mundo onde o progresso ainda dormita. O exílio dos que se negaram ao progresso mostra a misericórdia e a justiça de Deus. Para os que ficam na Terra, a paz para a manutenção do progresso e da felicidade, tão rara nos dias atuais. Pois para que a paz se mantenha em um ambiente tecnologicamente avançado é necessário que o espírito esteja liberto das inferioridades que geram intrigas, guerras e desavenças. Para os que partem para o exílio, a certeza da grande oportunidade de viverem em um mundo sem conforto e sem facilidades, o que geralmente convida as almas vacilantes para as paixões inferiores, alimentando as tendências negativas nos espíritos invigilantes. A falta de recursos de toda ordem e o perigo constante que rondará a todos na nova morada fará com que desenvolvam o espírito de solidariedade e respeito mútuo, estimulando-os para o trabalho honesto que enobrece a criatura e conduz todos à almejada felicidade. Que Deus abençoe a todos na nova caminhada e não esqueçam que o Pai está presente em todo Universo, e, principalmente, no coração daqueles que procuram a luz com boa-vontade. Espíritos abnegados estarão amparando a todos na nova caminhada, onde terão novos instrutores. Orem e peçam a intervenção divina para que conquistem forças para a renovação de suas vidas.

Ao perceberem que era o fim do pronunciamento e libertos da forte energia magnetizadora de Jesus, que lhes prendia a língua, a turba enlouqueceu, rompendo o silêncio. Muitos choravam desesperadamente; podíamos ouvir frases soltas na balbúrdia ensurdecedora.

— Não meu Deus! Meu Deus! Me perdoa. Eu vou ser melhor. Eu vou me esforçar, mas deixa eu ficar.

— Eu não quero ir, tenho medo!

— É um engano, um maldito engano! Houve um erro. Eu sou puro, puríssimo. Dediquei-me integralmente aos vossos ensinamentos.

— Maldito Nazareno! Quem tu pensas que és para nos condenar? Nós voltaremos! Nós voltaremos para a vingança!

O barulho e as imagens foram diminuindo até cessarem por completo. Era o fim do primeiro ato.

Os técnicos do espetáculo começaram a higienizar o palco. Uma luz forte começou a surgir no centro do espetáculo, as cores pálidas de tom pastel deram espaço à formação de uma paisagem igual à da cidade em que estávamos. Pássaros cantando, paz e amor no ar, era o início do segundo e último ato. A Nova Era surgia para os eleitos de Cristo. A paz prometida por Jesus no Sermão da Montanha começando a se concretizar no mundo dos homens.

Na Terra, agora, estavam encarnados os eleitos para a Nova Era. Um novo olhar nos corpos físicos, agora habitados por espíritos de escol.

Muita paz, alegria e progresso.

Na direção das empresas homens íntegros, honestos e preocupados com a coletividade e não apenas com seus bolsos. No corpo das organizações irmãos dedicados e com vontade de trabalhar para trazer sua parcela de contribuição para a sociedade. Não mais aqueles trabalhadores que reclamavam o dia todo do trabalho e trabalhavam com má vontade, pensando apenas no final do expediente, quando poderiam tomar sua "cervejinha" ao som de uma música primitiva. Agora os trabalhadores procuravam, após o trabalho dedicado, o lazer em companhia da família, com os filhos nos parques e nas quadras de esportes, longe dos vícios degradantes.

Na direção dos países, não víamos mais, nas cenas do espetáculo, os políticos corruptos e prepotentes; foram todos exilados. Agora, políticos trabalhadores e preocupados com o bem-comum. Sem a avidez por dinheiro que não lhes pertence, as verbas públicas começaram a seguir o caminho devido.

Os meios de comunicação deixaram, então, de escravizar o povo com suas notícias tendenciosas. Eles, na Nova Era, não mais atendiam aos grupos de interesses, passando a atender, única e exclusivamente, à verdade e ao bem-estar cristão.

Capitalismo, Comunismo e Socialismo tornavam-se palavras do passado. As cenas demonstravam não existir mais a ambição doentia por dinheiro e consumos fúteis. O status da riqueza era algo decadente e ultrapassado. O que vale, no terceiro milênio, são as riquezas do coração. Os que ainda acreditavam em posições sociais eram apenas dignos de piedade cristã!

Todas estas cenas surgiam à nossa frente em indecifrável paz e beleza. Um mundo novo e perfeito. Utopia? Não! A realidade que nos espera quando consolidar-se a transição que já estamos vivendo.

Claro que tudo não ocorrerá da noite para o dia, mas as novas gerações, com certeza, começaram a sentir as mudanças que já estão se materializando entre nós por vontade divina. Mas, sem dúvida, os da direita do Cristo reencarnarão novamente na Terra e poderão usufruir "o que lhes foi preparado desde o início do mundo".

No final do espetáculo, surgiu no palco a imagem de um homem com seu filho folheando um livro de história antiga. O menino olhando as gravuras de guerra, perguntou ao pai:

— Pai, o que é isto? Que roupas e máquinas são estas?

O pai do menino olhou para o céu e para a natureza ao seu redor. Apreciou a beleza e a paz que os cercava. Inspirou profundamente aquele ar puro e revitalizante. Fechou os olhos e agradeceu a vida feliz que podiam ter agora: A felicidade que Jesus tanto havia prometido. O mal finalmente havia sido varrido do mundo. O homem olhou então para o seu filho e disse:

— Meu filho, isto que tu vês faz parte de um triste passado. Tempo em que o homem fingia acreditar, ou não acreditava, em Deus e na vida imortal. Esta posição da humanidade em relação a Deus levou-os a esquecer os conceitos mais básicos de amor e de paz.

O pai do jovenzinho esboçou um sorriso e continuou:

— Mas, hoje em dia, nós cremos, com convicção, em Deus, em Jesus e na vida imortal. Isto faz-nos mais fortes e otimistas e, principalmente, faz-nos respeitar e amar os nossos semelhantes. Esta nova concepção de vida faz com que este passado que tu vês neste livro jamais venha a se repetir.

A cena congelou-se na tela e a música tomou um "quê" de encerramento. Todos levantaram-se dos assentos para aplaudir o espetáculo.

Os componentes da companhia Filhos do Vento corriam de um lado ao outro do imenso palco para agradecer os efusivos aplausos; enquanto isso a última imagem do espetáculo começava a desfazer-se no palco, como se fosse um desenho, feito no céu, pelos aviões da "esquadrilha da fumaça". A música prosseguia, apesar da moça que a executava ter descido ao palco para unir-se aos companheiros e receber os aplausos. Certamente ela controlava o aparelho à distância.

Todos aplaudiam comovidos. Comecei a percorrer a platéia com o olhar e mesmo com um público gigantesco lotando as dependências do teatro, eu encontrei Gabriel e seus amigos. Vi as lágrimas correrem de seus belos olhos verdes. A emoção também o invadira, como havia me invadido. Pensei nas histórias que Gabriel teria a nos contar no decorrer destas páginas. Fiquei feliz. E mesmo estando em outra dimensão, apenas assistindo mediunicamente às cenas que se desenrolavam, continuei aplaudindo, em lágrimas, o espetáculo.

A História de um Anjo

5.
Conversa entre dois irmãos

Encerrado o espetáculo, saímos do teatro para breve palestra. Gabriel e seus amigos continuaram no interior do recinto para cumprimentar os artistas e trocar idéias sobre o tema central do espetáculo.

Hermes e eu ficamos andando em silêncio por alguns minutos. A meu pedido, nos direcionamos para a colina na qual Jesus e outros espíritos de elevada hierarquia espiritual costumam falar aos cidadãos daquela cidade.

O incansável amigo analisava meus pensamentos, mas aguardava pacientemente a minha iniciativa com vistas a esclarecer-me sobre tudo que acabáramos de ver.

A brisa noturna lhe desarrumava levemente os cabelos, e ele sem afetação os ajeitava para trás, mantendo a sua serenidade habitual. Dois passos mais e paramos sob frondosa árvore. E, então, comecei a bombardear o solícito amigo com uma série de perguntas. Entre nós, apenas uma graciosa coruja de olhos vivíssimos, que analisava os movimentos noturnos com interesse, acomodada confortavelmente em um dos galhos da árvore que nos servia de abrigo.

— Irmão, durante o espetáculo percebi a profundidade do momento que a humanidade ora vive. Será que a Providência Divina não deveria ser mais direta nos avisos? Atualmente a humanidade está a ridicularizar as profecias que alertam os homens sobre o momento chegado. Não seria melhor uma intervenção mais direta para acordar os encarnados?

— Meu amado irmão, não te iludas. Os nossos irmãos encarnados no plano físico sempre tiveram as mais contundentes provas sobre as verdades espirituais, mas, infelizmente, se deixam facilmente envolver pelo meio que os cerca, escravizando-se, então, aos conceitos materiais, que, a tudo que seja espiritual, alegam ser ficção ou fantasia de mentes doentias. Quantos freqüentam as mais diversas religiões e quantos são sempre lembrados pela suas próprias consciências de que o momento é chegado! A cada novo terremoto se perguntam: "Não será verdade?" Pena que fiquem apenas na pergunta.

Tu sabes, tão bem quanto eu, que Jesus não espera de nós uma adoração fanática mas, sim, uma postura evangélica. Buscarmos viver conforme seus ensinamentos. É isso que ele espera de todos nós. Bastaria ao homem integrar-se, sinceramente, aos seus ensinamentos e estaria liberto de todas as dores e sofrimentos. Mas, infelizmente, a grande maioria dos nossos irmãos, ainda vinculados à carne, busca sempre as realizações materiais, relegando a segundo plano a glória do espírito.

— Sim, tens razão. Por quantas vezes as profecias se concretizaram, e nada da humanidade acordar. Lembro-me agora de quando Jesus disse que não ficaria pedra sobre pedra em Jerusalém no século I. Poucos acreditaram, mas no ano 70 da era cristã as guarnições romanas destruíram a cidade santa, comprovando as proféticas palavras do Rabi da Galiléia.

O irmão Hermes, vendo que eu havia encontrado a linha de raciocínio que ele estava seguindo, sorriu e continuou tecendo sábios conceitos.

— Roger, nos momentos de reflexão, todos nós, do pobre ao rico, do ignorante ao sábio, encontramos dentro de nossa consciência a verdade Divina, porque somos partes do Pai; somos centelhas divinas. Quando estamos em meditação ou em oração conseguimos nos sintonizar com as freqüências espirituais superiores, ou seja, nos ligamos a Deus. Através deste estado da alma, nos é possível pressentir a intuição amiga daqueles que estão à nossa frente na estrada da evolução. Assim, todos nós podemos receber diariamente o convite divino que Jesus nos oferece ao coração. O convite para ingressar no seu reino de paz e de luz. Podemos, também, sentir que o caminho pelo qual segue a humanidade não é o caminho da luz, porque desrespeita os sagrados ensinamentos daquele que sintetizou na Terra a fórmula mais perfeita de bem viver.

Tenho certeza de que o amorável benfeitor sentiu todo meu respeito e carinho por suas palavras naquele momento. Meus olhos ficaram marejados de lágrimas, como que demonstrando a minha profunda gratidão pelas sábias elucidações que o mentor amigo se dispunha, humildemente, a me ofertar.

Parecia-me, até mesmo, que a coruja que nos fazia companhia estava envolvida pelo magnetismo puro que emanava do peito do irmão Hermes. Ela olhava em nossa direção, agora, com os olhos vidrados na excelsa figura do nobre amigo. Serenei minhas idéias somente porque Hermes havia nos explicado que estávamos apenas assistindo às cenas que se desenrolavam sem delas participar, portanto, seria impossível para a ave noturna notar nossa presença, como eu estava a suspeitar.

Voltando os olhos ao meu amigo e benfeitor, questionei-o sobre as mudanças que ocorrerão após os procedimentos do juízo final na Terra. As bem-aventuranças, o progresso, a paz. A felicidade eterna, entre os encarnados, enfim.

— Acreditas — respondeu o amigo — que Deus em toda a sua bondade e perfeição permitiria indefinidamente o domínio do mal? A oportunidade de crescimento espiritual foi dada a todos. Através de diversas encarnações o espírito obteve de seu justo Pai as mais diversas posições sociais e as mais variadas condições de vida para manifestar sua índole. O tempo passou, alguns decidiram-se pela "porta estreita", que é o cultivo das virtudes que exigem da criatura despreendimento e grandeza interior; outros, já, resolveram seguir pela larga porta das iniqüidades humanas. Mas chega agora o momento em que os da direita do Cristo devem prosseguir sua caminhada para o progresso espiritual, que lhes é devido por direito sagrado, segundo promessas de Jesus há dois mil anos passados. Portanto, segundo determinações do Alto, a paz deverá reinar na Terra e aqueles que não forem compatíveis com esta nova ordem mundial deverão seguir para um novo mundo que seja ingrato cúmplice das mazelas humanas!

Analisando as colocações do meu sábio amigo, enveredei para os campos da Sociologia.

— Irmão Hermes, analisando tuas palavras sou levado a crer que, em breves décadas, o sistema capitalista será completamente eliminado da face do planeta. Estou enganado?

Hermes ponderou, por alguns segundos, sobre a resposta que iria dar. Ele sabia, melhor do que eu, as conseqüências de uma resposta como esta, quando mal-entendida. Após detida análise sobre minha pergunta, expôs com segurança:

— Nobre irmão, como tu sabes, todos nós somos espíritos em diferentes estágios de evolução, portanto não podemos jamais determinar o que é certo e o que é errado, pois há uma infinidade de pontos de vista sobre os quais nem sempre temos o alcance para podermos efetuar justo parecer. É por este motivo que o Mestre Jesus recomendou-nos "não julgar", para que não viéssemos a ser julgados na mesma medida. Mas, analisando friamente o sistema capitalista, logo vemos a incompatibilidade com os ensinamentos de Jesus. O Mestre dos Mestres ensinou-nos que não deveríamos "guardar riquezas onde a traça rói e a ferrugem consome" e sim, ensinou-nos a guardar riquezas no coração, onde vencerão os séculos até a eternidade. Nestas palavras Jesus demonstra a sua profunda sabedoria, alertando a humanidade sobre o risco do apego aos bens materiais em detrimento dos bens espirituais. Adverte-nos o Senhor da Terra quanto ao verdadeiro patrimônio! As riquezas da alma são imperecíveis, meu querido irmão! Lembremos, também, do diálogo de Jesus com o jovem rico. O rapaz disse ao Mestre que guardava todos os mandamentos e perguntou-lhe o que lhe faltava para ingressar no reino de Deus. O amoroso Mestre o adverte da necessidade de libertação das riquezas materiais, convidando o mancebo a viver só com o necessário. O rapaz, então, vira as costas para Jesus e segue seu rumo cabisbaixo. O Cristo de Deus, com seu olhar meigo e sereno, profere, então, mais uma de suas imorredouras máximas: "Em verdade vos digo que é bem difícil que um rico entre no reino dos Céus. E digo-vos ainda: É mais fácil um camelo passar pelo fundo de uma agulha do que um rico entrar no reino dos Céus".

Hermes, inspirado pelos céus, aguardou alguns momentos para que eu pudesse digerir suas profundas conclusões. Olhou o firmamento, como quem conhece a posição e os nomes de todas as estrelas que embelezam as noites da Terra, e continuou:

— Lembras-te de Zaqueu, Roger? — Assenti com a cabeça, enquanto Hermes narrava as passagens evangélicas com notável simplicidade. — Zaqueu, desprezado pelos seus conterrâneos, devido a ser coletor de impostos, recebeu a dádiva da visita de Jesus em sua casa para a ceia. Todos no povoado indignaram-se com Jesus: "O que faz o Messias na casa daquele impuro?" "Quantos de nós poderíamos ofertar-lhe uma casa mais digna para a ceia?" Aqueles homens não sabiam que Jesus veio à Terra para auxiliar os enfermos da alma, e não para ser adorado e venerado por almas ociosas. Zaqueu, então, agradecido e emocionado com as palavras de Jesus, disse ao amoroso rabi: "Mestre, meu coração nunca esteve envolvido por tão grande felicidade como agora. Eu estou tão feliz com a tua presença e com a tua palavra, que reconheço ser Divina, que hoje doarei metade de minha fortuna aos necessitados e indenizarei a todos a quem eu tenha prejudicado". Jesus, esboçando no rosto aquele inesquecível sorriso, disse a Zaqueu: "Esta casa recebeu hoje a salvação, pois este é também filho de Abraão; porque o filho do homem veio para procurar e salvar o que estava perdido".

Ouvimos, também, da boca de Jesus que não se pode servir a Deus e a Mamon, ou seja, a incompatibilidade de unir a evolução espiritual à exploração dos nossos semelhantes, pois o capitalismo é isto: alguns ganham muito mais do que lhes seria necessário, devido ao seu ávido desejo de riqueza, enquanto outros passam por provações e necessidades devido à má distribuição das riquezas de uma nação.

Realmente, as palavras do irmão Hermes eram inquestionáveis. Os homens tentam se enganar, mas não há dúvida, Jesus não era um adepto do capitalismo, tanto que usava, em sua caminhada pelo plano físico, roupas humildes e andava descalço. Ele enaltecia constantemente a necessidade da prática da caridade, mas não a caridade de dar uma esmola aqui e outra ali, mas a caridade no sentido mais amplo: a caridade fraterna, onde todos poderiam viver em igualdade de direitos, como verdadeiros irmãos.

— Sim Roger, Jesus procurou ensinar basicamente aos homens o espírito de caridade, de auxílio mútuo, de respeito aos seus semelhantes. Nosso Senhor buscou conscientizar a humanidade encarnada sobre a responsabilidade que temos, uns para com os outros. As verdadeiras virtudes do espírito estão na busca de um crescimento espiritual coletivo. Todos juntos crescermos para Deus. Estendermos os braços para nossos irmãos e dizermos: — Vem! Ensinar, buscar, resgatar aqueles que estão perdidos na estrada da ignorância. Os Evangelhos narram que Jesus no alto da cruz disse: "Pai, porque me abandonaste!" Na verdade esta frase está errada. Houve um grande erro de tradução na conversão do Texto Sagrado para as línguas latinas. Jesus, naquele momento disse verdadeiramente: "Pai, quanto me glorificas!" Para Jesus, a oportunidade de morrer pela confirmação de seus ideais, de seus ensinamentos, era um momento de grande alegria. Senhor do Céu e da Terra, Ele sabia que no futuro a sua imolação no alto da cruz libertaria milhares de almas das trevas da ignorância. Os seus ensinamentos de caridade e amor vivem até nossos dias, porque Jesus viveu, na íntegra, o que ensinou.

Eu estava completamente empolgado com a nossa conversa. Senti em Hermes a concordância com conceitos em que há muito eu acreditava. E, então, o amorável mentor, olhando no fundo dos meus olhos, disse-me:

— Roger, não te iludas quanto a outros sistemas sociais no momento. Condenamos, sim, o capitalismo; mas não penses que o socialismo e o comunismo, nos moldes como o conhecemos, resolveriam os problemas da Terra. Vê o exemplo dos países soviéticos. Eram países socialistas, mas vê como se encontram atualmente. O problema da humanidade não está em sistemas sociais determinados por um grupo de políticos que toma o poder material sobre determinado país. O problema está na condição moral em que se encontram os moradores deste planeta. Mesmo as próprias religiões, que deveriam ser símbolos de desprendimento e renúncia: nelas não existem adeptos que distorcem os ensinamentos do Cristo a seu bel-prazer para atender seus interesses? Alguns até alegam ser necessário ter muita riqueza e poder. Quando são chamados à verdade com lembranças sobre a pobreza e humildade de Jesus, logo se defendem, dizendo que Jesus era um rei, o rei dos judeus, e portanto, Jesus era rico, pois nenhum rei pode ser pobre. Quanto disparate!!

— E então — perguntei — que posição devemos tomar? Que atitude devemos tomar ante a busca da igualdade entre os homens, segundo o Cristo?

— Devemos seguir verdadeiramente o Cristo. Não devemos ser capitalistas, socialistas ou comunistas, mas sim, cristãos. Lembremos sempre, em nossa caminhada no plano físico, que devemos deter em nossas mãos somente o necessário para termos condições dignas de vida, retornando aos necessitados o nosso excesso. Recordemos as palavras de Jesus a Judas: "Judas, não permite que a bolsa que carregas em nosso nome pese em tua consciência". E constantemente Ele o lembrava de arrecadar somente o necessário. Esta é a posição que devemos tomar. E não devemos perder tempo com discussões estéreis, porque há muito trabalho a ser realizado. Quando for a vontade de Deus ocorrerão as transformações sociais, como após o período de "final dos tempos".

— E quanto às heranças? — perguntei.

— É mais uma falha dos homens que será consertada ao seu tempo. Somente o trabalho deve ser fonte de riqueza. Vê na obra espírita mais vendida no Brasil, "Nosso Lar", de André Luiz, psicografada por Chico Xavier. Na colônia espiritual em que vive André, todos recebem seus direitos sociais através de bônus-horas. Ninguém fica ocioso desfrutando de uma riqueza que não conquistou. Aquele que negar as bênçãos do trabalho, não poderá viver em cidades astrais de paz e harmonia, como esta em que estamos neste instante. Esse irmão preguiçoso será arrastado para as zonas de trevas, que são perfeitamente compatíveis com o ócio, filho da preguiça e pai de todos os vícios. Infelizmente, as fáceis heranças da Terra transformam a grande maioria, em infelizes peregrinos de reencarnações de resgate de dívidas para saldar os débitos de uma vida improdutiva e, muitas vezes, com requintes de crueldade e prepotência para com seus semelhantes. É por estes motivos que não devemos questionar os desígnios de Deus. O amoroso Pai sabe melhor do que nós o que é melhor para a nossa evolução. O capitalismo, as guerras e todo tipo de arbitrariedades dos homens vivem ainda hoje em dia, para que o espírito em evolução possa colher o que plantou. Em uma encarnação rico, na outra pobre. Em uma encarnação senhor, na outra escravo. Sábias palavras de Jesus: "O que o homem semear, isso também colherá" e "A cada um será dado segundo suas obras". Esta é a lei do Carma e da Reencarnação, fundamento da Doutrina Espírita.

Lágrimas correram de meus olhos. Quanto a aprender! Que Deus perdoe o meu espírito inquieto. E que Jesus ilumine meu coração para que eu não venha mais a questionar a Sabedoria Divina, onde tudo é perfeito. Nós, em nossa imperfeição, é que não conhecemos os mecanismos da vida criada por Deus.

Irmãos, não venhamos jamais a blasfemar contra Deus, devido a problemas que nos assaltam o espírito. Muitas vezes não compreendemos o recado Divino que recebemos através da dor e do sofrimento. Ficamos irados, revoltados. Agredimos a Deus com a descrença e o desrespeito. Dizemos que Deus não existe, e se existe, é um carrasco cruel por nos imputar tão doloroso sofrimento. Mas Deus e Jesus, Nosso Senhor, jamais buscam nos fazer sofrer por punição ou por sadismo. A dor nos assalta para que acordemos para o cultivo de verdadeiros valores, que nos permitirão o ingresso para o Reino da Paz. Bem-aventurado aquele que percebe o convite Divino, serena o ânimo, medita na intervenção divina e busca, através da fé, vencer o obstáculo que lhe é apresentado para sua evolução. Irmãos, "Pedi e obtereis" — "Batei e abrir-se-vos-á". Nos momentos de dor e aflição, vamos orar. Pedir o auxílio divino, porque anjos de luz descerão à nossa porta para o devido auxílio. Devemos apenas manter a paz, buscar resolver a situação segundo o Evangelho de Jesus, fazendo aos nossos semelhantes somente o que gostaríamos de receber e aguardar a ação benéfica do tempo e dos emissários de Jesus, que amparam sempre aquele que busca o Auxílio Divino com sinceridade no coração.

Agora fui eu quem emocionou o ambiente. Olhei para o querido irmão Hermes, que me direcionava um olhar de gratidão pelas palavras, que eu, inspirado pelos outros espíritos amigos, havia composto mentalmente. Olhei para mim. Oh! Divina surpresa! Meu corpo espiritual estava envolvido por bela luz. O irmão Hermes, cativado pelas minhas palavras e pela minha expressão infantil de felicidade, colocou a mão em minha cabeça e puxou-me em direção a seu iluminado peito, ofertando-me amorável abraço.

A conversação entre nós cessou por alguns instantes. Sentia que Hermes orava em agradecimento a Deus pelo inenarrável momento. Fiquei magnetizado pela atitude do carinhoso irmão. Eu somente desfrutava do abraço amigo, do qual, sinceramente, não me achava merecedor. Coloquei a dádiva na conta da infinita misericórdia que Jesus tem alcançado a meu fraco espírito em todos estes séculos de aprendizado.

6.
No Templo da União Divina

Quando olhei novamente para a árvore, a coruja já não estava mais lá. Sequei na blusa meus olhos marejados de lágrimas. O irmão Hermes sorriu-me e disse:
— Vamos, Roger. Gabriel está indo agora para outro compromisso que queremos que narres aos encarnados.

Segui seus passos. Desta vez não houve preparações; Hermes pegou-me pelo braço e saímos volitando para o ponto mais alto do Império do Amor Universal: o vértice superior do Grande Triângulo, onde fica o templo da União Divina.

Alguns segundos e estávamos pousando, levemente, em frente ao mais belo templo religioso que a imaginação humana poderia conceber. O efeito noturno dos vegetais, com sua luz, que chamarei novamente de "luz natalina", por me faltarem elementos de comparação, era esplendoroso! Em volta de toda a magnífica construção existem trepadeiras com esse mesmo efeito de luz, passando-nos a impressão de o prédio estar graciosamente decorado com fios de luz. Não me deterei muito nos detalhes deste local, porque é algo Divino, muito além de minhas limitações. Sinto desde já que a minha narração será pobre neste capítulo, em comparação com o que meus olhos e meu coração viram naquela inesquecível noite.

Entramos no grandioso templo. Grande realmente, com capacidade para vinte cinco mil espíritos. É óbvio deduzir que em uma cidade altamente elevada como esta, todos os cidadãos são freqüentadores assíduos de locais para oração e meditação. Existem em torno de mais de duzentos templos como este em toda a cidade, claro que em proporções bem menores.

Todas as noites são realizadas, lá de cima, orações e difusões de energias sublimadas para a Terra. Caso o plano superior não executasse esta providência, a Terra, hoje, com certeza, estaria mergulhada no mais completo caos. Os homens, em geral, só sabem poluir a atmosfera astral com seus pensamentos negativos e destrutivos. Os da direita do Cristo, ao contrário, purificam esta atmosfera permitindo um reequilíbrio dos centros energéticos do planeta.

Este trabalho de inegável amor à humanidade evita o descontrole completo dos rumos de evolução espiritual da Terra. Confidenciou-me o irmão Hermes que, se não fossem realizados tais trabalhos, como narraremos a seguir, graves crises já teriam envolvido o plano material, inclusive com a deflagração de uma guerra mundial entre as maiores potências nucleares da Terra.

Tal trabalho, de irradiação de energias positivas com o amor do Cristo, é realizado por diversas cidades espirituais de elevada luz da Terra e, também, por algumas associações religiosas entre os encarnados.

Já dentro do grande templo, emocionei-me com a vibração espiritual ali contida. Senti como se o que há de mais puro e sublime na Terra ali estivesse presente. A acrópole imensa, tanto no comprimento como na altura, passava-me a sensação de que Deus, presente em toda a criação, ali estava mais pleno, mais presente. Eu podia sentir o seu infinito Amor e sua poderosa Mente a envolver-nos nos mais sublimes sentimentos da alma.

A cúpula da imensa catedral, toda de vidro, permitia-nos a visão do firmamento repleto de estrelas. Nas paredes laterais viam-se belíssimos vitrais, com pinturas sacras, dos mais famosos pintores que a humanidade conheceu. Detive-me num vitral, que mostrava a cena do calvário de Cristo, pintado pelo fantástico "Miguel Ângelo". A perfeição dos traços naquele quadro era realmente impressionante. O rosto de Jesus estava ali desenhado perfeitamente, sem as distorções naturais da época renascentista na Terra, onde os grandes pintores, por não conhecerem diretamente Jesus, o pintaram com um rosto cheio, contrariando sua verdadeira feição: magro e com um rosto angular, com um porte nobre, que na Terra nenhuma pintura poderá igualar. Faço estas afirmações porque, por mais incrível que possa parecer, eu pude ver Jesus, a poucos metros de mim. Como narrarei mais adiante, nesta obra.

Como foi explicado anteriormente, não existe madrugada nesta cidade, portanto as manhãs, as tardes e as noites são mais longas; enquanto na Terra contamos com quatro turnos de seis horas, aqui, onde não podemos nos basear nos padrões materiais, temos a impressão de que temos três turnos de oito horas, levando-nos a entender como estes espíritos podem realizar tantas atividades à noite. Após um espetáculo de quase duas horas de duração, estão eles agora aqui, para mais uma atividade muito interessante, que, pelo que pude perceber por nossos padrões, estava transcorrendo em um horário por volta das onze horas da noite de nosso relógio material.

O irmão Hermes solicitou-me atenção e uma postura digna de quem está na casa de Deus, ou seja, já não estávamos mais assistindo a um espetáculo de teatro. Estávamos, agora, trabalhando com o Cristo em uma tarefa de impressionantes resultados.

Um iluminado irmão, conhecido como Natanael, solicitou a todos concentração para que fosse realizada a prece de abertura da mega reunião com vinte e poucos mil participantes. Havia em todo o ambiente um sistema de som impressionante. Mesmo com tanta gente e com um espaço tão grande, podíamos ver e ouvir tudo como se estivéssemos em um pequeno salão. O irmão Natanael estava a mais ou menos duzentos metros de nós, no entanto, sentia-o, via-o e ouvia-o como se estivesse a dois metros de mim. Não sei explicar como isso funciona, só sei que os amantes da realidade virtual iriam se apaixonar!

Após a solicitação do irmão Natanael, eu notei que a cúpula do Grande Templo da União Divina começou a ficar iluminada por poderosa luz. Percebi que era devido à concentração de todos, unidos que estavam por um ideal superior. Então, o dirigente das atividades, no centro de todas as atenções, elevou uma súplica a Deus, em nome de todos os presentes:

"Pai, Criador da vida em todo o Universo,

Senhor Jesus, governador do Céu e da Terra,

Arcanjos coordenadores dos desígnios do Alto neste mundo.

Solicitamos, neste instante, a permissão para tornarmo-nos instrumentos do infinito amor e misericórdia de Cristo.

Sabemos como são fracas as nossas forças para empreender tamanhas transformações entre os encarnados, portanto, Senhor, compadece-te de nós iluminando nossas almas, para assim, conquistarmos o poder da oração, instrumento que a tudo transforma.

Cremos na força do Amor e no poder da Verdade; cremos, também, que a felicidade está no trabalho santificante e que, sem ele, estaríamos envoltos nas trevas da ociosidade.

Portanto, ó Senhor! Permite-nos ser, neste momento, teus obreiros para a transformação do mundo.

Onde houver ódio, que a nossa súplica leve o amor,

Onde houver guerras, que a nossa humilde intenção leve a paz,

Onde houver dor, que a nossa tentativa leve o alívio,

Onde houver mentira, que a nossa fé em ti leve a verdade,

Onde houver o mal, que a nossa determinação leve o poder

inabalável do Bem.

Permite-nos, Senhor, ser sempre teus dedicados trabalhadores, para que no futuro, junto contigo, possamos nos regozijar com a paz no mundo.

Então, Senhor, neste momento, pedimos-te que aceites nossa doação aos sofredores do mundo, aos ignorantes da verdade para que a todos ilumine.

Temos pouco, mas o pouco que temos te damos de todo o coração.

Amém."

Ouvindo o "Amém" da belíssima oração proferida no imenso templo, abri os olhos. Oh, que espetáculo fantástico! O templo estava completamente tomado por imensa luz e pude ver silhuetas de espíritos de quintessênciada luz. Davam-me a impressão de que éramos médiuns encarnados realizando trabalhos de materialização com espíritos, ou seja, quanto mais perfeito torna-se o espírito mais ele chega a dimensões de vidas superiores. Pensava eu que já estava no céu, naquela cidade de luz, mas o irmão Hermes alertou-me para a verdade incontestável da evolução infinita. Temos muito ainda que caminhar; aqueles que ali se apresentavam em tamanho grau de evolução, segundo Hermes, eram irmãos de planetas superiores que, através de imenso amor aos imperfeitos habitantes da Terra, vinham ofertar a sua "luz". Veria eu processo semelhante, que logo será narrado, nas zonas de trevas, onde espíritos de baixíssima vibração, também, não notariam a nossa presença, como se eles estivessem encarnados e nós fossemos espíritos que necessitaríamos nos materializar para sermos percebidos pelos irmãos perturbados.

Logo após a oração, eu percebi que todos mantinham uma atitude de prece íntima, permitindo o trabalho dos arcanjos ali presentes. Poderosa energia jorrava pelo teto do templo, envolvendo-nos em indescritível bem-estar. Era possível perceber que toda aquela energia, após circular por todo o santuário, era devolvida para a cúpula do templo onde era direcionada para pontos estratégicos na Terra, onde, com certeza, teria atuação determinante.

— Todas as orações na Terra — disse-me Hermes — recebem esta energia puríssima. Basta o homem pedir e obterá as bênçãos divinas. Após estes trabalhos de indescritível amor e doação, muitos na Terra recebem um nova energia para enfrentar as dificuldades de suas caminhadas. Muitas mães desesperadas recebem novas forças para enfrentar as dificuldades, muitos suicidas abandonam a idéia da atitude nefasta, muitos desequilibrados recebem o envolvimento da luz amenizando seus dramas de consciência. O ódio se ameniza entre os homens. A paz envolve os revoltados. A luz vence a treva, mas por pouco tempo, porque nós todos temos o livre-arbítrio. Somos senhores de nossos pensamentos. Se não abraçamos esta luz que recebemos, ela se desfaz. Orar e vigiar. Não basta sermos bafejados pela luz, temos que nos tornar luz. Infelizmente o espírito encarnado, envolvido pelas futilidades da vida humana, deixa-se escravizar pelas tendências inferiores, mesmo recebendo estas bênçãos, que ora tu vês. Ele não consegue assimilá-las para si, recebendo, apenas, um provisório bem-estar, que horas depois se desfaz ante a uma vibração inferior gerada por ele próprio e por espíritos obsessores que o envolvem com facilidade.

O irmão Hermes tinha toda razão. Quantas vezes não somos dignos de todo o esforço empreendido pelo Alto! Mas devemos lembrar que, como Hermes disse anteriormente, caso não fossem realizados estes trabalhos, imensas tragédias já poderiam ter ocorrido neste mundo, onde a luz ainda se faz tão fraca, devido à sua humanidade ser muito materialista e egoísta. Se houvesse um maior interesse pelos ensinamentos de Jesus tantas dores poderiam ser evitadas!

Existe um trecho de uma oração que nos diz: "Senhor, não estamos doando, quando exercermos a caridade para com nossos irmãos mas, sim, estamos recebendo, através do Teu Infinito Amor, com o qual Tu envolves aqueles que trabalham em Teu Nome". Ali, naquele instante, nós confirmávamos estas palavras. Todos estavam completamente envolvidos na mais diamantina luz, todos estavam, sim, doando, mas o que recebiam era infinitamente maior.

A luz, a energia e o trabalho de direcionamento das energias ali geradas transcorreu por bem mais de uma hora, mais uma vez lembrando: comparado com os nossos padrões de tempo e de espaço.

No encerramento, notamos que o fluxo de energia começou a diminuir, quando então um daqueles elevados mentores, de outros planos, tomou a palavra:

— Amados irmãos da Casa Terra, abençoados somos por esta oportunidade de intercâmbio entre nossos mundos. Deus nosso Pai, Jesus vosso líder, e Akeriti nosso governador espiritual, recebam nossos sinceros agradecimentos pela permissão por mais esta oportunidade de trabalho. Cidadãos do Império do Amor Universal, muito trabalho repousa sobre vossos ombros; poucos são na Terra os que possuem a vossa elevação de espírito. Cabe a vós a responsabilidade de, junto com Jesus, orientar a humanidade terrena para a luz. Que a paz e a luz do Nosso Pai envolvam a todos!

Fiquei impressionado e assustado com o que via. Senti-me como o intruso da parábola da "Túnica Nupcial" de Jesus. Todo aquele banquete de luz e eu não estava trajando a túnica nupcial imaculada para a festividade, ou seja, minh'alma não detinha o grau de pureza para tal participação. Sentia um "certo esforço" da espiritualidade maior para que eu pudesse presenciar o momento e narrá-lo de forma fidedigna. Que Deus me ampare para que eu não decepcione!

Após o pronunciamento da entidade de altíssima luz, (porque de luz ali todos eram) todas as entidades do "outro mundo" se tornaram invisíveis aos nossos olhos, aguardando somente a oração de encerramento para retornarem ao seu planeta.

Aconteceu, então, algo inesperado para mim. O irmão Natanael, dirigente da grandiosa e complexa atividade, solicitou ao irmão Gabriel a execução da oração. Hermes cutucou-me com o braço pedindo-me uma atenção especial. Cutuquei-o, também, avisando que já estava atento. O irmão Hermes chama-me muito a atenção pelas minhas constantes viagens pelos caminhos da mente.

Gabriel direcionou-se para o que podemos chamar de altar no centro da assembléia. Estava ele envolvido em grande luz. Sua cabeça brilhava como se estivesse demonstrando que poderes incríveis viviam naquela mente. Ao virar-se, vi seu peito com uma luz muito mais forte do que aquela, que o irmão Hermes costumeiramente faz brilhar em seus momentos de emoção; concluí, então, que não é só a mente de Gabriel que é brilhante, mas seu coração também abriga um estado de amor ao próximo muito mais puro que a minha fraca mente pode conceber.

O anjo de Cristo, então, olhou para as estrelas, através do imenso teto de vidro da acrópole, e proferiu as seguintes frases:

"Deus de infinito Amor, nos abençoas, nesta noite, com a presença de irmãos de outras moradas da Tua Casa.

O que fizemos para merecer tantas dádivas?

Trabalhamos sim, arduamente, em Teu Nome, mas quanto mais trabalhamos, mais nos sentimos imensos devedores de tuas bênçãos.

Onde difundimos a luz, buscando doar, sentimos a Tua presença a nos abençoar.

Às vezes, ficamos pasmos com tanta indiferença dos espíritos ainda galgando os degraus da inferioridade na evolução espiritual.

Presenciamos tantas blasfêmias contra o Teu Augusto Nome e vemos, de Ti para com eles, somente o mais puro amor

e o mais sincero amparo.
Pai, tu és realmente uma luz de inesgotável amor e compreensão.
Portanto, permite-nos trabalhar sempre incansavelmente pela tua Obra, que reconhecemos como o Caminho, a Verdade e a Vida. Caminho único a ser seguido para a glória e a felicidade!
Abre, ó Pai, no Teu Grandioso coração, um espaço para os teus filhos que te ignoram e permite que nós sejamos os Teus instrumentos para a renovação deles.
Permite, Senhor, que a luz, agora gerada, brilhe no coração empedernido do homem comum, para que ele sinta a aurora de um novo viver.
Gabriel baixou a cabeça, respirou fundo e com os lindos olhos verdes marejados de lágrimas, ergueu novamente a cabeça e continuou:
— Senhor, permite-nos também, neste instante, dedicar a Ti a oração que nosso irmão Jesus nos ensinou para Te glorificar.
Pai Nosso que estás em todo o Universo,
Santificado seja Teu Sagrado Nome,
Venha a nós o Teu Reino,
Seja feita sempre a Tua Vontade, tanto na Terra como em todo Universo,
Dá-nos, Oh Senhor, o pão do corpo e o pão do espírito,
Perdoa as nossas ofensas, e nos dá o sublime sentimento de perdão para com aqueles que nos ofendem,
E, Oh Senhor, não nos deixe cair em tentação e livra-nos de todo mal, porque são sempre Teus todo poder e toda glória.
Que Assim Seja".

Terminada a súplica de Gabriel, reparei que ele estava suspenso no ar, a alguns centímetros, com os braços abertos e com a cabeça para o Alto, envolvido em poderosa luz, como se Deus o estivesse sustentando em sua Augusta "mão".
Meu Deus! Quantas maravilhas o poder da oração direcionado com o coração pode realizar!
Aos poucos, todos foram saindo do verdadeiro estado de êxtase que envolveu o ambiente. Gabriel já descia os poucos degraus do altar central, ainda envolvido em uma luz irradiante.
O irmão Hermes, então, projetou em minha mente os locais para onde a energia gerada foi direcionada. Hospitais, países em guerra, países arrasados pela fome e pela miséria. Em todos os locais víamos transformações impressionantes nos semblantes; quase todos sentiam-se envolvidos por um estranho bem-estar,

um novo ânimo de viver e uma sensação envolvente de amar ao próximo conforme nos ensinou Jesus.

O irmão Hermes então falou:

— A oração, meu querido amigo, é poderoso instrumento quando utilizada por mãos hábeis e corações puros. Ah, se os encarnados se dessem conta disto! Quão mais fáceis seriam as suas vidas!

Direcionei os olhos para o céu e meditei. As leis de Deus, às vezes, são complicadas, mas a base da felicidade e da vitória espiritual está sempre em conceitos simples e humildes: "Ama ao teu próximo como a ti mesmo". "Ora a teu Deus com todo o teu coração e com todo o teu entendimento". Este é o resumo da lei. E devemos aliá-lo ao "Orai e Vigiai". Orar a Deus e a Jesus para mantermos o equilíbrio de pensamentos e vigiar para controlarmos o caminho pelo qual estamos direcionando nossos atos do dia-a-dia.

7.
Ao encontro de Danúbio

Todos saíram do Templo da União Divina envolvidos por efusiva alegria. Havia uma constante troca de abraços e cumprimentos. Gabriel recebia de todos fortes manifestações de apreço pela prece magnífica, que permitiu tão grandioso encerramento para o trabalho de assistência à Terra. Estas manifestações não tinham nenhum toque da bajulação que estimula a vaidade, mas, sim, o reconhecimento pela importante contribuição que Gabriel ofertou aos trabalhos, no seu encerramento.

Após os abraços, Gabriel disse aos amigos que desejava ir até o hospital espiritual da cidade para ver no que poderia ser útil. Marcus e Marianna ofereceram-se para acompanhá-lo; já os dois casais de jovens que o acompanhavam, desde o início da noite, silenciaram, como crianças aguardando o convite para permanecer ao lado de pessoa que lhes é muito querida. Gabriel, compreendendo a situação, prontamente convidou-os para acompanhá-lo até o hospital, porque, com certeza, haveria trabalho para todos.

O hospital do Império do Amor Universal, como já havíamos narrado, fica no vértice inferior esquerdo do Grande Triângulo. Mais uma vez, uma longa distância a ser percorrida, portanto, volitamos.

Chegando às portas do grande complexo hospitalar, impressionei-me com a grande cerca magnética que circundava toda a área do hospital. E perguntei ao irmão Hermes:

— Por que esta cerca? Em toda cidade só vi a mais perfeita liberdade. Por que aqui é diferente? E estas sentinelas?
— Alguns espíritos guardavam as entradas do hospital. — E por que após o portão o ambiente está mais escuro?

— Calma, meu irmão, uma pergunta de cada vez — interveio amorosamente o incansável benfeitor. — A cerca deve-se à necessidade de evitar que algum espírito em descontrole, que ali esteja internado, invada a cidade. Não esqueças, aqui há

muita luz. Esta forte energia poderia cegar uma alma desprepa-
rada. A cerca é necessária, também, para neutralizar as cargas
negativas do hospital para a cidade, oriundas dos internos. Já
as sentinelas são para evitar a fuga desses irmãos que, muitas
vezes, envolvidos por perturbações, escapam de seus tratamentos de recuperação. E quanto à luz, não devemos esquecer que
a luz é um produto daqueles que a geram. Em um hospital,
onde existem espíritos em sofrimento, é impossível manter a
mesma energia espiritual que viste na cidade inteira.

Acalmei meu curioso espírito com tais respostas. Ante as
explicações de Hermes, eu senti que naquele momento come-
çaríamos a ver o outro lado das verdades espirituais. O lado
daqueles que desrespeitam as Verdades Divinas, semeando em
sua caminhada o desrespeito às leis e, tendo, por conseguinte,
que colher aquilo que plantaram.

Atravessamos o portão de entrada. Os guardiões que ali
controlavam o acesso ao hospital ofertaram respeitosa defe-
rência à entrada de Gabriel, reconhecendo nele um dos mais
importantes trabalhadores daquele centro de recuperação espiritual.

Ao ultrapassarmos a entrada senti uma forte queda na
vibração. Virei-me e olhei o ambiente externo com sua beleza e,
apesar de ser noite naquele instante, uma luz intensa envolvia
toda a cidade; já dentro da área reservada ao hospital, a luz
tornava-se mais fraca. Comparado com a Terra ainda tínhamos
um belo cenário, mas como estávamos nos acostumando com
aquele cenário deslumbrante, sofri um impacto. Mesmo assim
alegrei-me, porque gosto do trabalho e do auxílio aos necessitados. Afinal, não é isto que Jesus espera de nós? Auxílio fraterno
a todos que necessitam. Amor incondicional aos nossos irmãos.
Nunca quis ser cúmplice do conceito de Céu onde almas ociosas ficam tocando harpa. Sempre felicitei-me com as narrações
de obras espíritas enaltecendo o trabalho de assistência àqueles que sofrem.

Entramos no prédio principal, onde podíamos notar a
perfeita higiene dos corredores e da instrumentação necessária
para a assistência hospitalar. Alguns irmãos estavam sendo
conduzidos em macas limpíssimas, com lençóis extremamente
alvos. E o atendimento, então! Todos eram tratados com todo
amor e carinho, tanto por enfermeiras, como por médicos. De
almas que compreendem a finalidade da vida, e ainda com o
estágio de evolução destes cidadãos, não poderíamos esperar
outra postura.

Alguns poucos irmãos demonstravam pequeno desequilíbrio. A grande maioria passava-nos a impressão de estarem em

processo de convalescença, como se estivessem se libertando das amarras da dor. Hermes elucidou-me:
— Estes irmãos já estão em adiantado processo de recuperação. São trazidos para cá somente aqueles que tenham condições de permanecer em ambiente equilibrado. Já os que estão em estado mais delicado ficam internados no hospital intermediário, que localiza-se perto da crosta terrestre.
— Estes irmãos — observei ao meu instrutor — não possuem condições para habitar esta cidade. Estão aqui simplesmente em tratamento. Não terão eles condições de habitar esta cidade elevadíssima, após sua recuperação, creio eu; é assim?
— Exatamente. Após o final do atendimento, estes nossos irmãos, que aqui estão hospitalizados, serão encaminhados para colônias espirituais que estejam de acordo com suas respectivas conquistas no campo da evolução. Nenhum destes irmãos possui condições para habitar o Império do Amor Universal. Este hospital não foi construído aqui para atender os habitantes desta cidade, como ocorre normalmente no mundo material. Os moradores da cidade já não precisam mais de tratamentos reabilitadores; são almas libertas da dor. O hospital, aqui, existe para o amparo de irmãos com pouca evolução, para que seja seguido o pressuposto básico dos ensinamentos do Cristo e que é a característica de todo espírito de luz: a caridade!

Vimos, então, Gabriel comunicar aos seus amigos que desejava encontrar-se, em particular, com Danúbio para tratar de assuntos particulares. O anjo solicitou aos amigos que fossem prestar assistência na ala 7, onde Marcus dirige trabalhos de recuperação de drogados e pervertidos sexuais. Todos concordaram respeitosamente.

Observamos Gabriel, centro de nossas atenções em todos os momentos, dirigir-se para um amplo salão, onde mais ao fundo, efetuando passes energéticos, encontrava-se venerável ancião. Cabelos branquíssimos, aparentando uma idade física por volta dos setenta anos, mas com grande vitalidade e nenhuma ruga no rosto, nem nas mãos. Os cabelos brancos, longos, à altura dos ombros, porte levemente reforçado e altura igual à de Gabriel. Pela primeira vez, além de Natanael, o dirigente da grande reunião no templo da União Divina, vi um espírito com luz semelhante à de Gabriel. Notava-se logo que eram dois espíritos em semelhante estado de evolução espiritual.

Gabriel aproximou-se do bondoso e compenetrado velhinho e sentou-se em um leito, ao lado daquele em que o ancião prestava atendimento a um irmão com dores na região cardíaca. O amoroso velhinho, ao ver Gabriel, esboçou simpático sorriso, o qual Gabriel naturalmente retribuiu. Após o fraterno e silencioso cumprimento, ambos permaneceram de olhos voltados para o paciente.

— Gabriel — disse o ancião — podes me auxiliar aqui?

— Claro, Danúbio.

Gabriel, então, direcionou suas mãos sobre o coração do irmão necessitado. Poderosa energia saiu das palmas de suas mãos, iluminando todo o peito do convalescente. Até aquele momento, o paciente estava tenso, rijo. Com a energia desprendida das mãos de ambos, finalmente, o senhor que estava deitado na cama relaxou, soltando um suspiro de alívio. Danúbio olhou para Gabriel e agradeceu com os seus expressivos olhos.

O sublime emissário de Deus retornou para a cama que utilizava como assento e observando Danúbio, disse-lhe:

— Danúbio, sabes o que pretendo. Poderei contar com o teu auxílio, caso Jesus abençoe minha iniciativa?

Danúbio largou o que estava fazendo e dirigiu-se até a cama em que Gabriel estava sentado, colocou suas mãos nos ombros do anjo, olhou-o nos olhos num transporte de imenso amor e puxou-o ao peito envolvendo-o em um fraternal abraço, e disse-lhe:

— Gabriel, eu tenho uma grande estima por ti. Sei que somente tu és capaz de tamanho empreendimento pela humanidade encarnada. Pede o que quiseres, pois por ti faço qualquer coisa, até mesmo estabelecer residência fixa nos planos de trevas. — Ambos riram, e Danúbio continuou: — Se for da vontade de Jesus, eu estarei contigo onde desejares.

— Obrigado, meu irmão. Sem ti, eu não teria coragem de enfrentar o desafio. Mas com a tua inspiração constante, contigo auxiliando meus passos, acredito que teremos bom êxito. E com o amparo e a luz de Jesus efetuaremos importante trabalho para a realização da Grande Mudança... Em breves dias, Jesus visitará nossa cidade, e creio que ele dará sua magnânima resposta ao meu pedido. Peço-te que ores por mim. Eu desejo de todo coração que Jesus abençoe e permita a realização deste projeto!

— Ele permitirá, Gabriel, tenho certeza. — E apertando os ombros de Gabriel, Danúbio repetiu: — Ele permitirá!

O irmão Hermes olhou-me nos olhos, e disse:

— Gabriel solicitou a Jesus a oportunidade de reencarnar entre os homens para auxiliar a promover a Grande Mudança, ou seja, a preparação para a Nova Era, o terceiro milênio, onde os homens viverão em paz. Enquanto estiverem se processando as tragédias previstas para a concretização do exílio dos da esquerda do Cristo, o "final dos tempos", Gabriel estará trazendo ao mundo, através de suas palavras e exemplos, a LUZ do Cristo. Fortes transformações promoverá Gabriel, nos campos social e religioso. Desde Francisco de Assis não reencarna entre os homens um espírito deste quilate. Será um banho de luz, para que os encarnados acordem para as verdades espirituais e definam-se pelo caminho que realmente desejam seguir: o caminho da direita do Cristo, onde prevalece o amor e a paz; ou, o caminho da esquerda do Cristo, onde os sentimentos inferiores terminam aprisionando os homens nas estradas da dor e do sofrimento.

Coloquei as mãos no rosto e sentei-me naqueles degraus portáteis, que são utilizados nos hospitais para que o enfermo possa subir na cama sem maiores esforços, e pensei: Meu Deus! Estarei à altura de tão importante recado de Jesus para o mundo material? Possa eu ser digno e estar à altura de tão grandiosas narrações!

Hermes, captando meus pensamentos, disse-me:

— Roger, não te aflijas! Ninguém trabalha sozinho nesta vida. Alguns encarnados acreditam que realizam suas obras somente por seu próprio esforço; eles desconhecem que os espíritos estão sempre inspirando o trabalho dos encarnados, tanto para o Bem, quanto para o Mal. É por este motivo que sempre devemos colocar o mérito de nossas realizações nas mãos de Jesus, porque, sem a permissão dele, os espíritos não poderiam auxiliar aos encarnados na evolução e no progresso do mundo. Sem esta intervenção espiritual, a humanidade ainda estaria muito atrasada em todos os aspectos. Fraternidade, eis a palavra chave. Todos somos irmãos em constante intercâmbio. A união faz a força. Tu e nós, os espíritos amigos, com as bênçãos de Jesus, venceremos este desafio e colocaremos nas mãos dos encarnados esta pérola de luz chamada A história de um anjo.

O querido irmão e amigo, então, pegou-me pelos braços e levantou-me dizendo:

— Tenhamos fé! Como diria nosso grande irmão Paulo de Tarso: "Guardemos a Fé".

Abracei Hermes e tranqüilizei-me; a partir daquele momento eu passaria a colocar todas as minhas preocupações quanto à realização de nosso trabalho nos misteriosos escaninhos da fé, que remove montanhas e realiza o impossível.

Enquanto estávamos envolvidos com as minhas preocupações, Gabriel e Danúbio continuavam a atender os pacientes daquele grande salão. Resolvemos, então, acompanhá-los.

Danúbio e Gabriel estavam à frente, agora, de uma senhora que nos passava a idéia de ter desencarnado com uns setenta e cinco anos de idade. A senhora, bem lúcida, ficava acompanhando com os olhos os movimentos de Gabriel, como quem observa a um amado filho. O anjo de Deus, com seu olhar extremamente amoroso, cativava a velhinha, enquanto a poderosa energia de suas mãos iluminava os centros de forças do corpo espiritual da serena anciã.

— Estás tendo uma grande melhora, minha irmã — disse-lhe Gabriel.

— Graças a Deus, meu filho! Posso chamá-lo de "meu filho"?

— Podes, minha irmã. Fico muito feliz de receber da senhora este título. Quantas pessoas no mundo não gostariam de uma mãe tão amorável como a senhora?

— Meu filho não gosta de mim — replicou a senhora.
— Dediquei a ele todo o meu amor e todo meu carinho, mas só recebi dele desprezo. Constantemente chamava-me de velha sentimentalista, piegas. Condenava-me por minha falta de cultura e pelo meu apego à religião. Apesar de tudo que eu fazia por ele, de todo carinho que lhe dedicava, só me dirigia olhares de reprovação. Vivia enfurnado em casas de jogo e de prostituição. Arrebentava-me o coração, mas ele era meu, de mais ninguém. Até que ela apareceu. O desprezo de meu filho aumentou, devido aos venenos que ela colocava em sua cabeça. Eu trabalhei, então, para promover o fim do casamento deles. Indignado, meu filho colocou-me em um asilo, onde vivi por muitos anos corroída pelo ódio. Cheguei à pátria espiritual esquecida de Jesus, muito padeci nas trevas de minha própria imprudência, mas agora já encontrei o caminho de volta.

A senhora esboçou um sereno sorriso para Gabriel, enquanto ele e Danúbio prosseguiam no atendimento, mas demonstrando total atenção às palavras da senhora, que buscava a cura do corpo espiritual, mas também, a cura para sua alma torturada, e continuou:

— Sinto-me, meu filho, como o rapaz da parábola do filho pródigo. Jesus nos narra que o Pai recebeu o filho pecador com todo o amor, porque o filho havia se arrependido e decidido seguir o caminho correto. Eu também assim o fiz e, então, Gabriel, tu me encontraste, no meio do lodaçal daquela cidade horrível. Quando vi teus olhos piedosos, os teus braços irradiando a mais bela luz, senti que Deus havia me perdoado. Que eu teria uma nova oportunidade para resgatar todas as minhas faltas.

— Assim será, minha irmã — atalhou Gabriel — terás nova oportunidade no plano físico, e não te esqueças do ensinamento de Jesus que nos fala sobre os "trabalhadores da última hora". O momento é chegado e terás a rara oportunidade de reencarnar antes do "Grande Juízo". Esforça-te para manter-te ao lado do Cristo, pois ele é o caminho, a verdade e a vida. Esquece todo sofrimento que foi-te imposto ao coração de mãe. Busca amar longe dos escuros caminhos do egoísmo, porque, em breve, serás transferida para a colônia Redenção, onde serás preparada para a reencarnação. Não te esqueças: esforça-te, vale a pena. Jesus, também, ensinou-nos que seu reino é como uma pérola de grande valor ou como um campo onde foi encontrado grande tesouro; aquele que encontra este tesouro, que é o reino de Jesus, tudo deve fazer para conquistá-lo, pois esta riqueza é imperecível.

A velhinha somente sacudia a cabeça em sinal de concordância. Seus olhos estavam marejados de lágrimas. Sabia ela que vivia um momento raro em sua infinita existência. O Verbo de Deus fazia-se presente nos divinos lábios de Gabriel.

Despediram-se da senhora prometendo retornar, assim que fosse possível, e dirigiram-se para outros leitos para novos atendimentos. Danúbio falou, então, em tom de brincadeira para um dos pacientes:

— E, então, meu filho, como vão estes rins? Continuas buscando aliviá-los com bons pensamentos, como te recomendamos?

— Ai, irmão! Busco me esforçar, mas a inveja consome minhas forças. Não consigo admitir que aquele pulha tenha tido melhor sorte que eu. Deus lhe deu todas as vitórias e eu nada recebi.

— Não digas isto — replicou o bom velhinho — quantos não possuem, no momento, o amparo que estás recebendo desta casa. Muitos, como tu bem sabes, estão rastejando como lagartos nos lodaçais das zonas de trevas. Busca, Rodrigo, libertar-te. Quanto mais inveja cultivares no coração, maiores serão as descargas negativas que receberás, de tua própria consciência, em teus rins espirituais.

— Eu sei, eu sei. Vou procurar me esforçar mais. Mas... por favor, direcione sua luz nas minhas costas, só um pouco, para que eu possa obter um pouco de alívio.

— Tu sabes nosso trato. Para receberes amparo, a partir desta semana, terás que demonstrar merecimento, para o teu próprio bem. Não me busques mais como uma "bengala", para te escorar em tuas aflições, e sim, como um irmão que fica feliz em mostrar o caminho que todos nós devemos seguir.

— Está bem. Vou abrir o Evangelho ao acaso.

O rapaz pegou sobre uma mesinha que ficava ao lado da

cama, um Evangelho confeccionado pelo próprio hospital, com as letras grafadas na capa: "H.I.A.U." - Hospital do Império do Amor Universal. O tema encontrado por Rodrigo foi "Buscai e Achareis". O rapaz, então, leu em alto e bom tom:

— "Ajuda-te e o Céu te ajudará. Pedi, e dar-se-vos-á; buscai, e achareis; batei, e abrir-se-vos-á. Porque todo o que pede, recebe; e o que busca, acha; e a quem bate, abrir-se-á. Ou qual de vós, porventura, é o homem que se seu filho lhe pedir pão, lhe dará uma pedra? Ou, porventura, se lhe pedir um peixe, lhe dará uma serpente? Pois se vós outros, sendo maus, sabeis dar boas dádivas a vossos filhos, quanto mais vosso Pai, que está nos céus, dará boas dádivas aos que lhes pedirem". (São Mateus, 7: 7-11)

Terminada a leitura Danúbio disse-lhe: — Muito bem! E virando-se foi atender outros pacientes na companhia de Gabriel.

Rodrigo então chamou-o: — Ei, ei, ei! O senhor está esquecendo de colocar sua luz nas minhas costas, como prometeu.

— Rodrigo, meu filho — respondeu Danúbio — olha para a região de teus rins. — Estava toda envolvida em uma singela luz. — Tu acabaste de ler no Evangelho "Busca e acharás. Pedi e dar-se-vos-á. Ajuda-te e o Céu te ajudará". Faze isso, que é a tua parte, que Jesus iluminará teu espírito e, assim, encontrarás a cura para teus males, por teu próprio esforço.

O rapaz sorriu para Danúbio, compreendendo a lição. Enquanto os dois anjos continuavam as tarefas assistenciais, eu continuei a observar Rodrigo. Ele estava lendo compenetradamente o Evangelho, buscando por si próprio o seu reerguimento espiritual, através do grande tesouro que Jesus nos presenteou, as suas palavras. Realmente, não devemos pescar pelos outros, mas ensinar a pescar.

Enquanto eu observava Rodrigo, Gabriel e Danúbio foram chamados para auxiliarem na ala 7, onde estavam Marcus e Marianna. Todos corremos para lá.

Chegando lá, presenciamos triste cena. Um rapaz de vinte e três anos gritando desesperadamente. Segundo Marcus, ele havia tentado cortar os pulsos minutos antes, como se ele pudesse "matar-se"! Na região do baixo ventre, estava o rapaz sendo envolvido por uma "coisa" pegajosa e escura, como se fosse uma lama a envolver seus órgãos genitais. Era o desequilíbrio sexual retornando com toda a força em um irmão que já havia padecido horrores, devido aos seus atos pervertidos durante sua vida física. Em vão tentaram todos auxiliá-lo. Somos frutos de nossas próprias mentes! Quando alguém envereda por determinado caminho, só este alguém pode decidir por seu próprio retorno. Apesar do auxílio de todos aqueles espíritos de luz ali reunidos, o rapaz resolveu atender ao apelo de suas irmãs perturbadas nas zonas inferiores. Gabriel, então, disse:

— Marcus, providencie a remoção deste irmão para o hospital intermediário. Aqui ele não tem mais condições de ficar, poderá perturbar o tratamento dos outros. Rezemos para que no hospital perto da crosta, com atendimento mais adequado para estas situações, possa ele reequilibrar-se, senão, teremos que libertá-lo para que siga para perto dos obsessores que o convocam; não podemos cercear seu livre-arbítrio. É uma pena!

— Sim, Gabriel — disse Marcus — tens razão.

— Sei o quanto tens trabalhado para auxiliar este irmão dementado pelo desejo sexual. Mas não podemos colocar em risco o tratamento de todos os outros. Não desanimes, confia em Deus e em Jesus. A nós não cabe o desânimo e a indignação, mas, sim, a disposição para o trabalho árduo que busca a melhora de nossos irmãos perdidos nos caminhos da perturbação.

Marcus dirigiu um olhar de agradecimento a Gabriel pelas sábias palavras e solicitou aos enfermeiros, ali presentes, a preparação do irmão perturbado para que fosse efetuado o transporte para o hospital intermediário.

Os enfermeiros do hospital conseguiram, então, imobilizar o pobre irmão, que estava sofrendo verdadeiro estímulo sexual à distância. O irmão Hermes explicou-me que aquele rapaz havia sido resgatado das zonas de trevas, onde era objeto de escravização sexual por duas mulheres desencarnadas de longa data.

Após uma vida de completo desfrute sexual, Horácio, retornando à pátria espiritual, não resistiu aos apelos do sexo. Estabeleceu, então, residência nas zonas de trevas, onde poderia facilmente desfrutar dos prazeres descontrolados do sexo entre os desencarnados, como também, poderia buscar sensações mais fortes através dos processos de obsessão de encarnados no plano material. Completamente desequilibrado, ele foi dominado por aquelas infelizes irmãs que lhe bloquearam a linha de raciocínio, transformando-o praticamente em um animal irracional, que deveria somente atender aos desejos insaciáveis dessas irmãs pervertidas. Marcus havia conseguido resgatá-lo e já estava em avançado processo de recuperação, mas, realmente, somos o que pensamos. Horácio, naquele momento, estava recebendo um "forte chamado" e o seu desejo de superar o vício estava enfraquecendo, ante aos fortes apelos das zonas inferiores. E terminou por desencadear a cena que presenciamos.

Aquele material lamacento, que envolvia os órgão genitais de Horácio, fez-me lembrar das palavras de Jesus a Pedro:

"Pedro, tudo que ligares na Terra será ligado no Céu; e tudo que desligares na Terra será, também, desligado no Céu". Os homens acreditam que chegando a morte do corpo físico estão encerrados todos os anseios, todos os desejos pelos quais viviam escravizados. Grande engano! O que ligamos na Terra continuará ligado no Céu, na pátria dos espíritos. Os vícios continuarão atuando fortemente em nosso ser: Cigarro, álcool, drogas e, até mesmo, os nossos vícios de caráter. E o pior, é que estes viciados não encontrarão, no plano espiritual, nenhum barzinho e nenhuma tabacaria para adquirir o objeto de seus desejos.

O homem deveria preocupar-se em analisar sua vida e verificar de que coisas e atos ele faz-se escravo. O espírito imortal deve ser liberto de todas as dependências da carne. Deve ser apenas usufrutuário dos bens que a vida material lhe oferece, buscando sempre as ofertas saudáveis da vida. A vida física tem por finalidade promover a evolução do espírito, e não torná-lo um escravo de um cigarro, de uma bebida alcóolica ou de outros vícios que venham destruir a maravilhosa oportunidade de evolução que Deus nos oferece: a vida física. Existe um ditado que diz: "O corpo deve servir ao espírito, e não, o espírito servir ao corpo". Aquele que não é senhor de sua própria vontade, tendo que render homenagens a um maço de cigarros, ou a um copo de cachaça, ou a outra bebida etílica, deve preocupar-se seriamente, como veremos a seguir, quando adentraremos as zonas de trevas na companhia de Gabriel.

O irmão Hermes, acompanhando meus pensamentos, resolveu fazer algumas considerações para melhor elucidar a questão:

— O sexo é uma das mais belas criações de Deus na natureza humana; através do ato sexual é que se confirmam as palavras bíblicas: "Crescei e multiplicai-vos". O ato sexual abre as portas, através da procriação dos corpos, para novas reencarnações de espíritos no mundo material, portanto, podemos considerar o ato sexual como um ato de Amor Divino. Infelizmente, algumas criaturas buscam constantemente os prazeres inferiores da animalidade, rastejando atrás de sensações pervertidas, como nós vemos agora. Já aquele casal unido pelo sincero desejo de constituir uma família, compreendendo os sagrados objetivos do ato sexual e o respeito que devem reciprocamente dedicar-se, estes estarão sempre amparados pelos espíritos de luz e jamais sofrerão as influências degradantes que estamos a ver com o irmão Horácio, neste instante. O que Horácio sofre no momento são as conseqüências de quem brincou com coisas sagradas. O irmão, enquanto encarnado no plano físico, sofria assédios violentos de espíritos que vivem nesta mesma faixa vibratória. Enquanto ele dedicava-se às mais violentas perversões na busca pelo prazer, irmãos desencarnados, no mais claro ato de obsessão espiritual, "transavam" junto com ele e seus parceiros e parceiras depravados, gerando laços de união de que agora ele não consegue libertar-se. Mais uma vez o ensinamento Divino de Jesus: "A semeadura é livre, mas a colheita é obrigatória". Devemos colher o que plantamos.

Isto lembrou-me daqueles espiritualistas modernos que buscam constantemente justificar o ato sexual como a coisa mais banal do mundo. Dizendo que o excesso de pudor das igrejas é um fanatismo. Dizem que aquele que é um espírita, ou um espiritualista moderno deve livrar-se desses fanatismos religiosos. Mas como podemos ver, através das sábias palavras de Hermes, o ato sexual só é abençoado pela Espiritualidade Maior, quando realizado por um casal que busca uma união conjugal sincera, com vistas a constituir uma família. A troca de parceiros, buscando unicamente o prazer de uma noite, constitui crime contra as Leis Divinas. E pobre daquele que se tornar um escravo do sexo. Possivelmente terá o mesmo destino de Horácio e, quem sabe, um destino pior ainda, já mesmo antes do desencarne, através dos efeitos devastadores da AIDS.

Gabriel, após auxiliar Marcus nas providências para remoção de Horácio, disse-lhe:

— O Espírito de Deus sopra em todos os lugares, porque ele está dentro de nós mesmos, frutos da Criação do Pai. Não te preocupes, onde Horácio estiver existirão forças do Bem trabalhando por sua regeneração.

— Dizes-me isto, porque sabes que ele não resistirá nem mesmo ao tratamento no hospital intermediário. Elas vencerão! Elas conseguirão arrastá-lo novamente para o covil.

— Marcus, às vezes, faz-se necessário poderosa dor para despertarmos. Talvez seja o caso de Horácio; somente através dos mecanismos da dor e do sofrimento ele consiga ver que deve realizar um esforço sobre-humano para libertar-se das teias de infortúnio que ele mesmo teceu para si.

— Tens razão. Vamos trabalhar, muitos outros irmãos necessitam de nosso amparo. Seria egoísmo de nossa parte relegarmos todos a segundo plano por um caso insolúvel no momento.

Danúbio, então, colocou suas mãos nos ombros dos dois rapazes e disse:

— Então vamos, há muito trabalho a ser realizado ao amanhecer, nas zonas de trevas.

— Irás conosco, Danúbio? — disse Gabriel.

— Como não! E teremos que ficar mais do que o planejado por ti. Ethel enviou um comunicado dizendo que há muito trabalho e que estão necessitando de mais auxiliares. Os espíritos governantes do Império dos Dragões do Mal estão se revoltando contra os trabalhos assistênciais que estamos realizando naquela cidade. Acredito que Ethel e Lívia estão mexendo em vespeiros.

— Provavelmente a libertação em massa dos escravizados pelos irmãos Siqueira seja um dos motivos de tamanho conflito — disse Alfredo, um dos amigos de Miriam, que acompanhavam Gabriel desde o início da noite.

— Sim, Alfredo — disse Danúbio. — Este é um dos motivos, mas não o principal. Segundo Ethel, Dracus, o líder maior, está já a par dos planos de Gabriel.

O anjo de Deus pretendia libertar do mal um dos conselheiros de Dracus, que mostrava-se fortemente inclinado a deixar aquela vida infeliz.

Terminada a conversa, o grupo dirigiu-se para um amplo corredor com grandes janelas, que permitiam a entrada de uma agradável brisa. A noite estava terminando. Através das janelas, podíamos ver no horizonte o despontar das primeiras claridades do alvorecer. A abóbada celeste já apresentava um azul mais claro, mas ainda com a presença das estrelas.

Nossos amigos ganharam a entrada principal, onde Danúbio, Gabriel e Marcus orientaram alguns irmãos para as medidas necessárias no período em que estariam ausentes. Marianna não estava mais entre eles; havia se transportado até a creche, de que era responsável, para tomar as mesmas providências.

Saímos todos a pé do grande hospital. Ao transpormos mais uma vez o portão de acesso, sofremos o impacto da entrada, mas ao contrário; um grande bem-estar envolveu-nos. Estávamos, novamente, no paraíso pleno do Império do Amor Universal. Mesmo sem o despontar definitivo do dia, fomos assaltados por aquela sensação de "imensa luz" a envolver-nos.

Os primeiros pássaros começaram a entonar seus cânticos de louvor a Deus. O belíssimo sol começava a despontar no horizonte. Cena deslumbrante. Inenarrável! As árvores, plantas e flores começaram a perder sua propriedade noturna de iluminar o ambiente, deixando a tarefa de iluminação para o astro-rei.

Ah, como é belo o dia, o sol. O ar puro que revitaliza a alma. Os pássaros, os animais silvestres. Um esquilinho correndo para subir em uma árvore, algumas abelhas procurando o néctar das flores, numa concorrência teimosa com os beija-flores. A natureza no seu mais belo espetáculo.

Mesmo com importantes responsabilidades a executar em poucas horas, todos encontravam tempo para parar e brincar com os animais, que insistentemente solicitavam atenção. Parecia um sonho, mas não era!

Ri-me ao ver Gabriel correndo atrás de um carneiro, que faceiramente fugia de suas brincadeiras. Danúbio materializava sementes em suas mãos para alimentar uma deslumbrante arara azul que pousara em seu braço. Marcus estava com uma flor nos lábios, convidando um beija-flor a servir-se do néctar.

Brincadeiras que para o homem comum podem parecer bobas, mas que resumem todo o caráter e luz dos verdadeiros filhos de Deus. Apesar da simplicidade daquelas atitudes, eu consegui compreender, no fundo d'alma, a grandeza daquela troca de energias com a natureza. Um dia o homem verá que comete grande estupidez com a matança insensata dos animais para saciar os seus desejos alimentares. Deus, através de sua infinita Sabedoria, oferece aos homens os frutos da terra para sua alimentação, mas o homem, ainda em seu estado primário de evolução, insiste no assassínio indiscriminado dos animais, nossos irmãos menores. As árvores parecem nos oferecer divinas dádivas, através dos frutos, que caem ao solo sem nenhuma violência, mas o homem prefere a martelada insensível no boi, que apenas deseja um espaço neste grande mundo; até mesmo a vaca, que o alimenta uma vida inteira com seu abençoado leite, quando velha e improdutiva, termina no corredor do sacrifício.

Com certeza ainda existe muita fome neste mundo, mas esta fome é fruto apenas da administração egoísta deste planeta que desconhece o espírito de irmandade que deve haver entre todos os filhos de Deus. Uma semente produzida permite a proliferação de mais e mais sementes, permitindo um crescimento em progressão geométrica, assim como cresce a população. Se os homens conseguem "plantar" no mundo mais e mais filhos, o que é uma glória aos olhos de Deus, porque o homem não conseguiria plantar mais e mais alimentos? Talvez seja porque este não é o interesse daqueles que detêm o poder, mas... os tempos são chegados! E Deus colocará tudo nos seus devidos lugares, conforme seus planos desde o princípio do mundo.

O sol subia no céu, demonstrando que mais um belo dia se faria naqueles sítios. Nossos amigos convidaram mais um grupo de irmãos para a descida vibratória nos planos de trevas, mais precisamente na cidade conhecida como Império dos Dragões do Mal. Gabriel, Danúbio, Marcus, Marianna, Miriam, Alfredo, Joana, Dionísio e Casemiro, juntaram-se a um grupo de trinta e três irmãos recrutados para o trabalho de auxílio à caravana de Ethel e Lívia, que contava com a colaboração de setenta e dois trabalhadores já instalados, alguns na zona de atuação e outros no hospital Intermediário.

Após todos reunidos Danúbio disse-lhes algumas palavras:

— Irmãos, apesar deste tipo de atividade ser uma rotina para a maioria aqui presente, cumpre-nos lembrar a importância do equilíbrio e da fé nos sítios que haveremos de penetrar. As forças das sombras podem ser perigosas quando bem dirigidas, portanto lembrem-se: "O Bem, orientado pelo Cristo, é o poder máximo". O Mal nada pode contra os trabalhadores da Luz, portanto mantenham a fé, mesmo nos momentos mais difíceis. Os novatos que estarão entre nós, em estágio, fiquem perto dos que tenham mais experiência. Estamos todos aqui para ajudar, e não para criarmos dificuldades ao grupo. Tenhamos, então, fé no coração e disposição para o trabalho, porque Jesus convoca-nos para um dos mais belos trabalhos da Criação: o trabalho de amparo àqueles que tropeçaram nos complicados caminhos da existência humana. Mantenhamos, também, o interesse na busca do conhecimento, mas sem a curiosidade inoportuna e inconveniente, que muitas vezes assalta-nos o espírito. Não esqueçamos que os irmãos entregues às trevas, devido aos frutos de suas próprias atitudes no mundo, são almas que estão sofrendo dores inenarráveis na consciência, como nós outros sofremos no passado distante de nossa evolução.

Danúbio após as palavras de advertência ao grupo, fechou os olhos e realizou uma prática comum entre os espíritos que já encontraram Deus: a oração.

"Pai de infinita sabedoria,

Faz de nós um instrumento do Teu infinito Amor,

Permitindo-nos o ingresso nos planos de trevas para libertarmos Teus filhos do infeliz caminho da escuridão,

Solicitamos que a Tua poderosa Luz nos envolva, protegendo-nos das investidas do mal, porque reconhecemos só em ti o poder da vitória,

O Teu instrumento de batalha vence qualquer outro, pois é o Amor, força inabalável que transforma os homens escravos da animalidade em anjos do Teu Reino,

Portanto, Pai Nosso, certos de Teu amparo e da força de Jesus a impulsionar-nos o espírito, pedimos a Tua Bênção".

Todos ajoelharam-se no perfeito gramado da cidade Luz. Sob o sol do alvorecer, diamantina luz envolveu-os. Pétalas de rosas caíam do céu sobre o grupo de trabalhadores, que, naquele momento, começavam mais uma viagem para uma das tristes cidades que compõem as temíveis zonas infernais do astral inferior.

8.
No hospital intermediário

Após a oração de Danúbio, a caravana começou a volitar em direção aos limites da cidade. Todos seguimos em direção à base do Grande Triângulo. Ao transpormos as fronteiras do Império do Amor Universal, sentimos que o ambiente começava a tornar-se pesado. A beleza da natureza começava a dar espaço, à medida que sobrevoávamos o percurso, a um terreno árido e sem vida.

Volitamos por algumas horas, em velocidade lenta, para que todos pudessem analisar as medidas a ser tomadas e, também, para que os novatos na expedição não sofressem o forte impacto da transferência dos planos de luz para as zonas inferiores. Esta rápida transferência, para almas despreparadas, pode ter conseqüências semelhantes às de um mergulhador que tente retornar das profundezas do mar à superfície, rapidamente, sem a necessária adaptação gradativa.

A sensação de desconforto que eu havia sentido ao entrar no hospital do Império do Amor Universal era manha de criança, se comparado com o que eu estava sentindo naquela nova faixa vibratória. A imensa claridade de que antes falávamos, agora fora substituída por uma grande escuridão. A brisa e a temperatura agradável davam espaço a um vento irritante e a uma temperatura que oscilava rapidamente do frio insuportável para o calor escaldante.

Logo chegamos no hospital Intermediário do Império do Amor Universal; poderíamos dizer que era uma réplica exata do hospital da grande cidade. A única diferença estava na faixa de vibração em que nos encontrávamos. O hospital intermediário dava-nos a impressão de não ser tão bem acabado como o da cidade; a pintura, também, não apresentava o mesmo brilho. Em suma, o hospital intermediário não possuía a mesma beleza do hospital da cidade luz, devido ao ambiente em que foi construído, da mesma forma que o artista não consegue um resultado perfeito com um material de pouca qualidade.

Aterrissamos e nos dirigimos rapidamente ao portão principal, que apesar de ser igual ao do Império do Amor Universal, estava sendo vigiado por muito mais guardas. Havia, também, uma cerca magnética muito mais poderosa do que a do outro hospital. Os guardas não estavam descontraídos, como pudemos perceber no hospital principal. Ali o perigo era constante.

Ao aproximarmo-nos do portão principal, as sentinelas direcionaram os holofotes para o nosso grupo, tentando identificar-nos em meio à névoa e à escuridão que se faziam naqueles sítios.

Gabriel ia à frente do grupo, com o objetivo de rapidamente ser identificado para tranqüilizar as sentinelas. Júlio, um dos guardiões, ao reconhecer Gabriel, saiu correndo para dentro do hospital, gritando: — O irmão Gabriel chegou! Gabriel chegou! Avisem a irmã Lívia! Avisem a irmã Lívia!

Aproximando-se do portão, Gabriel ergueu a mão direita e o portão, então, abriu-se como por encanto. Todos entraram rapidamente, enquanto a guarda observava atentamente a zona de acesso, para evitar surpresas. Rapidamente fecharam-se os portões, trazendo-nos uma sensação de paz e tranqüilidade. Lá fora a escuridão e o vento uivante transmitiam uma sensação de insegurança.

Após a entrada, fomos recebidos por uma bela senhora, com vestes de freira, no estilo mais tradicional. Gabriel aproximando-se beijou a testa da irmã; Danúbio repetiu o mesmo ato. Todos os demais beijaram a mão da veneranda senhora.

— Que a paz de Deus e de Jesus esteja contigo, irmã Lívia! — disse-lhe Gabriel.

— Que esteja com todos vocês, também, a paz de Nosso Senhor Jesus Cristo. Eu fico contente com a presença de todos e folgo em saber que o irmão Danúbio conseguiu reunir um excelente grupo de irmãos para os trabalhos assistenciais. Estamos necessitando de muito auxílio por aqui.

— E onde está Ethel? — perguntou Gabriel.

A irmã Lívia fitou Danúbio com um olhar maroto, ao qual o bondoso emissário de Deus retribuiu, e disse:

— Ah, o amor! Força maior da Criação de Deus. O que seríamos sem este sentimento belo e puro! Gabriel, reconheço em ti, uma das mais perfeitas manifestações do amor que meu pobre espírito já conheceu. A irmã Ethel possui grandes motivos para sempre irradiar tanta felicidade. Dona de um coração tão maravilhoso, só poderia ela viver nas nuvens da felicidade.

A freira meditou um pouco, enquanto Gabriel ficou sem jeito, e disse:

— Ethel está na zona de atuação, dentro do Império dos Dragões do Mal. Estive com ela ontem; os trabalhos por lá estão acirrados. Foi por este motivo que solicitei o auxílio dos irmãos em Cristo. A situação está sob controle, mas não sabemos até quando; Dracus anda muito irritado com a nossa intervenção e, pelo que já sabemos, ele está a par de teus planos em relação a Johacab, um de seus conselheiros.

— Desceremos, então, à cidade do mal para auxiliar nossos irmãos em atividade — disse Gabriel.

— Sim, meu irmão, mas antes temos alguns irmãos que necessitam do experiente auxílio de Danúbio e, também, de todos vocês. São muitos os desequilibrados. As orgias do carnaval brasileiro trazem-nos muitos problemas na esfera dos desencarnados. Os processos obsessivos estão cada vez mais delicados, aliados, ainda, à sucessão contínua de desencarnes, devido às overdoses nas festas do "rei Momo". Ah, e a propósito, recebemos o irmão que nos enviaste, irmão Marcus. O irmão Horácio já está nas câmaras para reequilíbrio do chakra Kundalíneo.

Os chakras são centros de força localizados no perispírito, ou seja, no nosso corpo espiritual; através destes centros de força o espírito realiza as trocas de energia entre si e o ambiente que o cerca. Através dos chakras, podem ser regularizadas as funções orgânicas, tanto do corpo físico, como do corpo espiritual. Existem diversas obras espíritas e espiritualistas que explicam, muito bem, o funcionamento desses centros de força. O próprio "passe", muito comum nas Casas Espíritas, nada mais é que o direcionamento de energias trabalhadas pelos emissários de Cristo, para que os médiuns, através de movimentos coordenados, transmitam essa pura energia para os chakras e a aura dos pacientes. Através dessa "transfusão de energia", o indivíduo que recebeu o passe obtém o reequilíbrio do funcionamento dos centros de forças, que em poucos minutos causarão resultados benéficos em todo o corpo físico, tanto para o restabelecimento de energias, como para a cura de determinada enfermidade.

— Como ele está? — perguntou Marcus.

— Venha ver com seus próprios olhos — respondeu Lívia.

Dirigimo-nos a uma das dependências do hospital, onde havia diversas cabines. Em uma delas estava Horácio, deitado em um leito, tendo um estranho aparelho ligado a seu chakra básico (Kundalíneo). O aparelho buscava manter o ritmo do centro de força em uma velocidade adequada, mas o chakra girava alucinadamente. A estranha mancha negra continuava a flutuar sobre os órgãos genitais de Horácio. Os olhos do rapaz estavam esbugalhados, quase saltando das órbitas. Ele estava, realmente, em profundo estado de hipnose à distância.

— Como vês — disse Lívia — será muito difícil obtermos sucesso neste caso.

Marcus assentiu com a cabeça. Todos foram, então, atender a outros casos. Naquele hospital, nós não encontrávamos a paz e o equilíbrio dos pacientes do hospital principal, dentro do perímetro do Império do Amor Universal. Ali havia uma gritaria incrível. Desespero e pânico; completo desequilíbrio dos pacientes, muitos recolhidos há pouco tempo das zonas de trevas. Em muitos leitos observávamos espíritos em estado de choque, como se estivessem congelados desde longa data.

Aproximamo-nos de um leito, onde estava repousando um senhor de, aproximadamente, cinqüenta e sete anos. Gabriel chamou Alfredo e disse-lhe:

— Alfredo, olhe nos olhos deste irmão e concentre-se. Olhe no fundo de sua alma.

Hermes disse-me para fazer o mesmo. Olhamos dentro da retina do irmão dementado e percebemos que ali estavam se desenrolando os últimos momentos de sua vida no plano físico, mais precisamente, o momento que lhe infligia maior peso na consciência.

Observamos, através das imagens que se apresentavam, este mesmo homem durante toda sua vida, cometendo as mais tristes insanidades. Crimes, ocultados pelo prestígio de sua família; desrespeito para com os semelhantes, jovens empregadas de sua casa sendo coagidas a ceder aos seus desejos pervertidos. Constantes agressões a sua esposa, quando ela não concordava com seus pontos de vista. Acreditando-se senhor da vida, devido ao seu grande poder econômico, por diversas vezes humilhou e desprezou empregados e aqueles que lhe deviam favores.

Chegou, então, o momento do desenlace. Às portas do túmulo, o orgulhoso e desorientado homem encontrou a lei da justiça de Deus, que ele tanto desprezou, acreditando ser apenas fruto da imaginação de pessoas pobres e ignorantes. Passou treze anos nas zonas de trevas, até que a sua mente atormentada encontrou o elixir da vida: a oração sincera, que sempre é atendida por nosso Amoroso Pai. O homem orgulhoso e prepotente, abriu, então, espaço para o homem humilde e cansado de sofrer, permitindo à Espiritualidade Maior a oportunidade de recolhê-lo para aquele hospital, que ora visitávamos.

Enquanto os nossos irmãos analisavam e auxiliavam com passes a cada um daqueles pacientes, fui invadindo a "tela mental" de outros pacientes, que estavam naquele mesmo estado, com aquela terrível máscara de horror, parecendo bonecos de cera de um pavoroso filme de terror. O salão em que ora estávamos, era gigantesco. Não nos era possível enxergar o final das extensas fileiras de leitos daquele amplo salão.

Aproximei-me de uma mulher que aparentava, aproximadamente, vinte e oito anos. Olhando nos olhos da infeliz irmã, pude vê-la assassinando o próprio marido, cravando-lhe uma enorme faca nas costas. Os olhos dela estavam envolvidos por um profundo ódio. Estava completamente descontrolada, junto com ela, podíamos ver os infelizes amigos que inconscientemente alimentamos com a nossa vida anticristã. Uma legião de espíritos perturbados intuindo-a a cometer o crime absurdo. Motivo: fugir com um amante, que mais tarde enforcou-a e jogou-a no fundo de um lago. Tempo de sofrimento nas zonas de trevas daquela região, até ser resgatada pelo hospital: vinte e três anos. Fiquei triste. Às vezes, acreditamos que estas coisas só acontecem em filmes, mas na verdade são realidades que ocorrem todos os dias e, na maioria das vezes, os criminosos conseguem acobertar o crime aos olhos da justiça, mas de Deus nada pode ser escondido. Cada um deverá colher aquilo que plantou!

Levei um susto! Danúbio surgiu ao meu lado para atender a essa mulher que eu estava analisando. Senti-me como um intrometido atrapalhando o trabalho assistencial, mas eu precisava ver estas verdades para melhor narrá-las. O irmão Hermes concordou com meus pensamentos, através de seu justo olhar. Continuei a análise, através da observação dos olhos de outros irmãos petrificados.

Outra mulher. Idade aproximada: quarenta anos. Além da mesma face de horror, branca como cera e com os olhos saltados, esta mulher tinha uma grande ferida na bochecha direita. Podíamos ver o maxilar inferior da mulher, através da grande ferida. Cena horrível! O rosto e as mãos, as partes descobertas que pude analisar, completamente enrugados e com manchas. Em sua tela mental, víamos o assassínio de seus dois filhos para "liberar-se" das crianças que atrapalhavam as suas tentativas de obter novos namorados. Esta irmã estava há cinqüenta e oito anos nas zonas purgatoriais, até ser recolhida pela misericórdia divina.

Lembrei-me, instantaneamente, da excelsa figura de Jesus, realizando o convite para que seguíssemos o seu reino, dizendo-nos que "seu jugo é suave e leve é seu fardo". Os homens buscam a vida fácil, desprezando as dificuldades que Jesus nos oferta para orientarmos nosso espírito pelos caminhos da luz. O infeliz peregrino reencarna desprezando estes mecanismos, cometendo crimes absurdos que só tornam a sua caminhada mais e mais dolorosa. Deus só quer a nossa felicidade, nós é que nos distanciamos dessa felicidade, através da insensatez de nossos atos. Como seguir, então, o caminho correto? Onde está esta norma de vida? No evangelho de Nosso Senhor Jesus Cristo! Viver estes ensinamentos, com sinceridade e honestidade, é o caminho, a verdade e a vida.

Continuamos naquele salão por todo aquele dia, os anjos amparando os necessitados e eu bisbilhotando o passado daqueles irmãos infelizes. Muito mais poderíamos narrar, mas não é o objetivo de nosso trabalho. Temos que poupar espaço neste livro para o real objetivo desta obra, segundo palavras do irmão Hermes. Fiquei triste, porque gostaria de trazer outros exemplos, com a finalidade única de despertar os encarnados que vivem como alienados pela vida física. Hermes tranqüilizou-me:

— Se for da vontade de Jesus, escreveremos outras obras, onde narraremos com mais detalhes essas importantes experiências que desencadeiam os processos cármicos. Todos estes absurdos que tu viste deverão ser compensados, através da lei de ação e reação. Estes irmãos deverão, no futuro, através de novas reencarnações, "consertar" o estrago que fizeram. "O plantio é livre, mas a colheita é obrigatória".

Algo preocupou-me: aqueles irmãos já tinham sido resgatados das zonas infernais, porque permaneciam naquele estado deplorável, semelhante a um coma profundo? Pareciam zumbis, mortos-vivos. Hermes elucidou-me:

— Meu querido irmão, o trauma que vive nestas consciências é algo assombroso. O simples resgate das equipes socorristas não seria, jamais, suficiente para libertá-los do pavoroso drama de consciência em que vivem. Ao chegarmos ao plano espiritual, compreendemos os absurdos que cometemos. Atitudes que possam parecer banais e sem importância, durante nossas vidas, quando vistas pela ótica imortal do mundo dos espíritos, despertam imensos dramas de consciência. Quando vemos os compromissos que tínhamos com aqueles que formaram conosco uma família, compromissos, estes, que muitas vezes, desprezamos, caímos, então, em profunda tristeza por não termos aproveitado a oportunidade de construir a felicidade com aqueles que Deus colocou em nossos caminhos. Infelizmente, o homem, à beira do terceiro milênio, ainda não tem a mínima noção da finalidade da vida e desconhece completamente os ensinamentos do Cristo, norma absoluta de bem-viver.

— E estes irmãos, até quando ficarão neste estado?

O amorável amigo respondeu com sua infinita paciência:

— Aguarda um pouco mais e verás.

Os médicos espirituais já estavam terminando o atendimento, quando percebi que todos estavam se preparando para importante trabalho. Todos concentraram-se, em silêncio, como se estivessem buscando nos escaninhos da alma a luz que ilumina e liberta o homem de todos os pecados.

Danúbio fez sinal a Gabriel para que ele realizasse a oração que, mais uma vez, demonstraria a força desse gesto, que realiza maravilhas. Gabriel, então, ergueu a cabeça aos céus no amplo salão e disse:

"Deus Pai, mora em Ti a infinita Bondade e o infinito Amor,

Compadece-te destes teus filhos que se perderam nos caminhos do ódio e do egoísmo,

Auxilia-os a compreender que é chegada a hora da libertação,

Que é chegada a hora de entender que os filhos do Criador nasceram para a glória e não para o sofrimento,

Mostra, Senhor, a estes Teus filhos, que a Tua Divina Lei é de amor e de perdão,

Faze com que eles entendam que Tu permites sempre a recuperação do doente, jamais condenando qualquer filho Teu ao sofrimento eterno,

Pelo contrário, Tu és Amor, e como tal, buscas para Teus filhos a felicidade e a paz,

Quando, oh Senhor, despertaremos? Quando abandonaremos nossos caprichos inferiores para somente vivermos dentro do teu mundo de amor e de paz?"

Luzes projetavam-se por todo salão, pétalas de rosas caíam do teto envolvendo-nos em profundo bem-estar. Pura energia descia dos céus buscando libertar aqueles infelizes irmãos. Olhei para um dos pacientes, deitado em uma cama ao meu lado. Os seus olhos não estavam mais esbugalhados e uma lágrima corria pela face direita. Emocionei-me! O que é a força do Amor, impulsionado pelo coração, através de magnífico instrumento tal qual é a oração!

Alguns poucos levantavam o cansado corpo tentando sentar na maca. Os enfermeiros espirituais auxiliavam prestativamente. Outros continuavam paralisados, sem mover um só músculo, mas no semblante demonstravam estar recebendo o banho de luz satisfatoriamente. A outra grande parte, continuava completamente petrificada. Aqueles não estavam prontos para a libertação do estado de "coma espiritual" em que viviam. Muitos pesadelos ainda atormentariam suas pobres mentes criminosas. Quanto aos que despertavam, imensa cruz os esperava. Deus, através de sua infinita misericórdia, auxilia seus filhos na libertação dos seus erros, mas ninguém é privilegiado com o perdão sem o devido reparo de seus atos. Para obter as prerrogativas do perdão divino, o espírito deve reencarnar e pagar "ceitil por ceitil", a todos a quem tenha prejudicado, através de seus atos que contrariaram o ensinamento divino: "não faças aos outros o que não gostarias que te fizessem".

Gabriel completamente iluminado e, mais uma vez, flutuando a alguns centímetros do chão, concluiu a oração:

"Agradecemos-te, Senhor, pelo banho de luz, que está libertando vários de Teus filhos,

Realmente, "o amor cobre a multidão de pecados",

Pedimos somente mais uma coisa, Pai, ampara e ilumina a estes irmãos que estão despertando para uma nova vida,

Que Assim Seja."

O ambiente estava completamente purificado, o ar estava perfumado. Não sentíamos mais aquele mau odor proveniente das diversas chagas dos corpos dos pacientes, ali assistidos por aquela casa de Deus.

Ninguém se eleva com os méritos alheios; aquela medida estava apenas libertando aqueles irmãos de penosa situação, cabia a eles, agora, a reconstrução de suas próprias vidas.

Olhei, então, para aquela irmã, que tinha enorme ferida no rosto. Suas faces, após a oração terapêutica, estavam refeitas, já não existia mais a enorme ferida. Observávamos, sim, que no lugar da ferida havia uma pele nova em tom violáceo, como se fosse um processo miraculoso de cicatrização.

Seus olhos estavam marejados de lágrimas, mas ela continuava imóvel. Não sei por qual motivo aproximei-me dela para analisar novamente sua tela mental. Junto a ela, concentrei-me em seus olhos.

Não vi mais as cenas criminosas de antes. Vi-a, de joelhos, pedindo perdão desesperadamente e colocando-se nas mãos de Deus para efetuar sua recuperação. Mais ao fundo, na tela mental da irmã, pude ver o Meigo Nazareno abençoando a perturbada irmã e envolvendo-a em seu infinito amor. Desliguei-me da mente da irmã. Dei dois passos eufóricos em direção ao irmão Hermes e disse-lhe:

— Ela encontrou Jesus! Ela se recuperará! Ela abriu as portas do coração para recebê-lo. Graças a Deus!

O amigável mentor, de braços cruzados ao peito, feliz com a minha conclusão, apenas sorriu e fez um sinal afirmativo com a cabeça.

9.
Nas zonas de trevas

No dia seguinte, já estávamos todos a postos para "descermos" mais um pouco pelos desfiladeiros daquela região sombria. Iríamos, finalmente, até o Império dos Dragões do Mal para auxiliarmos a irmã Ethel e os outros emissários de Jesus.

Antes de partirmos, eu perguntei ao irmão Hermes sobre os sucessos do dia anterior.

— Venerável benfeitor, como aquela moça conseguiu restituir o rosto dilacerado por estranho câncer?

— Roger, a infeliz irmã recebeu o envolvimento de uma grande energia espiritual. Quando as forças espirituais são habilmente manipuladas, tudo é possível. Lembra-te de Jesus: "aquele que tiver a fé do tamanho de um grão de mostarda poderá remover montanhas", ou então, "Tudo o que fiz e muito mais, vocês poderão fazer no futuro, basta que tenham fé".

E é importante lembrar que havia chegado o momento daquela irmã. Como tu viste, ela despertou para Cristo. Resolveu aceitar o convite divino e despertar das suas dores, buscando, através da cena que te foi mostrada, uma nova linha de vida. Ao invés de ficar alimentando o ódio e a dor do passado, ela resolveu entregar-se ao Cristo, de coração, resultando na sua própria recuperação espiritual.

— E quanto a sua tela mental — perguntei — Jesus realmente estava com ela naquele instante amparando-a?

— O Cristo é um espírito onipresente no planeta Terra. Como governador espiritual desta morada de Deus, Jesus pode estar ao nosso lado a todo instante. Mas na verdade, a moça estava apenas projetando em sua mente o que ia em seu coração. Envolvida pela bela oração de Gabriel, que tocou-lhe o fundo d'alma, a irmã mudou a sua linha de pensamento, que há anos cultivava nos escaninhos da mente. Naquele instante, o drama de consciência que havia aprisionado sua mente por completo, foi substituído pelo amor e pela força da renovação, através da presença de Jesus no pensamento da enferma. Provavelmente o sábio Mestre era para ela a fórmula mais forte para a renovação interior. Acreditamos que em algumas semanas ela despertará do estado letárgico em que se encontra.

— Irmão, vimos a irmã Lívia dizer que necessitava de auxílio, devido às nefastas conseqüências do espírito carnavalesco no Brasil. Mas pelo que vi os espíritos aqui tratados estavam desencarnados há diversos anos. Não entendo.

— Sim, estes irmãos estão desencarnados há muitos anos. Verás que o atendimento a que nossa irmã se referia será realizado agora nas zonas inferiores. Após o desenlace, estes irmãos são rapidamente arrastados por suas consciências para esta zona infernal. Tentaremos trazer-lhes um auxílio, mas nenhum será resgatado, apenas auxiliado na libertação de seu corpo físico, que não lhes terá mais serventia neste plano. Não podemos realizar milagres: quem viveu em pecado no plano físico, não pode agora ser tratado como um rei, deverá, sim, receber de acordo com suas obras em sua vida física. Aquele que dedicouse única e exclusivamente aos caprichos da carne não encontra no plano espiritual outra moradia, que não sejam esses pântanos pestilentos que em alguns minutos visitaremos.

Logo após estas palavras do irmão Hermes, ouvimos o chamado para a partida. Todos começamos novamente a volitar. Ao rompermos a entrada do hospital, novamente a ventania e os estranhos ruídos. Um cheiro forte de enxofre aumentava à medida que ganhávamos terreno.

O ambiente começava a tornar-se realmente pesado. Caeia naquele instante uma fina chuva que era jogada de um canto ao outro pelo forte vento. Apesar de estarmos em um horário que seria dia, o ambiente estava completamente escuro, dando-nos a impressão de contínua noite.

Eu estava cansado e asfixiado por aquela atmosfera horrível. O cheiro forte, ora de enxofre, ora de fezes humanas, tonteava-me. O clima pesado obrigava-me a respirar profundamente na busca por oxigênio. Cubatão, comparado com aquele lugar, ganharia prêmios por baixos níveis de poluição da Organização Mundial da Saúde. O irmão Hermes amparava-me, continuamente, com passes energéticos. Não era só eu; os novatos da expedição, também, necessitaram ser auxiliados.

Os sons harmoniosos do Império do Amor Universal não mais se ouviam, naquele novo local que ora adentrávamos, só se ouviam gritos histéricos e barulhos primitivos, típicos de tribos indígenas ou africanas. A conversação sadia, que já havia se tornado uma rotina para meus ouvidos, dava espaço para as mais horríveis palavras de baixo calão, através de vozes estridentes e irritantes.

Alguns minutos mais e vimos um estranho povoado ao fundo, envolvido por uma grande mancha escura. Mais ao fundo, um grande vulcão expelindo uma fumaça negra, dava-nos a impressão de que entraria em erupção a qualquer momento.

Sem tirar os olhos daquele horroroso cenário, onde tudo era vermelho e com tons berrantes, fomos aterrissando levemente ao chão. Senti que ia sujar meus calçados, porque a cidade era um grande pântano.

Alguns dos caravaneiros já haviam acionado lanternas portáteis para reconhecer a paisagem escura como breu. Árvores asquerosas decoravam a fúnebre paisagem. No Império do Amor Universal foi-me possível ver cores que não consigo nem mesmo narrar com os sentidos físicos; ali, onde estávamos, predominavam apenas cores sem vida, ou então o vermelho escarlate.

Já em contato com o solo, seguimos pelos caminhos daquele pântano horrível. Os mais experientes conheciam perfeitamente aqueles caminhos. Não havia indecisão nas veredas a seguir.

À medida que caminhávamos, eu ficava mais assombrado com o que via. Tínhamos nos pés um incontável número de espíritos rastejando naquele lodaçal asqueroso. Ao sentirem a presença de espíritos de luz, os sofredores atiravam-se para tocar-lhes a túnica. Todos os trabalhadores da Vinha do Senhor demonstravam um sentimento de piedade para com a malta estatelada ao chão. Alguns direcionavam suas mãos iluminadas aqui e ali, mas percebia-se que estavam com pressa. Primeiro deveriam ir ao posto de trabalho naquelas paragens, para só depois, iniciar os trabalhos com o auxílio dos irmãos que já estavam naquela região por mais tempo e, portanto, mais a par das atividades a ser realizadas.

Ao passarmos por uma ribanceira, todos percebemos a presença de um irmão perturbado afogando-se numa grande poça de lama, que se parecia com areia movediça. Apesar da situação ingrata, a infeliz criatura não tirava os olhos, vidrados, do topo da ribanceira.

Casemiro, um dos novatos, que estava ao lado de Gabriel, chamou a atenção do anjo de Deus para a situação. Gabriel, serenamente, disse-lhe que seria inútil ajudar aquele irmão.

— Casemiro, não se preocupe. Ele não morrerá afogado, a morte é uma preocupação dos encarnados. Em breve ele estará fora desta lama, mas não do inferno que criou para si mesmo. — Gabriel fez um gesto para o jovem e apontou o topo

da ribanceira, local onde o irmão perturbado fixava seu olhar.
— Olhe, agora, nos olhos do irmão e identifique o que ele tem projetado em sua tela mental.

No topo da ribanceira não havia absolutamente nada, a não ser uma vegetação típica de banhados como aquele. O rapaz, então, aproximou-se do infeliz, que dava-nos a impressão de estar agonizando, e fixou-se em sua tela mental. Casemiro viu, nos olhos do infeliz, diversas carteiras de cigarros no alto da ribanceira. O perturbado irmão estava sofrendo uma alucinação decorrente do desespero para saciar o vício.

O novato assistente virou-se para Gabriel e disse-lhe:
— Não acredito.
— Os vícios, meu irmão, são um veneno tanto para o corpo físico, como para nossa alma. Se os encarnados vissem esta cena buscariam abandonar seus vícios imediatamente, mas, infelizmente, para a grande maioria, as verdades espirituais são fantasias de mentes alucinadas. Vamos embora, Casemiro, no momento não há nada que possamos fazer por este irmão.
— Irmão Gabriel, posso tirá-lo dessa poça de lodo? Dói-me o coração vê-lo sofrendo, sufocado pelo afogamento contínuo.

Gabriel serenamente respondeu-lhe:
— Meu irmão, de nada adiantará. Em alguns minutos ele estará novamente neste mesmo lugar em busca do vício que o escraviza. Mas, faze o que melhor te aprouver.

O irmão Casemiro agradeceu a Gabriel pela sua compreensão, e entrou na lama para tirar o agonizante da poça. Realizado o intento, Casemiro sentiu-se muito feliz. O irmão viciado sossegou um pouco, mas continuou com os olhos vidrados, vítima de uma violenta auto-hipnose. Admirei Casemiro pelo seu ato. A catinga de cigarro que estava impregnada em todo o corpo do infeliz irmão era insuportável, poucos teriam a coragem de realizar a caridade que aquele rapaz estava efetuando.

Após o amparo, a caravana seguiu seu rumo. Apenas alguns passos foram dados e então todos ouvimos um barulho de água sendo agitada. Casemiro sentiu um mau pressentimento, voltou-se para o seu recente paciente e viu-o novamente no lodaçal, tentando alcançar o alto da ribanceira para alcançar os seus maços de cigarros imaginários. Casemiro baixou a cabeça, compreendendo a lição de Gabriel, que ele não quis acatar. Gabriel fez que não percebeu o acontecimento e continuou marchando à frente, para não constranger o rapaz. Casemiro, espírito sincero e dedicado, correu até Gabriel para pedir-lhe desculpas por não tê-lo ouvido. O anjo sorriu e disse:
— Não há do que te desculpares, meu irmão. Tu realizaste um grande ato de amor. Muitos teriam se negado a auxiliar

aquele pobre infeliz por asco da triste situação em que ele vive. Mas deves aprender a não desperdiçar forças, através de um trabalho inútil. Existem irmãos que não estão preparados para receber auxílio, e tu deves perceber isto para que não venhas a dedicar tuas energias a um trabalho que não trará benefícios a ninguém. Não te esqueças que existem milhares de irmãos verdadeiramente necessitados e prontos para o auxílio. Tratar um irmão que não sabe aproveitar este auxílio é deserdar aqueles que necessitam realmente e esperam ansiosos a energia que Deus em sua infinita misericórdia nos alcança, para que possamos, através de nossas limitadas condições, ajudar a quem realmente necessita. Deus nos ajuda para que possamos ajudar mais! Analisemos as situações para que não venhamos a desperdiçar o combustível divino.

A caravana prosseguia em sua marcha, enquanto o pobre viciado voltava à mesma situação de quando o encontramos. Afogava-se, desesperadamente, nas águas turvas do charco.

Gabriel, então, disse a Casemiro:

— Meu irmão, não te entristeças. Se formos ficar deprimidos ante a todos os absurdos que nossos irmãos cometem, tendo que após colher os frutos destes atos insanos, seríamos eternamente tristes, porque o atual momento em que vive a humanidade reflete exatamente a dor e o sofrimento que vemos todos os dias nestes lugares. Se não fosse a Intervenção Divina periodicamente no mundo, hoje a Terra já estaria destruída. Aconteceu assim na Atlântida, na Lemúria, em Sodoma e Gomorra, e agora, acontecerá novamente de forma global. Tenhamos fé em Deus e em Jesus, porque sempre que a vida no plano físico começa a perder os valores espirituais, Deus intervém, colocando a casa em ordem.

Devemos manter sempre a característica maior dos verdadeiros filhos de Deus: a alegria de viver trabalhando com o Cristo. E tenho boas notícias para ti. Se desejas auxiliar um irmão viciado em cigarros e álcool, em breve estarás realizando o feito. Uma de nossas atividades, aqui, consiste em resgatar um irmão viciado que está neste vale de dor e sofrimento. Graças à sua inclinação ao bem e ao esforço grandioso de sua adorável mãe, conseguiremos realizar um importante resgate nas próximas horas.

Casemiro esboçou um largo sorriso de gratidão pelas palavras de Gabriel. O rapaz, apesar de inexperiente, demonstrava um grande coração. Compreendia a dor alheia, mas constantemente entristecia-se com aqueles que desprezam os Ensinamentos Sagrados, tendo que colher a dor e o sofrimento.

Fiquei imaginando o estado em que devem ficar os viciados em drogas pesadas. Já que simples fumantes e alcoolistas sofriam tais horrores, o que seria daqueles que se entregam a drogas como a maconha, cocaína e, mais recentemente, o "crack"? Hermes elucidou minhas dúvidas:

— Meu irmão, com certeza, o efeito destas drogas é mais devastador, devido à incontrolável dependência que estas substâncias exercem sobre o viciado. A forte dependência física ocorre, também, no corpo espiritual, no perispírito, como chamamos; portanto, estas mesmas sensações incontroláveis terão os viciados no plano espiritual. Da mesma forma que o dependente de cigarros "enlouquece" no plano espiritual, o viciado em drogas que já se encontra "enlouquecido" no plano físico, chega até nós em um estado de perturbação extrema. Logo formam bandos, após conseguirem libertar-se do estado de choque que este tipo de desencarnação oferece, e seguem rumo ao mundo dos encarnados para "sugarem" os viciados nas drogas que os atormenta, como se fossem verdadeiros vampiros. Mais adiante poderás assistir a um caso triste de dois irmãos que se entregaram a drogas pesadas. Aguarda e verás!

A humanidade terrena constantemente questiona o porquê de Deus permitir tanta dor e tanto sofrimento neste mundo. Alguns até colocam em dúvida a existência de Deus, mas estes mesmos não param para pensar sobre seus próprios atos; sobre suas próprias condutas no dia-a-dia. Se o homem comum analisasse seus atos diariamente, veria que Deus é infinitamente misericordioso, porque permite-nos o conserto de nossos erros, que não são poucos, durante toda nossa existência. Coloca-nos, sim, em situações de dor e de aflição, mas o que seria de nosso futuro espiritual se Deus não abrisse nossos olhos, através dos mecanismos dolorosos da evolução? Ah, se o espírito encarnado buscasse orientar a sua vida pelos caminhos da sabedoria dos ensinamentos do Cristo, nenhuma dor, então, seria necessária, mas infelizmente o homem comum prefere levar uma vida fútil e distanciada de Deus. Portanto, o Alto toma providências para colocar o espírito perdido nos caminhos corretos, através de instrumentos dolorosos, o que pode parecer à primeira vista como sadismo de Deus, mas fazendo-se uma análise sensata, concluímos que é a forma mais perfeita de chamar à verdade os espíritos de pouca evolução.

Enquanto caminhávamos, era-nos possível identificar duas classes distintas de espíritos: os sofredores, que ficavam chorando estendidos ao chão e os cruéis escravizadores, espíritos com os corações petrificados no mal, que torturavam continuamente os espíritos com dramas de consciência. Estes escravizadores vestiam roupas vermelhas e amarelas. Os tons das roupas eram extremamamente berrantes. Seus rostos lembravam-me raposas, devido ao nariz pontudo e à expressão de malvada esperteza.

Alguns minutos mais de marcha contínua, e avistamos uma humilde casa que se diferenciava das demais pelo aspecto simples, mas agradável. As demais construções tinham formas aberrantes e transmitiam uma vibração extremamente infeliz. Todas as "malocas", porque só assim poderíamos definir aqueles abrigos para espíritos que desprezaram as riquezas divinas para entregarem-se aos desvarios da carne, davam-nos a impressão de serem casas de prostituição, devido à vibração pesada que emitiam. Aqueles espíritos habitavam em abrigos feitos de material sujo e pestilento, demonstrando a miséria espiritual em que se encontravam.

Ao chegarmos perto do posto de auxílio, deparamo-nos com espíritos de pouca luz, mas trabalhadores fiéis. Eram espíritos endividados na escola divina, mas que buscavam a sua recuperação trabalhando com afinco, para logo receberem uma nova oportunidade de reencarnação no mundo material, e assim, tentarem recuperar o tempo perdido na escalada evolutiva.

Fomos recebidos com grande festa. Aqueles irmãos, apesar da pouca luz, demonstravam um grande coração. Um deles correu para Gabriel e deu-lhe um grande abraço, como se fosse uma criança com saudades de um pai que voltava de longa viagem. Gabriel retribuiu o abraço e disse-lhe:

— Como vais, Frederico! Está tudo em paz?

— Graças a Deus, irmão! Esperávamos com ansiedade a chegada de vocês. O trabalho nas furnas está cada vez mais difícil. Os chefões do mal estão boicotando o trato que fizeste com eles. Já não permitem mais a nossa intervenção em determinadas áreas, alegando que estamos interferindo em seus domínios. — O homem que aparentava uns quarenta anos de idade, então disse, com os olhos assustados: — Irmão Gabriel, eu estou com medo. O senhor ensinou-me que estando com Jesus não temos o que temer, mas... eu sou um verme. Às vezes, volta à minha mente todo o mal que cometi. Eles sabem disso e jogam constantemente em minha cara estas verdades. Chamam-me de santo do pau oco, de fingido, dizem que estou tentando enganar a Deus e a mim mesmo. Que nem mil anos de caridade recuperariam a minha alma suja.

Após aquelas palavras Frederico caiu de joelhos ao chão barrento. Com os olhos lavados de lágrimas, ele olhou para Gabriel implorando a sua confortadora palavra. O anjo de Deus colocou suas mãos na cabeça de Frederico e olhou para aquele céu carregado de nuvens negras. Naquele instante saiu das mãos de Gabriel uma puríssima energia branca, que eu não acreditava que pudesse ser gerada naquele pestilento ambiente. A luz invadiu todo o corpo de Frederico, trazendo-lhe paz. A personificação do Amor então disse-lhe serenamente:

— Frederico, perdoa a maldade dos nossos irmãos aprisionados na ignorância. Eles estão testando a tua fé e a tua perseverança no Bem. Já tiveste diversas provas de que só o amor constrói, portanto, utiliza-te do amor para resolver esta situação. Perdoa amando, e fortalece-te no trabalho de auxílio aos necessitados que amparas diariamente nesta cidade de dor e de sofrimento.

Gabriel esboçou um carinhoso sorriso e olhando nos olhos de Frederico disse:

— Quando tu auxilias um irmão escravizado nestes sítios não te sentes feliz e redimido com Deus? O que importa o teu passado, se hoje tu és uma expressão Divina nesta cidade infeliz? Em breve receberás dádivas inesquecíveis de Deus e poderás perceber que a Lei é de evolução. Todos nós podemos reconstruir as nossas vidas, mas é inevitável que venhamos a transpor o caminho de espinhos que nós mesmos plantamos em nossas vidas. O que ouves é conseqüência do que construíste no passado. Cultiva uma vida exemplar no presente, e, no futuro, lembrarão de ti como um anjo de Deus.

Envolvido em lágrimas de felicidade e de refazimento, Frederico perguntou, com a voz embargada.

— Tornar-me um anjo, assim como o senhor?

— Sim Frederico, assim como eu. A tua história atual nada mais é do que a minha história em um passado distante. Não existem privilégios na vida criada por Deus. Ninguém nasce anjo desfrutando das dádivas de uma vida superior. Todos nós nascemos puros e ignorantes. Na busca do amor e da sabedoria nos enredamos nas teias do mal, mas com Deus no coração nos libertamos e alcançamos a evolução espiritual. Ninguém jamais alcançou a glória dos céus sem passar pelos difíceis caminhos da vida humana.

Confuso Frederico perguntou: — Então, Jesus também foi como eu?

— Sim Frederico, há milhares e milhares de anos, em outro mundo, Jesus construiu sua caminhada, assim como eu o fiz e tu agora estás fazendo. Depois de tornar-se um espírito de luz infinita, Jesus recebeu de Deus a oportunidade de ser o governador de um novo mundo em formação, mundo este em que vivemos atualmente: a Terra. Portanto, não creias nessas histórias fictícias de anjos com asas, criados por Deus em alto estado de evolução. Porque, qual anjo se sentiria digno de tal grau de evolução se não tivesse conquistado esses valores por seu próprio esforço? Todos nós somos irmãos em total igualdade de condições. Se não fosse assim, Deus não seria a Justiça Suprema. Nós nos sentimos felizes por Deus nos permitir mostrar o nosso valor e conquistar a glória por nosso próprio esforço. Se assim não fosse, sentir-me-ia como um político do plano material, que sem nenhum mérito e nenhuma competência ganhasse de algum outro colega um cargo o qual não tivesse conquistado por meu próprio trabalho e com o respaldo de todos daquela organização, ou seja, seria um "apadrinhado" de Deus, assim como existem muitos infelizes "apadrinhados" de políticos entre os homens. Por fim, não teria o anjo moral alguma para falar em nome de Deus, pois não teria passado pelas mesmas aflições que todos passam na jornada evolutiva até Deus. Como o anjo poderia amparar as dores humanas se não as conhecesse através de sua própria vivência?

Gabriel olhou novamente nos olhos de Frederico e com infinito amor no coração disse-lhe:

— Trabalha com Jesus, meu irmão! Esquece as ofensas e o teu passado criminoso, porque aquele que expulsa as inferioridades do coração encontra Deus. E encontrando Deus, encontramos a paz e a felicidade.

Frederico, renovado, abraçou novamente Gabriel. E saiu em disparada para dentro do posto de atendimento gritando de alegria:

— Venham todos, venham todos! Eles chegaram. Vamos, irmãos, temos muito trabalho pela frente. Jesus conta com nosso apoio para que vençamos, com o amor, as forças do mal.

Danúbio aproximou-se de Gabriel, que estava de braços cruzados ao peito e com uma expressão de alegria e contentamento, ante ao ato espontâneo de Frederico, e disse-lhe:

— Meus parabéns, Gabriel, mais uma vez conseguiste transformar corações. Que Deus sempre te ilumine!

Gabriel olhou para Danúbio e abraçou-o. Os demais assistentes da caravana ficaram estáticos, meditativos, mastigando, ainda, as palavras divinas de Gabriel.

A vida é, realmente, uma constante evolução. Quanto mais nos aperfeiçoarmos, em qualquer campo, melhores seremos. Ninguém obtém dons os quais não se esforçou para conquistar. Os pobres materialistas encarnados, quando vêem um menino prodígio, com assombrosa inteligência e capacidade, ficam perplexos. Esta só é mais uma prova de que o espírito é imortal e de que reencarnamos diversas vezes nos mundos físicos para obtermos o nosso crescimento. Vemos, muitas vezes, em uma mesma família, crianças inteligentes e outras bem limitadas, algumas com um excelente coração e outras com um caráter extremamente inferior. Estas pequenas observações ajudam-nos a comprovar os fundamentos básicos da Doutrina Espírita: a reencarnação e os resgates de dívidas de vidas passadas.

Analisemos neste tema, também, a problemática das desigualdades entre todos os filhos de Deus. Onde estaria a justiça de Deus se existisse apenas uma única vida e depois, desta única vida, a criatura fosse julgada para receber o céu ou o inferno? Alguns nascendo em berço de ouro e outros em pobreza extrema, não teríamos igualdade de condições para um justo julgamento. O rico não precisa roubar, pois tem tudo, ao contrário do miserável, que muitas vezes é levado ao furto para poder alimentar seus familiares. E quanto aos que nascem com deficiências físicas, tendo, portanto, uma vida com limitações? Se tivéssemos apenas uma única vida ficaria, então, a pergunta: qual seria o critério de Deus para escolher quem entre seus filhos deveria nascer com enfermidades ou com deficiências físicas ? Qual entre seus filhos deveria nascer pobre ou rico? Qual, entre eles, deveria ter uma vida cheia de problemas e qual seria presenteado com uma vida calma e tranqüila? Ou seja, a justiça Divina, caso não houvesse a reencarnação, seria inadmissível. Mas Deus, em sua infinita sabedoria, mostra-nos que as desigualdades em que vivemos são frutos de atos cometidos por nós mesmos em vidas passadas. Aqueles que vivem hoje com deficiências de toda a natureza, com problemas de toda ordem, aqueles que vivem em estado de miséria, e até mesmo aqueles que vivem em um excelente padrão de riqueza, mas são assaltados por doenças e problemas familiares, são apenas espíritos reencarnados com a finalidade de resgatar os erros que cometeram contra si e a seus semelhantes em vidas passadas. Através da dificuldade, em suas novas vidas, o espírito desperta para a verdadeira conduta de vida: a conduta cristã.

Gabriel nos auxiliará mais sobre este assunto, no devido momento. Aguardemos! Por enquanto vamos seguindo seus passos.

Entramos na casa, que parecia não ser muito grande por fora, mas por dentro, era abrigo para diversos leitos, onde repousavam criaturas que pareciam mais "trapos-vivos", tal o estado em que se encontravam. Os gritos e os gemidos eram uma constante em toda aquela região.

Os irmãos que havíamos observado no Hospital Intermediário estavam até em boas condições se comparados com aqueles que estavam hospitalizados ali. O irmão Hermes elucidou-me:

— Estes irmãos foram recentemente recolhidos nas zonas inferiores, eles estão apenas em início de tratamento. O grau de abatimento físico-espiritual ainda é muito grande; em breve já estarão em melhores condições.

Algumas abnegadas irmãs limpavam as feridas dos corpos daquelas criaturas. Os encarnados não acreditam que exista vida após a morte, muitos acham até engraçadas as afirmações de que o espírito tem um corpo semelhante ao corpo físico. Mas se acreditassem, e vissem aqueles corpos que ora eu via, pensariam melhor sobre os rumos que estão dando às suas vidas. As falhas de caráter são um câncer para a alma! Quanto mais nos distanciamos da conduta cristã, mais o nosso corpo espiritual fica impregnado por feridas. Claro que aquele que dá apenas uns pequenos resvalos na sua caminhada, e tem uma série de atos positivos, não irá sofrer estas enfermidades funestas. Mas todo aquele que despreza o amor, o respeito, a fraternidade, a paciência, a tolerância, a caridade, o perdão e todas as outras virtudes cristãs, vai pouco a pouco cultivando em sua alma as "doenças do espírito". Ao chegarem ao mundo espiritual sofrem um forte choque ao olharem para si mesmos. Tornam-se verdadeiros "leprosos espirituais". Feridas por todo o corpo, que queimam como se fosse fogo. Por isso muitos espíritos, quando conseguem trazer sua voz ao mundo material, alegam estar sendo queimados pelo fogo do inferno.

Enquanto nossos amigos recebiam as boas-vindas, eu analisava as telas mentais dos pacientes a minha volta. Adorei esta técnica de analisar as situações passadas dos irmãos desencarnados. Os olhos são realmente o espelho da alma! Pude ver as mesmas infelizes situações que sempre levam a criatura ao sofrimento e à dor. Um assassinato aqui, um seqüestro ali, muitos que durante suas vidas trabalharam pela desgraça alheia, ciúmes, invejas e todas as atitudes que nos distanciam de Deus.

Eu estava distraído, observando, também, as chagas nos corpos daqueles irmãos. Feridas que permitiam enxergar, até mesmo, os órgãos internos daquelas criaturas. Para o espírito não existe a morte, portanto os estados de dilaceração física não tinham limites. Eu estava chocado. Via que Hermes não evitava que eu observasse as situações mais tristes. O objetivo era que tudo fosse narrado para alertar os irmãos ainda encarnados.

Observava, com grande satisfação, o auxílio das irmãs que estavam limpando as feridas dos doentes espirituais. Após a limpeza, elas realizavam o tradicional passe. Impunham suas laboriosas mãos sobre as chagas dos pacientes e, então, aquela fabulosa energia pura era transmitida aos doentes. Fiquei feliz com a Igreja Católica, que através dos séculos auxiliou a formar o caráter dessas caridosas irmãs que tornaram-se exemplos da caridade cristã.

Enquanto eu observava os trabalhos, ouvi a bela voz de Gabriel, realçada no ambiente.

— Ethel!

Ao ouvir o nome da alma gêmea de Gabriel, dei um salto. Não poderia perder esse encontro. Saí correndo em direção a uma sala ao lado da que estávamos. Lá chegando, vi Gabriel abraçado com uma belíssima senhora, que aparentava sessenta e cinco anos, mais ou menos. Pareciam mãe e filho abraçados. A senhora demonstrava um porte nobre e belo. Quem se defrontasse com aquele semblante respeitável teria que prestar reverência, tal era a grandeza que aquela senhora demonstrava. Lembrei-me de Maria, a mãe de Jesus.

Confuso, eu perguntei ao irmão Hermes quem era aquela senhora.

— Esta é Ethel, Roger! Esperavas ver uma mulher na flor da idade como Gabriel, eu sei. Mas não esqueças do local onde estamos trabalhando. Os espíritos desta cidade são extremamente vulgares e sensuais. Se Ethel estivesse trabalhando com a sua verdadeira forma espiritual seria constantemente vitimada por assédios e brincadeiras vulgares, típicas de almas ainda escravizadas pelo desejo sexual. Aqueles que buscam a recuperação, a veriam como uma bela fada dos contos infantis a salvá-los do sofrimento. Já os espíritos com o coração empedernido no mal, buscariam desconcentrá-la do trabalho com suas atitudes vulgares. Mantendo a forma espiritual de uma respeitável mãe, até mesmo os cruéis escravizadores destas zonas inferiores a respeitam, pois eles também já tiveram mães, e não esqueças jamais:"As mães possuem forças para subjugar as almas mais cruéis".

Fiquei impressionado. Quantas providências devem ser tomadas para o trabalho santificante! Mas Deus dá capacidade e possibilidades infinitas aos seus filhos que buscam trabalhar com Ele. A volitação é um exemplo claro.

— Como estão as coisas, meu amor? — disse Gabriel.

— Estão difíceis, querido! Acredito que terás que intervir diretamente com Dracus; ele está bloqueando nossos irmãos da equipe de resgate. As festas carnavalescas no Brasil deram-lhe mais força. Os nossos irmãos encarnados, através de suas vibrações vulgares, neste período, estão alimentando a atmosfera com uma vibração muito baixa, o que está possibilitando mais forças para as trevas. — A expressão de preocupação

de Ethel mudou para um tranqüilo sorriso de agradecimento.
— Recebemos a tua oração e a concentração dos nossos irmãos no Templo da União Divina. Foi maravilhoso! Estávamos recebendo forte pressão dos escravizadores de Dracus, fortificados que estavam pelas emanações pervertidas dos encarnados na noite de sábado de carnaval. Logo após, desceu do céu a luz do Templo da União Divina, reconheci de imediato a tua vibração, que mora em meu coração. Os irmãos perturbados, assustados com a luz, fugiram para as furnas, permitindo-nos a conclusão dos trabalhos daquela noite.

— Agradece a Jesus, Ethel. Somos apenas seus humildes trabalhadores. Mas..., para quando está planejada a tentativa de diálogo com os irmãos Siqueira? Miriam veio conosco; será ela a nossa grande arma para libertarmos os dois irmãos das garras de Dracus.

— Aguardávamos a tua chegada para o encontro com os irmãos Siqueira. Estamos apenas aguardando a tua inspiração para realizar trabalho tão difícil. E Joachab, tentarás libertá-lo também? — perguntou Ethel.

— Sim. Acredito que se obtivermos sucesso com os Siqueira e, também, com Joachab, Dracus se sentirá enfraquecido, desistindo, assim, de seus planos de dominar completamente esta região. Ele não pode esquecer que Deus jamais desampara seus filhos. Acreditar que ele pode transformar esta região em um feudo sob seu pleno comando é subestimar a Inteligência do Criador.

Ethel e Gabriel passaram horas a sós conversando sobre diversos assuntos. Enquanto isso, a equipe preparava-se para a missão de auxílio na zona central da cidade, onde reside Dracus, junto com a sua corte de espíritos escravizadores.

10.
A força do amor

A equipe já estava preparada. Alfredo parecia uma criança, querendo ficar perto de Danúbio e Gabriel. Casemiro, também, não saía de perto dos líderes da missão, buscando beber os ensinamentos supremos que são proferidos a todo momento por entidades de luz.

Saímos do posto de socorro. Estávamos de novo em caminhada, não volitávamos naquele lugar. Era necessário caminhar em marcha lenta para melhor auxiliar e para também proteger a todos. A temperatura, naquele momento, estava altíssima. Segundo Hermes, esta era a única forma de diferenciar o dia da noite, porque a escuridão era contínua. Saberíamos que seria dia, quando a temperatura estivesse alta e, quando fosse noite, seria muito frio. O cheiro de enxofre, aquela alta temperatura, os palavrões que não cessavam um minuto sequer e, além disso, os gritos de dor davam-me a impressão de estarmos, literalmente, no inferno descrito por Dante Alighieri.

À frente da caravana, tínhamos dois irmãos que eram trabalhadores daquela região; um deles era o irmão Frederico, aquele que recebeu Gabriel alegremente, na chegada do grupo àquela região. Esses dois irmãos conduziam exóticos animais que "comiam" a névoa espessa, que a cada passo, tornava-se mais impenetrável.

Aquele clima de sofrimento doía-me na alma. Estava há muito pouco tempo naquele ambiente e já não via a hora de retornar ao Império do Amor Universal. Ficamos tão pouco tempo lá, pensava. Imaginei aqueles irmãos que estavam aprisionados ali, alguns há muitos anos. Fiquei pensando até onde poderia ir a resistência daquelas criaturas. Hermes, captando meus pensamentos disse-me:

— Imagine, então, aquelas pessoas que reclamam constantemente da vida. Que dizem não suportar mais tanto sofrimento na vida e que terminam por suicidar-se. Acreditam que destruindo o maior presente que Deus lhes deu, a vida, poderão libertar-se de suas depressões. Imagine só! Chegando no plano espiritual e tendo que vir habitar estas regiões, devido ao crime contra a própria vida, compreendem, tardiamente, que viviam em paz e em felicidade, comparado com o que os espera nestas regiões infernais.

À medida que ganhávamos terreno, eu examinava a triste e depressiva paisagem. Aquele vulcão deprimente ao fundo parecia ser o cartão-postal do horror. Lembrava-me a casa do diabo, das lendas religiosas. Na verdade, não existem diabos, e sim, irmãos desviados do caminho de Deus. Todos um dia retornarão à casa do Pai, como ovelhas desgarradas do aprisco do Senhor.

Estávamos passando por extensa clareira, quando Gabriel chamou a atenção de Casemiro.

— Venha comigo Casemiro!

O rapaz seguiu-o, prontamente, e nós também.

Gabriel agachou-se perto de um irmão completamente desfigurado e solicitou a aproximação do irmão Casemiro.

Ao nos aproximarmos, tivemos todos um forte impacto. Aquele irmão fedia completamente! Era realmente insuportável o fedor que se desprendia do seu corpo. O cheiro fortíssimo de cigarro misturado com cachaça e suor amargo. Além disso o seu corpo começava a ser dominado pelas feridas espirituais. A lepra que antes comentávamos. Indaguei a Hermes o porquê de tão poucas feridas, já que ele encontrava-se em estado tão lastimável. Hermes respondeu-me:

— Verás, Roger, que este irmão tem uma boa alma, mas é uma pena que tenha tanta fraqueza para os vícios.

Resolvi aguardar os acontecimentos. Gabriel convocou o jovem Casemiro para auxiliar o irmão, como havia feito anteriormente com o outro viciado. Mas Casemiro estava em estado de choque. A situação daquele irmão era repulsiva. Senti que Casemiro segurava-se para não vomitar, devido ao mal-estar que o assaltava. Gabriel, compreendendo as dificuldades de Casemiro, aproximou-se do enfermo e cerrou o punho direito elevando uma silenciosa prece a Deus. Sua mão direita começou, então, a brilhar. Após a oração, o anjo aproximou o punho, a mais ou menos um metro de distância do enfermo, e abriu-o, irradiando uma grande energia em todo o corpo do enfermo. A luz permitiu-nos ver o estado em que se encontrava aquele cidadão. Havia diversos insetos caminhando pelo seu corpo e esvoaçando em seu redor. Sanguessugas sugavam-lhe as energias vitais, em verdadeiro estado parasitário. Após a emissão de energia de Gabriel, os insetos e as sanguessugas foram dizimadas e o corpo do doente recebeu novo ânimo.

Casemiro, libertando-se do estado de choque, e vendo sua própria fraqueza, jogou-se de joelhos ao lado de Gabriel, que já amparava em seus braços o infeliz irmão. Mesmo sentado naquele local imundo e em contato com aquele irmão completamente sujo e fedorento, notei que Gabriel não recebia as impressões do ambiente. Onde o seu corpo tocava tornava-se limpo e puro. Era possível notar que os braços de Gabriel em contato com o doente, transformavam aquela parte do corpo do moribundo. A túnica de Gabriel, em contato com o chão barrento, não demorou mais de trinta segundos para restabelecer a brancura e a limpeza natural.

A comitiva aguardava silenciosamente as atividades de Gabriel e Casemiro, que, agora, trabalhava rapidamente com passes reconfortantes no doente, que gemia de alívio pela luz que estava recebendo.

Após os passes terapêuticos, Gabriel convidou Casemiro a analisar a tela mental do irmão, para que pudesse, assim, melhor auxiliar. Hermes cutucou-me para fazer o mesmo. Aproximei-me com a mão no nariz, tentando anular o cheiro desagradável que emanava do corpo do irmão que estava sendo socorrido.

Vimos, então, este mesmo senhor, que agora estava com os olhos arregalados, como se fosse vítima de estranho pavor, em sua bela casa antes de desencarnar. Um homem muito justo e honesto, com perfeita saúde e lucidez, nem parecia ser o mesmo que agora víamos em estado lastimável. Trabalhador honesto, que já se considerava realizado nas experiências da vida. Segundo as leis divinas, homem equilibrado e com grande méritos. Sempre auxiliou aos que batiam à sua porta. Homem justo, seguia os ensinamentos cristãos com empenho e sinceridade no coração. Ofereceu sempre à família as melhores condições de educação, fonte primordial para um bom crescimento espiritual. Cavalcante não executava uma atitude sequer sem pensar nas conseqüências de seus atos, respeitava os ensinamentos de Cristo que nos recomendam "não fazermos aos outros o que não gostaríamos que nos fizessem".

Mas, ao final do dia, ele chegava em casa e dirigia-se direto para o "barzinho" da sala, onde servia-se de dois ou três copos de uísque, sempre acompanhado de uma série de cigarros, os quais fumava o dia inteiro. Quando recriminado pelos vícios, Cavalcante indignava-se narrando suas diversas atitudes cristãs e o amor e o respeito que dedicava à família. Dizia não entender o porquê daquela perseguição. "Não sou viciado, apenas fumo uns cigarrinhos e no final do dia tomo meu uísque para relaxar do estresse do trabalho, acredito que seja mais do que justo", dizia.

Até que chegou o dia do retorno à pátria espiritual, Cavalcante, homem íntegro e digno, recebeu assistência espiritual amiga no momento do desenlace. Orou com fervor e foi amparado pelos espíritos de luz, que o encaminharam para uma cidade espiritual de média evolução, onde pôde reestabelecer-se, em paz, das emoções do desencarne. Os dias foram se passando, e Cavalcante começou a sentir forte angústia pela falta de seus hábitos de muitos anos: o cigarro e o uísque. Ele recorreu aos mentores espirituais solicitando-lhes um cigarrinho e um copo de uísque. Os mentores comunicaram-lhe que isto seria impossível naquele ambiente e que ele deveria ter procurado libertar-se destes vícios quando ainda estava encarnado. Agora, tardiamente, ele deveria esforçar-se para vencer o vício. Cavalcante, desesperado, começou a perder o equilíbrio espiritual que tanto havia cultivado em sua vida física. Ele correu pelas ruas de sua cidade espiritual, sem encontrar nenhum barzinho e nenhuma tabacaria. Desesperado, ele caiu, então, nas zonas de trevas à procura de seu vício. Lá encontrou um espírito de capa preta que lhe disse: "Meu amigo, a única forma de saciar esse teu vício é através da obsessão a encarnados. Vai até o mundo dos homens e liga-te a eles, sugando a tua vítima para conquistar o objeto do teu desejo". "Nunca — disse Cavalcante — isso é um repugnante ato de vampirismo, jamais farei isso". O espírito do mal riu e disse-lhe: "O teu senhor é o fumo e o álcool, quando teus senhores te chamarem atenderás cegamente!" Cavalcante foi embora xingando o espírito do mal. Jamais faria isso. Era contra todos os seus princípios de amor e fraternidade, e de respeito aos seus semelhantes. Os dias se passaram e Cavalcante não resistiu ao apelo de seus senhores: o fumo e o álcool. Podíamos vê-lo, através de sua retina espiritual, correndo atrás de alcoólatras e de fumantes inveterados, para através de verdadeiro ato de vampirismo, sugar a essência etérica das emanações do álcool e do fumo.

O tempo foi passando e Cavalcante sentiu saudades de sua família. Dirigiu-se à sua antiga casa. Lá chegando encontrou seu filho envolvido em fortes depressões e sua mulher em completo alheamento ao problema do filho. Cavalcante, sentindo-se impotente para auxiliar o rapaz, sentou-se à beira da cama do jovem Flávio, que aparentava dezessete anos. Chorando, Cavalcante percebeu que seu filho único, no qual depositou todas as suas esperanças de pai, puxava uma garrafa de uísque, que estava debaixo da cama. O rapaz abriu, também, o bidê, e sacou uma carteira de cigarros. Os olhos de Cavalcante saltaram das órbitas, ávidos de desejo pelo que viam; o pobre irmão tentou controlar-se: "Não, isto é sujo demais. Obsediar meu próprio filho para saciar estes horríveis vícios". Mas o senhor fumo e o senhor álcool venceriam mais uma vez. O pai desencarnado percebeu logo que havia uma perfeita afinidade com o filho, bastava pensar em cigarros e o filho puxava um da carteira para saciar o vício, Cavalcante pensava em uísque e o rapaz saia desesperado à procura da bebida. O tempo foi passando e Cavalcante, cada vez mais alucinado, levava o filho às mais incríveis bebedeiras, colocando o rapaz por duas vezes em estado de coma alcóolico.

Vendo que seu filho estava mais uma vez em coma, devido às suas "bebedeiras astrais", Cavalcante correu desesperado e caiu naquele mesmo lugar em que estávamos. Antes do desmaio e de entregar-se ao estado de torpor, ouvimos suas últimas palavras: "Ajude-me Jesus, pelo amor de Deus!"

Logo vimos na retina espiritual de Cavalcante, Gabriel e Casemiro, ou seja, o momento em que estávamos vivendo. Voltei para perto do irmão Hermes, agradecendo o término da narrativa mental, pois já não agüentava mais o cheiro de tão perto. Perguntei ao irmão Hermes como Gabriel conseguia ser tão indiferente àquele cheiro desagradável.

— Isto, Roger, é porque ele não vê no irmão um "fedorento", como tu vês. Vê um irmão em estado transitório de perturbação. Gabriel sabe que é mais importante direcionar sua mente no trabalho a realizar, e não à crítica ou à repulsa ante a situação em que o irmão se encontra. Viste, também, Casemiro, que teve reação semelhante à tua, mas conscientizando-se rapidamente da tarefa a cumprir, jogou-se de joelhos ao chão para auxiliar, anulando os sentimentos egoístas que o envolviam.

Hermes colocou a sua mão direita em meu ombro, enquanto eu olhava para o chão barrento daquela cidade, triste pela minha própria atitude. Que tipo de reação eu gostaria de receber, se fosse eu que estivesse naquele estado, naquela lama suja? Gostaria que um almofadinha, como eu, ficasse criticando e virando o nariz à minha presença? Não! Não devemos fazer aquilo que não gostaríamos que nos fizessem!

— Não fiques triste, Roger — disse-me Hermes. — Tu não estás ainda preparado para estas situações de extrema renúncia e de grande amor ao gênero humano.

Enquanto Hermes me consolava, Gabriel fazia uma prece fervorosa e, ao mesmo tempo, silenciosa. Em alguns segundos, surgiu entre nós, uma distinta senhora: a mãe de Cavalcante, que já se encontrava no plano espiritual. Gabriel efetuou rápidos movimentos com as mãos sobre a região dos olhos de

Cavalcante, e este conseguiu ver a nobre senhora àsua frente. E gritou: "Mãe! Socorro, minha mãe! Ajude-me pelo amor de Deus!"

— Calma — disse a senhora — calma, meu filho. Confiemos em Jesus que tudo terminará bem.

— Calma, mãe? Mãe! Eu quase matei Flávio com este meu estúpido vício. Arrastei-o de bar em bar para saciar este meu hábito repulsivo. Hoje em dia não sou nem sombra do homem que fui. Acreditei que bastava a postura moral para encontrar o Céu, mas não dei-me conta de que eu estava sendo aliciado por terríveis verdugos: o cigarro e a bebida. Auxilie-me minha mãe, pelo amor que a senhora sempre dedicou a Jesus.

— Serena teu coração, meu filho, porque estou aqui exclusivamente para auxiliar-te, com o amparo deste anjo que te sustenta nos braços, mas não podes vê-lo. Graças à sua ilimitada boa-vontade, foi-nos possível realizar esta entrevista, onde Jesus oferece a sua infinita misericórdia a nós pecadores. Aproveita, meu filho, e diz: "Sim, eu quero libertar-me desta vida doentia! Sim, eu quero reformar meu coração para viver com o Cristo!" E nós te auxiliaremos, providenciando a tua entrada em uma clínica para recuperação de viciados, após o tratamento inicial que tu deverás realizar no Hospital Intermediário destes irmãos, que aqui auxiliam-me a recuperar-te. Mas ouve-me. Só tu podes decidir isto, não podemos tomar esta decisão por ti.

— Sim, minha mãe, leve-me daqui. Estou farto de tanto sofrimento. Quero trabalhar pela minha recuperação e, se possível for, quero ajudar meu filho a não seguir os mesmos caminhos que eu segui.

A nobre senhora olhou para Gabriel com os olhos marejados de lágrimas, suplicando, em pensamento, para que Gabriel autorizasse o resgate de seu filho. Gabriel, então, projetou na mente de Cavalcante a imagem de uma carteira de cigarros e de um copo de bebida etílica. Rapidamente ele reagiu pedindo que afastassem de perto dele aquelas drogas malditas, que quase mataram o seu filho e que estavam destruindo sua vida.

Gabriel, então, olhou nos olhos da senhora e fez um gesto com a cabeça, confirmando a autorização de resgate. A senhora ajoelhou-se e agradeceu a Jesus pela dádiva, e depois, foi até o anjo, que já entregava o fardo a um dos irmãos da equipe socorrista, e ofertou-lhe um beijo no rosto, em agradecimento.

A nobre senhora, então, correu até o rapaz que carregava Cavalcante e disse-lhe:

— Por favor permita-me que eu o carregue até o hospital.

Ao passar para as mãos da mãe, Cavalcante sentiu aquele

carinho especial de mãe, que desde a sua mais tenra infância não sentia. Um grande alívio invadiu sua alma! Dois membros da equipe acompanharam a senhora até o hospital intermediário, onde Cavalcante ficou internado por dois meses, sendo após transferido para uma clínica de recuperação, em uma cidade astral próxima à Crosta.

— Gabriel, devemos condenar os vícios por todas essas desgraças? — perguntou Casemiro.

— Não, meu irmão. Não devemos condenar os vícios, mas sim, educar os homens. O mal só vive entre as criaturas porque existem aqueles que o sustentam. Se os homens abandonassem o consumo de cigarros e bebidas alcoólicas, estas indústrias certamente faliriam. Mas o homem é o principal responsável por sua própria infelicidade. O infeliz peregrino das reencarnações não se conscientiza de que deve transformar sua vida. Critica as religiões, alegando serem extremamente exageradas em seus conceitos de vida. Alguns ridicularizam as advertências dos instrutores espirituais, dizendo que o que eles ensinam é coisa para santos e, não, para homens comuns. Mas ao chegarem ao mundo espiritual arrependem-se amargamente de suas conclusões levianas e superficiais!

— Mas, o irmão não acha que Deus deveria intervir, conscientizando mais diretamente os homens sobre os vícios?

— Deus já efetuou todos os avisos no decorrer destes séculos que se passaram. Se o homem não aceitou esses avisos, não é porque não foram bem claros e, sim, por displicência daqueles que deveriam escutar. "Aqueles que tiverem ouvidos para ouvir que ouçam e aqueles que tiverem olhos para ver que vejam", já nos dizia Jesus. Ademais, o mundo não parará de girar por causa dos rebeldes. O processo de evolução continuará! Deus não mudará seus planos porque alguns espíritos relapsos negam-se ao crescimento. As escrituras sagradas serão cumpridas! Em breve, os rebeldes serão expulsos de seus corpos físicos e levados para o planeta-exílio; enquanto isso os espíritos da direita do Cristo descerão para reencarnar na Terra. Moradores das cidades de luz do plano espiritual povoarão este planeta, trazendo para o plano material o desenvolvimento e o progresso, que há muito já existe nos planos espirituais superiores.

Enquanto Gabriel dava essas explicações, Danúbio orientava alguns trabalhadores espirituais, através da prece, para que amparassem o filho de Cavalcante na libertação das influências perniciosas efetuadas por seu pai.

Algumas vezes mais, Flávio buscou o bar, que diariamente o seu pai o estimulava intuitivamente a freqüentar. Inspirado pelos espíritos aos quais Danúbio solicitou auxílio, o dono do bar começou a aconselhar o rapaz a largar daquele vício que só estava destruindo a sua vida. Mesmo contrariando as suas intenções de lucro, o comerciante de bebidas alcoólicas conseguiu, através de influência divina, afastar Flávio daquele local. Por diversas vezes vimos a sua avó intuindo-o a abandonar o vício. O rapaz sentia, também, o apelo distante de seu pai, nesse sentido.

Alguns meses depois, Flávio já era outro homem. Seu pai encheu-se de contentamento, dando-lhe novas forças para vencer os vícios na clínica de tratamento em que fora internado no plano espiritual. Cabe lembrar que o vício, no plano espiritual, toma proporções assustadoras, tornando-se muito mais difícil a libertação. O que mostrou a todos a grande determinação de Cavalcante.

Continuamos a caminhada nos charcos do astral inferior. Não sei quem estava mais impressionado, eu ou Casemiro. O rapaz não esperava sofrer tamanho choque; apesar de ser uma alma pura e desprendida, ele havia desencarnado há pouco tempo, não possuindo, portanto, o hábito de trabalhar naquelas tristes cavernas.

Passamos, então, por determinada passagem estreita que dava-nos acesso a uma furna, naqueles mesmos padrões desagradáveis que já estavam se tornando uma rotina. Nesse instante, ouvimos umas gargalhadas extremamente vulgares. Frederico direcionou a luz para o local de onde vinham as vozes. Vimos duas mulheres nuas, com as suas peles infestadas de chagas e manchas escuras. Entre elas: Horácio! O rapaz que foi trazido do hospital do Império do Amor Universal para tratamento no Hospital Intermediário.

Marcus sacudiu sua cabeça em sinal de desaprovação. As mulheres indignadas com a atitude de Marcus começaram a gritar-lhe:

— O que que é seu carola? Vê como são fracos os teus poderes. Horácio está novamente aqui, conosco. Ele não vive sem isto. E quem sabe se tu também não queres provar um pouquinho destas delícias? Vem cá, bonitão!

Danúbio, que estava atrás de Marcus, colocou sua mão sobre o ombro do belo rapaz, inspirando-lhe calma e perdão.

Fiquei impressionado com aquilo que via. Não com a atitude de Horácio ante o desejo sexual, o que é muito comum nos dias de hoje, mas com a sua atração por aquelas mulheres naquele estado. Eram verdadeiras "perebas humanas" de tantas feridas e doenças cutâneas.

Hermes, captando meus pensamentos, recomendou-me

analisar a tela mental de Horácio. Aproximei-me e vi que, aos olhos de Horácio, aquelas duas mulheres eram verdadeiras musas. Mulheres lindas e com um corpo perfeito. Observei, também, que a mente de Horácio estava em "loop", ou seja, aprisionada no desejo doentio que o acometia. Na sua mente só existia o desejo sexual, era como se ele não fosse mais um ser racional e, sim, um animal, unicamente direcionado pelos instintos e por forças que o dominavam. Observei que algumas palavras que eram ditas durante a conversação ficavam gravadas em sua mente, e, dentro de sua cabeça, repetiam-se insistentemente como se fosse um gravador estragado. Notava-se que não havia assimilação alguma do que estava sendo conversado. Poderia ser dita qualquer coisa que ele não esboçaria nenhuma reação. Horácio estava completamente escravizado ao poder daquelas infelizes irmãs.

Terminada a análise mental, através de suas saltadas pupilas, desviei meus olhos para o local onde Horácio colocava a boca. Enojei-me profundamente com os órgãos genitais daquelas criaturas; infecção generalizada envolvia a região pubiana daquelas mulheres.

Enquanto eu me afastava, enojado, observei que a comitiva dos amigos também já começava a se afastar. As duas mulheres, pegando Horácio pelos cabelos, gritavam:

— Vão embora seus anjinhos do pau oco! Um dia vocês estarão aqui, como este nosso brinquedinho! — E sacudindo a cabeça de Horácio, pelos cabelos, mostravam a sua face enlouquecida pelo desejo sexual.

Aquela cena chocou-me. Obviamente as palavras daquelas infelizes irmãs não foram bem estas. O objetivo desta obra não é enriquecer o já repleto vocabulário de palavras de baixo calão entre os encarnados, portanto, a pedido dos espíritos amigos, a maioria das manifestações dos espíritos trevosos foi trocada por palavras mais amenas, até mesmo para não ferir a sensibilidade do leitor, que busca nesta obra a luz do Cristo, e não manifestações inferiores.

Após a retirada, ouvimos apenas as sábias palavras de Danúbio:

— Retiremo-nos com Jesus! Nada mais podemos fazer aqui neste momento. Cabe-nos somente orar por estes irmãos desviados do caminho do Bem.

A comitiva prosseguia incansável. Abençoando um aqui e outro ali. O alívio que envolvia os necessitados trouxe-me paz, depois das emoções que havíamos vivenciado.

Passados alguns minutos de caminhada, adentramos um vasto vale, onde espíritos eram torturados por irmãos cruéis, que os acusavam dos erros do passado sem piedade. Entre eles estavam os irmãos Siqueira, Emílio e Jorge, ambos componentes da cruel falange de Dracus.

A expressão facial dos dois era horrível. Causaria desconforto ao mais sereno dos homens.

Ao aproximarmo-nos dos irmãos Siqueira, vimos Emílio dando fortes chicotadas em um dos seus comandados e gritando:

— Estás amolecendo, homem? Tu sabes que com estas criaturas não pode haver compaixão. Ou tu me obedeces ou sentirás o couro do meu chicote.

Frederico, que ia à frente do grupo, ao ver a cena, jogou-se ao chão para auxiliar o irmão, que era muito amigo seu.

— Cláudio, estás bem? — disse-lhe Frederico.

— Frederico, graças a Deus! Ajude-me, por favor, preciso libertar-me do mal!

Emílio Siqueira compreendendo que estava perdendo o poder de influência sobre Cláudio, disse a Frederico:

— Ora ora, o que vemos aqui. Mais uma vez o santinho do pau oco quer vir auxiliar "abnegadamente" seus sofredores irmãos. — Mudando o tom de voz da ironia para a indignação, o verdugo continuou: — Quem pensas que és seu ridículo seguidor do Cordeiro? Não vês que não tens condições de levantar esta bandeira? Tu queres por acaso que eu fale na frente de todos estes teus amigos sobre o teu passado tenebroso?

O pobre irmão Frederico baixou a cabeça humilhado pelas verdades que já o faziam sofrer há algum tempo. Há pouco ele já havia confidenciado a Gabriel sua tristeza, fruto destes ataques morais impiedosos. Seus olhos pareciam torneiras abertas a derramar o líquido precioso, que jorrava do seu magoado coração.

Abatido e completamente sem forças, Frederico continuava a ouvir os ataques cada vez mais ferozes de Emílio. Neste instante aproximou-se, também, o outro Siqueira, Jorge. Com um olhar debochado, apenas assistia à vitória de seu irmão sobre Frederico.

Angustiava-me ver a neutralidade de todos, ante aquela crueldade contra o pobre Frederico. Logo, pude perceber que Gabriel, através de um fenômeno telepático, intuía poderosamente Frederico, lembrando-lhe os poderes da oração.

Gaguejando, entre lágrimas, Frederico começou a balbuciar uma humilde prece, causando mais zombarias por parte dos irmãos Siqueira. Em meio à prece, reparei que Gabriel começava a dominar o organismo espiritual de Frederico, lembrando exatamente o fenômeno mediúnico, muito comum nos Centros Espíritas, entre encarnados e desencarnados. Após ligar-se completamente, a certa distância, sem que os verdugos percebessem, Gabriel insuflou Frederico de coragem e ânimo. No que o irmão levantou-se sereno e calmo, dizendo:

— Tens razão, meu irmão! Meu passado é negro e infeliz. Eu reconheço as minhas fraquezas, mas também reconheço em Deus um Pai amoroso e que possui a grandeza de perdoar seus filhos que erraram nas estradas do progresso espiritual. Se todos aqueles que erraram, uma vez que seja, em suas infinitas vidas, fossem afastados do direito de lutar pela sua felicidade espiritual nos reinos superiores, hoje, provavelmente, não existiriam anjos no mundo, porque todos nós cometemos erros na busca pelo conhecimento. Ninguém nasce sábio, precisamos, sim, tornarmo-nos sábios, através das diversas experiências da vida. Hoje eu reconheço o absurdo de meus atos e rogo sinceramente, em todos os dias desta minha nova vida, para que Deus e Jesus me perdoem os atos e me iluminem o caminho. Em troca, Emílio e Jorge, comprometo-me a trabalhar em nome Deles, como estou fazendo agora. E digo-lhes mais: Hoje irei levar Cláudio comigo!

A nova reação de Frederico, auxiliado por Gabriel, desconcertou os verdugos, que demoraram alguns minutos para voltarem aos palavrões e acusações infundadas. Frederico, agora, mantinha-se sereno e feliz. Suas lágrimas já não eram mais de dor e, sim, de alegria.

Gabriel, percebendo que era a hora do "xeque-mate", tomou a palavra para si:

— Irmãos, não percamos tempo com discussões estéreis. Estamos aqui com o coração cheio de amor e compreensão, convidando-os para que venham conosco para seguir o caminho do Cristo. Realmente, levaremos o irmão Cláudio, que já não tem mais afinidade com o mal, e estendemos este convite aos dois irmãos.

Mais uma vez as palavras de revolta por parte dos irmãos Siqueira. O que Gabriel respondeu:

— Irmãos, imaginem o que Miriam sentiria se presenciasse esta infeliz atitude de vocês. Acordem ao chamamento! Esta adorável menina sonha todos os dias com o momento em que poderá abraçar o pai e o tio escravizados pelo mal.

Compreendi, então, o interesse de Miriam sobre este caso. Havia um laço familiar entre ela e os infelizes verdugos. Mas, onde estava Miriam? Olhei ao redor e vi a doce menina ao lado de Ethel, mas invisível aos olhos de seus parentes queridos. Notei, então, que ela estava com o corpo espiritual transparente, em relação aos outros. Hermes explicou-me, dizendo, que ao descer para as zonas de trevas, todos haviam "materializado" seus corpos para serem percebidos por espíritos de ordem inferior. Da mesma forma que alguns espíritos se materializam entre os encarnados para comprovar a imortalidade da alma.

Após as palavras de Gabriel, os dois irmãos ficaram apreensivos e envergonhados. Buscavam com o olhar a parente querida, que tantas vezes emitiu pensamentos de paz e amor àquelas almas torturadas. A gratidão que tinham por ela, sem reconhecer abertamente, era tão grande, que só em pensar que ela estava presenciando aquela cena deprimente, sentiram-se humilhados e envergonhados.

— Não, tu estás blefando! Minha santinha não desceria jamais a este lugar horrível. Por que ela viria até este lugar asqueroso? O caráter angelical de minha filha merece os reinos de luz, e não este pestilento lugar — disse Emílio Siqueira, com um tom de voz entre a serenidade e o desespero.

— Meu pai — Miriam falava a todos sem se fazer visível — eu venho quase todos os dias a este horrível lugar para afagar o teu coração e do tio Jorge. Há muitos anos busco, com o auxílio de Jesus, transformar os dois para este momento. Aqueles momentos de paz que vives, meu pai, quando te entregas à meditação na colina sul desta cidade, é o momento em que acaricio o teu coração, tentando lembrá-lo dos caminhos do Bem.

Emílio estava de olhos fechados, tentando conter as lágrimas que corriam alucinadamente de seus olhos. Ele balbuciava algumas palavras, tentando desculpar-se, mas a iluminada Miriam continuava com a palavra amiga e abençoada.

Naquele instante, Miriam começou a materializar-se diante de todos. Envolvida em maravilhosa luz, surgiu entre todos com a linda túnica branca com cordel azul, que todos no Império do Amor Universal costumam usar.

Emílio e Jorge abriram os olhos. Vendo a beleza celestial da menina que lhes era a alegria no lar, ajoelharam-se e ficaram atentos, como crianças, a espera de sua palavra fraterna.

— Venham comigo, por favor! Libertem-se do ódio. Vamos juntos viver uma nova vida, onde a palavra mestra é o amor. Outros familiares queridos aguardam o retorno de vocês. A mamãe, pai, apenas te aguarda para uma nova tentativa no mundo físico. Ela deseja reencarnar contigo para que possas recuperar o tempo perdido. Esta atitude dela só mostra o quanto é grande a força do amor e como é ilimitada a misericórdia de Deus.

Pegando a mão da filha e beijando-a, Emílio Siqueira selou o acordo dizendo:

— Minha filha, faz o que quiseres comigo. Eu sou um verme comparado a ti. Não compreendo a imensidão dessa força que possues, e que chamas de amor, mas se minha boa-vontade basta, eu te dou de coração. Estou, a partir deste instante, sob teu comando.

Miriam irradiou um sentimento de amor e contentamento tão grande naquele momento, que a energia invadiu totalmente os irmãos Siqueira, envolvendo-os em indizível bem-estar.

Jorge Siqueira, que desde o início nada dizia, direcionou seus olhos humildemente para Miriam e falou:

— Minha sobrinha, não entendo o que está acontecendo. Tudo me parece um sonho muito bom e feliz. Só sei que quero ficar com aqueles que moram no meu coração. Se vocês vão, eu também quero ir. Mas estou muito cansado, eu preciso dormir. Não estou mais conseguindo manter-me acordado.

Danúbio correu até Jorge e colocou sua mão direita na cabeça do rapaz, fazendo-o adormecer. Em poucos minutos, Emílio e Jorge Siqueira, mais Cláudio, estavam sendo encaminhados diretamente para o Hospital Intermediário.

Por recomendação de Gabriel, eles não foram levados primeiramente ao posto de atendimento naquela cidade, porque, com certeza, Dracus iria enviar comandados seus para tentar impedir aquele resgate.

11.
Todos somos filhos de Deus

Dois dias haviam se passado, desde o resgate dos irmãos Siqueira. Estes já estavam devidamente instalados no Hospital Intermediário. Miriam estava com eles, por determinação de Danúbio; ela era mais necessária, naquele momento, entre os seus afetos queridos, que precisariam de muita força e amparo para vencerem a maior batalha: manter a convicção no Bem, após verem todo o trabalho de resgate de suas dívidas que deveriam realizar, e, também, o imenso choque que levariam ao defrontar as imensas manchas escuras, que carregavam no corpo, em comparação com os espíritos que já demonstram um corpo espiritual em estado de equilíbrio, ou iluminado.

O trabalho continuava difícil no posto de atendimento. Após a conversão dos irmãos Siqueira, Dracus ordenou um ataque maciço. O ódio aos trabalhadores de Jesus era tanto, que foi necessária a criação de grupos de preces para, em rodízio, ficarem mantendo a vibração divina naqueles sítios. Caso os trabalhadores de Cristo esmorecessem poderia ocorrer o enfraquecimento da cerca magnética que envolvia a casa de Deus naquele local, permitindo que os espíritos perturbados invadissem a casa e destruíssem aquele posto de luz nas trevas.

No terceiro dia, após a última atividade externa, a equipe resolveu sair mais uma vez para peregrinar pela região pantanosa. Haviam realizado grandes trabalhos de assistência aos internados na casa, mas agora, precisavam retornar para a rua, onde teriam que realizar o trabalho mais difícil: um contato direto com Dracus, com o objetivo de intimidá-lo.

O período carnavalesco no Brasil, onde localiza-se a cidade astral Impérios dos Dragões do Mal, havia permitido uma força descomunal àquelas entidades perturbadas. Se os encarnados imaginassem que com suas orgias nas noites carnavalescas estão alimentando as forças destas entidades perturbadas, dando-lhes mais poder, certamente freariam seus impulsos inferiores. Muitos destes espíritos utilizam a própria energia inferior do folião para torturar com mais crueldade os próprios entes queridos deste folião, que já desencarnaram. Muitas vezes, enquanto vivemos em gozos inferiores, com um sorriso que vai até as orelhas, aqueles a quem amamos sofrem dores atrozes com o combustível de nossa própria alma desequilibrada. Isto é muito triste!

Estávamos novamente nas ruelas daquela estranha cidade. Alguns irmãos perturbados, perambulavam, grogues, pelos estreitos caminhos, entre os casebres imundos. Ratos e baratas caminhavam sobre os corpos dos irmãos que resolveram seguir o caminho das trevas. Os roedores mordiam os rostos deformados, deitados no chão pantanoso daquele lugar. Apenas alguns poucos reagiam ao assédio daqueles animais nojentos, os outros já não demonstravam reação alguma às vorazes mordidas. Alguns, desmaiados no chão, exalavam um forte cheiro de fezes. Aproximei-me e percebi que os irmãos estavam completamente sujos com os seus próprios excrementos. O esterco escorria pelas pernas das pobre criaturas. Pensei: "Meu Deus, a que ponto podemos chegar, devido a nossa própria imprudência". E o mais impressionante: muitos ali eram rapazes e moças que foram belos e ricos, durante suas últimas encarnações. "Belos e ricos somente na aparência exterior", alertou-me o meu guia.

Em um beco, ouvimos uma gritaria ensurdecedora. A comitiva não dirigiu nenhuma atenção àquele fato; perguntei ao irmão Hermes do que se tratava.

— Aquela senhora, que está no meio dos agressores, foi uma seqüestradora de crianças em sua última encarnação. Ela roubava os pequeninos nas portas das casas e vendia-os para casais ricos no exterior. O grupo de espíritos em volta dela são mães, pais e parentes das crianças que ela roubou. Agora, após a morte do corpo físico, ela está colhendo o que plantou. Passará anos a fio sofrendo estas agressões nas zonas de trevas, até reencarnar com múltiplas deficiências e com compromissos de regeneração muito pesados, aqui ou no planeta do exílio, onde, em breve, irão viver os da esquerda do Cristo.

A cena era chocante. Não eram apenas agressões verbais, havia, também, agressões físicas: socos, tapas e chutes. A mulher estava arrasada física e moralmente.

Pensei nos padrões éticos e morais em que vivemos atualmente. Tudo é permitido de uma forma banal. Antigamente os homens respeitavam os Ensinamentos Divinos, hoje, dizem ser coisa de pessoas humildes e ignorantes, mas mal sabem estes que assim acreditam, que a Lei de Deus é imutável. Se fazes parte dos homens que crêem poder fazer o que bem entendem, livres de um controle maior, prepara-te, porque às portas da sepultura, tu terás tristes surpresas! Somente o amor aos seus semelhantes e a busca de um viver alicerçado nos ensinamentos espirituais superiores pode levar o espírito encarnado para a felicidade e a paz.

Continuamos a caminhada; ao longe, eu ainda podia assistir àquela cena bárbara. A senhora procurava fugir, desesperadamente, dos ataques impiedosos. Mas era inútil.

O irmão Hermes, vendo minha preocupação disse-me:

— Somos nós que construímos o céu ou o inferno em que iremos viver em um futuro próximo. Aqueles irmãos que sofreram a perda de um filho, através do rapto desprezível, estão passando por um processo de resgate de dívidas de seu passado, ou até mesmo de seu presente. Muitos entregam-se, ou entregaram-se no passado, a uma vida egoísta, desprezando a finalidade maior da vida física, que é a busca da evolução espiritual, através do cultivo do amor aos nossos irmãos da família universal, ou seja, todos os seres humanos.

Quando estas infelicidades ocorrem, devemos, sim, chorar e sentirmo-nos tristes e infelizes, mas jamais revoltarmo-nos contra Deus, tornando-nos criaturas más e inescrupulosas, porque assim estaremos jogando por terra a oportunidade de aprendermos com a dor. "Ajuda-te que o céu te ajudará".

Aqueles que estão agredindo impiedosamente a seqüestradora estão plantando mais sofrimentos para seu futuro, pois esquecem-se do perdão e acham-se na condição de julgar o ato da irmã desequilibrada. Somente Deus pode efetuar este julgamento, e ELE o fará, através das futuras reencarnações desta irmã. Jesus nos lembra de que não devemos perdoar apenas sete vezes, mas setenta vezes sete vezes.

As palavras do benfeitor amigo demonstraram claramente a fórmula de libertação dos ciclos de reencarnações dolorosas. O meu guia e amigo, após estas palavras, aguardou alguns minutos, para que eu pudesse "digerir" estes profundos ensinamentos. E continuou:

— Os pais de crianças seqüestradas não devem desanimar na busca por seus filhos amados, mas, também, não podem esquecer que a lamentação ociosa é um veneno para a alma. Aqueles que realmente amam o filhinho raptado, dedicam este amor às crianças órfãs, através da adoção e da dedicação espontânea a crianças sem lar. Não nos esqueçamos: nada nesta vida ocorre por acaso; Deus permite essas tragédias familiares para despertar em nós, as virtudes do espírito, que muitas vezes estão adormecidas, devido à nossa própria invigilância. Não esqueçamos, também, que, muitas vezes, as crianças que chegam até nós, geradas por outros ventres, são nossos filhos de encarnações passadas. Lembremos as palavras de Jesus: "Quem é meu pai, quem é minha mãe e quem são meus irmãos"? Jesus nos lembra que fazemos parte da família universal, onde todos são irmãos, filhos do mesmo pai, que é Deus.

Com o objetivo de elucidar as tristes conseqüências de nossos atos anticristãos, Hermes permitiu que a caravana de Gabriel se distanciasse. Tomamos, então, outro rumo. Seguimos a um local muito perto do grande vulcão. Chegando lá, vimos um imenso buraco, com uns trinta metros de profundidade, onde rastejavam espíritos envolvidos naquela mesma sintonia inferior, que era uma constante naquela cidade infernal.

Descemos o barranco. Chegando lá, vimos uma cena de vampirismo extremo. Dezenas de entidades disformes, envolvidos por uma névoa negra, atacavam impiedosamente um homem de terno e gravata, completamente sujo e rasgado. Alguns daqueles vampiros arrastavam o sujeito pela gravata para todo lado, como se fosse um boneco. A vítima estava com bolas escuras ligadas aos seus centros de força. Aquelas bolas sugavam as energias da irreconhecível vítima.

Assombrado, perguntei ao irmão Hermes do que se tratava. E o benfeitor explicou-me:

— Roger, este que tu vês sendo arrastado por estes cruéis carrascos foi um famoso político no Brasil. Durante o seu domínio no cenário político deste país, ele roubou inescrupulosamente as verbas federais que poderiam ter salvo a vida de muitas crianças necessitadas e oferecido melhores condições de vida a milhares de brasileiros. Achando-se "o sabichão", ele desviava verbas para satisfazer seus caprichos infantis. Viveu rico e feliz, desfrutando da vida. Hoje está à mercê de espíritos vingativos que desejam cobrar-lhe por todo mal que ele lhes causou. Quando prejudicamos uma única pessoa é mais fácil resgatar esta dívida, mas quando causamos prejuízos a milhões de pessoas o trabalho torna-se enorme!

Hermes meditou um pouco e continuou:

— Jesus, em sua passagem pela Terra, recebeu a visita de um homem de negócios, que prejudicava a muitos com seu negócio ilícito. Hoje em dia, poderíamos compará-lo com um traficante de drogas ou um político. O Mestre recebeu-o com o carinho e o amor que dispensava a todos. Este homem perguntou ao sábio Rabi o que deveria fazer para resgatar as suas culpas. E Jesus respondeu: "Simples. Eu jogarei este punhado de penas ao chão; quando tiveres recolhido todas, estarás perdoado". O homem riu-se de felicidade, com a facilidade para resgatar seu débito perante o Céu, e disse a Jesus: "Estou pronto". O Mestre dos Mestres, então, soltou o punhado de penas que estava em suas mãos, mas naquela tarde ventava muito, e as penas foram carregadas pelo vento. O comerciante, em vão, correu atrás das penas, e retornou de cabeça baixa até Jesus. O Mestre, sereno, disse-lhe: "Meu filho, tuas atividades diárias são como essas penas; quando soltas ao vento são levadas para muito longe, tornando longa e cansativa a sua recuperação. Portanto, reflete sobre o mal que estás fazendo a teus irmãos, porque Deus permite que plantemos livremente, mas exige que venhamos a colher tudo aquilo que plantamos".

Enquanto eu meditava sobre as palavras do irmão Hermes, eu percebi que ele caminhava, a passos largos, até o outro extremo da cratera em que estávamos. Segui-o, desviando-me dos irmãos estendidos ao chão. Chegando lá, Hermes mostrou-me outro caso impressionante. Três mulheres e um homem sofrendo um ataque semelhante ao que o político, que vimos antes, sofria. O bondoso mentor, então, explicou-me:

— Este homem antes de desencarnar era médico e mantinha uma clínica para a realização de abortos. E estas três mulheres eram suas enfermeiras. Estes espíritos desesperados que os atacam são espíritos reencarnantes, que perderam a oportunidade, devido à intervenção nefasta desses infelizes irmãos que deturparam a sagrada missão da medicina.

— E as mães e pais que compactuaram com o aborto, não são, também, responsáveis pelo ato? — perguntei.

— Sim, mas com menor grau de responsabilidade. Os pais, geralmente, estão envolvidos pelo desespero e o desconhecimento, devido à limitada influência das religiões sinceras no seio da sociedade. Mas eles terão, também, que responder pelo aborto, através de novas oportunidades de reencarnação para o espírito que foi bloqueado pelo ato abortivo, ou para outro espírito que necessite de uma experiência física, conforme o planejamento espiritual. Os pais, caso mantenham uma boa prática cristã, serão poupados de cobranças tão extremas no plano espiritual, mas os "fazedores de anjos", como se intitulam os médicos e enfermeiros que trabalham promovendo abortos, sofrerão os horrores do inferno, como podes ver, após sua desencarnação.

Realmente, o espírito encarnado possui infinitas responsabilidades, mas infelizmente despreza a grande maioria delas. Os encarnados deveriam procurar saber mais sobre o que os espera, após a morte. Quantas religiões buscam abrir os olhos da humanidade, mas quão poucos buscam sinceramente entrosar-se com uma vida cristã. A Doutrina Espírita oferece centenas de livros que possibilitam a conscientização humana para as realidades supremas, mas, infelizmente, a grande maioria prefere dedicar-se a conversas fúteis, telenovelas decadentes e livros vazios.

Interessado pela questão, perguntei-lhe:

— Muitos dos encarnados são defensores do controle da natalidade. Alegam que a população está crescendo em progressão geométrica, enquanto os alimentos crescem em progressão aritmética, ou seja, existe um pequeno crescimento de recursos de subsistência se comparado com o crescimento da população. Estes defensores do controle da natalidade defendem até mesmo a esterilização de mulheres de baixa renda e, também, a criação de penalidades para famílias que ultrapassem um certo número de filhos. O que achas disso?

Com uma expressão de tédio, Hermes respondeu:

— Os encarnados deste mundo são eternos irresponsáveis, buscam sempre solucionar o problema de uma forma simplista que não venha a prejudicar seus caprichos ridículos. Certas coisas devem ser sempre resolvidas por Deus e Jesus, aquele que coordena este mundo; esta é uma destas coisas. Se fosse da vontade do Alto, este crescimento populacional já estaria controlado. Isto não ocorre, porque é necessário que a população deste planeta cresça ainda mais! Existem milhares de quilômetros sem um habitante neste extenso planeta. Existem extensas áreas na África e em outras regiões equatoriais, com imensos recursos para serem povoadas e permitir o ingresso de outros irmãos na escola do mundo físico. Diversos espíritos aguardam décadas nas "filas" para reencarnar, devido às poucas oportunidades que o plano físico oferece. Estes que defendem o controle da natalidade serão colocados no último lugar das extensas filas para a reencarnação, para sentirem como é angustiante aguardar, desesperado, a oportunidade para saldar suas dívidas com o mundo físico.

A população encarnada é de apenas seis bilhões de habitantes, enquanto a população de espíritos desencarnados chega a ser de quinze bilhões de espíritos, variando conforme as correntes migratórias dos planetas. Em breve, com o exílio, haverá novas variações nestes números, mas devemos lembrar que Deus é a Suprema Inteligência, deixemos a Ele os desígnios da vida. Se engravidarmos vamos assumir esta responsabilidade, certos de que esta gravidez faz parte dos planos de Deus. Quanto aos recursos para sustentar esta imensa população, basta que os homens abandonem suas ambições desmedidas e vejam seus semelhantes como irmãos, não de sangue, mas da Ordem do Pai. Libertem-se da produção de supérfluos! Procurem direcionar a produção para prioridades como alimentação, habitação, vestuário e saúde. Abandonem este "circo" em que vivem, pois a vida física é uma oportunidade que Deus oferece a seus filhos para que eles demonstrem o valor de suas almas e, não, o egoísmo e a vaidade que ali moram. Aqueles que possuem riquezas extremas e se dedicam exclusivamente ao luxo, devem compreender que são apenas administradores de bens que pertencem exclusivamente a Deus. Estes que possuem o poder da riqueza devem auxiliar, através da oportunidade de empregos e da produção de artigos de "primeiríssima" necessidade, pois em breve, após o exílio, esta será a linha empresarial a seguir, o que permitirá à humanidade varrer a fome e a miséria do mundo. Em breve, os da esquerda do Cristo perderão o domínio sobre os meios de produção, assim a humanidade poderá encontrar a paz e a felicidade.

Após estas sábias palavras, que dispensam comentários, Hermes chamou-me para seguirmos em direção ao grupo. De longe, víamos o trabalho assistencial sendo realizado. Os incansáveis passes trazendo a revitalização momentânea aos enfermos. Daquela distância, víamos apenas uma grande mancha escura, onde espíritos luminosos amparavam criaturas deitadas ao chão, que apenas erguiam suas mãos solicitando amparo.

O trabalho assistencial transcorreu tranqüilamente por horas. Ethel, Lívia e os outros trabalhavam incansavelmente, através da imposição de mãos sobre os doentes. Alguns enfermos, que já se mostravam em condições, eram recolhidos daquele lugar e conduzidos ao posto de serviço.

Enquanto os trabalhadores da Vinha do Senhor dedicavam-se, sem queixa, ao trabalho de auxílio aos infortunados, os espíritos vingativos, sob o comando de Dracus, espreitavam à distância.

Gabriel compreendendo que Dracus não se apresentaria, enquanto ele estivesse em companhia de Danúbio, Lívia e Ethel, resolveu, então, afastar-se do grupo. Solicitou a companhia de Dionísio, que prontamente atendeu ao pedido.

Danúbio lembrou-o do risco que estaria correndo sem o apoio do grupo.

— Sim, meu irmão — disse-lhe Gabriel. — Mas preciso falar com Dracus. Precisamos restabelecer a ordem nesta cidade. Se ele deseja continuar com estas loucuras, nada podemos fazer. Mas não podemos permitir que ele bloqueie a libertação dos irmãos que já se encontram em condições.

— Tens razão, Gabriel — disse-lhe Ethel. — Mas não esqueças da oração nos momentos difíceis, que provavelmente passarás, e não esqueças, também, do grande amor que tenho por ti.

— Ethel sorriu, e Gabriel retribuiu-lhe o gesto afetuoso.

O anjo de Deus colocou sua mão sobre o ombro de Dionísio e ambos partiram rumo à escuridão. Eu e Hermes seguimos a dupla.

Gabriel sentia no seu íntimo que passaria por difíceis momentos em breves instantes. Evitava demonstrar isso a Dionísio, espírito ainda inexperiente, e que estava extasiado com as atividades daquela expedição. O anjo sentia que não deveria provocar uma ansiedade desnecessária no rapaz, portanto, resolveu calar-se e continuou amparando aqui e ali, como Dionísio já estava fazendo com grande desembaraço.

Em busca de novos irmãos necessitados, Gabriel e Dionísio avistaram uma luz que saía pela entrada de uma gruta, onde encontramos um caso curioso: Um grupo de espíritos orando fervorosamente a Deus, para que fossem resgatados daquele horrível lugar.

Gabriel entrou à frente, na gruta, dizendo-lhes:
— Que a paz de Deus e de Jesus esteja convosco! Alegrem-se, Deus ouviu as vossas preces.

Todos, então, começaram a agradecer a Deus e a Jesus, impressionados com a luz e a nobreza do porte de Gabriel. Alguns correram até os dois emissários divinos e, ajoelhando-se, beijaram-lhes as mãos.

Dionísio estava emocionado com aquela recepção. Até o momento ele só havia recebido ataques de espíritos trevosos e o olhar de desespero dos espíritos necessitados.

Todos confraternizavam felizes, apesar do cansaço e do desgaste daqueles irmãos. O grupo estava sendo sustentado por um velho, que havia cometido faltas graves em sua vida, mas em um momento de serenidade recordou o poder da oração, realizando-a com fervor, o que permitiu uma mudança de pensamento em todos.

Os preparativos de transferência para o posto de trabalho corriam tranqüilos, quando um grupo de espíritos, com túnicas negras e capuzes cobrindo as cabeças, entrou na furna escura.

Tentei olhar para os seus rostos, mas eles andavam com a cabeça baixa, como monges, escondendo-se de nossos olhos. A vibração ficou extremamente pesada. Logo percebi que tratava-se de espíritos "controladores" daquela cidade. Não eram aqueles espíritos gritões e galhofeiros, mas espíritos meticulosos, frios e calculistas.

Andavam de um lado a outro do estreito lugar, como se fossem feras, analisando os movimentos de suas presas. Em poucos momentos, estávamos cercados. Os pobres espíritos que estavam sendo resgatados começaram a chorar de medo e de desânimo ante a emboscada. Eles conheciam o poder daqueles irmãos trevosos.

Gabriel mantinha-se sereno. Já não posso dizer o mesmo de Dionísio. Gabriel abraçou-o insuflando-lhe coragem e confiança e disse-lhe, no ouvido: "Confiemos em Jesus! É por este motivo que estamos aqui. Para testemunharmos a glória do Mestre!"

Dionísio envolveu-se em paz, apesar de seus olhos denunciarem certa angústia, ante os agressores a sua volta.

Gabriel deu alguns passos à frente e disse ao tenebroso espírito que postava-se mais à frente do grupo de trevosos:

— Como vai, Dracus? Que a paz e a luz de Deus e de Jesus envolvam o teu coração.

— Vou muito bem, Gabriel! — respondeu o chefe das trevas, em tom muito cordial, apesar da voz cavernosa.

— Fico feliz em encontrá-lo. Precisamos conversar.

— Sim, precisamos conversar — atalhou rispidamente o cruel controlador. — Estas equipes do Cordeiro, que tu mandas para minhas terras, estão passando dos limites. Estão tomando trabalhadores de minha confiança.

— Desculpa, irmão, mas combinamos que todo aquele que buscasse a libertação, sinceramente, poderia ser resgatado pelas equipes socorristas.

— Gabriel, tu sabes que ninguém está neste inferno por acaso. Tu trabalhas para Deus através dos desígnios de Jesus, e eu trabalho para Deus através dos instrumentos dolorosos de regeneração. Estes espíritos relaxados precisam sofrer bastante para tornarem-se verdadeiros filhos de Deus. Esta corja torna-se gente, através do terror que eu lhes ofereço.

Naquele instante, Dracus ergueu um pouco a cabeça, para soltar tenebrosa gargalhada. Pude ver, então, rapidamente, seu rosto. Não havia dentes na sua boca, seus olhos estavam completamente vermelhos e a pele do rosto estava infestada de feridas e manchas. Compreendi a finalidade dos capuzes que cobriam as cabeças dos controladores.

O que mais me impressionava era a sua frieza e eloqüência ao falar. Sentia-me pequeno perante aquela estranha entidade. Apesar de seus seguidores serem espíritos maquiavélicos, eu olhava-os com a confiança de quem conhece o poder de Deus. À frente de Dracus, eu perdia a segurança. Mesmo estando apenas "assistindo" ao episódio, senti medo. Temia por Gabriel. Dracus procurava confundi-lo ao falar, como uma hábil serpente. Suas colocações sobre suas atividades e a sua atitude aparentemente passiva, confundiam-nos. Acostumado sempre a ver espíritos gritões e revoltados, eu via, agora, um espírito extremamente hábil na arte do convencimento.

— Tens razão — disse-lhe Gabriel — Deus, o Criador, jamais permitiria estes teus domínios, se não estivessem em Seus Augustos planos estes teus instrumentos de aprendizado para o espírito imortal. Infelizmente, nossos infantis irmãos entregam-se a estilos de vida que terminam trazendo seus cansados espíritos para estas regiões de dor e sofrimento.

Dracus, de cabeça baixa, escondendo seu rosto, somente sacudia a cabeça, coberta pelo capuz, em sinal de afirmação. Seus ministros continuavam estáticos ao seu redor. E Gabriel continuou:

— Mas não te esqueças, meu irmão. Deus apenas permite esta forma de educação espiritual, porque alguns espíritos habitantes da Terra ainda são de uma graduação espiritual muito primitiva e, ainda, necessitam destes mecanismos dolorosos de evolução. Desconhecem, eles, que Deus espera que obtenhamos nossa evolução através do Amor e da Sabedoria. E, não te esqueças, que o ódio é transitório e limitado, enquanto o amor é eterno e sem limites. E segundo determinou Jesus, mediador de Deus neste mundo, chegado o momento em que estamos vivendo, deveria ser realizado o processo de "final dos tempos". Haverá, a partir do próximo milênio, uma nova concepção de vida para aqueles que ficarem na Terra, portanto estes teus domínios, em futuro breve, não existirão mais.

O governador do mal, daquela cidade, irritou-se pela primeira vez na nossa frente. Com sua voz rouca e com gestos histéricos disse:

— Quem tu pensas que és para profetizar sobre o destino do meu reino?

— Apenas afirmo o que já está estabelecido pelo Alto há muitos séculos.

— Cala-te. Não quero mais ouvir estas tuas palavras. Já não basta eu permitir a invasão destes iluminados aqui em minhas terras?

— Dracus, ouve-me. Não somos nós que determinamos os caminhos a seguir. É Deus e Jesus quem determinam. Estamos aqui porque é da vontade do Alto e desejamos levar-te conosco para uma nova caminhada onde encontrarás a paz e a saúde espiritual. Chega de sofrimento. Entrega-te a Jesus. Sê servo do Governador da Terra e encontrarás a paz. Abandona estes domínios e busca uma nova vida, antes que seja tarde demais. Tu conheces o planejamento espiritual da Terra, sabes que, em muito breve, os da esquerda do Cristo serão levados para um mundo onde "o ranger de dentes" será uma constante. Tu tens uma impressionante inteligência, que por vezes, me assombra;

se aliares esta tua capacidade à luz, terás grandes alegrias na vida imortal e infinita que Deus nos presenteou. E fruto do que é este presente divino? — Gabriel mesmo respondeu: — Este presente é fruto do grande Amor que Deus dedica a todos os seus filhos.

Dracus, mais sereno, disse:

— Compreendo as palavras do profeta Nazareno, mas há algo dentro de mim que leva-me a desejar descontroladamente o poder. Eu necessito desta vida como os encarnados necessitam de comida e água para sobreviverem. E, mais: ainda não tenho a humildade necessária para encarar estas chagas em todo o meu corpo. Tu acreditas que eu teria paz de espírito ante a irmãos em melhores condições espirituais que eu? Aqui, eu sou o maior! Todos me respeitam e esperam de mim uma única atitude. — E direcionando seus olhos vermelhos para Gabriel, pela primeira vez naquele diálogo, disse: — E a atitude é esta.

Levantando seus braços em direção a Gabriel, Dionísio e o grupo de irmãos que estavam sendo resgatados, Dracus disse algumas estranhas palavras que desencadearam a emissão de uma carga pesada de fluidos inferiores sobre o grupo.

Forte depressão assaltou-nos; já estávamos abatidos com o ambiente inferior, mas aquela descarga de Dracus envolveu-nos em uma pesadíssima vibração. Eu que sempre fui um amante incondicional da vida, senti em meu íntimo algumas tendências suicidas. Imaginei o que não sofrem as pessoas que são vítimas de espíritos obsessores. Muitos casos de suicídios são frutos de uma vida distanciada das religiões sinceras, porque, longe de Deus, somos alvos fáceis para espíritos obsessores, que buscam povoar as mentes desencaminhadas com pensamentos depressivos.

O grupo que estava sendo assistido por Gabriel entrou em profundo pânico e em estado de apatia. Dionísio, pobre rapaz, vivia momentos de grande alegria, momentos antes, através do serviço de assistência; agora, sentia-se pequeno ante a poderosa carga negativa de Dracus e seus espíritos escravizadores. Gabriel mantinha-se sereno e com um olhar melancólico. Aquele gesto lembrou-me o olhar terno com que Jesus abençoou os trevosos que lhe imputaram a crucificação ignominiosa.

Alguns dos auxiliares de Dracus começaram a proferir tristes palavras de baixo calão, o que é típico em espíritos distanciados de Jesus. Gabriel, então, ajoelhou-se com os olhos fechados. Dracus sorriu, demonstrando um ar de vitória; mal sabia ele que Gabriel não estava rendendo-se ao seu ataque, e, sim, cultivando o hábito cristão de respeito a Deus, nos momentos de oração.

Gabriel, de olhos fechados e com grande amor no coração,

compreendendo as fraquezas dos espíritos em evolução, deu-nos, através da oração, uma aula de fé e confiança nos poderes do Altíssimo:

"O Senhor é nosso Pastor; nada nos faltará.

Deitar-nos faz em refúgios de esperança, guia-nos suavemente às águas do repouso.

Refrigera-nos a alma, conduz-nos pelas veredas da justiça, na qual confiamos por amor ao seu nome.

Ainda que andemos pelo vale da sombra e da morte, não temeremos mal algum, porque ELE está conosco; a sua vontade e a sua vigilância nos consolam.

Prepara-nos mesa farta de bênçãos, ainda mesmo na presença de inimigos que trazemos dentro de nós, unge-nos a cabeça de bom ânimo e o nosso coração transborda de júbilo.

Certamente que a bondade e a compaixão do Senhor nos seguirão em todos os dias da vida e habitaremos na sua Casa Divina, por longo tempo. Assim Seja."

Ah! Nunca foi tão bom ouvir o Salmo 23. Enquanto Gabriel executava a apropriadíssima prece, notamos que o ambiente extremamente carregado começou a ficar elevado. As vibrações deprimentes deram espaço para uma sensação de paz e conforto. A voz cativante de Gabriel, o seu ato humilde de pôr-se de joelhos ante os ferozes adversários e, principalmente, a sua total confiança na Providência Divina, transformaram o ambiente.

Encerrada a deslumbrante prédica, Gabriel levantou-se sereno, enquanto os cruéis verdugos estavam estáticos, hipnotizados, pela força da oração. De pé, o anjo de Deus abriu os braços e disse:

— Agora, eu e meu PAI somos um só!

Após aquelas palavras convictas de Gabriel, surgiu em todo seu corpo uma luz que nunca eu havia visto em toda minha vida. O anjo mais uma vez ficou flutuando a alguns centímetros do chão, enquanto poderosa energia desprendia-se de todo o seu corpo. Fez-se tal luz naquele recinto, que a cidade envolvida constantemente por trevas inferiores, ficou iluminada por alguns poucos instantes. Toda a região recebeu a luz divina naquele instante, como se poderosa usina gerasse luz para um extenso território. Aquela cena levou-me às lagrimas.

Dracus e seus comparsas foram arremessados pela luz. Caídos ao chão, devido a uma energia que desconheciam e que lhes causava uma sensação de mal-estar, em virtude de estarem numa freqüência completamente oposta àquela que Gabriel gerou, todos olharam-se assustados, levantaram-se e saíram correndo desordenadamente, em retirada.

Todos os resgatados abraçaram Gabriel pela vitória em momento tão angustiante. Rapidamente, Gabriel determinou a Dionísio as providências necessárias para remoção de todos daquela gruta perigosa.

Estavam todos prontos para a retirada, quando Gabriel ouviu um gemido entre algumas rochas, ao aproximar-se, viu um dos escravizadores caído ao chão. Era Joachab. Gabriel disse-lhe:

— Vem, Joachab! Tu sabes que estás pronto para mudar de vida. — E estendendo-lhe a mão, continuou: — Vem conosco, irmão!

— Gabriel, como foi belo este momento. Nunca tinha sentido tanta paz, como senti durante a tua oração — disse-lhe Joachab.

Gabriel sorriu e disse-lhe:

— Então, vamos! Deixemos as conversas para depois, precisamos partir. Vem!

— Não. Vai tu. Não sou digno de entrar na Casa de Deus. Meu passado é muito criminoso para que eu venha a querer pleitear um lugar, mesmo que humilde, no reino de Jesus.

— Não digas isto, meu irmão. Lembra-te, sempre, que o Amor cobre a multidão dos pecados. Confiemos em Jesus.

— Sim... Jesus. Quantos anos se passaram desde aquela tarde inesquecível de sua crucificação. Como éramos ignorantes! A luz do mundo estava entre nós e não a percebemos!

Que cena linda! Gabriel era só luz, amparando em seus braços Joachab. Mais uma vez percebíamos que os pontos de contato entre Gabriel e o escravizador eram transformados. Onde Gabriel tocava em Joachab, tornava-se luz, apenas por breves segundos, retornando após, a verdadeira situação espiritual do enfermo. Refleti! Somos verdadeiras lâmpadas, onde nossos pensamentos demonstram que tipo de luz gerará a nossa alma.

— Mas agora tu percebes. Sinto isto! Vem conosco e começa uma nova jornada em busca da paz de Deus. Reconstrói teu futuro. Jesus é todo misericórdia, permitirá, em breve, que recomeces na carne, resgatando teu passado em busca de um futuro de glórias.

— Não, Gabriel, ele nunca me perdoará o ato que cometi contra ele há dois mil anos atrás — disse Joachab.

— Ele perdoou a todos do alto da cruz, sem exceções — afirmou Gabriel.

Joachab deixou correr uma solitária lágrima de seus olhos vermelhos, arruinados por grave conjuntivite. E, naquele instan-

te, ocorreu uma prova inquestionável da onipresença de Jesus em todo o planeta. Ouvimos, todos, a voz meiga e cativante de nosso Irmão Maior, falando diretamente ao pobre Joachab:
— Pai, perdoai-os, porque não sabem o que fazem!

O escuro peito de Joachab brilhou, palidamente, demonstrando as primeiras transformações da alma em busca da luz. Lágrimas corriam, agora, aos montes, dos olhos do enfermo espiritual. As lágrimas carregavam grossas camadas de pus, desobstruindo os olhos de Joachab, ensinando-nos que as lágrimas lavam a alma.

Todos os demais aguardavam, ansiosos, o momento para irem embora, mas mantinham-se respeitosos ante a cena que assistiam.

O espírito trevoso, agora redimido, abraçou-se ao pescoço de Gabriel, como uma frágil e enferma criança. O anjo de Deus ergueu-o nos braços e disse a todos:
— Vamos embora! Não há mais nada a fazermos aqui no momento.

Todos aproximaram-se de Gabriel que elevou a seguinte oração:
"Senhor da Vida, o que seria de nós, se não fosse a tua infinita misericórdia,

Escorregamos nos terrenos lúbricos da vida, mas Tu, em teu infinito Amor, permite-nos o recomeçar,

De infelizes romeiros da dor, transformamo-nos, através de Ti, em peregrinos da glória e da paz,

Demoramos, às vezes, séculos para descobrir algo tão simples:

Que o Amor é a chave que abre as portas da felicidade em todas as esferas de atuação do espírito imortal,

Senhor, abraça-nos com teu infinito Amor e abre nossos olhos para que jamais venhamos a cair na cegueira espiritual de não reconhecer em Ti a fonte da Vida Eterna. Que Assim Seja."

Enquanto Gabriel orava o grupo volitava direto, sem escalas, para o Hospital Intermediário do Império do Amor Universal.

Todos estavam envolvidos em profunda alegria e paz. Aos poucos, o ambiente escuro e carregado do Império dos Dragões do Mal ia ficando para trás.

Senti em Gabriel uma expressão séria e triste. Não percebia nele a completa felicidade pelos êxitos obtidos. Tímido, ousei analisar a sua tela mental. Algo que eu não havia feito até aquele momento.

Ao olhar fixamente aqueles belos olhos verdes, emocionei-me. Ao entrar, sem ser convidado, no íntimo daquele anjo, senti-me um invasor, mas logo percebi que aquele coração era puro demais para repreender uma criança assustada que apenas buscava conhecer aquilo que está além do seu alcance.

Logo fui envolvido pela mais fantástica sensação de bem-estar que um homem pode sentir. Percebi uma estranha sensação de que Gabriel assinalava minha presença, mesmo eu estando como espectador passivo dos fatos. Assustei-me, mas continuei a análise de sua tela mental e registrei seus pensamentos. Gabriel estava pensando em Dracus! Refletia sobre suas palavras e sobre suas atitudes. Dominado por imenso amor ao gênero humano, Gabriel ligou-se telepaticamente a Dracus e disse-lhe, como se estivesse realizando uma ligação telefônica:

— Irmão Dracus, o Amor é a virtude máxima, e para que venhamos a possuí-la, temos que cultivar todas as outras virtudes cristãs, porque o amor é o somatório de todas elas. A paciência e a esperança serão minhas irmãs em busca da tua regeneração. A vida é infinita, e te acompanharei, em espírito, até o momento em que encontrares Jesus e, quando chegar esse dia, lá eu estarei, ao teu lado, para te abraçar. Porque esse dia em que encontrares a verdadeira felicidade, será para mim, também, um dia muito feliz!

Dracus registrou perfeitamente todos os pensamentos de Gabriel. Sentado em seu trono, em um imenso palácio localizado na zona central da cidade infernal, pude vê-lo, meditativo e com uma lágrima a correr pelo seu rosto, sob o capuz. A força do Amor de Gabriel havia rompido as distâncias e encontrado morada em um coração empedernido pelo ódio!

12.
Almas em recuperação

Todos da caravana aguardavam, ansiosos, o retorno de Gabriel, que foi o último a chegar da zona central do Império dos Dragões do Mal. Alguns haviam ficado no posto de atendimento, mas a maioria já havia retornado ao Hospital Intermediário, por recomendação do próprio Gabriel. Os irmãos resgatados não deveriam ficar na cidade infernal, porque poderiam sofrer os ataques dos espíritos escravizadores.

Acreditava eu que os problemas já estavam resolvidos. Bastava apenas resgatar os irmãos e interná-los no Hospital, mas a coisa não era assim tão simples. Ao libertarem-se das influências negativas, os irmãos resgatados sofreram as mais diversas impressões do novo ambiente. Alguns encaravam a nova situação com paz e um sentimento de gratidão. Outros, confusos pelo longo período de encarceramento naquela região, choravam e gritavam desesperadamente. Estranha angústia os arrasava. As fortes dores pelo corpo também eram um problema sério. Parecia que estávamos em um hospital para atendimento de emergências. Os trabalhadores do Senhor corriam de um lado para o outro para normalizar a situação.

Víamos Gabriel e os outros locomoverem-se, freneticamente, de um lado ao outro dos amplos salões, para prestar atendimento aos pacientes. Danúbio atendia os casos mais sérios de desfiguração física dos corpos. Acreditem se quiserem, mas havia irmãos com faces de animal. Eu não havia percebido, na região infernal, aqueles detalhes, mas alguns irmãos apresentavam rosto e "patas" de porco. Alguns, também, apresentavam a cabeça com um formato de cabeça de raposa.

O irmão Hermes, captando meus pensamentos, disse-me:

— Não esqueças jamais: Somos o que pensamos! Os espíritos escravizadores, através da hipnose, convenceram estes irmãos atormentados de que eles são esses animais. Outros encontram-se nesta forma animalesca, devido ao grande mal que praticaram. Com a mente prisioneira dos sentimentos inferiores, o organismo periespiritual termina gerando deformações próprias dos sentimentos animalescos que essas criaturas cultivaram. Infelizmente, algumas religiões cristãs apregoam que o pecador será condenado ao fogo eterno do inferno após seu desenlace. Estes irmãos, que crêem nestas religiões, terminam acreditando que, devido aos seus atos pecaminosos, estão condenados a esse inferno eterno e que os irmãos escravizadores são os demônios mitológicos, portanto entregam-se ingenuamente ao flagelo mental imposto por esses espíritos distanciados de Cristo. Muitos padecem décadas nas zonas inferiores, por desconhecerem os princípios Espíritas, que mostram à humanidade a verdadeira face de Deus: o Amor Incondicional. Se estes irmãos, antes de desencarnarem, tivessem recebido o esclarecimento sobre o poder da oração e a infinita misericórdia de Deus, que permite o recomeço a todos que buscam reconstruir suas vidas, não estariam, eles, em situação tão deplorável.

Danúbio dizia-lhes:

— Vamos, meu irmão, retoma a tua forma humana. Tu não és um animal, és um filho de Deus... Criado à sua imagem e semelhança.

Danúbio apelava para as crenças daqueles irmãos que acreditavam que Deus é um velhinho de cabelos e barbas brancas, portanto, eles também teriam que retornar a esta forma. Ao mesmo tempo que falava, Danúbio direcionava a eles as mãos, tomadas de luz, efetuando terapêutico passe. Em breves momentos, estavam eles recuperados, mas tomados pelas manchas escuras e pela "lepra espiritual". Estas últimas transformações da alma eles não poderiam obter de Danúbio, mas, sim, através de seus esforços em busca da Luz.

Ethel e Lívia cuidavam de outros irmãos com horríveis queimaduras. Na escuridão das trevas, eu não pude ver aquelas cenas, como via agora, sob a luz das dependências do hospital. Entendi as palavras de Dracus, quando afirmou que não teria humildade para apresentar sua verdadeira face fdiante da luz. Nas trevas podemos, precariamente, tentar esconder as trevas em que está envolvida nossa alma, mas perto da luz, isto torna-se impossível. Nossa alma é um espelho que reflete onde mora o nosso coração. Lembrei-me das belas palavras de Jesus: "Não devemos guardar tesouros onde a traça rói e a ferrugem consome". Devemos, sim, guardar tesouros no coração, onde poderemos levá-los por toda a eternidade.

As doces irmãs efetuavam passes sobre os corpos dilacerados pelo fogo gerado pelas próprias consciências daqueles irmãos. Ao contato da luz com os corpos sofridos, observávamos a sublime transformação. O gemido de alívio trazia a todos a satisfação de sentir que, pelo menos naquele instante, os irmãos sentiriam um pouco de paz. Aquela cena fez-me lembrar das vezes em que queimamos levemente o dedo em uma panela, e logo após, colocamos a mão na água trazendo-nos abençoado alívio. Agora, imaginem aqueles irmãos completamente queimados, que alívio não estariam recebendo!

Alguns irmãos, após atendidos, eram colocados em câmaras energéticas, onde encontravam um sono imediato. Olhei para um desses irmãos, no momento em que ele estava sendo colocado nessas câmaras. Após fechado o compartimento, pude ouvir suas últimas palavras antes do sono: "Obrigado meu Deus, Obrigado Jesus". Apesar do rosto queimado e em carne viva, expressava um semblante de paz e alegria, com um leve sorriso nos lábios.

Os pacientes eram ligados a equipamentos que não cabe a nós aqui narrar, mas que em futuro próximo, quando da reencarnação em massa de espíritos elevados na Terra, trarão grandes avanços para a medicina no plano material.

Casemiro, Alfredo e Dionísio, agora distanciados de Gabriel, trabalhavam euforicamente, demonstrando a grandeza de seus corações. Não se preocupavam com a tarefa a realizar. Poderia ser desde a coordenação de determinado grupo de atendentes até a remoção dos miasmas que eram retirados dos centros de forças dos corpos dos pacientes. Demonstravam em si, a verdadeira face dos espíritos que já encontraram Jesus: a humildade.

Após os atendimentos mais urgentes, Gabriel aproximou-se da maca em que repousava Joachab. O ex-verdugo, mantinha-se sereno e meditativo. O seu pensamento encontrava-se longe, apesar das dores que também o incomodavam o convocarem constantemente à realidade.

O anjo de Deus colocou sua mão sobre a testa de Joachab. O ex-verdugo, voltou de seu "passeio mental" e olhou para Gabriel, com os olhos rasos de lágrimas. Gabriel era a própria manifestação da perfeição naquele recinto. Alma liberta dos ciclos reencarnatórios da Terra e portador de elevada luz interior, o anjo contagiava a todos com uma sensação de paz e amor.

Joachab olhou para todo o seu corpo, após, olhou para Gabriel, e disse:

— Tenho muito a caminhar para chegar até ti. Não é, irmão?

Gabriel transmitiu-lhe profundo amor, através do olhar, e disse-lhe:

— Todos nós, irmão, temos muito a caminhar. A vida é infinita, assim como a busca da perfeição. Quando acreditamos estar no auge do domínio de toda ciência e toda sabedoria, concluímos que nada sabemos, devido à imensidão da vida criada por Deus em todo o Universo. O sábio filósofo Sócrates já dizia há séculos atrás: "Quanto mais sei, mais sei, que nada sei!".

— Sim — disse Joachab. — Eu acreditava ser o dono da verdade, tanto no aspecto científico como no religioso. Agora vejo como são miseráveis as minhas crenças e como meu orgulho e minha prepotência custaram-me caro. Vê meu corpo!

Olhamos, eu e Hermes, para o corpo de Joachab. Gabriel mantinha-se sereno, com os olhos voltados para as mãos encarquilhadas do paciente, que ele estava segurando, em sinal de afeto. O corpo do infeliz irmão era só deformações, manchas e feridas abertas. A lepra espiritual o envolvia da cabeça aos pés. Seus olhos, apesar de levemente recuperados, estavam vermelhos, devido aos anos de trevas pelos quais passaram.

Gabriel, então, quebrou o silêncio que reinou por alguns segundos:

— Bom, vamos então tirar estas roupas sujas que agora fazem parte do teu passado. Colocaremos uma roupa branca que será símbolo da nova intenção da tua alma.

O emissário de Deus já estava colocando as mãos nas vestes de Joachab, quando este pegou-lhe a mão e pediu-lhe, com a voz embargada:

— Não, não tires minha roupa. Não quero que vejas o estado de meu corpo por baixo destas vestes. E mais, estas roupas estão coladas ao sangue coagulado de minhas feridas.

Aquelas palavras doeram em meu coração. As roupas estavam, mesmo, cheias de sangue, coladas ao corpo de Joachab. Imaginei a dor que resultaria a retirada daquelas roupas. E Gabriel disse-lhe:

— Não temas! Confia em mim.

Gabriel caminhou até a uma cortina que dividia os leitos e fechou-a, para que Joachab não fosse visto por ninguém, a não ser ele; e claro, nós.

O anjo de Deus fechou os olhos e realizou mais uma prece silenciosa com o punho fechado, à altura dos olhos. Pediu calma ao pobre irmão e colocou a mão fechada sobre o peito do paciente. Ao abrir a sua mão, mais uma vez vimos aquela diamantina luz, que iluminou todo o corpo do enfermo. Enquanto Joachab permanecia envolvido pela luz, Gabriel, rápida mais cuidadosamente, retirou as roupas do irmão, que sentiu algumas dores, mas pequenas comparadas à situação que presenciávamos. A luz serviu como anestesia para a intervenção necessária.

Com o corpo nu, compreendemos a extensão da tragédia do irmão. Ah, se os encarnados na Terra imaginassem as conseqüências espirituais de seus atos inferiores... Eram muitas chagas, que estavam tomadas por miasmas. Havia feridas por todo o corpo do infeliz irmão; por baixo das roupas a situação era crítica.

Gabriel, sem demonstrar afetação alguma, pegou um pano sobre um carrinho de instrumentação médica e começou a limpar o corpo de Joachab, enquanto conversava com ele descontraidamente. Notei que o pano irradiava uma luz terapêutica ao passar pelo corpo do irmão. Será que era o pano ou a mão de Gabriel? Não sei e nem quis perguntar para o irmão Hermes. Achei completamente irrelevante aquela pergunta, naquele momento.

Após o término da limpeza, Gabriel utilizou o poder que todos temos, em menor ou maior grau: o poder da bênção; do passe, como chamam os Espíritas. Joachab fechou os olhos para receber a energia de quintessência gerada pelo anjo. Eu pude perceber a satisfação que ele sentia naquele momento. Logo após, ele vestiu um camisolão do hospital, que contrastou com o seu precário estado espiritual, mas estava ele, agora, bem melhor.

Gabriel, terminado o atendimento, sentou ao pé da maca e disse a Joachab:

— Não te sentes bem melhor?

— Sim — disse Joachab. — Mas agora eu preciso lavar a minha alma. Como fazer, irmão?

— Irás trabalhar junto com uma equipe que socorre recém-desencarnados nas zonas inferiores. Não será no Império dos Dragões do Mal, nem em nenhuma outra região do Brasil. Será na região astral da Argentina. Lá tu ficarás, estudando e trabalhando para a tua própria recuperação, até eu ir lá te buscar para tua futura reencarnação. E não te esqueças, estamos passando pelo período de "Final dos Tempos". Será a tua última chance para conquistar o direito de ficar aqui na Terra, entre os da direita do Cristo.

Com os olhos rasos de lágrimas e com uma voz baixa e humilde, Joachab perguntou:

— Tenho ainda alguma chance de não ser exilado?

— Nada é impossível para Deus. Se somos filhos de Deus, então nada é impossível também para nós, basta que tenhamos fé e muito amor ao trabalho com Jesus. Tu representarás "os trabalhadores da última hora", uma das inesquecíveis parábolas de Jesus.

Levantando-se da cama, Gabriel aproximou-se de Joachab e deu-lhe um beijo na testa encarquilhada pela lepra espiritual. Mais uma vez aquele impressionante fenômeno: durante, e alguns segundos após o beijo, a testa de Joachab ficou perfeita, envolvida pela luz do anjo, logo após retornou a horrível lepra. Gabriel afastando-se para atender a outros pacientes disse-lhe:

— Segue as recomendações dos irmãos que te encaminharão ao trabalho que te falei. Trabalha com Jesus no coração. Vê nos teus futuros pacientes irmãos necessitados da luz do Cristo, de que tu serás intermediário. Em breve, voltarei a ter contigo, por enquanto, fica com a luz de Deus e de Jesus.

Antes de Gabriel atravessar a cortina, que isolava a maca do ambiente externo, Joachab chamou-o e disse-lhe:

— Agora eu sei porque todos te chamam de "o anjo de Deus". Acredita em mim. Batalharei com todas as forças do meu espírito para tornar-me um eleito e ficar na Terra... Não serei exilado. Guardarei tuas palavras como um tesouro dentro do meu coração. Quando precisares de mim, estarei lá para servir-te como o mais humilde dos servos. — E citando abençoadas palavras de Jesus, Joachab concluiu: — porque "Eu tive fome e me deste de comer; tive sede e me deste de beber; tive necessidade de alojamento e me alojaste; estive nu e me vestiste, estive doente e me visitaste; estive na prisão e vieste me ver."

Com lágrimas por todo o rosto, Joachab, que demonstrou conhecer muito bem os ensinamentos de Jesus, disse a Gabriel:

— Obrigado Gabriel, muito obrigado.

O anjo ofertou-lhe um sorriso amigo e disse:

— Guarda estas tuas promessas, pois eu virei te cobrar!

Ambos sorriram, enquanto Gabriel saía do reservado, onde Joachab ficou por horas a fio tecendo objetivos para o seu novo futuro.

13.
Retornando à Luz

Por três dias a equipe trabalhou, incansavelmente, naquele hospital, amparando e auxiliando a todos com a mesma atenção e desvelo.

Segundo informações dos irmãos do posto de atendimento, Dracus havia ordenado aos seus comandados que cessassem todos os ataques aos trabalhadores de Cristo na cidade infernal. Tudo havia voltado ao normal, graças à intervenção do anjo Gabriel.

No dia seguinte àquela notícia, efetuamos o (meu tão esperado) retorno ao Império do Amor Universal. Volitamos em direção à luz. Enquanto subíamos aos planos de luz, fomos sentindo que o ambiente ia ficando mais puro e belo.

Logo estávamos atravessando as fronteiras da Cidade Luz. Havia amanhecido lá, há poucas horas. Ah, os cantos dos pássaros, quanta saudade, como foi bom ouvir a sinfonia das aves! E o verde deslumbrante, e o sol, então, aquela claridade magnífica que nos permitia ver tudo com clareza. Impossível esquecer a paz de espírito emanada pelos habitantes daquela cidade. Tive a sensação de que agora poderíamos "baixar a guarda", fechar os olhos sem medo de sofrermos um ataque violento pelas costas. Como a paz é importante para o bem-viver.

Entrando na bela cidade, todos dirigiram-se para o Grande Lago. Avistando o volumoso lago, enchi-me de alegria. Ao longe, podíamos observar os reflexos dos raios solares na superfície cristalina. Aquela margem do lago possui diversas árvores frutíferas e, também, mesas e cadeiras confortáveis, como se fosse um clube de lazer, onde os moradores daquele "Reino dos Céus" podem relaxar e conversar descontraidamente, em contato com a exuberante natureza.

Todos da equipe correram para dentro da água de roupa e tudo. As túnicas em contato com a água, não ficavam molhadas, como se fossem protegidas por impermeabilizantes.

Eu e o irmão Hermes sentamo-nos nas confortáveis cadeiras e ficamos observando os anjos boiando na água, de barriga para cima, olhando para o céu. Sim, precisávamos todos descansar, recuperar as energias. Eles pelo trabalho incansável nas trevas, eu pelo meu despreparo para aquela maratona, mesmo não fazendo praticamente nada, a não ser observar.

O contato com a natureza permite-nos o restabelecimento de nossas energias. Experimentemos abraçar uma árvore ou andar descalço na grama; veremos a integração perfeita entre o ser humano, principal obra da criação, e a natureza. Através da energia que as formas primárias de vida emitem, podemos restabelecer as energias que perdemos através do trabalho desgastante do dia-a-dia.

Enquanto a equipe refazia-se, através das dádivas da mãe natureza, aproveitei para consultar Hermes sobre os acontecimentos nas zonas escuras:

— Irmão, fiquei impressionado com o que vi naquela cidade. Todas as cidades do astral inferior são assim?

— De uma forma geral, sim. Algumas mais infelizes, outras menos. Existem diversas moradas na casa de Deus. Tu conheceste o estágio de perfeição na Terra: o Império do Amor Universal. Em contrapartida, conheceste, também, uma das cidades astrais mais inferiores do planeta: o Império dos Dragões do Mal. Mas existem cidades em estágios intermediários, onde os espíritos medianos estabelecem residência. Geralmente são cidades dirigidas por espíritos de boa-vontade que tentam auxiliar nossos irmãos que, apesar do desejo de alcançarem o céu, entregam-se às tentações da vida material, esquecendo-se dos compromissos com sua própria evolução. Os encarnados ridicularizam os conceitos religiosos de céu e inferno, mas como viste, todos esses conceitos são a mais absoluta realidade. As religiões do plano material, com exceção da Doutrina Espírita, é que ainda usam um vocabulário antiquado para descrever o mundo espiritual.

Enquanto conversávamos, Gabriel e seus amigos brincavam dentro da água, nadando e brincando de "pegar". Observando aquela atitude bem descontraída do grupo, perguntei ao solícito amigo:

— Como eles conseguem ter tanta alegria depois do que vimos e vivenciamos? Eu estou até agora chocado com as horríveis cenas que presenciamos.

— Roger, não esqueças que eles são espíritos que já alcançaram alto grau de entendimento sobre os mecanismos da evolução espiritual. Eles sabem que aquelas situações que presenciamos, apesar de tristes, são temporárias, durarão apenas alguns anos, décadas ou séculos. Se nós fossemos ficar tristes por todas as infelicidades da vida, jamais esboçaríamos um sorriso, porque um grande número de irmãos nossos, neste planeta, estão atolados em um mar de lama. E ademais, desculpa-me a sinceridade, mas esse sentimento de tristeza, geralmente, é hipócrita. Muitas pessoas lamentam a vida inteira a desgraça alheia, mas não movem uma palha para auxiliar esses que sofrem com os infortúnios da vida. Já nossos irmãos, que agora se banham alegremente nestas águas, fazem o contrário, nada lamentam da desgraça alheia, mas trabalham incessantemente para auxiliá-los. Isto chama-se caridade.

Hermes tinha toda razão. Do que vale o sentimentalismo ocioso, comparado com o empenho de quem transforma o mundo com seus atos. Eu fiquei pensando; o que seria daquele posto de atendimento, na cidade infernal, se Gabriel não tivesse "sacudido" Dracus com suas palavras.

Enquanto eu meditava sobre as palavras do irmão Hermes, vi, em meio à algazarra que todos faziam na água, Gabriel beijando os lábios de uma deslumbrante mulher. Dei um pulo da cadeira em que estava sentado e corri até a beira do lago. Era Ethel, que havia retornado a sua verdadeira forma espiritual. Que mulher linda! Os vastos cabelos louros, semelhantes aos de Gabriel, mas mais claros. A pele perfeita, na flor da idade, parecendo-me uma moça de uns vinte e cinco anos de idade. Os olhos lindíssimos, azuis, da cor do próprio lago. Puríssima luz irradiava de todo seu corpo. Vi nos olhos dos dois o imenso amor que nutrem, um para com o outro.

Aquela cena era digna de tornar-se um belo quadro, pintado por célebre artista. O grande lago, as frondosas árvores, o sol amigo ao fundo, as construções magníficas da cidade que desconhece a poluição urbana, o burburinho de todos brincando na água e, por fim, o belo casal namorando naquele ambiente paradisíaco.

Mas logo, o quadro mudou sua forma. O pessoal percebendo que Gabriel e Ethel estavam alheios à brincadeira, correram até eles e começaram a jogar-lhes água. Virei-me e olhei para Hermes, para poder compartilhar com meu amigo a cena divertida. Hermes estava sentado em uma das cadeiras, com um sorriso que terminava nas orelhas. Impressionei-me! Como a felicidade está nas pequenas coisas. Retornei à cadeira em que estava sentado e Hermes disse-me:

— Exatamente, a felicidade está nas pequenas coisas. Vê só, toda esta paz. Olha à sua volta. Não existe nada que não seja simples e útil. Os espíritos distanciados de Deus acreditam que somente o dinheiro traz a felicidade. Na verdade, o dinheiro em mãos despreparadas é uma porta aberta para o cultivo dos vícios inferiores. Jesus, por diversas vezes, alertou sobre o absurdo de dedicar a vida às coisas materiais em detrimento dos bens espirituais.

Apontando para um grupo de mulheres, que caminhava por um calçadão, a alguns metros de nós, Hermes disse:

— Dize-me, o que vês naquelas mulheres?

Imediatamente respondi: — Simplicidade.

— Exato. Não existe ostentação, nem interesse de querer ser melhor que as outras amigas. Acreditas que alguma delas fosse rica em sua vida física? Não, todas eram mulheres humildes, que dedicavam-se com afinco para manter a harmonia do lar. Buscavam, através de suas condições, auxiliar o companheiro, em todos os aspectos.

Por alguns segundos Hermes meditou, e continuou sua exposição:

— Até é possível que pessoas ricas alcancem os planos de luz, mas isso porque já possuíam alguma evolução antes de reencarnar, e estavam em missão na Terra, e não, resgatando pesadas dívidas. Os espíritos primários, quando obtêm fortunas em suas vidas, terminam nos atoleiros dos planos inferiores. Como já dizia Jesus: "É mais fácil um camelo passar pelo buraco de uma agulha do que um rico entrar no Reino dos Céus".

E lembra-te muito bem do que viste nas zonas inferiores. Espíritos em condições miseráveis com anéis e jóias, arrogantes e prepotentes, acreditando ainda que dominavam a todos, como o faziam quando estavam encarnados.

Hermes estava certo. Quantas pessoas de posse terminam desencarnando por overdose de drogas e bebidas. Quantos chegam ao plano espiritual distanciados da humildade, da paciência e da tolerância, devido ao domínio financeiro que exerciam no mundo. Dedicavam-se, quando encarnados, somente aos passatempos fúteis e desprezíveis: desfiles de modas, jogos de azar, festas vulgares, onde o assunto do dia era a desgraça de um rival no palco da ostentação. Esses irmãos não têm consciência de que são apenas mordomos administrando os bens que são tão-somente de Deus. Somos meros usufrutuários do patrimônio divino. Quando retornamos ao mundo espiritual, tudo perdemos, menos as riquezas que guardamos no coração.

Eu estava, ainda, meditando sobre o assunto, quando o benfeitor amigo chamou-me a atenção. Olhei para o Grande Lago e vi uma insólita cena: Marcus corria sobre as águas, flutuando, enquanto Gabriel o seguia da mesma forma, tentando pegá-lo. Um pouco mais tarde, Ethel levitou até uma altura de quatro metros de altura e pegou uma fruta, que estava em um dos galhos de uma árvore à margem do lago.

Constrangi-me de narrar este fato. O irmão Hermes percebendo, disse-me:

— Meu irmão, entendo o teu acanhamento. Tu tens medo de comprometer esta obra com informações que podem ser vistas como ficção. Mas muitas das coisas que o encarnado chama de ficção, são apenas realidades de outras dimensões da vida. Vejamos... por exemplo: os vampiros; não os viste nas zonas de trevas? O que eram aqueles irmãos sugando as energias de suas vítimas? Não era um incontestável caso de vampirismo? E os irmãos que estavam com formas meio homem, meio animal. Não te lembram de lendas como a do minotauro e lobisomem? Os irmãos perturbados nas zonas de trevas e aqueles com múltiplas deformações não te recordam os zumbis dos filmes de terror? A volitação, realizada até mesmo por ti, não nos lembra o super-homem das histórias em quadrinhos? E muitos outros exemplos poderíamos citar. No plano espiritual podemos realizar muitas coisas que parecem ser impossíveis aos encarnados. Os Evangelhos nos citam que Jesus caminhou sobre as águas, e isto quando ele estava encarnado! Por que isso não poderia ocorrer aqui no plano espiritual, onde a matéria é mais sutil?

Hermes meditou um pouco, enquanto eu bebia as suas palavras, e logo após continuou:

— Não te preocupes, quanto aos incrédulos. Esta obra é para preparar os homens de boa-vontade para o terceiro milênio, e não para tentar realizar milagres com aqueles que certamente serão exilados. Lembra-te de Mozart; realizou músicas geniais e morreu no anonimato, enterrado em uma vala comum. Hoje em dia, ele é reconhecido por uma humanidade que está à altura de sua grandiosa contribuição ao progresso artístico da humanidade.

Quantas coisas fantásticas nós podemos realizar! Nada é impossível àquele que busca trabalhar com fé. Eu lembrei-me de outro grande ensinamento de Cristo:"Se tiveres a fé do tamanho de um grão de mostarda, a menor das sementes, podereis mover montanhas, e nada vos será impossível".

Intrigado com os mecanismos de evolução espiritual criados por Deus, o céu e o inferno, perguntei ao amorável benfeitor:

— Irmão, qual é o segredo para vencermos nossas imperfeições e alcançarmos nossa evolução, livres da dor e do sofrimento?

— Boa pergunta, meu querido amigo. A nossa evolução espiritual pode seguir por dois caminhos: o do amor e da sabedoria, ou o da dor e do sofrimento. O Divino Mestre ensina-nos a amar, perdoar e respeitar os nossos irmãos; ensina-nos, também, a tolerar as ofensas, trabalhar honestamente, viver honradamente, buscarmos a paz em todos os momentos, sermos brandos de coração, justos para com aqueles que nos cruzam o caminho. Ensinamentos estes que nos induzem a ser indulgentes com aqueles que não aceitam os nossos pontos de vista e nossas formas de viver; que também nos mostram que através da verdadeira fé e do verdadeiro amor podemos ser realmente felizes. Se negarmos tudo isto, teremos que estabelecer residência nas zonas inferiores que acabamos de visitar. Viveremos lá até que nosso espírito desperte, através da reflexão e da oração, para reconstruirmos o nosso futuro. Caso contrário, se seguirmos todos os ensinamentos do Divino Amigo, encontraremos a evolução espiritual através do amor e da sabedoria, tornando-nos eleitos para habitarmos cidades paradisíacas, como esta, onde a felicidade é eterna. É muito simples, basta sermos Cristãos autênticos. "Cristãos autênticos" são aqueles que vivem os ensinamentos de Jesus, e não aqueles que fingem viver estes ensinamentos. Ir à igreja, ou aos templos, pagar promessas, ficar falando o tempo todo de suas religiões, e nada praticar, de nada vale. Jesus mesmo nos diz: "Se, pois, quando apresentardes vossa oferenda ao altar, vos lembrardes de que vosso irmão tem alguma coisa contra vós, deixai vossa dádiva aí ao pé do altar, e ide antes reconciliar-vos com vosso irmão, e depois voltai para oferecer vossa dádiva." Isto é uma triste realidade. Quantos dizem-se cristãos e alimentam ódios ferrenhos. Muitos nem mesmo olham no rosto de determinado irmão que, devido à sua ignorância espiritual, fez-lhes algum mal. Quanto menos desejam direcionar-lhe uma palavra de amor e perdoar as ofensas recebidas. Repito: De nada vale dedicar-se "fervorosamente" a uma religião e, ao mesmo tempo, desprezar os seus semelhantes. Como diria Jesus: "Sepulcros caiados. Belos por fora, mas podres por dentro."

Agradeci a Deus por aquelas palavras do sábio irmão e fiquei feliz pela oportunidade, que o Pai estava me dando, de poder participar de tão bela obra, que tem a finalidade básica de educar o espírito encarnado para as verdades espirituais.

— Roger — continuou o nobre amigo — não esqueçamos, também, que para alcançar o Reino dos Céus, ou seja, os planos espirituais de luz, devemos cultivar a pureza de sentimentos. Devemos ser transparentes, como estas águas cristalinas à nossa frente, que nos enchem os olhos de paz e alegria. A Deus ninguém engana, pois ele mora dentro do nosso próprio coração. Jesus já nos dizia: "Vós sois Deuses", ou seja, somos uma centelha divina, parte do Criador. O seu imenso amor é tão ilimitado, que nos permite viver dentro do seu augusto Ser, portanto, nada podemos esconder àquele que vive dentro de nós. Lembra-te sempre, meu irmão: onde estivermos, Deus estará conosco!

O instrutor estava com seus grandes olhos fixos nos meus. Senti o grande amor que ele doava a meu coração. Nos seus olhos eu via a dedicação de um pai para com a educação de um filho. Mais uma vez, uma lágrima escapuliu de meus envergonhados olhos. Lembrei-me, então, do maravilhoso poema "Pegadas na Areia", de autor desconhecido; provavelmente um anjo, que compadeceu-se de nossas dificuldades diárias na jornada da vida e trouxe-nos um bálsamo de luz das Mãos do Senhor. Vamos transcrevê-lo abaixo:

"Uma noite eu tive um sonho....

Sonhei que estava andando na praia com o Senhor e, através do Céu, passavam cenas que eram da minha vida.

Para cada cena que passava, percebi que eram deixados dois pares de pegadas na areia. Um era o meu e o outro do Senhor.

Quando a última cena da minha vida passou diante de nós, olhei para trás, para as pegadas na areia, e notei que muitas vezes, no caminho da minha vida, havia apenas um par de pegadas na areia.

Notei, também, que isso aconteceu nos momentos mais difíceis e angustiosos de meu viver.

Isso aborreceu-me deveras, e perguntei, então ao Senhor: "Senhor, Tu me disseste que, uma vez que eu resolvi te seguir, Tu andarias sempre comigo, todo o caminho, mas notei que durante as maiores dificuldades do meu viver, havia na areia, apenas um par de pegadas. Não compreendo por que, nas horas que eu mais necessitava de ti, Tu me deixaste."

O Senhor me respondeu : "Meu precioso filho, Eu te amo e jamais te deixaria nas horas de tua provação e do teu sofrimento. Quando viste na areia apenas um par de pegadas, foi exatamente aí que Eu te carreguei nos braços."

Eu me sentia, naquele instante, como o sublime escritor dessa linda mensagem, que relata o imenso amor que Deus dedica a seus filhos, e que poucas vezes reconhecemos. Poucos são os que compreendem que, se Deus não estivesse nos amparando, já estaríamos caídos há muito tempo. Desde o pobre até o mais rico, desde o ignorante até o intelectual; analisando friamente a vida humana, vemos como são miseráveis e transitórios os poderes humanos, e como são poderosos e eternos os desígnios de Deus. De um instante a outro, o Pai pode nos dar, ou tirar, aquilo que é a alegria de nossas vidas. O seu critério para tais atitudes? Deus dá e tira para que possamos aprender a viver em conformidade com suas Leis! Ama a teu próximo como a ti mesmo, não cometas atos que venham a prejudicar o teu próximo; então, Deus não precisará colocar-te na triste estrada dos espinhos!

Enquanto eu meditava, Gabriel saía do lago. A cada passo que ele dava, eu notava a sua majestade no andar. A sua túnica branca estava imaculada e seca, mesmo segundos após sair da água. Seus belos cabelos longos também estavam secos. À medida que ele se aproximava das mesas em que eu e Hermes estávamos, notei que ele direcionava os seus lindos olhos verdes para uma fruta, que estava a elevada altura, em uma das frondosas mangueiras à margem do lago. Imaginei que ele fosse levitar até a fruta, mas não. Da forma mais natural possível, sem que percebêssemos nenhum esforço da sua iluminada parte, Gabriel materializou sobre uma das mesas um copo de cristal, com um líquido amarelo, que de pronto imaginei ser o suco da manga que ele fitava com o seu sublime olhar. Eu procurei novamente a fruta; ela já não estava mais no pé. Não perguntei nada ao irmão Hermes, pois a dedução era óbvia. Realmente, dependendo do grau de evolução do espírito, nada é impossível, inclusive as coisas mais triviais.

O anjo, aproximando-se da mesa, pegou o copo e sorveu o saudável suco. A fruta, apesar de ter uma grande semelhança com a que conhecemos, mostrava-se mais fluídica, mais vaporosa e brilhante, o copo estava envolto em luz. Também observei a cor vivíssima do líquido, que infelizmente não conseguiria descrever, por mais que eu tentasse.

Enquanto Gabriel bebia o suco e respirava profundamente aquele oxigênio puríssimo, Ethel, com sua exuberante beleza, chegou por trás do anjo e colocou suas mãos nos olhos de Gabriel e perguntou:

— Quem está aqui?

— O amor de minha vida eterna! — respondeu Gabriel.

Hermes e eu observávamos maravilhados aquelas belas e comoventes cenas de paz e amor. Gabriel e Ethel deram-se as mãos e foram caminhar à margem do Grande Lago. A dupla de bisbilhoteiros seguiu-os. Hermes sempre sorrindo e tratando-me com imenso carinho e atenção.

O sublime casal acenou aos amigos, informando-os de que iriam passear pela deslumbrante orla do lago.

Enquanto os anjos caminhavam, fiquei observando a deslumbrante beleza de Ethel, agora já portando a sua verdadeira forma. Entendi porque ela assumia a forma de uma respeitável senhora nos planos inferiores.

Ethel, naquele início de tarde, era a personificação da beleza feminina. Seus lindos cabelos louros formando um casal perfeito com os mais belos olhos azuis que jamais vi. Seus lábios, graciosamente finos, com um simples batom cor-de-rosa. Ao sublime movimento de seus encantadores lábios, pude ouvir a sua melodiosa voz, alegrada com os risos do jovem casal. Realmente a vida nos planos de luz é um inesquecível conto de fadas. Quantos jovens sonham com uma vida feliz e paradisíaca como esta, mas tão poucos se elegem para uma vida assim. A grande maioria prefere descer às vibrações inferiores da vida e terminam obtendo para o futuro o passaporte para cidades astrais como o Império dos Dragões do Mal. E o mais impressionante é que não precisamos ser um "padre" ou um "carola" para alcançar o Céu, basta ser uma pessoa com boas intenções no coração e procurar, sinceramente, viver os ensinamentos contidos no Evangelho de Cristo, que é o copo d'água que pode saciar a sede de toda a humanidade!

Ethel, repentinamente, ficou em silêncio. Gabriel percebendo, perguntou-lhe:

— O que foi, meu amor? Por que te entristeceste?

— Sinto que Jesus concordará com os teus planos... Eu sei que a tua reencarnação no plano físico iluminará a muitas almas. Compreendo a grandiosa finalidade desse maravilhoso projeto para toda a humanidade encarnada, mas... o meu coração apaixonado se entristece ao pensar que não poderei mais te ver, diariamente, por um longo tempo.

— Não digas isto, meu amor. Te verei diariamente, enquanto meu corpo físico estiver desfrutando de justo repouso. O período do sono é uma bênção que Deus nos concede para podermos visitar os nossos afetos queridos no mundo espiritual.

Esboçando um lindo sorriso, com seus branquíssimos e perfeitos dentes em harmonia com os belos lábios cor-de-rosa, Ethel disse:

— Tens razão, mas deves prometer-me que virás visitar-me todas as noites!

Gabriel, com um gesto travesso, respondeu: — Sim senhora!

Quando desviei minha atenção do casal, percebi onde estávamos. Havíamos chegado a um trecho do Grande Lago onde a vegetação é abundante. Algumas rochas e uma bela cascata, onde aquela cristalina água desabava de uma ribanceira sobre as rochas. Lembrei-me dos lodaçais das zonas de trevas: quanta diferença!

O casal sentou-se sobre uma das rochas e continuaram tecendo um romântico diálogo.

— Às vezes — disse Ethel — lembro-me de quando nos

conhecemos, há mil e oitocentos anos. — Com os olhos vagos no céu a bela moça continuou: — Lembro-me como se fosse hoje. Jamais esquecerei o teu primeiro olhar para mim. E as tuas palavras: "Obrigado, meu Deus, por permitir-me receber tão belo olhar".

Ambos riram e Gabriel pousou seus serenos olhos nos de Ethel, e disse:

— Obrigado, meu Deus por permitir-me receber tão belo olhar por toda a minha infinita existência. Obrigado, meu Pai, por dar-nos a vida eterna, onde nada jamais acabará. Obrigado, meu Senhor, por poder amar por todo o sempre esta linda irmã que faz parte do meu coração. Obrigado por sentir esta força maravilhosa que é o amor, que nos leva às lágrimas de felicidade!

Gabriel estava sendo levado às lágrimas de felicidade; eu e Hermes já estávamos lá há horas! Secando minhas lágrimas, com a manga da camisa, perguntei, de uma forma espirituosa, ao irmão Hermes:

— Não sabia que tu eras tão romântico, meu irmão!

— Roger, o amor é o mais puro sentimento que um coração pode gerar. Quando ele chega a níveis sublimes, torna-se mágico e contagiante. Observa todas as conversões de espíritos escravizados no mal. Sempre o amor é o agente transformador. O criminoso, quando envolvido por um puro e verdadeiro amor, perde o desejo de praticar o mal. Por isso a Doutrina dos Espíritos é contra a pena de morte, pois não existem irmãos irrecuperáveis; existem, sim, irmãos de má vontade no trabalho de auxílio a estes irmãos. Ademais, a morte é apenas uma mudança de plano. Vir para este lado, prematuramente, será apenas adiar o problema. E ai daquele que for o responsável por uma morte que não está nos planos de Deus!

Enquanto falávamos, o casal continuava a conversa, abraçados sobre a rocha.

— Sim — disse Gabriel — lembro-me daquele tempo. Estávamos resgatando nossas últimas dívidas por erros passados. Foi uma vida muito bonita, de amor e de paz. Tenho saudades da Europa daqueles tempos, principalmente da Escócia. É impressionante — continuou Gabriel — quantos anos se passaram, e muitos daqueles com quem convivemos ainda continuam sofrendo por cometer os mesmos erros.

— Tens razão, Gabriel. Mas estamos sempre atentos para cumprir a vontade de Deus e do nobre irmão Jesus. Quando for o momento, lá estaremos, para resgatar os irmãos escravizados pelas sombras.

Gabriel refletiu um pouco sobre a dor do mundo e disse:

— Entendes, então, o motivo de meu desejo de descer ao mundo dos homens? O momento é chegado! O Grande Exílio está próximo. Sei que poucos encarnados ficarão na Terra para o terceiro milênio, mas sinto que devo tentar auxiliar, de alguma forma, a humanidade encarnada. Eu preciso ir aos encarnados para acordá-los e lembrá-los de que a vida espiritual não é algo fictício, que alguns dizem aceitar para não serem chamados de ateus. Na verdade, atualmente, pouquíssimos irmãos que estão na carne crêem na vida espiritual. Isso não seria problema se tivessem uma vida digna mas, pelo contrário, cada vez mais se afogam nos conceitos depravados da era moderna.

Ethel ouvia Gabriel com imenso amor a cada palavra do anjo de Deus. Após suas últimas colocações, ele silenciou, como se estivesse sentindo algo imponderável para nós outros. Ethel perguntou a Gabriel o que estava acontecendo e este respondeu:

— Jesus está aqui! Ele chegou. Posso sentir sua augusta presença. Vamos, Ethel, vamos nos unir aos outros para confraternizarmos com o Mestre.

Já estávamos chegando ao entardecer daquela ensolarada tarde. O belo casal volitou em direção à margem oposta do Grande Lago, onde fica o Monte Tabor, local onde Jesus costumeiramente confraterniza com os moradores do Império do Amor Universal, quando visita esta cidade.

Acompanhamos o casal, e em alguns minutos, estávamos vislumbrando uma grande multidão. No centro uma entidade que iluminava a todos ao seu redor, com certeza era o Cristo de Deus. Fiquei nervoso; o sonho de minha vida se realizaria em poucos minutos: eu poderia ver, ouvir e receber a luz direta de Jesus. O irmão Hermes, compreendendo a minha ansiedade, acalmou-me dizendo:

— Tranqüiliza-te, pois o momento é de paz e de alegria. Não tentes ser o que ainda não és. Mostra a tua verdadeira face. O Mestre é a personificação do amor e da misericórdia; abre o teu coração a ele, com sinceridade, e receberás o amplexo de luz mais maravilhoso de toda a tua vida.

14.
Confraternizando com Jesus

Aterrissamos próximo a grande multidão, que corria de um lado ao outro para aproximar-se de Jesus. Todos, de uma forma ordeira, buscavam confraternizar com o Sublime Instrutor.

Acompanhei Gabriel com os olhos; era fácil perceber a grande afeição dele para com o Mestre. O brilho no olhar, revelava, também, a ansiedade pela resposta que o anjo esperava receber ainda naquele dia. Gabriel estava ansioso para receber sua resposta, e eu, ansioso para ver Jesus com os meus próprios olhos. Eu sempre tive uma grande vontade de ver e ouvir o Messias, diretamente. Desejava ouvir os seus belos ensinamentos, através de seus próprios lábios. Ouvir, encantado, a sua envolvente voz, que sempre levou a todos que tiveram este privilégio, aos píncaros da Luz. Poder, também, verificar, com os meus próprios olhos, a majestade de Jesus, que a tantos encantou em sua passagem pelo plano físico.

Caminhamos, então, entre a multidão, para aproximarmonos do centro das atenções. Os pacíficos e educados cidadãos do Império do Amor Universal, cediam, gentilmente, a passagem para que o casal chegasse até Jesus. Caminhamos um bocado, pois havia muitos irmãos ali, no sopé da colina. Após alguns minutos, começamos a sentir a inclinação do monte em que Jesus se encontrava ao pico, para falar ao povo da cidade.

Cansado da escalada, perguntei ao irmão Hermes: — Por que não vamos volitando até o pico?

Hermes, com o seu inabalável sorriso, respondeu-me irônico: — Porque não fazes esta pergunta a Gabriel? Eu estou apenas seguindo-o.

Aquela resposta do irmão Hermes dava-me a entender que a minha pergunta e intenção eram despropositadas, pois como eu iria perguntar a Gabriel ?

Após a exaustiva subida, com a colaboração de muitos irmãos que cediam passagem, chegamos ao pico do monte.

Lá de cima, eu pude ver a extensão do aglomerado de irmãos. Uma multidão imensa estava em volta de todo o monte; possivelmente, havia em torno de um milhão e quinhentos mil irmãos aguardando as palavras de Jesus. Estranho dizer, mas tive a mesma sensação que já havia percebido no Templo da União Divina e na casa de espetáculos. Apesar de estarmos entre uma grande multidão, tínhamos a sensação de estarmos todos bem próximos e unidos. Até aqueles que estavam a uma grande distância de Jesus podiam senti-lo, vê-lo e ouvi-lo. São fenômenos do mundo espiritual para os quais não ouso procurar uma resposta.

Já no pico do monte, seguimos em direção a um grupo, onde provavelmente Jesus preparava-se para falar a todos, quando um jovem rapaz correu até Gabriel e Ethel e abraçou-os, envolvido em exuberante luz. Notava-se que aquele rapaz era portador de imensa grandeza espiritual. Hermes, notando meus devaneios, socorreu-me:

— Este, Roger, é João, o evangelista, o apóstolo do Amor, que séculos depois reencarnou entre os homens como Francisco de Assis.

Reparei que eram muito íntimos. Também, o Amor mora no coração de ambos, muito eles têm em comum. Eu já estava começando a acostumar-me com as fortes emoções. À frente do autor do livro do Apocalipse da Bíblia, mantive-me relativamente sereno, sem as minhas perguntas insistentes.

— Como estás João? E o Mestre? — perguntou Gabriel.

— Estou muito bem Gabriel. Como não estaria, ao lado de Jesus? E quanto ao Mestre, ele está logo ali, junto a Paulo.

— Paulo de Tarso — disse-me o irmão Hermes, buscando elucidar minhas dúvidas, antes mesmo de eu formulá-las — o apóstolo dos gentios, aquele que levou o Evangelho de Jesus a inúmeras nações do mundo.

Estávamos em uma tarde de festa no Império do Amor Universal. Alguns momentos atrás estávamos em um ambiente extremamente inferior, onde parecia que eu não iria conseguir suportar, alguns momentos mais tarde estava eu deslumbrado com uma luz e uma energia que nos dava novas forças.

Após breves palavras com João, Gabriel dirigiu-se até o local onde estava Jesus. A multidão dispersou-se à chegada de Gabriel, parecia que estava se abrindo uma clareira de luz. De costas para nós, estava o Governador Espiritual da Terra, palestrando com alguns irmãos. A túnica branca imaculada, a luz cintilante de todo seu Ser, os cabelos cor de amêndoa, cumpridos até os ombros, enchiam-me de ansiedade para vê-lo de frente.

— Jesus! — exclamou Gabriel, chamando o Divino Amigo.

Estaquei o passo, para assistir melhor a minha primeira visão do rosto do Mestre.

Sublime! Esta seria a melhor palavra para resumir o que os meus olhos viram. Não questiono aqui a beleza incontestável de Jesus, mas, sim, a expressão de amor e simpatia que Ele dedicava a todos. Ao ouvir o chamamento de Gabriel, vimos o seu sereno gesto de "virar-se" para nós. A expressão nos olhos do Grande Rabi foi-me inesquecível; senti que aquela alma jamais faria mal algum a quem quer que fosse, como provou no alto da cruz, dizendo: "Pai, perdoai-os, pois não sabem o que fazem".

Enquanto Gabriel corria, como uma criança, para os braços de Jesus, eu fiquei meditando: "Somente uma pequena fração deste amor, em cada um de nós encarnados, seria suficiente para trazer a paz para toda humanidade".

Eu já estava definindo Gabriel como um padrão de pureza máxima, mas Jesus fez-me ver, através de sua iluminada presença, que a evolução é infinita. Gabriel, ao lado de Jesus, já não brilhava tanto como antes, pois estava sendo ofuscado por uma luz maior, a luz do sol que é o Cristo de Deus.

Os gestos, a serenidade, a atenção que dispensava a todos, demonstravam, espontaneamente, a grandeza de Jesus. Não precisamos querer mostrar o que somos; basta, apenas, que sejamos! Todos pareciam crianças irradiantes na presença do Grande Amigo. Jesus estava realmente inspirado quando disse: "Deixai vir a mim as criancinhas, pois é delas o Reino dos Céus". Crianças na alegria e na espontaneidade, e não na irresponsabilidade.

— Gabriel — disse o Mestre — que bom ver-te, meu irmão. Eu tenho que agradecer-te pelo que fizeste por Joachab. Muito obrigado, meu irmão. Foram séculos de revolta, que a tua inspirada intervenção permitiu que chegassem ao fim.

— Não há o que agradecer, pois as tuas imorredouras palavras é que foram determinantes para a transformação de Joachab.

— Sim, Gabriel. Estou muito feliz, também, pelo impacto causado em Dracus. Quem sabe, em breve, ele não estará trabalhando conosco?

— Chegará o dia onde somente haverá o trabalho do amor de Deus entre os homens. Sonho com este dia, em que será extinta toda dor do mundo, e poderemos todos viver na mais plena felicidade — falou Gabriel.

— Devemos trabalhar para isso, com fé em Deus — disse

o Cristo de Deus na Terra.

Enquanto eles trocavam estas palavras, eu fiquei observando Jesus; seus gestos e expressões faciais. Tudo nele é Divino. Seu rosto majestoso, em formas angulares, com uma pele perfeita. A barba impecável e sedosa, como os cabelos. Naquela tarde, os seus olhos, graciosos e claros, resplandeciam no seu rosto como os raios do sol. Aqueles belos olhos castanhos iluminavam o rosto da mais sábia criatura deste mundo!

Os movimentos do Messias impressionavam-me; jamais alguém tão elegante foi visto em toda a Terra. A sua simpatia e seu olhar meigo e compreensivo ultrapassavam todos os limites da compreensão humana. Os seus lábios, sempre risonhos, davam-me a impressão de eterna felicidade. Não sei mais o que dizer, apenas posso dizer que jamais eu sofri um impacto tão grande à presença de alguma pessoa. Jesus tem a capacidade de desarmar qualquer pessoa. Não existe quem não se jogaria de joelhos à sua augusta presença!

Terminado o rápido diálogo entre os dois, Jesus abraçou Gabriel, que recebeu o grande amor do Filho de Deus. Após o abraço, o anjo afastou-se para que Jesus pudesse falar à multidão.

— Queridos irmãos, que Deus vos abençoe com Seu infinito amor!

Todos, em uma só voz, disseram: — Que Assim Seja!

— Eu gostaria de poder vir aqui, neste belo entardecer, apenas para confraternizarmos e darmos graças a Deus pela beleza da vida que Ele, em sua Sublime Sabedoria, nos oferece.

Mas, irmãos, todos sabemos do grave momento por que passa a humanidade terrena. Momento este que foi profetizado por mim e pelos profetas das antigas escrituras, e que depois foi confirmado, claramente, através da mediunidade de João. — Jesus colocou a mão direita sobre o ombro de João, em sinal de agradecimento por aquele maravilhoso trabalho realizado há quase dois mil anos atrás, o livro do Apocalipse. — Não podemos esquecer, também, o trabalho do iluminado Nostradamus, que aliou a ciência à religião, demonstrando à humanidade que as profecias de "Final dos Tempos" não são alucinações de religiosos fanáticos, e sim, uma verdade incontestável.

O Cristo, então, repetiu o mesmo gesto que dedicou a João, com um irmão que estava ao seu outro lado. Hermes disse-me que era Nostradamus. Não o reconheci, pois estava com uma forma espiritual bem mais jovem do que aquela em que o conhecemos, através dos livros.

— As grandes transformações que confirmam o momento profetizado já estão ocorrendo. E o período de separação do

joio e do trigo durará cem anos terrenos. Nesse período, os espíritos que ainda não alcançaram a evolução necessária terão que se esforçar, através de sua última oportunidade na carne, para obter o ingresso para o terceiro milênio na Terra. Estes serão os trabalhadores da última hora. — O Cristo baixou a cabeça procurando refletir, e, com um olhar triste, continuou:
— Creio que poucos irmãos conseguirão vencer suas inferioridades.

Atualmente, a humanidade terrena despreza os ensinamentos que o Céu lhe alcançou. O conforto e a tecnologia cegaram os homens para os valores da alma. Os encarnados acreditam que não podem mais compactuar com ideologias que não consigam explicar, devido ao grande avanço que encontraram em todas as áreas do conhecimento humano. O homem permitiu que o orgulho e a prepotência o dominasse. Acreditou ser maior que Deus. Hoje, os poucos que acreditam no Pai Maior, trabalham arduamente pela conquista dos valores divinos, enquanto a grande maioria esconde-se através de uma falsa fé, apenas para ocultarem a sua arrogância de acharem-se melhores que Deus, no qual já não mais acreditam. Segundo eles próprios, em uma sociedade moderna já não há mais espaço para este sentimentalismo religioso. É uma pena que assim pensem! Se, ao menos, cultivassem uma vida regrada, segundo as elementares normas de bem-viver em sociedade. Mas não; entregam-se a todo tipo de crimes contra o direito alheio. Assassinatos, roubos, seqüestros, calúnias, traições, inveja, ódio, intolerância e todos os atos contrários ao "Amai-vos uns aos outros". Querem, estes, apenas desfrutar os prazeres da carne, custe o que custar, mesmo que tenham que causar sérios prejuízos aos seus semelhantes.

Deus ilumine a estes irmãos, para que eles acordem enquanto ainda há tempo. Que despertem para o momento chegado e encontrem em seus corações o tesouro perdido devido à invigilância. Que possam eles verem em seus filhos, em seus pais e mães, o Deus em que já não acreditam mais, porque o Criador está em tudo e em todos. Ele é o combustível que move a vida! Com certeza, irmãos, não existe uma religião específica para alcançar Deus; basta que acreditemos na Força Maior da Vida e que trabalhemos pela nossa reforma interior, tornando-nos criaturas de paz e de luz.

Sereno, o Cristo continuou:
— Enquanto eu estava na Terra, Tomé perguntou-me: "Qual era o caminho que deveríamos seguir?" E respondi-lhe: "Eu sou o caminho, a verdade e a vida e ninguém vai ao Pai se não for por mim." Estas palavras tinham o objetivo de demonstrar que a luz se encontra na forma de viver que o Pai permitiu

que eu testemunhasse. Aqueles que buscam a glória espiritual devem procurar viver de acordo com os ensinamentos contidos no Evangelho, sem fanatismo e sem falsas interpretações para acobertar seus caprichos e interesses.

Felizmente, muitos irmãos nossos, que já alcançaram a luz, encontram-se no plano físico, buscando auxiliar os irmãos lentos na caminhada, através da propagação dos ensinamentos do meu Evangelho. O Pai jamais abandona seus filhos! Através de abnegados irmãos, a luz sobrevive nos ambientes mais depravados. Por meio daqueles que abdicaram da glória destes reinos, o plano físico ainda consegue receber diretamente a luz divina. Diversos moradores do Império do Amor Universal, e de outras cidades astrais iluminadas, encontram-se na Terra, em tarefa humilde, procurando auxiliar os irmãos perturbados na batalha íntima contra os vícios de conduta. Outros irmãos daqui, do plano espiritual, também auxiliam através do contato mediúnico, que a Doutrina Espírita propicia ao mundo, confirmando o "Advento do Consolador Prometido".

Estes irmãos, que desceram à Terra, estão auxiliando aos atrasados da caminhada e, ao mesmo tempo, preparando o solo para o plantio do terceiro milênio na Terra, onde haverá paz e harmonia a todos que seguirem as palavras do Sermão das Bem-Aventuranças, contido no Novo Testamento.

Neste instante, Jesus mudou o semblante. Com um olhar de grande contentamento, prosseguiu com sua palestra:

— Falo-lhes sobre estes assuntos, neste belo entardecer desta cidade maravilhosa, porque estamos projetando uma grande tarefa que envolverá a todos aqui presentes. É da vontade de Deus que a luz penetre com mais força no plano físico. Para isto, precisamos de uma personalidade marcante na Terra, para demonstrar o poder e a glória de Deus. Encarnará entre os homens, em breves anos, um irmão nosso que será a personificação da Luz na Terra. Este irmão despertará os homens, novamente, para os ensinamentos do Evangelho. Auxiliado por todos nós, fará vibrar no âmago das criaturas mais insensíveis os sentimentos mais puros e elevados.

Ele viverá no Brasil, a pátria de meu Evangelho, terra escolhida para a transformação mundial da humanidade, a partir do terceiro milênio. Junto com ele descerão, a princípio, trezentos e dezoito trabalhadores que o auxiliarão a transformar o mundo. Por diversas nações sua voz será ouvida, e esses, que descerem com o Grande Emissário, propagarão pelos quatro cantos do globo a palavra de Deus, sem aprisionamento a qualquer religião e sem envolvimento com partidos desta ou daquela linha política. O enviado de Deus procurará, em um primeiro momento, aliar os ensinamentos da religião Espírita com a religião Católica. Ele unirá a religião das verdades espirituais com a força da maior estrutura em meu nome na Terra. A sabedoria da Doutrina Espírita aliada à respeitabilidade da Igreja Católica, permitirá que conquistemos nosso objetivo maior: o engajamento do homem moderno à filosofia Divina.

Apesar de todas as religiões cristãs serem respeitáveis e possuírem todo o meu afeto e consideração, a Doutrina Espírita traz-nos conhecimentos espirituais atuais e a fé baseada no conhecimento, o que é muito importante para o momento em que vivemos. Os homens já atingiram uma maturidade intelectual que não permite mais conceitos abstratos como Céu e Inferno, eles necessitam de conhecimentos como os que estão sendo trazidos pelos instrutores espirituais, há mais de um século, através das obras espíritas. Além da Doutrina Espírita, precisamos reforçar a Igreja Católica por toda a imensa contribuição que ela trouxe à humanidade nestes dois mil anos. Através dela, minha Mãe Santíssima muito pode auxiliar o progresso evolutivo da humanidade. Quantas almas alcançaram o progresso espiritual graças ao amparo da Igreja Católica? Não podemos esquecer, também, a poderosa estrutura que o Catolicismo possui na Terra. Das religiões que seguem meu Evangelho é a que mais fiéis possui por todo o mundo. O enviado de Deus trabalhará motivando os fiéis dessas duas crenças, que a meu ver, são irmãs. E quando esta união estiver concretizada, todas as religiões cristãs, sinceras, se unirão por identidade de objetivos.

Espero, e tenho certeza que obterei de todos, a mais completa dedicação a este empreendimento espiritual, onde poderemos realizar maravilhas. Não nos esqueçamos, irmãos: A união faz a força. Sem a concentração geral de forças teremos muitas dificuldades, pois os pobres irmãos, ainda escravizados no mal, não descansarão. Eles tentarão prejudicar, incansavelmente, nossos planos.

E aqueles que forem eleitos para a Divina contribuição, lembrem-se: "O amor é a força maior da vida criada por Deus; lutemos sempre pela sua vitória, pois é através do amor que conquistamos a única e verdadeira glória."

Todos aguardavam impacientes o momento em que Jesus diria de quem ele estava falando. Quem seria o responsável por todo este grandioso trabalho. O Mestre, percebendo a ansiedade, não se fez de rogado, e disse:

— Eu percebo que todos querem conhecer o nosso irmão, que será o Grande Transformador...

Jesus estendeu as suas santas mãos para Gabriel, convidando-o a aproximar-se. O anjo, com lágrimas nos olhos, dirigiu-se até o Mestre.

— Gabriel — disse o Mestre — tu serás o enviado de Deus na Terra para abrir as portas para a Nova Era de paz e prosperidade deste mundo.

Toda a multidão, de mais de um milhão e quinhentos mil espíritos aplaudiu a iniciativa de Gabriel. Não tanto pelo ato em si, o que é uma rotina para espíritos de luz, mas pela iniciativa de reencarnar no perturbado astral da Terra. A crença religiosa tradicional acredita que a paixão de Cristo correspondeu ao período de sua morte. Mal sabem esses que assim acreditam, que aquele foi seu momento de glória e alegria, pois pôde retornar ao seu glorioso Reino. A sua verdadeira dor ocorreu no momento de sua encarnação no plano físico. Espírito liberto, há milênios, das reeencarnações transitórias, Jesus teve que empreender impressionante esforço para poder adaptar-se ao limitado corpo físico, que lhe serviu de instrumento durante trinta e três anos na Terra. O Mestre levou diversos anos para poder conseguir reduzir a sua vibração e assim poder adaptar-se ao corpo físico, que foi gerado em um ventre de perfeita ascendência genética, como era o de Maria. Gabriel, com certeza, teria também que passar por este doloroso processo de redução vibratória para poder reencarnar no desequilibrado plano físico.

Gabriel estava com os olhos marejados de lágrimas. A resposta, que tanto ele aguardava, havia sido positiva. Impressionei-me com o seu desprendimento e seu amor à humanidade. Ficar feliz por ter que reencarnar na Terra, um mundo primitivo e desequilibrado! Abrir mão do paraíso em que vive para ter que descer a um mundo hostil, onde a dor é uma rotina constante! Todos que estavam próximos de Gabriel o abraçavam, felicitando-o pelo belo projeto de que ele será o coordenador. Ethel, também deu um grande exemplo de amor e desprendimento; demonstrando o seu elevado nível espiritual, abraçou Gabriel e deu-lhe um beijo, colocando-se à sua disposição para doar-lhe todo auxílio de que necessitar. Anjos compreendem que a felicidade encontra-se em permitir àqueles a quem amamos a oportunidade de realizar seus objetivos, quando são sensatos, e não ficarmos nutrindo um sentimento egoísta, lamentando a separação.

Após os cumprimentos e solicitações para reencarnar junto com Gabriel nessa missão, Jesus solicitou a todos silêncio, para que fosse realizada uma oração de agradecimento a Deus pelo momento de confraternização que todos usufruíamos. O Governador do Mundo então tomou a palavra para si:

"Pai Querido,

Permite-nos agradecer por este momento de confraternização,

Que o empenho e a alegria, aqui presentes, sejam combustíveis suficientes para animar-nos a todos em busca das glórias que sabemos ser só Tuas,

Ilumina, Senhor, as nossas iniciativas para que os Teus Augustos desígnios sejam sempre alcançados,

Pedimos, também, meu Pai, que Tu nos abençoes para a realização do projeto, de que neste belo entardecer, tecemos os primeiros fios,

E que com o passar das décadas, possamos lembrar desta tarde como o prenúncio da Grande Transformação,

Que todos nós aqui presentes possamos sempre trabalhar para Tua Glória,

E Senhor, permite-nos elevar sempre o nosso coração de filho ao teu coração magnânimo de Pai, que está sempre ao nosso lado na caminhada."

Com os olhos fixos no céu límpido, Jesus orou a sua inesquecível súplica conhecida como "Pai Nosso".

"Pai Nosso que estás em todo o Universo, inclusive em nossos corações,

Santificado seja o Teu Sagrado Nome,

Venha a nós, teus filhos, que é o Teu Reino,

Seja feita sempre a Tua Augusta Vontade, pois Tu sabes melhor do que nós o que é melhor para o nosso futuro,

Dá-nos, Senhor, o pão do espírito, que é a conquista da vida imortal,

Perdoa os nossos erros, nossas ofensas, assim como devemos perdoar os deslizes de nossos irmãos despreparados para a luz,

E, meu Pai, não nos deixes cair em tentações e livra-nos de todo mal, porque são sempre Teus todo o Poder e toda Glória. Que Assim Seja."

Ao final da oração estávamos todos em êxtase completo. Jesus conseguiu iluminar toda a imensa multidão que estava ao redor do morro. Seus braços elevados aos Céus jorravam luzes de cores belíssimas e desconhecidas, segundo os padrões humanos. O perfume no ar, a musicalidade serena, que não sabíamos de onde vinha, envolvia-nos em um clima de profunda alegria. A brisa de final de tarde da cidade-luz, dava-nos uma sensação de paz e conforto. O sol, em tons róseos, descendo no horizonte, que podíamos ver melhor do alto do morro, permitia-nos uma cena indescritível.

Após a bênção coletiva, o meigo nazareno sentou-se em uma pequena pedra e começou a receber diversos irmãos que desejavam trocar breves palavras com o Messias. Longa fila formou-se. A grande maioria retirou-se, percebendo a insensatez de todos serem atendidos naquele momento, permitindo aos que tinham mais urgência, a dádiva de alguns momentos com Jesus. Um grande número de irmãos aproximou-se, também, de Gabriel. Muitos estavam surpresos com a iniciativa de Gabriel e desejavam participar do projeto, que diziam que seria infalível, pois estaria em mãos muito competentes. O que Gabriel agradecia envergonhado.

Enquanto Gabriel conversava com seus amigos, ficamos observando Jesus. Sentado na pequena rocha, atendia um a um, todos os componentes da imensa fila. Os irmãos solicitavam conselhos sobre problemas que deviam resolver em suas áreas de atuação. Via-se que eram grandes dirigentes do plano espiritual, alguns, até mesmo, responsáveis pela direção de grandes países. Desejavam eles definir rotas para orientarem seus subordinados no trabalho de redenção de suas comarcas.

Lembrei-me dos grandes dirigentes do mundo material. Todos engravatados e com pompas e mais pompas para a realização das mais corriqueiras atividades. Vendo Jesus sentado naquela pequena rocha, com sua túnica simples, mas imaculada, abençoando e orientando compreensivamente os seus subordinados que, de joelhos na grama, fitavam o Mestre com grande respeito e interesse por suas palavras, pensei: "como o poder na mão de espíritos primários torna-se ridículo!" Jesus, o Senhor da Terra, orientando espíritos de elevado nível espiritual, coordenadores de países e até mesmo de continentes inteiros, na maior simplicidade. Enquanto na Terra, miseráveis representantes do povo gastam recursos sagrados para o bem-estar de sua gente com festas nababescas, somente para ostentar uma posição da qual não são dignos.

Observamos por horas a atenção carinhosa de Jesus. Todos eram atendidos com a mesma atenção e interesse. O Mestre sabia o nome de todos, sem vacilar em nenhum, de todos que assistimos. Hermes disse-me que isto era natural, pois Jesus é o Espírito Governador da Terra, portanto ele é onipresente. Estando sempre conosco, ele nos conhece intimamente, até os nossos mais secretos pensamentos, logo, lembrar o nosso nome, para Ele, é como lembrarmos o nome de nosso melhor amigo.

Percebi a ilimitada capacidade de espíritos iluminados. Imaginem Jesus receber e coordenar em sua mente, simultaneamente, o apelo, as necessidades, as alegrias e toda sorte de sentimentos dos bilhões de espíritos que povoam a Terra! Às vezes, nos perdemos com dois ou três assuntos, imaginem com bilhões desses mesmos assuntos!

Reparávamos que, após os conselhos, Jesus colocava as mãos sobre a cabeça do irmão ajoelhado a seus pés, dizia algumas palavras e o irmão ficava completamente envolvido em luz. Logo após levantava-se, beijava o rosto do Mestre e retirava-se agradecido. Não vem ao caso narrarmos seus conselhos, pois eram assuntos extremamente complexos que só iriam cansar o leitor comum; mas que eram assuntos necessários aos dirigentes dos nossos governos, ah isso era!

Passaram-se diversas horas, a noite já ia alta. Estávamos provavelmente na sexta hora da noite, segundo os padrões do Império do Amor Universal, como explicamos anteriormente. Restavam poucos irmãos na fila. Gabriel estava ao lado de Jesus abraçado a Ethel, que sob a luz do luar me encantava com sua beleza.

Ao término da fila, Jesus convidou Ethel a se aproximar. A bela moça ajoelhou-se aos pés do Mestre. O Cristo perguntou-lhe:

— Como vais, minha menina?

— Muito feliz, Mestre. Ainda mais com a tua augusta presença junto a nós. E, também, com a autorização que deste a Gabriel para reencarnar. Sei que isto o fará muito feliz.

Naquele instante, Ethel deixou transparecer a tristeza pela transitória separação. Jesus, então, disse-lhe:

— Minha filha, não te preocupes. Tenho um interessante trabalho para ti, durante o período em que Gabriel ficará entre os encarnados. Aguarda-me, pois terás grandes alegrias com esta tarefa.

Ethel esboçou um sorriso de contentamento, mas não quis saber sobre os detalhes da tarefa naquele momento. Abaixou a cabeça para receber a bênção do Grande Irmão. Como eu estava mais próximo, agora, pude perceber as palavras que o Mestre sussurrava na hora da bênção: "O Amor de Deus é a luz que nos ilumina!"

Ethel agradeceu a atenção de Jesus e afastou-se. O Mestre chamou Gabriel, que, ajoelhando-se, direcionou seus lindos olhos verdes aos de Jesus. O Mestre sorriu e disse-lhe:

— Estás muito feliz, meu irmão!

— Sim, Mestre. Sabes o quanto desejo contribuir para a evolução deste mundo. Aguardava, apenas, a tua soberana autorização.

— Deverás preparar a tua equipe. Enquanto isto, Eu prepararei outros irmãos que deverão aproveitar a oportunidade e, indiretamente, auxiliar-te.

— Jesus, gostaria de pedir-lhe a autorização prévia para convidar dois irmãos em especial.
— Quais irmãos? — perguntou Jesus.
— Danúbio e Joachab.
Jesus esboçando expressivo sorriso, colocou as mãos sobre os ombros de Gabriel e disse-lhe:
— Como é grande este coração! Danúbio, para teres um grandioso auxiliar e, Joachab, para poderes auxiliá-lo a conquistar o ingresso para o terceiro milênio. Estou de pleno acordo.
— Sim, Mestre. Acredito que se Joachab cumprir plenamente o plano traçado para ele, conseguirá conquistar a pureza da alma necessária para evitar o exílio. Vi nos olhos dele a determinação para vencer, e quero apostar nele.
— Portanto seja feita a tua vontade. Agora, começa logo o complicado trabalho de preparação para o teu retorno ao mundo dos homens.
Colocando as mãos sobre a cabeça de Gabriel, Jesus repetiu as mesmas palavras que disse a todos, iluminando-o: "O Amor de Deus é a luz que nos ilumina!"
Gabriel, após a bênção, levantou-se e afastou-se de Jesus. Eu estava atento aos movimentos de Gabriel, quando o inesperado aconteceu! Jesus olhou-me nos olhos e solicitou a minha aproximação, como fez com todos os outros. Meu coração começou a bater alucinadamente. Perdi a capacidade de raciocínio, só pude mover-me mecanicamente até os pés do Mestre e ajoelhar-me. Com seus belos olhos nos meus, Jesus disse-me:
— Eu espero de ti, meu filho, todo o empenho e dedicação para evitar que as tuas fraquezas te dominem. Para ingressares nos arquivos do Infinito, e de lá extraíres estas informações, necessitas estar com a luz no coração. Lembra-te que este conjunto de palavras que estás a unir, através das bênçãos mediúnicas, são instrumentos pelo qual Deus ilumina seus filhos. Alegra-te, pois tu fazes parte do Grande Plano Divino de Redenção da Humanidade!
Nunca mais estas palavras sairão de meu precário espírito. Tudo parecia, naquele instante, um sonho que ultrapassou os limites da minha capacidade de sentir e dominar a situação em que eu estava envolvido. Eu estava nas nuvens, lágrimas abundantes corriam de meus olhos. Eu apenas conseguia guardar em meu coração as palavras que o Sublime Jesus dirigia à minha insignificante pessoa. Uma mistura de emoção, medo e ímpetos de gritar circundou-me a alma, deixando-me atônito!
Após as palavras que dirigiu a mim, o Cristo de Deus colocou suas abençoadas mãos sobre minha cabeça e efetuou o passe

energético. Envolvido em luz, eu ouvia, agora em outra dimensão, as palavras: "O Amor de Deus é a luz que nos ilumina!"

Fiquei de cabeça baixa desfrutando o banho de luz que eu estava recebendo. Jesus levantou-se e despediu-se de todos que ali estavam presentes. Levantei-me para contemplar o Sublime Instrutor, que havia me desconcertado com sua infinita misericórdia para com meu humilde espírito. Alguns momentos depois, Ele direcionou seu amoroso olhar a todos nós e disse:

— Até breve, irmãos. Fiquem com a Paz e com o Amor de Deus.

Após aquelas palavras, o Cristo se desmaterializou aos nossos olhos. Levemente, sua imagem foi ficando mais e mais sutil, transparente, até que se desfez por completo.

Recuperado do choque, eu corri até o irmão Hermes e perguntei:

— Mas como isto aconteceu? Eu não estou apenas assistindo a estas cenas?

Hermes, com os olhos rasos de lágrimas, disse-me, confuso:

— Roger, para Jesus nada é impossível!!

15.
Os preparativos para a descida

Por diversos anos, a equipe espiritual coordenada por Gabriel e Danúbio trabalhou, incansavelmente, para que todos os detalhes fossem minuciosamente analisados, com o objetivo de evitar que alguma falha viesse a ocorrer, no transcorrer da tarefa missionária de Gabriel entre os homens.

Diversos detalhes tiveram que ser previstos. Desde a preparação de seus futuros pais, no plano terreno, até aqueles que deveriam cruzar com o anjo no decorrer de sua Jornada Santa pelo mundo dos homens.

Os dedicados espíritos que foram designados para a tarefa de planejamento não permitiram passar um detalhe sequer, devido ao grande assédio que Gabriel viria a sofrer quando encarnado. No mundo espiritual, Gabriel era senhor de si, mas encarnado, estaria restrito à limitada capacidade daqueles que se encontram aprisionados no vaso físico, portanto, a equipe coordenadora analisou e previu, antecipadamente, todas as possíveis investidas que certamente ocorreriam, por parte dos espíritos das trevas, que tentariam o possível e o impossível para destruir o Grande Projeto.

Danúbio foi designado para ser o responsável direto pela tarefa de "inspirar" o anjo, para ele melhor realizar as maravilhas que marcariam a presença de Deus entre os homens, ou seja, Danúbio estava encarregado de ser o mentor espiritual de Gabriel. Marcus recebeu a sublime tarefa de reencarnar junto com Gabriel, para, desde a mais tenra infância, ser o amigo inseparável do anjo de Deus. Por todo o planeta, estavam reencarnados trezentos e dezoito espíritos de luz, que teriam a missão de propagar pelo mundo a luz que Gabriel receberia de Jesus.

Durante este período de preparação, Gabriel realizou pequena viagem até uma colônia astral, localizada na Argentina. Lá chegando, foi recebido com festa pelo responsável por aquela colônia de resgate a irmãos castelhanos desviados do caminho de Deus. Após a comovente recepção realizada por aqueles espíritos humildes, Gabriel solicitou a permissão para ir ao encontro de Joachab, que anos antes ele havia designado para aquela frente de trabalho na Argentina.

Descendo às regiões inferiores, onde Joachab, junto com outros irmãos, auxiliavam os recém desencarnados, Gabriel foi demonstrando sua luz e seu poder. Por onde passava, amenizava dores, através da pura vibração que irradiava de seu espírito.

Chegando à porta de um dos salões de atendimento da colônia Argentina, Gabriel viu ao fundo Joachab, atendendo a um irmão em coma espiritual, com total desvelo. Os demais trabalhadores, percebendo a presença do anjo, colocaram-se de joelhos. Ao ver a atitude dos colegas, Joachab percebeu a presença de Gabriel. Mancando, e ainda com o rosto desfigurado, Joachab aproximou-se do anjo. Sob a luz que irradiava do corpo de Gabriel, foi-nos possível ver melhor a situação espiritual de Joachab. Apesar da sua reforma interior, o irmão Joachab necessitava retornar à Terra, para lá, resgatar suas dívidas para com seus irmãos, que sofreram horrores no período em que se entregava ao mal. Diante do anjo, com os olhos demonstrando sua emoção, Joachab disse-lhe:

— Senti muito a tua falta, irmão. Em minhas orações, elevei, por diversas vezes, meu coração a ti, em gratidão a todo bem que me fizeste. Senti o teu retorno por inúmeras vezes. Eu percebi a tua luz consolando o meu pobre espírito! Não sei se suportaria sem teu amparo. E graças ao bom Deus, pude conquistar nesta colônia espiritual verdadeiros amigos, que estão me amparando para que eu consiga vencer a dor que ainda corrói minha alma, devido a todo mal que cometi.

Gabriel emocionado com aquelas palavras disse, então:

— Joachab, fico feliz com a tua melhora e com a tua perseverança no Bem. Isso me deixa muito contente, pois permite-me convidá-lo para uma grande tarefa, na qual, caso tenhas bom êxito, te aliviará todas as dores da alma e te devolverá a saúde do corpo espiritual. Venho a ti, como prometi há alguns anos atrás, para cobrar-te uma promessa. Lembro-me, como se fosse hoje, das tuas palavras naquele inesquecível dia: "Quando precisares de mim, estarei lá para servir-te como o mais humilde dos servos". Pois chegou a hora irmão, preciso de tua cooperação. Necessito que reencarnes comigo, para demonstrar aos homens, a força e o infinito amor de Deus. — Com os iluminados olhos fixos em Joachab, Gabriel então perguntou: — Aceitas o meu convite?

O pobre irmão, com a emoção à flor da pele, respondeu:

— Vieste aqui para cobrar-me uma dívida ou para presentear-me! Este teu pedido, para mim, é motivo para as maiores alegrias que jamais eu tive o prazer de usufruir. Pergunta-me se eu aceito? Pois te digo, como te disse naquele dia inesquecível para mim: "Acredita em mim. Batalharei com todas as forças do meu espírito para tornar-me um eleito e ficar na Terra". E acrescento mais, trabalharei buscando unicamente auxiliar-te a redimir nossos infelizes irmãos, que, como eu fiz um dia, entregam-se à ilusão da vida material, em detrimento do motivo de nosso viver, que é a glória espiritual.

Gabriel, com um vasto sorriso de contentamento no rosto, disse, então, a Joachab:

— Então, estamos acertados. Farás parte de minha equipe! Demonstrarás ao mundo que o amor é a força que transforma a dor em alegria. — E mudando a expressão de seu rosto, Gabriel continuou: — Mas... devo te alertar sobre as dificuldades para a tua reencarnação. O estado em que se encontra o teu corpo espiritual não te permitirá uma boa formação física. As diversas chagas, ainda alojadas na tua alma, resultarão em deformações genéticas no momento da formação do teu corpo físico. Tu reencarnarás com graves deficiências físicas, fruto de tua própria semeadura no passado. Estás pronto para beber deste cálice amargo?

Com um olhar abatido, reconhecendo as dificuldades que teria de enfrentar, Joachab falou, triste, mas convicto:

— Sim, eu sei que terei que colher o que plantei. A cada um será dado segundo suas obras, como disse Jesus. Mas hoje já estou consciente de que a única forma de restabelecer-me é esta. Reencarnarei defeituoso, para através do amor reconstruir minha alma, que hoje é a sombra do que foi há milênios, antes de entregar-me à estúpida seara do mal. Em tua homenagem, demonstrarei a todos que o amor sincero é capaz de vencer as dores mais atrozes. Transformarei o cálice amargo no mais puro elixir da vida!

Após esta última e cativante frase, que Joachab pronunciou com a voz embargada e com os olhos marejados de lágrimas, Gabriel abraçou-o, envolvendo-o em diamantina luz. Todos os colegas de trabalho de Joachab estavam, também, emocionados. Gabriel abençoou a todos e, antes de partir, comunicou ao dirigente da colônia de trabalho que estava levando consigo Joachab, para atender a importantes assuntos em nome de Jesus.

Chegando ao final do período de preparação, o Império do Amor Universal preparou uma grande festa de despedida, pois naquela tarde, a que agora nos reportamos, Gabriel iria iniciar o período crítico do processo de "redução vibratória", ou seja, deveria entrar em sua própria intimidade para começar o processo de redução de sua luz para habitar o precário organismo humano. Simbolicamente, poderíamos dizer que Gabriel, a partir deste momento, começaria a "recolher" suas asas de anjo para tornar-se um simples mortal. Esse é um processo doloroso e indescritível, que, para almas desse quilate, pode demorar diversos anos.

Antes do início dessa festividade, encontramos Gabriel em seus últimos momentos a sós com Danúbio. Seriam os seus últimos momentos, antes de sua reencarnação.

— Danúbio, meu irmão, conto plenamente com o teu apoio. Confesso-te, eu sinto um certo receio. As forças das trevas têm demonstrado um desejo desesperado de destruir a nossa iniciativa. Sei que temos as bênçãos e o beneplácito de Jesus, e que se estamos com Deus ninguém pode conosco, mas peço-te, Danúbio, que sejas o meu anjo protetor. Que estejas sempre comigo dando-me o calor e o conforto de tua presença, principalmente nos momentos mais difíceis e dolorosos. Apesar de um imenso número de irmãos terem sido designados para minha proteção, peço-te este favor.

O bondoso ancião, com seus longos cabelos brancos, disse-lhe:

— Confia em mim, Gabriel. Não permitirei que os trevosos prejudiquem estes sagrados planos, que são da vontade de Deus e de Jesus. Como tu mesmo disseste: "Se estamos com Deus, ninguém pode conosco".

Danúbio, então, esfregou a vasta cabeleira de Gabriel com ambas as mãos, trazendo um clima de descontração para a conversa. Após, os dois amigos abraçaram-se, demonstrando o grande afeto que os une. Danúbio, então, disse-lhe, com os olhos elevados ao céu azul, num tom profético:

— Tu realizarás maravilhas entre os homens. Embarcarás em um navio à deriva, e com tua marcante personalidade, colocarás a embarcação novamente no rumo, que é o caminho do Evangelho de Jesus. Tu retirarás o véu da ignorância espiritual, que cega o homem moderno. Com as tuas palavras e teus exemplos iluminarás a humanidade, ofertando-lhes uma sensação de paz e de amor, que, talvez, nunca tenham sentido. Enfrentarás, sim, os da esquerda do Cristo, que vão ridicularizar tuas palavras e procurarão ameaçar a Obra de Deus; serão, eles, tristes instrumentos dos espíritos das trevas. Mas, como diz o velho ditado: "Quando Deus quer, o homem não pode!" E Deus quer que este projeto obtenha êxito, portanto, tranqüiliza-te, meu irmão!

Gabriel agradeceu as palavras de otimismo de Danúbio com um significativo olhar. Ambos levantaram-se e seguiram para a região central do Império do Amor Universal, onde Gabriel despediu-se de todos os amigos e recebeu as últimas recomendações e manifestações de apoio.

Dentro de uma grande edificação, destinada a esses eventos, Gabriel falou a seus irmãos, agradecendo o apoio obtido e solicitando-lhes o amparo necessário para a parte mais difícil do trabalho, que seria a tarefa de colocar o que foi planejado em prática.

Abraçado a Ethel, Gabriel disse-lhes, com um vasto sorriso no rosto:

— Irmãos, é chegada a hora que tanto aguardamos. Trabalhamos anos a fio para que este momento pudesse ser concretizado. Com as bênçãos de Jesus, poderemos empreender o maravilhoso esforço de levar a luz de Deus aos pobres irmãos que vivem escravizados pelas trevas da ignorância espiritual. Agradeço-vos, desde já, por todo o apoio que certamente obterei, enquanto estiver encarcerado no corpo físico. Este agradecimento, estendo aos irmãos que reeencarnarão, também, para a glória deste trabalho divino; e aos que já reencarnaram, que neste momento, já vivem entre os homens o período da infância no plano físico. Que eles recebam a mesma proteção e o mesmo amparo que eu receberei nos primeiros anos de minha vida física, quando estamos mais vulneráveis. Que os pais dessas pequenas crianças iluminadas não esqueçam, também, de sua sagrada responsabilidade de amparo a essas novas vidas.

Com os olhos em Marcus, que estava abraçado a Marianna, entre os que ouviam as palavras de Gabriel, o anjo disse:

— Eu contarei com a presença amiga de meu grande irmão Marcus, quando estiver entre os homens. Marcus será o meu inesquecível companheiro; junto a ele, poderei confidenciar os anseios de minh'alma. Encontrarei em Marcus um colega para a realização dos primeiros projetos. Quando todos repudiarem minhas iniciativas, sei que poderei contar com este valoroso amigo, que jamais abandonará a tarefa a que ora nos entregamos!

Mudando o tom de voz e com o semblante demonstrando preocupação, Gabriel continuou abençoando a todos com sua imaculada palavra:

— Nós teremos dificuldades para viver em um mundo que ainda vibra nas freqüências da vida animal. Os que vivem na carne, com raras exceções, só buscam atender a seus interesses imediatos; estão distanciados de Deus; quando O buscam, o fazem somente para obter a cura de alguma doença do corpo, e não para a cura da alma. Para vivermos realmente com Deus, devemos nos libertar dos vícios de conduta. Não basta alegarmos que acreditamos em Deus. Se a maledicência é nossa companheira diária, se o ódio povoa o nosso coração e se cultivamos vícios degradantes, isto significa que estamos mentindo para nós mesmos. Quando formos abrir os olhos destes, receberemos cruéis investidas, como a de um cachorro dócil, que quando retirado o seu osso, torna-se uma fera incontrolável. Por isto, irmãos, peço o apoio de todos vocês, para que sustentem a mim, a Marcus e a todos os outros que descerão ao plano físico para a realização do Grande Projeto.

O salão, de proporções faraônicas, lotado com centenas de irmãos, ouvia em completo silêncio as palavras do ilustre orador. Todos reconheciam nele a verdadeira expressão do amor e da esperança. As dificuldades seriam imensas, mas Gabriel demonstrava-se pronto para todas elas, com fé em Deus e em Jesus.

O anjo brilhava por todo o seu ser, durante aquelas palavras. Podíamos perceber o quanto era importante para ele o êxito daquela missão. Olhando para ele, observei sua beleza interior; o que ia em sua alma. Fitando seus olhos, pude ver a sinceridade e o desejo de participar na obra de Deus; em seus gestos, viam-se mãos dedicadas e decididas para auxiliar na redenção da humanidade. Espírito liberto dos tormentos das vidas físicas, Gabriel cedia espaço em seu coração para preocupar-se, única e exclusivamente, com a dor alheia. Durante sua vida humana, que em breve estaremos narrando, poderemos observar sua atitude e suas palavras: "Não temos tempo para termos problemas, Marcus, nós temos que ter soluções para este imenso número de sofredores que batem à nossa porta".

Gabriel olhava para todos, como o viajante que em breves momentos, embarcaria para uma longa viagem. Com Ethel recostada a seu peito, Gabriel teceu suas últimas considerações:

— O trabalho, irmãos, não me assusta. O que me causa aflição é saber que passaremos longos anos distanciados. Não terei mais estes momentos de agradável confraternização, por longos anos. — Olhando pelas imensas janelas do grande salão, que permitia ver os extensos jardins floridos do Império do Amor Universal, o anjo continuou: — E esta bela cidade que me acolhe com sua infinita hospitalidade; quantas saudades sentirei de tudo e de todos? Apesar de poder me deslocar durante o sono físico para cá, sei que não será a mesma coisa, devido às limitações que a ligação com o corpo físico impõem.

Para não entristecer seus irmãos, no momento da inevitável separação, Gabriel mudou o tom de suas palavras e disse, alegremente:

— Mas sei que todos vocês estarão sempre comigo, através do pensamento e do coração. "O espírito sopra onde quer", como diria o Mestre, portanto estaremos sempre unidos pelos laços do coração. E para encerrar, gostaria que todos me acompanhassem nesta súplica.

Todos ajoelharam-se diante de Gabriel. Ethel, que estava ao seu lado, ajoelhou-se ao lado de seu amado e ficou segurando sua mão, colocando-a de encontro a seu adorado rosto. Enquanto o anjo de Deus, iluminado, elevou a seguinte prece:

"Senhor, é chegado o momento de eu entrar em cena, no teatro da vida física,

Como divino ator, devo interpretar o sol que vive em meu coração, que é o Cristo,

Portanto, Senhor, peço-te a inspiração necessária para poder ser digno de representar, no mundo físico, a Glória do Espetáculo maior que é o Amor, base da vida criada por Deus,

Que nos momentos mais delicados desta divina peça, possa eu brilhar, para a glória do Grande Diretor, que está nos Céus,

Que não me falte, jamais, a luz divina, que nos torna, por breves momentos, o centro das atenções,

Que nestes momentos eu possa falar ao mundo o que diriam os lábios divinos,

Que possa ser eu um instrumento para propagar na Terra a Voz de Deus. Que Assim Seja".

Luz, somente luz por todo o ambiente. Gabriel abraçava a todos em uma última despedida. A extensa fila de amigos formou-se para, em lágrimas, beijar e abraçar o abençoado amigo. Figuras belíssimas aproximavam-se e, emotivas, abraçavam o anjo de Deus. Fiquei nas nuvens; espíritos de luz por todo o amplo salão e, ainda, emocionados, terminaram por gerar uma energia incrível. Sentia-me flutuando na paz de Deus. O irmão Hermes, sempre sorrindo, e divertindo-se com as minhas emoções, que também eram suas, disse-me:

— Vê só, meu querido irmão. Que bela despedida! Pura de sentimentos e intenções. Agora eu te pergunto: Qual a diferença entre esta despedida, de um espírito que irá nascer no mundo físico, para a despedida de um irmão que está abandonando o mundo físico, ou seja, a morte dos encarnados? — O próprio mentor respondeu: — Nenhuma diferença. Os encarnados, ainda aprisionados à incredulidade, não conseguem perceber que a vida é imortal e que aquele que "morre" para eles, renasce para o mundo espiritual, como aqui está acontecendo. Segundo a visão dos encarnados, ignorantes da vida espiritual, Gabriel está neste momento morrendo no plano espiritual, para renascer no plano material. Infelizmente, os irmãos encarnados, que desconhecem a realidade espiritual, se desesperam ante a morte do corpo físico, esquecendo-se de que o espírito é imortal e que aquele parente ou amigo que tanto amam está partindo para uma nova vida, que poderá ser mais feliz, ou não, tudo dependendo do que fez de sua vida durante os diversos anos da experiência física.

Devemos sentir saudades — continuou o sábio mentor — mas devemos lembrar que o desespero, a revolta e a não aceitação da morte do companheiro irá trazer fortes perturbações ao irmão que partiu para novas experiências da vida imortal. Alguns irmãos, ao retornarem para cá, são recebidos com grande festa, como irmãos que retornam de longa viagem. Mas a sua felicidade não é completa, porque os que ficam terminam tendo atitudes deprimentes que angustiam o irmão que acaba de falecer. A atitude dos que ficam deve ser sempre de respeito e gratidão pelos bons momentos que viveram juntos. Devem sentir uma saudade positiva, sem o egoísmo de ficar desejando que o companheiro não tivesse partido, ou então, em pensamento, ficar lamentando que foi abandonado na vida pelo companheiro que partiu. Devemos desejar ao falecido (para os encarnados), toda a felicidade e paz do mundo na nova jornada, que desejamos seja coroada de êxito. E devemos, também, ficar na certeza do breve reencontro, quando chegar o momento em que Jesus nos chamará para o regresso à pátria maior, a pátria espiritual.

Sim, realmente, pensei. Quanta tristeza e quanto sofrimento nos velórios. Todos de preto, uma cor triste e infeliz, os parentes e amigos sisudos dizendo: "Coitado, era um bom homem". Coitado, por quê? Muitas vezes, eles estão muito melhor do que nós neste triste mundo em que vivemos, que só oferece "alegrias ilusórias" àqueles que pisam na cabeça de seus semelhantes, àqueles que vivem ricamente às custas de uma imensa maioria que morre de fome ante a indiferença de "seus irmãos". Os que tiveram o privilégio de retornar ao mundo espiritual, com uma vida de êxito no campo do amor ao próximo, estão muito melhores do que nós, que ainda estamos nadando contra a maré, para vencer os obstáculos da vida. Já não podemos dizer o mesmo daqueles que não seguem o Evangelho de Jesus; estes, quando falecerem, provavelmente merecerão esta frase: "Coitado, era um "bom" homem." Muitas surpresas o esperam às portas do sepulcro, como vimos no Império dos Dragões do Mal.

Após a imensa fila de despedidas, Gabriel e Ethel retiraram-se "à francesa", para se despedirem a sós, como sempre fazem as almas enamoradas. Correram, de mãos dadas, pelos imensos parques da paradisíaca cidade-luz. Eles brincaram e conversaram por horas. Ethel vivia intensamente aqueles minutos, pois imaginava serem os últimos por um longo tempo, mas a bela moça esquecia-se de que o amor realiza milagres e que a vida nos prepara agradáveis surpresas!

Depois de horas de agradável convivência, o casal partiu para a bela cascata, às margens do Grande Lago. Lá sentaram-se à beira da piscina natural, onde a cascata despejava a água cristalina.

Deitada no colo de Gabriel, Ethel olhava fixamente para os olhos do anjo, que estavam fixos nos seus. A menina acariciava o belo rosto do anjo com suas delicadas mãos. Eles passaram longos minutos apenas se namorando com o olhar. Eu e o irmão Hermes estávamos agachados, brincando com algumas gramíneas da relva aos nossos pés. Respeitávamos o momento íntimo dos dois.

Algum tempo depois, percebemos que o casal conversava. Tivemos que nos aproximar para enriquecer esta narração com a fala dos anjos em momento de amor divino. Algumas pessoas acreditam que a angelitude é sinônimo de seriedade e contemplação. Como pudemos ver, até este momento, a angelitude é sinônimo de alegria e de amor sublime. Almas gêmeas, existem aos milhares na vida criada por Deus, basta que encontremos a nossa, assim como Gabriel e Ethel se encontraram.

— Meu amor — disse-lhe Ethel — às vezes sinto que já alcancei o máximo de felicidade que o amor pode nos ofertar, mas logo após, sinto este sentimento mais forte ainda do que jamais poderia imaginar, como acontece agora. Eu fico pensando: não existem limites para o espírito. Quando acreditamos ter chegado ao pico do monte, vemos que ainda temos mais a conquistar. E o belo disto tudo é que mesmo não tendo chegado ao cume da escalada, sentimos a mais plena felicidade e o mais agradável bem-estar.

Gabriel, acariciando os cabelos de Ethel, apenas concordava com um sorriso ou com um olhar mais significativo. Enquanto Ethel prosseguia:

— Às vezes, fico pensando nos que ainda se encontram nas lutas reencarnatórias no mundo material da Terra. Eles buscam desesperadamente o amor quando estão na adolescência da vida. Encontram um companheiro que julgam ser o seu príncipe encantado, ou sua princesa encantada, mas esquecem que o amor verdadeiro não é um conto de fadas, onde basta apenas viver o momento transitório da paixão. O amor verdadeiro exige renúncia, perdão, compreensão e tolerância; ainda mais no caso de espíritos que estão na Terra para resgatar dívidas de vidas passadas. Infelizmente, muitas almas que se consorciam, através do matrimônio, esquecem-se de que são almas em débito para com as Leis Divinas. Ao primeiro desentendimento, separam-se, desprezando a oportunidade de crescimento que somente a vida a dois pode oferecer.

— Sim, Ethel, o espírito para alcançar sua evolução espiritual, deve primeiramente alcançar a paz e a harmonia com aqueles que Deus colocou em seu caminho. E isso é que muito me entristece. Vemos atualmente, na humanidade, uma tendência a filosofias baratas, onde prega-se que a busca exclusiva do prazer próprio é a base da felicidade. Esquecem-se, estes falsos filósofos, que a nossa felicidade é como um espelho, encontra-se na felicidade daqueles que convivem conosco. Jamais encontraremos a felicidade sem proporcioná-la àqueles que caminham conosco. Através de uma análise apurada do Evangelho de Jesus, podemos encontrar todas estas fórmulas imortais de bem-viver. Bastaria que os encarnados dedicassem sua atenção, sinceramente, aos sublimes ensinamentos do Messias.

Olhando para a cascata, que despejava um elegante volume de água, que após escorria pelas grandes pedras, até encontrar a superfície da piscina, Gabriel meditativo disse:

— Este é o motivo pelo qual Jesus pediu-me uma atenção especial para com a Doutrina Espírita. Nela encontramos explicações maravilhosas sobre os ensinamentos de Jesus. Realmente, a comunicação dos espíritos propicia um grande auxílio na educação dos encarnados. É uma pena que poucas pessoas tenham o hábito da leitura! Preferem, em geral, cultivar atitudes ociosas e viciantes, ao invés de dedicar alguns minutos de seu dia para uma ligação com Deus e Jesus, através de abençoadas páginas de luz, como as que são recebidas por Chico Xavier e outros médiuns respeitáveis. O Brasil é realmente uma terra abençoada por Deus, mas o povo não sabe aproveitar essas bênçãos. Muitos utilizam esta frase: "O Brasil é uma terra abençoada por Deus", mas não valorizam estas bênçãos naturais, com uma vida digna e honesta, e terminam por ingressar em zonas inferiores, como as cidades astrais que costumeiramente auxiliamos.

— É verdade, Gabriel. Mas agora tu irás mudar isso. Tu descerás à faixa inferior dos encarnados e levarás contigo a luz de Deus.

— Tens razão, meu amor. Devo partir!

— Eu sei — disse-lhe Ethel, com uma firmeza que não possuía.

— Não ficarás triste, com a minha partida?

— Eu estarei sempre contigo, ao lado de Danúbio, te inspirando a todos os momentos. E, também, tenho consciência da imensa importância desta tua encarnação no mundo físico. Eu fico muito orgulhosa de ser uma fiel assessora da "luz do mundo" nos próximos anos.

— Não só uma fiel assessora, mas a dona do seu coração — disse-lhe Gabriel, levantando-a e passando suas mãos pelos sedosos cabelos louros da linda mulher.

Ambos de pé, Ethel abraçou o anjo de Deus. E não conseguiu evitar que uma lágrima escapulisse de seus lindos olhos azuis. Escondendo o rosto no peito de Gabriel, Ethel enxugou a lágrima na túnica do anjo, disfarçando com um carinho com a cabeça em seu peito. Gabriel percebeu a lágrima, mas não demonstrou.

O anjo de Deus elevou o queixo de sua amada com a sua iluminada mão, fixou seus olhos nos dela, e disse-lhe:

— A cada dia que vivo, sinto-me mais feliz. E tu fazes parte desta felicidade. A cada gesto que realizas, o teu andar, a forma com que ajeitas os cabelos, — Ethel estava com uma linda tiara de flores — a forma como me olhas, o tom de tua voz, as tuas sábias palavras, o modo como tratas a todos os enfermos que caem em teus braços, tudo, a cada dia, faz-me amar-te cada vez mais, e com mais intensidade. A evolução do sentimento é infinita, como tu mesmo disseste, sinto que a cada dia vibro com uma forma mais plena de amar à humanidade inteira, e a ti especialmente. Quando transformo as situações com o poder, que sei que é de Deus e não meu, é porque o amor que sinto por ti move meu coração para as grandes realizações. E tenho certeza da nossa vitória no mundo físico, porque o teu amor está impregnado por todo o meu ser. Tu vives dentro de mim assim como eu vivo dentro de ti!

Ethel não conseguiu mais se conter, seus belos olhos azuis derramaram grossas lágrimas, enquanto seu rosto sorria de alegria. Gabriel, então, aproximou seu rosto ao dela, e ofertou-lhe um amoroso beijo nos lábios.

Uma forte luz projetava-se do coração de ambos. Com certeza, a mais pura manifestação do amor possível na Terra. Os pássaros, empoleirados sobre as árvores daquele paraíso, começaram a cantar com mais entusiasmo. Antes ouvíamos apenas "pius" isolados. Agora estávamos assistindo a um concerto musical realizado pela própria natureza.

Após o beijo, que durou por volta de um minuto, o casal ficou abraçado, apenas sentindo a vibração de luz que eles próprios geraram. E ficaram, também, apreciando o cântico de gratidão executado pelos pássaros.

Passados alguns minutos, os pássaros cessaram a algazarra. Gabriel afastou-se um passo de Ethel, segurando suas mãos, e disse-lhe:

— Agora devo partir...
— Tu me amas? — perguntou Ethel, impulsivamente.
— Te amo muito — respondeu o anjo.
— De que tamanho é o teu amor por mim?

Desmaterializando-se para iniciar o processo de ingresso no plano físico, Gabriel respondeu, ao longe, com os olhos brilhantes, como se fossem as mais belas esmeraldas que o mundo já viu:

— Te amo do tamanho do Oceano!

Mais alguns segundos e Gabriel desapareceu, ficando no ar somente o seu perfume e a sua envolvente luz, que leva-nos aos mais impressionantes estados da alma.

Ethel, sozinha agora, naquele recanto deslumbrante da natureza, ajoelhou-se ao chão, e chorando serenamente disse:

— Meu Deus, acompanhe e ilumine Gabriel, para que ele se torne a luz do mundo entre os homens!

O sol estava se pondo no horizonte. Gabriel por algumas décadas não iluminaria mais aquela cidade, mas estaria fazendo isso em outros sítios... Os pássaros continuavam cantando alegremente, prenunciando, quem sabe, a chegada de uma Nova Era de paz e de felicidade para o mundo físico.

16.
A chegada de um anjo

Vários anos se passaram desde aquela tarde. Ethel, para acostumar-se com a separação de Gabriel, dedicava-se ininterruptamente às atividades do hospital do Império do Amor Universal, tanto na cidade-luz, como nas zonas de trevas. Na companhia de Lívia, Ethel encontrou uma forma de suprir a saudade tão natural, mas que, quando torna-se ociosa, pode prejudicar a paz e o progresso, tanto individual, como da coletividade envolvida.

As atividades no plano espiritual cresciam alucinadamente. Estávamos no décimo ano do início do período do "Final dos Tempos", período este que abrangerá cem anos do calendário humano. A humanidade, entorpecida, estava vivenciando a época conhecida, no além, como o período da revolução sexual. Há algumas décadas atrás, já havíamos sentido o presságio do início do período profético, através da insanidade nazista.[1]

As equipes socorristas trabalhavam continuamente para resgatar os pobres irmãos, cada vez mais endividados. Muitos socorristas estavam impressionados com tanto desequilíbrio e tanta insanidade. Alguns receavam o desencadeamento de uma guerra nuclear, haja vista o trabalho incessante dos espíritos trevosos sobre as mentes despreparadas dos dirigentes mundiais. Graças à magnânima intervenção de Jesus, através de reencarnações estratégicas, pôde-se evitar o pior.

Ethel aguardava apenas a reencarnação de Gabriel para poder auxiliá-lo, através da inspiração e da mediunidade. Quan-

---

[1] Nota do Médium: O período profético, ou plano de exílio, compreende um período de cem anos do calendário terrestre, onde ocorrerão as transformações que confirmarão as profecias cristãs da separação do joio e do trigo, da separação dos da esquerda e dos da direita do Cristo e da separação dos lobos e dos cordeiros. Os mentores espirituais nos informam que este período de cem anos estará inserido entre os anos de 1900 a 2100. Acredito, particularmente, através de sutis informações obtidas com estes mentores, que este intervalo de cem anos compreenderá o período entre os anos de 1975 e 2075.

do num certo dia, Ethel, trabalhando no posto de atendimento das zonas inferiores, recebeu um comunicado de Glaucus, do Império do Amor Universal, convocando-a para apresentar-se à cidade, naquele mesmo recanto onde ela e Gabriel se despediram há alguns anos.

Imediatamente, a bela moça volitou até o recanto paradisíaco. Lá chegando, de imediato percebeu que o ambiente estava extremamente iluminado e agradável. Aterrissando, entendeu o motivo de tanta luz. Jesus a esperava, sentado na mesma rocha em que ela e Gabriel costumavam ficar, por horas e horas, trocando confidências.

Estranhando o improvisado encontro com Jesus, Ethel ajoelhou-se, preocupada. A linda menina beijou a mão do Mestre e perguntou-lhe:

— Senhor, estamos com algum problema quanto à futura reencarnação de Gabriel?

— Acalma-te, minha filha — respondeu o Senhor. — Tudo corre conforme nossos planos. Agora, senta-te aqui, ao meu lado.

Ethel atendeu ao pedido do Governador Espiritual da Terra, e dirigiu-lhe um olhar apreensivo, aguardando suas palavras.

— Ethel, quando estávamos estudando a reencarnação de Gabriel, antes dele começar o processo de redução, concluímos que ele estava num estágio de evolução muito além dos limites do corpo físico comum. Portanto, eu e Danúbio, previmos uma existência física de no máximo quarenta anos para Gabriel. Espírito com um grande poder mental, certamente, ele exigirá demais dos intrincados mecanismos cerebrais, levando-o a um desgaste prematuro de sua própria mente. Assim como aconteceu comigo, provavelmente, ele suará sangue nos seus últimos anos de vida, comprovando a impossibilidade de manter-se vivo por mais tempo. Logo após, ele deverá ser "desligado" do plano físico, assim como o piloto deve abandonar o avião por este não ter mais condição de manter-se no ar.

A bela moça ouvia aquelas palavras com serena preocupação, como todos aqueles que conhecem a perfeição divina. Ethel sabia que este era um sério problema, mas que seria facilmente contornado pelo Divino Jesus. A moça, então, perguntou:

— Por que Gabriel não foi avisado sobre esse detalhe? Existe algum motivo específico?

— Sim, Ethel — respondeu Jesus. — Evitamos falar sobre este assunto com Gabriel, para evitar que ele se desconcentrasse de sua missão com assuntos que fugiriam de sua alçada.

Da mesma forma que eu, Gabriel realizará a base da missão, deixando sua propagação para as centenas de irmãos que estão reencarnando junto com ele e, mais especificamente, a uma irmã que diretamente conduzirá a continuidade de seu trabalho. Esta irmã concretizará no plano material o trabalho iniciado por Gabriel, sobre a sua própria inspiração. Retornando ao nosso mundo, ele, junto com Danúbio, intuirá a eleita para a conclusão dos planos traçados.

— E quem será a escolhida para concluir a obra de Gabriel? — perguntou Ethel, com um brilho no olhar, percebendo de antemão os planos de Jesus.

— Tu és a eleita, minha irmã! Reencarnarás em breves anos; tu acompanharás Gabriel, lado a lado, em sua caminhada e, após sua morte, assumirás o comando do Grande Projeto no plano material, para concluí-lo definitivamente.

Ethel pulou nos braços de Jesus e deu-lhe um afetuoso abraço, dizendo-lhe:

— Obrigada Senhor, era tudo o que eu desejava. Poderei ajudar Gabriel mais diretamente e, ao mesmo tempo, estarei sempre ao seu lado. Muito obrigada, Jesus.

O amorável Mestre envolveu-a em sua luz e disse-lhe:

— Agora devo ir, minha filha. Danúbio já está a par de todos os preparativos necessários para a tua reencarnação, que deve ocorrer, também, em breves anos. Necessitarás de um período menor do que Gabriel para a devida preparação, portanto, será pequena a diferença de idade entre ambos. Fica, minha filha, com Deus, e não esqueças da incrível responsabilidade que tens em tuas mãos. Confio em ti, pois sei que só um amor como o que tu tens por Gabriel e pela humanidade, pode ter a força suficiente para as realizações que deverão ser concretizadas. Estarei sempre contigo e com Gabriel. Em breve, nos encontraremos novamente através dos caminhos do coração e da mente. Que Deus te ilumine o caminho!

Ethel só pode dizer — Até breve — enquanto Jesus se desmaterializava ante a seus olhos.

Após aquela notícia do Mestre, a menina saiu correndo pelos extensos gramados do Império do Amor Universal, gritando de felicidade, agradecendo a Deus e brincando com os animais da cidade. A tarde ensolarada abençoava a alegria de Ethel, os animais amistosos da cidade-luz, percebendo a alegria da moça, aproximaram-se e ofertaram-lhe a cabeça para o devido carinho de que todos nós necessitamos. Ethel, em um grande transporte de amor, abraçou um pequeno cabrito, como se fosse uma criança. Esquilos desceram das árvores, junto com os belos pássaros, que pousavam nos ombros da ilumina-

da moça, que em alguns anos, seria, também, a luz do mundo.
Os habitantes da cidade-luz não entendiam o que estava acontecendo com Ethel. Edgar, um antigo amigo da moça, vendo-a naquele êxtase perguntou:
— Ethel, endoideceste?
— Oi Edgar. Não dizem que de médico e louco, todo mundo tem um pouco?
— Entendo o que tu queres dizer. Como posso julgar tua atitude, se nem imagino o que vai em teu coração? Mas, provavelmente, deve ser algo muito bom, para estares, assim, tão alegre.
— Jesus designou-me para reencarnar junto com meu amor querido! — disse Ethel.
Ante a surpresa dos que ali estavam, Ethel correu até o hospital da grande cidade, onde certamente encontraria Danúbio. Este a recebeu com largo sorriso de satisfação. E disse-lhe:
— Calma, minha querida, estamos planejando tudo. E tenho uma surpresa para ti. Não irás sozinha.
Percebendo o olhar de interrogação de Ethel, Danúbio indicou com um gesto, Marianna, que o estava auxiliando nas atividades do hospital. A moça sorriu-lhes e disse, travessa:
— Tu achas que eu deixaria a senhora ir sozinha ao encontro de Gabriel e Marcus? Não senhora, quero ir também!
Os três riram, divertidos com a brincadeira de Marianna. Ethel era a própria expressão da felicidade; além de poder ficar ao lado de Gabriel, teria, também, a companhia de Marianna, sua melhor amiga. Em poucos dias, estavam todos realizando os preparativos para a reencarnação das duas amigas.
Os anos continuaram a passar, céleres. Dezesseis anos após o início do período de final dos tempos, nasce, então, Gabriel. Vamos encontrá-lo em uma maternidade de uma cidade de médio porte do interior do Brasil.
Lá estava Francisco, seu pai, andando de um lado a outro na sala de espera. Na sala reservada ao trabalho de parto estava sua mãe, Ana Maria. No semblante da jovem mulher podíamos perceber a nobreza de seu caráter; já quanto ao pai, percebíamos a praticidade dos homens distanciados da filosofia espiritual, mas que são retos e dignos na condução de suas vidas.
Às seis horas da manhã, junto com o sol, nasceu aquele que iria iluminar o mundo. No momento em que retirava o menino do ventre de sua mãe, a médica ficou extasiada com a luz que irradiava de toda a criança. Logo após vimos a responsável pelo parto conversando com uma das enfermeiras, enquanto lavavam as mãos, após retirarem as luvas utilizadas

na tarefa médica.

— Carmem, que coisa interessante! Este menino que acabou de nascer, eu o vi todo envolvido em luz, quando tirei-o do ventre da mãe. Naquele mesmo instante lembrei-me do menino Jesus, todo iluminado. O que será isto que vi?

— Foste abençoada, minha amiga. Sabes que sou Espírita, por isso posso falar com conhecimento de causa. Com certeza esta é uma criança iluminada que está nascendo para mudar o mundo. O pequenino é um dos muitos enviados para auxiliar-nos em nossa evolução. Esta é uma prova da infinita misericórdia de Deus, que nunca nos desampara.

A médica impressionada perguntou: — Mas eu nunca vi nada assim. Aquela luz belíssima, como pode ser isso?

— Todos nós temos o dom da mediunidade, Flávia; provavelmente tiveste um momento de visão astral, que te permitiu ver as maravilhas do mundo espiritual. Nós, encarnados, às vezes somos abençoados com esses belos momentos.

Interessada no pequeno menino, a médica convidou a enfermeira para irem até o berçário, e lá admirarem o enviado de Jesus. Lá chegando, Flávia disse não estar mais percebendo a luz que vira antes, mas estava magnetizada pela beleza natural do menino. E disse à enfermeira:

— Será que eu não tive uma alucinação, ou sei lá o que?

— Flávia, não estás reconhecendo nele um anjo? Tu acabas de dizer que estás magnetizada pelo menino. Vê só! Não consegues largá-lo um minuto!

— Mas ele é muito bonitinho! Sinto que ele me passa tanta paz e felicidade. Esta criança deve ser mesmo um anjo!

— Ouve minhas palavras. Acompanha os passos deste menino e verás que tenho razão; em alguns anos ele estará espantando a todos com o seu caráter angelical.

Sábias palavras, pensei. O irmão Hermes, captando meus pensamentos, convidou-me a observar Danúbio, que estava ali iniciando suas atividades como orientador de Gabriel. Estava, ele, ligado à enfermeira espírita, intuindo-a para que ela efetuasse aquelas profecias. Pensei: "Realmente nós somos governados pelos espíritos a todo momento. Basta saber com quais irmãos estamos ligados; os irmãos de luz, que nos trazem a paz e o discernimento para que encontremos a felicidade; ou os irmãos perturbados, que arrastam-nos para os caminhos tristes em que vivem. Como saber quem nos acompanha? Basta analisarmos a nossa própria conduta de vida. Existe um ditado que diz: "Dize-me com quem andas, que te tirei quem és". Aqui o analisamos de outra forma: "Dize-me quem és, e te direi com quem andas".

Com o menino nos braços as duas amigas se dirigiram

até o quarto, onde a mãe repousava. A médica Flávia parecia uma criança apresentando o menino a todas as pessoas que via pelos corredores da maternidade. "Olhem só, é um anjinho de Deus !" dizia ela a todos.

Chegando ao quarto, o menino foi entregue à mãe. As duas trabalhadoras da área médica, então, perguntaram pelo nome do menino. Ana Maria e Francisco já haviam pensado em vários nomes, mas ainda estavam indecisos. Por certo, aguardavam o auxílio de Danúbio, que colocando a mão direita na testa de Ana, disse-lhe, sussurrando: — Gabriel, eis o nome! Gabriel, aquele que possui a força de Deus!

No mesmo instante, Ana repetiu as palavras de Danúbio:

— Gabriel, eis o nome! Gabriel, aquele que possui a força de Deus!

— Lindo nome! — disse Carmem.

Francisco apenas esboçava o sorriso bobo de um pai de primeira viagem. Ele estava completamente deslumbrado com a beleza e o encanto que Gabriel causava em todos. Ana Maria era a própria personificação da felicidade. O anjo de Deus nascia para trazer a luz ao mundo e já começava seus primeiros passos iluminando a própria família, que o recebia amorosamente.

No mesmo ano, nasceu Marcus, que recebeu o nome de Marco Antônio, devido aos pais não terem "ouvido bem" a intuição de Danúbio e dos espíritos guardiões do jovem Marcus. Marianna, que nasceu dois anos após, recebeu exatamente o mesmo nome, mas sem o "n" duplo.

A bela Ethel nasceu três anos após Gabriel ter chegado ao mundo. A linda menina encantou os pais, que já haviam escolhido o nome que dariam a ela: Carolina. Danúbio tentou intuí-los, também, mas estavam decididos a batizá-la com o nome Carolina. Tanto insistiu Danúbio, que em determinado momento a mãe de Ethel disse:

— Que coisa impressionante, Augusto, não me sai o nome "Ethel" da cabeça.

— Mas é um nome tão diferente, meu amor. Tu desejas colocá-lo em nossa filha?

— Não sei. O que tu achas?

— Façamos assim. Carolina como primeiro nome e Ethel como segundo.

— Carolina Ethel de Moura Brandão, belo nome. De acordo, meu bem.

Visitamos todos os quatro recém-nascidos e outros dos trezentos e dezoito que reencarnaram pelo mundo nessa missão. Em todos os casos observamos o cuidado e o desvelo na proteção dos pequenos anjinhos. Diversos guardas espirituais ficavam nas portas dos quartos, evitando que espíritos e pessoas não autorizadas entrassem nos quartos designados para o repouso dos bebês. Quanto a Gabriel, o cuidado era extremo; diversos espíritos revezavam-se para evitar um possível ataque das sombras. Eram verdadeiros anjos da guarda, sem as fictícias asas que a fantasia humana sempre imagina, mas com amor e dedicação ao trabalho.

Todos nós, encarnados, temos nossos anjos da guarda. São geralmente espíritos amigos, com um grau de evolução semelhante ao nosso. E nos acompanham por toda a nossa vida, intuindo-nos para que venhamos a seguir o caminho correto. Infelizmente, poucos são os que dão ouvidos a essa "voz interior", que nos auxilia e nos ampara a todo momento.

Os anos foram passando; Gabriel crescia em beleza e sabedoria. Diversos eram os momentos de espanto e admiração que Gabriel proporcionava a seus pais e vizinhos. Criança iluminada, Gabriel cativava a todos com imensa facilidade. Anjo, na verdadeira acepção da palavra, ele tinha, desde pequenino, um comportamento dócil e educado, mas revolucionário. Questionava a tudo e a todos, queria saber os "porquês" de assuntos de que os pais do menino não detinham o conhecimento para responder. Danúbio, então, encarregava-se de "irrigar" o cérebro físico do anjo, com conceitos que ele já dominava há milênios.

Gabriel por muitos era adorado, e por muitos era invejado. As mães de outras crianças da vizinhança, não tão belas e inteligentes como o menino-luz, realizavam desprezíveis trabalhos de magia negra por inveja à graça do filho de Ana Maria. O exército de espíritos protetores, responsáveis por Gabriel, não descansava um minuto. As trevas aproveitavam a ignorância das vizinhas invejosas e as utilizavam, a elas e a seus filhos, para tentar prejudicar o Grande Plano. Muitas destas mulheres, que "vendiam suas almas ao diabo", contratando infelizes irmãos que realizam "despachos" para causar o mal alheio, tiveram suas vidas desgraçadas por suas próprias atitudes. Os espíritos obsessores encarregados de lhes atender o pedido desprezível, não o conseguindo, devido à grande proteção de Gabriel, voltavam a elas pedindo "mais pagas" nas esquinas da vida. Desprezados, esses infelizes espíritos começaram a perturbar a vida das irmãs invejosas, causando-lhes grandes tormentos. Como dizia Jesus: "Quem com ferro fere, com ferro será ferido!"

No que se refere a essas práticas detestáveis, realizadas por infelizes irmãos que não imaginam o que os espera após a morte física, podemos dizer, àqueles que temem essas forças invisíveis, que não devem preocupar-se com o poder e a influência desses trabalhos, desde que cultivem uma vida verdadeiramente cristã. Aquele que vive em luz, pela luz está protegido! Agora, aqueles que desprezam o comportamento cristão e que colocam as virtudes do espírito em segundo plano, estes sim, estão à mercê da influência obsessiva destes espíritos perturbados; que são contratados, muitas vezes, pela simples paga de uma garrafa de cachaça na esquina, ou um charuto, ou então, uma galinha de pescoço quebrado em cima de uma bandeja de papel. Mais uma vez, podemos perceber os perigos de seguirmos cultivando vícios em nossas vidas. Muitos dos fumantes e beberrões da vida física transformam-se, no retorno ao mundo espiritual, em verdadeiros escravos de despachos, ajoelhando-se nas esquinas para sorver a substância astralina da cachaça e do charuto. Como provavelmente deve ter ocorrido com Cavalcante, o distinto senhor que foi resgatado por Gabriel e Casemiro, nas trevas, como vimos em capítulo anterior.

Mas, voltemos à luz. Desde muito cedo, Gabriel demonstrou a sua intimidade com Jesus. O menino era fascinado pelas histórias que seu avô contava sobre o meigo Nazareno. Seu coraçãozinho ficava condoído com as narrativas do calvário de Jesus. Quanto às sublimes parábolas, que Gabriel conhecia muito bem em seu inconsciente, eram a sua alegria. Compreendia até mesmo as mais complexas mensagens do Rabi da Galiléia, como se estivesse analisando simples exposições. Seu avô, emocionado, chamava Ana Maria para escutar as sublimes explicações sobre os ensinamentos de Jesus, sendo explanadas pelo pequeno orador, de apenas sete anos de idade. Não esqueçamos, é claro, de Danúbio, continuamente inspirando o menino-luz.

Muitos fatos fantásticos da infância deste anjo de Deus poderíamos narrar, mas o espaço é curto e a vontade de vê-lo iluminando o mundo é imensa, portanto narraremos somente alguns momentos marcantes da infância de Gabriel.

No seu sétimo aniversário, Gabriel viu, mediunicamente, pela primeira vez, o seu mentor espiritual Danúbio. O menino estava encerrando suas orações antes de dormir, algo que todos os pais deveriam ensinar a seus filhos, quando o menino viu, sentado sobre um baú de madeira, que ficava ao lado de sua cama, um velhinho simpático de longos cabelos brancos e com uma pele irrepreensível, sorrindo para ele. O menino, deslumbrado com a luz e a beleza de Danúbio, perguntou, com uma voz infantil encantadora, demonstrando a candura dos anjos:

— Quem é você, vovô?
— Sou teu anjo da guarda, Gabriel — respondeu Danúbio.
— Eu estou todos os dias contigo, para te proteger e para te

preparar para a tua tarefa entre os homens!
— Que tarefa?
— Meu menino, tu deves iluminar os homens com as palavras de Jesus. A humanidade está muito sofrida e precisa de alguém que os conduza para a luz. Contamos com teu apoio, para que nós três, juntos, venhamos a libertar a humanidade das trevas da ignorância.
— Nós três? — perguntou o menino, olhando para os lados, à procura de um terceiro.
— Sim Gabriel. Eu, tu e Jesus! Não podes vê-lo agora, mas em breve, sentirás a força do Senhor do mundo em teu coração. Agora dorme, meu menino, para que cresças forte e sadio para iluminar a humanidade.

Gabriel instantaneamente dormiu e sonhou com os anjos do Império do Amor Universal, onde quase todas as noites ele ia, em espírito, para preparar-se para o próximo dia. Nós, também, saímos de nossos corpos à noite, quando dormimos. Só que a grande maioria vai visitar as trevas, devido à sua invigilância e, também, por não orar antes do repouso noturno. Ao acordar, esses invigilantes que levam uma vida distanciada do Cristo, dizem-se vítimas de pesadelos, e que acordam sempre com um mal-estar e outros desconfortos. Tudo resultado do local aonde nós vamos durante o sono do corpo. Como foi dito antes: "Dize-me quem és, que te direi com quem andas." Devido à nossa forma de viver, nos sintonizamos com espíritos de luz, que nos levam a aulas instrutivas no além ou a visitas a parentes queridos que já partiram para a pátria Maior; ou, então, nos sintonizamos com espíritos perturbados que nos levam para os bordéis do plano espiritual.

Outro fato curioso da infância de Gabriel, ocorreu quando o menino tinha dez anos de idade. Há dois anos, seu avô, Emiliano, estava sendo acometido pelo "mal de Parkinson". O bom velhinho, que tanto brincava e festejava o pequenino anjo, já não possuía a mesma vivacidade e alegria.[2]

Todos os dias, na hora das refeições, o velho Emiliano pega-

---

[2] Nota do Médium: Devido à encarnação de Gabriel corresponder a uma situação futura, nos é possível descrever com segurança apenas a linha mestra de sua missão. Os detalhes da encarnação deste missionário serão desencadeados através do divino direito do livre-arbítrio, que nos faculta orientar nossas vidas segundo o rumo que desejamos imprimir a nossa evolução, caso contrário seríamos apenas autômatos e, não, filhos de Deus. Portanto esclarecemos que os pormenores, como a pequena história a seguir, têm a exclusiva finalidade de representar as características de uma entidade de elevado quilate espiritual e, também, agraciar o leitor com belas narrativas. Portanto, os passos de Gabriel serão frutos do meio que o cercar, preservando-se a integridade de sua missão. A narração que encerra este capítulo, retirada da literatura popular, foi adaptada para atender aos propósitos deste trabalho.

va um prato e ia servir-se ao fogão. As tremedeiras contínuas e a fraqueza nos braços, determinavam o mesmo fato, quase todos os dias: o prato de porcelana escorregava das mãos do velhinho, caindo ao chão e despedaçando-se.

O avô de Gabriel, entristecido, dizia não saber o que estava acontecendo com ele. que aquilo não iria mais se repetir, mas quase todo o dia o fato se repetia. Quanto a servirem o prato para ele? "Não, jamais! Eu não sou um inválido", dizia, com uma voz cansada. Reação natural, para um homem forte e saudável que fora acometido de súbito por uma doença impiedosa, que limita rapidamente a capacidade física.

Francisco, o pai de Gabriel e filho de Emiliano, indignado com a rotineira quebra de pratos, confidenciou à mulher:

— Ana, assim não há mais condições! O pai quebra um prato por dia, com essa teimosia de ele mesmo querer se servir. Por que ele não deixa que eu o sirva? Mas, não. Sempre a mesma teimosia. Eu já não agüento mais gastar tanto dinheiro com pratos.

Sob o olhar carinhoso do pequeno Gabriel, Ana Maria disse, com a sua voz afável:

— Meu amor, tu conheces o teu pai. Tu sabes que para ele é muito importante não ser dependente de ninguém. Ele morrerá se tiver que ser servido por alguém. Tu tens que reconhecer o esforço sobre-humano que ele realiza para efetuar a higiene íntima. Ele faz este esforço pensando não só nele, mas também em nós, poupando-nos de maiores sacrifícios. Não te preocupes com os pratos, tenho comprado os mais baratos para ele se servir e, também, não me importo de varrer os pedaços dos pratos que ele quebra. Eu fico feliz em ver que ele está se esforçando.

— Não, não. Chega de tanto absurdo, o velho está parecendo uma criança mimada. Temos que intervir. E eu já tenho a solução. Já que ele quer continuar se servindo, eu irei fazer um prato de madeira para ele. Se o pai deixar cair o prato no chão, no máximo teremos que limpar a comida, sem a necessidade de comprarmos novos pratos.

— Mas Francisco — disse Ana Maria — seu pai ficará muito triste com essa diferenciação. Ele sentirá um mal-estar muito grande ao ver nós três com pratos de porcelana e ele com um tosco prato de madeira.

— Que nada, ele nem se importará com isso. Qual é o problema de comer em um prato de madeira? Eu irei agora mesmo ao porão pegar madeira para fazer o prato.

— Francisco, tu estás louco? — perguntou Ana assustada.
— Aquelas madeiras estão lá há anos. Deve estar cheio de baratas e cupins entre elas.

— Isto é o de menos, basta passar um paninho e está tudo

resolvido.

Sem dar maiores atenções aos apelos da mulher, Francisco dirigiu-se até o porão. O pequeno Gabriel seguiu-o até lá, e acompanhou os movimentos do pai com seus vivos olhos verdes.

Vendo que seu pai procurava um pedaço de madeira, a partir do qual iria confeccionar o prato para Emiliano, Gabriel começou a realizar a mesma tarefa.

Logo ambos encontraram os pedaços de madeira que atendiam aos seus propósitos.

Francisco abriu uma pequena caixa de ferramentas e retirou um formão para confeccionar o prato de madeira. Gabriel, logo após o pai, repetiu o mesmo gesto. Ele pegou um pequeno formão, com o qual o pai o ensinava, desde pequenino, a arte de trabalhar a madeira.

Em alguns minutos, estavam os dois trabalhando suas respectivas madeiras para elaborar pratos de madeira. Francisco sorriu para o filho e disse-lhe:

— Meu filho, não precisas fazer outro prato para o vovô. Um já é o suficiente. — Com um ar esperto, Francisco continuou: — Este o vovô não vai conseguir quebrar, só precisaremos lavá-lo todo dia e colocarmos no sol para secar.

Gabriel olhou-o com profundo amor, irradiando luz de seus belos olhos verdes, e disse-lhe:

— Pai, eu não estou fazendo este prato para o vovô. Estou fazendo para o senhor; para quando o senhor ficar velho.

Só vendo esta cena para poder apreciar a reação de Francisco. O pai de Gabriel, assombrado, largou o prato sobre a mesa de carpintaria. Olhou para o menino com os olhos arregalados e, logo após, olhou para o prato de madeira sujo e mal talhado, até mesmo com algumas farpas, que passaram "desapercebidas" pelo carpinteiro Gabriel. Em estado de choque, Francisco retirou das mãos do menino o prato e abraçou-o, dizendo:

— Vamos deixar isso de lado, meu filho, vamos encontrar outra solução para o problema do seu avô.

Com os olhos rasos de lágrimas, Francisco sussurrou:

— Obrigado meu Deus, por me abrir os olhos a tempo.

Gabriel, abraçado ao pai, disse, sereno, mas com convicção:

— Meu pai, não devemos fazer aos outros o que não gostaríamos que nos fizessem. Esta é a lei de Deus!

Boquiaberto com aquelas sábias palavras de seu filho, Francisco olhou nos olhos do menino e sentiu o que há muito sua mulher já havia percebido: Gabriel, decididamente, não era um menino comum!

Francisco, que estava de joelhos, levantou-se e pegou os dois pratos e levou-os até a lixeira da casa. Revirando o lixo, colocou-os bem no fundo, para nunca mais vê-los. Ainda atordoado, dirigiu-se ao seu quarto para descansar. Passou pela esposa voando, com um olhar perdido, em seus próprios pensamentos. Repousando, Francisco desligou-se do corpo e sonhou com um anjo que lhe falou do ensinamento que seu filho lhe havia ministrado.

— Francisco, meu filho, guarda em tua mente as palavras de teu abençoado menino: "Não faças aos outros o que não gostarias que te fizessem", pois este é o resumo da Lei e dos profetas, como nos disse Jesus. Inúmeros são os nossos atos insensatos, apenas porque não paramos para analisar o prejuízo que eles irão causar aos que nos cercam. Lembra-te, meu querido amigo, todos trilhamos caminhos semelhantes; em breves anos, tu poderás, se for da vontade de Deus, chegar a um estado semelhante ao de teu pai, portanto, pensa e age, com aquele que te gerou, da mesma forma que gostarias que agissem contigo em semelhante situação. — E o anjo iluminado continuou: — Idosos, todos nós seremos um dia na jornada da vida, logo, devemos aprender a respeitar aqueles que nos precederam nos limites da vida física. Pobres daqueles que colocam seus pais em asilos, relegando-os ao esquecimento. Aquele que com ferro fere, com ferro será ferido. Francisco, abandona este metal sinistro, que é a intolerância e o desrespeito, e te serve da flor, para com teu pai, que abençoa e traz a paz.

Algumas horas após, Francisco acordou mais calmo e tranqüilo, beijou a esposa e o filho, abraçou o seu pai, que estava em uma cadeira de balanço na sala. Aquele gesto carinhoso causou um imenso bem-estar em Emiliano, que há dias vinha percebendo a indignação do filho com os pratos quebrados. Envolvido em paz, Francisco disse:

— Tive uma idéia enquanto eu descansava no quarto. Estou cansado de termos que nos servir no fogão, temos que levantar e sentar toda hora para nos servirmos. Ana, vamos colocar as panelas sobre a mesa; o espaço é pequeno; eu sei, mas irei fazer uma mesinha auxiliar para podermos comer com mais conforto.

A cozinha da casa de Gabriel era realmente pequena, portanto a mesa também teria que ser. Por este motivo, Ana deixava as panelas no fogão para todos se servirem. Com esta idéia de Francisco, não haveria mais pratos quebrados, pois Emiliano se serviria na própria mesa, sem ter que carregar o prato, assim como os demais, sem diferenciações.

Todos aplaudiram a idéia. Francisco dirigiu um significativo olhar para o filho. Gabriel piscou para o pai, feliz com a sua fraterna decisão.

17.
Conversa com os anjos

Gabriel, desde muito cedo, ingressou nas atividades da Igreja Católica do bairro em que nascera. Sua mãe, católica fervorosa, não descuidava do preparo espiritual de seu amado filho, que no seu íntimo sentia ser um grande missionário.

Durante sua gestação, Ana Maria sonhava com anjos e recebia avisos de que seria mãe de notável criança. Lembravam-na, os anjos, da imensa responsabilidade que pairava sobre ela. Ana Maria recordava, também, os seus devaneios durante a gravidez e a inesquecível sensação de paz que teve durante todo o período gestativo. Parecia que ela estava nas nuvens, tal a felicidade que sentia. Pudera, uma entidade de elevado quilate espiritual repousava em seu seio. Lembrava-se, também, do asco que sentira à alimentação carnívora, alguns meses antes do início da gravidez. Ela sabia que espíritos de luz abominam a alimentação zoofágica.

Seguindo sua intuição, Ana pediu ao padre Antenor que aceitasse seu filho como "coroinha" para as missas. Encargo que Gabriel executou sempre com respeito e amor, mesmo sob as chacotas dos amiguinhos de infância.

O menino-luz adorava ficar dentro da belíssima Igreja São Francisco de Assis. Ele passava horas a fio meditando e, quem sabe, preparando-se para a Grande Tarefa. O menino, sempre adorado pelas irmãs da congregação, que também lhe eram competentes professoras no colégio da própria paróquia, ficava horas olhando as pinturas e os vitrais da Igreja que lembravam a sua casa no Reino dos Céus.

Diga-se, por devido merecimento, que sempre as melhores instituições de ensino foram fundadas por religiosos da Igreja Católica.

Em determinada tarde, após as aulas de catequese, quando o pequeno anjo realizava o curso para receber a primeira comunhão, ficou, ele, dentro da Igreja vazia, apreciando a beleza que tanto o encantava. Padre Antenor, vendo o menino sozinho dentro da casa de Deus, o repreendeu:

— Gabriel, vai brincar lá fora, aqui não é lugar para brinquedos!

O menino com um brilho no olhar disse-lhe:

— Padre Antenor, eu não estou brincando! Eu estou apenas adorando a beleza da casa de meu Pai. Sinto-me muito bem aqui. A paz que reina dentro desta Igreja me dá novas forças para viver. Aqui dentro sinto que este mundo não está completamente perdido. Eu percebo que ainda existe salvação para a humanidade. Percebo, também, que a voz de Deus se faz mais clara para mim aqui dentro. — Olhando compenetrado para o padre Antenor, e com um tom de voz profético, Gabriel continuou: — Padre, nós temos muito serviço pela frente!

Antenor estava impressionado com aquelas palavras. O bom padre sentou-se em um dos bancos da Igreja, colocou as mãos sobre o encosto e repousou o queixo sobre elas, para ouvir o menino, que continuava, desinibido:

— Padre Antenor, estamos passando por momentos importantíssimos para o futuro da humanidade. É necessário que todos os cristãos unam suas forças para fazer soar mais alto a voz de Jesus! É preciso que todas as Igrejas do Cristo se unam, sem preconceitos e sem revoltas, pois a mensagem de Jesus é uma só: "Amai-vos uns aos outros como eu vos amei".

— Quem lhe disse essas coisas, Gabriel? — perguntou o padre.

— Foi Danúbio.

— Quem é Danúbio?

— Meu anjo da guarda — respondeu o menino.

Padre Antenor ficou pensativo, enquanto isto, Gabriel continuava com os olhos fixos na abóbada da igreja, apreciando as pinturas sacras.

Vendo que já era tarde, Antenor recomendou a Gabriel que fosse para casa, para não preocupar sua mãe. O menino obedeceu, e o padre ficou ainda por alguns minutos analisando as palavras do pequeno anjo.

— Sim, é necessária uma mudança nas formas de evangelização. O homem moderno está distanciado dos ensinamentos cristãos. Aqueles que se interessam, geralmente têm um conhecimento bem limitado e pobre, devido à própria Igreja limitar o aprofundamento dos conhecimentos espirituais em suas missas. Falta, também, um incentivo maior; mudanças, se possível, para unir mais a família cristã. Talvez o menino tenha razão. E essas conversas com o seu anjo da guarda? Mas bom — pensava o padre — deixemos isto com Jesus.

Um ano após, quando Gabriel contava onze anos de idade, seu pai, preocupado com as suas contínuas "conversas com os anjos", como ele dizia, resolveu falar com um amigo dedicado à seara Espírita sobre o assunto.

— Roberto, meu filho vive dizendo que conversa com os espíritos, e está sempre falando sobre anjos. O que pode ser isto?

— Meu amigo, teu filho é um médium, ou seja, ele possui a faculdade de comunicação com os espíritos bem desenvolvida. Leve-o à Casa Espírita que eu freqüento, na terça-feira, e lá entregarei a ele um livro que auxiliará o menino a compreender o fenômeno que o assusta.

— Assusta? O menino adora essas conversas com o além e trata tudo com a maior naturalidade — disse Francisco.

Na terça-feira estavam pai e filho sentados na platéia de uma grande Casa Espírita, no mesmo bairro em que morava Gabriel. Sua mãe não quisera ir, alegando ser uma religião desconhecida e que, segundo os padres, era contrária ao que Jesus pregava. Mulher sensata, permitiu a ida do filho sem censuras, confiando na prudência do marido e na incrível inteligência do menino, que facilmente saberia distinguir a fraude da verdade. Com apenas onze anos, seus pais já consideravam Gabriel um "doutor da Lei de Deus".

Após assistir à excelente pregação de Roberto, que realizou a palestra doutrinária daquela noite, onde falou sobre o capítulo dezessete do Evangelho Segundo o Espiritismo, de Allan Kardec, "Sede Perfeitos", Gabriel, ouvindo as sábias elucidações espíritas, ficou entusiasmado com a Doutrina de luz trazida por abnegados espíritos abençoados por Jesus, recebendo com amor um exemplar novinho do Livro dos Espíritos e outro do Evangelho Segundo o Espiritismo, os dois livros, de Allan Kardec. Apenas alguns minutos de conversa com Gabriel cativaram o coração de Roberto, que viu ao lado dele, através da mediunidade da vidência, o irmão Danúbio. Percebendo, intuitivamente, a grandeza do espírito ao lado do menino, Roberto disse a Francisco:

— Deixa o teu filho conversar com os anjos, sem censuras. É o que te recomendo, pois pude ver o espírito que acompanha o teu filho, e tenho certeza que é um enviado de Jesus. E mais, aguarda e verás, este menino será um grande homem neste mundo!

Infelizmente, Francisco não veria do plano físico, pois quatro anos após desencarnaria, segundo o plano traçado para sua reencarnação.

O menino leu, empolgado, os dois livros, encontrando na

Doutrina dos Espíritos a resposta para muitas das suas interrogações. Naquele mesmo ano, Gabriel já possuía duas religiões, como a maioria dos brasileiros, a Católica e a Espírita. Sem perceber diretamente, Gabriel começava a seguir as recomendações que Jesus lhe fez antes de reencarnar: unir as duas religiões para fortalecer a palavra de Deus entre os homens.

Marcus, seu inseparável amigo, que o acompanhava desde cedo, tanto nas brincadeiras, como nos assuntos sérios, também converteu-se aos Ensinamentos Espíritas, que detêm a pureza imaculada dos primeiros anos do Cristianismo. Através da abnegada contribuição de Chico Xavier e de outros médiuns de ilibada reputação, os espíritos iluminados trouxeram aos homens um rico acervo de conhecimentos imorredouros para a humanidade, mais especificamente para a Pátria do Evangelho, o Brasil. Gabriel e Marcus passaram toda a adolescência lendo os tesouros de luz que a Doutrina Espírita oferecia.

Os jovens descobriram o que já sentiam no fundo d'alma. Conceitos como a reencarnação do espírito para resgate de dívidas e as elucidações, simples, mas sensacionais das parábolas de Jesus, estimulavam, mais e mais, os jovens à leitura espírita. O conhecimento espiritual, demonstrado de uma forma clara e lógica, abriu as portas para que todos possam encontrar a verdadeira fé, tudo graças à misericórdia de Jesus.

A mãe de Gabriel, no início receosa, agora era fã incondicional de Chico Xavier. Através do amor sincero e indiscutível de Chico, muitos encontraram o consolo e a paz. A Doutrina Espírita encontrou no Santo dos Espíritas o alicerce necessário para firmar-se, em definitivo, nas terras brasileiras. Muito obrigado pela colaboração, Chico Xavier. Muito obrigado!

Mesmo dedicando-se à Doutrina Espírita, Gabriel não abandonou a Igreja Católica, pois sabia que lá estava seu coração. Ele continuava freqüentando as missas e auxiliando nos trabalhos assistenciais das irmãs da paróquia São Francisco de Assis.

Gabriel e Marcus cresceram assim, dedicando-se desde cedo à miséria alheia. Apesar das "esquisitices" de Gabriel, como dizia o padre Antenor, o menino conquistava, pouco a pouco, a alegria e o respeito de todos da congregação.

A leitura espírita abria as mentes dos meninos iluminados. As irmãs da paróquia de São Francisco adoravam conversar com os meninos. Os novos conceitos religiosos, claros e incontestáveis, enchiam os olhos das abnegadas irmãs. A palavra mágica daqueles pequenos anjos, que sempre foram um exemplo incontestável de bom comportamento, dava mais crédito às narrativas espíritas, que diziam ser pérolas de luz, trazidas por um anjo humilde chamado Chico Xavier.

Os meninos tiveram uma infância e uma adolescência de paz e alegria. Marcus, que nesta vida foi batizado como Marco Antônio, com quinze anos conheceu Mariana; o amor foi à primeira vista. Almas ligadas há séculos, em um primeiro olhar ficaram enamorados, o que muito alegrou Gabriel por ter simpatizado muito com a menina, que lhe era grande amiga há séculos.

Gabriel, acostumado com as dores alheias, desde cedo, através das obras assistenciais da paróquia São Francisco de Assis, viveu sua infância e adolescência em paz e alegria com seus pais. Sempre amparado pelos incansáveis espíritos protetores. O anjo de Deus, somente por uma vez, sentiu a aflição da desarmonia no lar.

Quando Gabriel estava com quatorze anos, um ano antes de Francisco retornar à pátria espiritual, houve alguns desentendimentos entre seus pais.

Francisco, atordoado com desilusões no trabalho, perdia facilmente o controle. Mal-humorado, ele gritava e reclamava de todos. Passando por difícil crise, e invigilante na oração e nos atos, ele abriu as portas para a influência espiritual negativa. Muitos dos espíritos que procuravam prejudicar a missão de Gabriel trabalharam constantemente para desarmonizar o já instável coração de Francisco, que era um homem bom, mas despreparado para as investidas do mal.

Em determinada noite de primavera, presenciamos uma das mais agressivas investidas de Francisco contra a família. Dominado por entidades espirituais perversas, deixou-se levar por ataque incontrolável de histeria. Ana Maria mandou o filho para o quarto, enquanto ela tentava acalmar o nervoso Francisco. Entre gritos e batidas de portas, Gabriel ajoelhou-se à beira de sua cama e clamou auxílio aos Céus:

— Amigo Jesus, estou precisando da tua ajuda! Meu pai está muito nervoso. Traze, Senhor, para o seu revoltado coração, a paz. Eu estou preocupado com a mãe. Ela fica muito triste com estes gritos. Por favor, Senhor! Sei que o pai está passando por dificuldades que desconheço, portanto, ilumina o coração dele para que possamos retornar a viver em paz. Ele não é má pessoa, apenas não é como nós, que conhecemos a Tua força.

Encostando a cabeça na colcha, que estava sobre a cama, Gabriel, com os olhos cheios de lágrimas, disse:

— Danúbio, meu amigo, onde estás? Não consigo te ver! Se tu estás aqui, ajuda meu pai a se desvencilhar desses inimigos invisíveis que o atormentam. Ajuda-me a ajudá-lo, com minha humilde prece, meu anjo guardião.

Enquanto Gabriel realizava o apelo divino, eu percebi que de seu peito saía uma brilhante luz que percorreu toda a casa, chegando até o quarto de seus pais.

No quarto, ligados a Francisco, estavam três espíritos obsessores, que o estimulavam à gritaria e ao desequilíbrio. Criatura desavisada quanto ao Orar e Vigiar, ensinado por Jesus, Francisco entregava-se docilmente ao domínio feroz dos infelizes irmãos. Estes assustaram-se ao presenciar aquela poderosa luz entrando no aposento íntimo do casal. Respaldados pela oração de Gabriel, Danúbio e os demais espíritos protetores da casa despacharam os espíritos perturbadores sem maiores dificuldades.

Livre da influência nefasta, Francisco deu-se conta da cena ridícula da qual era o protagonista. Desesperado, ajoelhou-se à frente da esposa, implorando-lhe perdão e alegando não saber o que estava acontecendo com ele. Espírito de paz, Ana Maria aconchegou o esposo ao coração, perdoando-lhe as ofensas descabidas e os gritos histéricos. As lágrimas do arrependimento corriam dos olhos de Francisco, lembrando-me uma criança que encontra na comiseração alheia a paz.

Gabriel, no seu quarto, percebeu o resultado da oração. Seu pai havia se acalmado, agora o menino apenas ouvia o choro infantil de Francisco, sendo consolado por sua amável mãe.

O menino então elevou os olhos ao firmamento, que vislumbrava pela janela de seu quarto, e disse:

— Obrigado Jesus, obrigado Danúbio, obrigado Meu Deus, vocês ouviram minhas preces! Quem precisa de armas, tendo o amparo da oração? Quais forças serão maiores que a energia mágica da oração? Que eu possa retribuir em dobro a todos vocês que me auxiliam, pois sei que, "a quem muito for dado, muito será pedido". Eu espero que Tu, Divino Amigo Jesus, não me excluas de teus abençoados trabalhos para a regeneração da humanidade. Que eu possa trazer a minha pequena, mas dedicada colaboração. Não te esqueças de mim, Divino Amigo! Não poderia existir maior frustração para meu espírito do que terminar esta caminhada física sem poder trabalhar contigo, em Teu Nome!

Gabriel estava de joelhos, sobre uma banqueta, na janela de seu quarto. Os seus graciosos braços estavam apoiados na janela; os olhos, ligados às estrelas. Fiquei magnetizado pela figura do menino, que estava ingressando na puberdade, quando percebi que descia do céu, sobre sua cabeça, uma brilhante luz, na qual pétalas de rosas espirituais caíam sobre a sua divina cabeça e ombros. Emocionei-me com a cena; logo vi Danúbio ao seu lado, junto com outros espíritos iluminados. O abnegado protetor de Gabriel estava com as mãos voltadas para o Céu, em sinal de devoção e gratidão pelo amparo do Alto. Lágrimas corriam dos olhos do bondoso ancião, que disse:

— Gabriel, meu eterno amigo, o teu nome diz tudo. Tu és, realmente, aquele que tem a força de Deus!

O céu estava repleto de estrelas naquela noite, mas uma estrela maior brilhava entre os homens; por enquanto entre a sua própria família, mas com o passar dos anos, a sua luz iria transformar o mundo, demonstrando aos homens de boa-vontade o poder ilimitado que todos os filhos de Deus possuem. Alguns em maior grau, outros em menor, mas todos livres para conquistarem a sua evolução, sendo necessário para isso, apenas o amor ao próximo sob todos os seus aspectos e a busca da sabedoria que transforma o homem em anjo de Deus.

18.
Mudança de rumo

— Deixemos Gabriel preparar-se para a Grande Missão. Enquanto isso, vamos conhecer outra personagem desta história — disse-me Hermes. — Necessitamos viajar alguns quilômetros para conhecer um certo irmão, que mudará o rumo de sua vida para o Norte de Jesus, após conhecer o enviado do Messias.

Após estas palavras do irmão Hermes, seguimos para Salvador, na Bahia. Durante o curto percurso, graças aos recursos espirituais, o amigo e benfeitor não disse uma só palavra. Respeitei seu silêncio. Provavelmente, os fatos falariam por si só.

Ingressando na cidade nordestina, logo sentimos a mudança, tanto de clima, quanto de vibração. Mais uma vez estávamos percorrendo o período carnavalesco no Brasil. Estávamos no ano 31 do início do período profético, Gabriel já estava com 15 anos de idade, naquele mês de fevereiro.

Sem maiores delongas, ingressamos em um grande cemitério da capital baiana. Ganhamos a escadaria principal do prédio fúnebre. O cemitério, no qual os cadáveres são enterrados em apartamentos, e não no chão, causou-me boa impressão, apesar da imensa quantidade de espíritos perambulando pelos corredores. Alguns mantinham-se em paz, ao lado de familiares que vinham visitá-los, demonstrando afeição e respeito; já outros, estavam lá apenas para sugar a energia vital de recém desencarnados invigilantes para com a prática cristã.

Hermes levou-me a uma das capelas, onde um grande número de pessoas velavam uma irmã, que havia desencarnado por problemas cardíacos.

Ingressamos no recinto. Sentimos imediatamente a dor de alguns familiares e a falsidade de outros, que estavam ali puramente por formalismo, indignados por perderem a noite de carnaval. Desejavam passar a noite "em claro", mas não naquele lugar.

Logo percebemos a presença de espíritos vagabundos, que desejavam atacar a irmã em processo de desligamento. Técnicos da espiritualidade ainda estavam efetuando o desenlace corpo-espírito. Ainda faltavam alguns laços a serem desligados nos centros de força que ligam o corpo físico ao corpo espiritual. O laço principal, o cordão prateado, segundo os espíritas, mantinha-se coeso, permitindo à irmã sentir as fortes vibrações do ambiente. Os espíritos familiares da falecida mantinham-se em oração, evitando o assédio das criaturas sinistras. Infelizmente, não poderíamos dizer o mesmo dos encarnados ali presentes.

Com exceção de um senhor ajoelhado ao lado do caixão, que, com os olhos banhados em lágrimas, acariciava o rosto da falecida, todos ali estavam envolvidos em sentimentos prejudiciais à desencarnante. Os parentes e amigos sinceros estavam completamente transtornados com a morte da querida amiga, emitindo sentimentos de desespero e dor, do que menos a irmã precisava naquele momento. Já os indiferentes, ficavam com piadinhas sobre o homem ajoelhado ao lado do caixão, que chamavam de "velho durão e carrasco" e agora "se derretia que nem manteiga". Sem falar naqueles que contavam os minutos para se mandarem para as orgias carnavalescas.

Aproximamo-nos do caixão. Eu observei que a mulher teve uma vida mediana; não era uma alma iluminada, mas, também, estava longe das crueldades tão comuns nos dias atuais. A luz que irradiava era tênue, mas pura.

Enquanto eu analisava o trabalho preciso dos espíritos responsáveis pelo desligamento corpo-espírito, Hermes chamou-me a atenção, dizendo:

— Vês este homem ajoelhado ao lado do caixão, emitindo bons pensamentos para a mulher que tanto ama? — Ao perceber meu sinal afirmativo, o instrutor amigo continuou: — Este é Sebastião Gomes Jardim, importante empresário do ramo canavieiro. É proprietário de extensos canaviais, aqui no Nordeste. Homem muito influente e rico! Em breve, ele verá como são miseráveis e insignificantes os poderes materiais. Mas a misericórdia Divina não desampara! Antes de seu desencarne ele conhecerá a glória e o verdadeiro poder, oriundos do Senhor do Mundo, Jesus.

Após estas palavras do meu iluminado amigo, ouvi uns risos, em tom mais alto. Indignado com aquela atitude, virei-me para ver quem seria tão insensível ao ponto de ter aquela atitude na frente do sofrido esposo da falecida.

Ao virar-me, vi um casal de jovens com roupas esdrúxulas, como as que alguns jovens usam atualmente. Bermudas esquisitas, com tênis que pareciam mais botas de astronautas, sem falar nas camisas com desenhos aberrantes. E o brinco no nariz da moça, mais parecia uma espinha inflamada. Quanto aos seus cabelos, até eu realizaria um corte melhor, mesmo que me oferecessem um cortador de grama para efetuar o trabalho. Sem falar nas tatuagens por todo o corpo de ambos.

Hermes, observando meus pensamentos disse:

— Isso que vês, é o fruto de uma educação distanciada da sabedoria espiritual. Sebastião e a falecida Flora sempre realizaram todas as vontades destas crianças; agora vê a aura e a companhia desses infelizes irmãos.

Fiquei impressionado. Aqueles eram filhos da mulher que em breves minutos seria levada ao sepulcro e estavam rindo e debochando, como se estivessem no velório de um desconhecido, e nem neste caso deveriam portar-se daquela maneira hedionda. Além disso, e foi o que mais me impressionou, estavam os dois com uma vasta "assessoria das trevas", espíritos trevosos em perfeita simbiose com os jovens.

— Cláudia está com vinte e quatro anos e César com vinte e um — disse-me Hermes. — São espíritos que estão passando por sua última oportunidade, antes da "seleção de Final dos Tempos". Desprezam diariamente a infinita misericórdia de Jesus, que os tirou dos charcos pestilentos do astral inferior para, através desta última chance, encontrarem a luz. Infelizmente, tudo em vão; através de análise psicológica, realizada pelos técnicos siderais, constatou-se que eles não conseguirão libertar-se desta vida infeliz a que se dedicam. Em breves anos desencarnarão prematuramente, segundo análise dos técnicos.

Impressionado com as elucidações de Hermes, perguntei:

— Como estes psicólogos siderais podem ter tanta certeza? Isso não seria um fatalismo, indo contra o divino direito de "livre-escolha" que todos nós possuimos?

— Roger, os psicólogos de Jesus não influem no livre-arbítrio dos encarnados; apenas, através de suas incríveis técnicas de análise do comportamento humano, prevêem o desfecho, feliz ou trágico, dos planos reencarnatórios de cada um dos encarnados, em missão ou expiação, na Terra. Esses sábios técnicos previram, inclusive, a crucificação de Jesus antes mesmo do Senhor do Mundo encarnar no plano físico. Sábios conhecedores das paixões humanas, previram o desfecho trágico, mas santificante, da vida física do Cristo de Deus.

Mal o sábio amigo terminou suas considerações, os dois jovens começaram a tecer triste diálogo:

— Que saco! A velha foi morrer logo hoje — disse Cláudia, com uma expressão no rosto que fez-me pensar até onde pode ir o ódio humano. — Hoje à noite, que tem uma festa "demais" na casa do Caco. Os pais dele foram assistir o desfile das escolas de samba no Rio. A casa vai estar livre. O Carlão disse que ia levar um "pó dos bons" para a festa.

— Pois é — disse César, com os olhos esgazeados. — Mas tenho uma idéia, vamos dizer "pro coroa" que estamos muito cansados, muito abatidos, e que precisamos descansar para o enterro que será amanhã.

— Boa idéia, César. Nós "damos um balão" no velho e vamos curtir a noite. Mas não esqueças do dinheiro para pagar a "coca", o Carlão espanca aqueles que ficam devendo e não pagam.

Olhei para o irmão Hermes e disse-lhe, chocado:

— Estes dois não podem ser os filhos da falecida!

— Infelizmente são, meu irmão. Vivemos um infeliz período evolutivo para esta humanidade. Os invigilantes, fracos de espírito, deixam-se dominar pelas mais torpes influências. Resta-nos apenas orar por estes irmãos que terão que evoluir através dos dolorosos caminhos da dor!

Cláudia, com um olhar que fingia cansaço, solicitou ao pai a permissão para retirarem-se "para casa", pois estavam cansados e necessitavam recompor-se para o funeral do dia seguinte. Os dois jovens, autorizados pelo pai em lágrimas, correram para um automóvel importado, último ano, que estava no estacionamento do cemitério. Junto a eles, uma corte de espíritos perturbados, que não os abandonavam um minuto sequer.

Entramos juntos no carro. Nós, em outra faixa de vibração, em outro estado dimensional, não compartilhávamos espaço com aquelas infelizes criaturas que estavam sentados até mesmo no colo dos dois infelizes encarnados.

— Roger, coloca o cinto de segurança — recomendou-me Hermes.

Fiquei sem saber se era sério ou brincadeira. Logo estávamos andando a cento e quarenta quilômetros por hora nas ruas de Salvador. César era um perfeito débil no volante, achando-se um grande piloto. Mesmo em espírito, achei prudente a recomendação do irmão Hermes: coloquei o cinto! O que todos os encarnados sempre deveriam fazer!

Em breves minutos, ingressamos em uma grande mansão em uma zona nobre da capital baiana. Abertos os luxuosos portões, César estacionou o carro dentro da imensa propriedade, onde a música primitiva retumbava, devido ao aparelho de som estar no volume máximo.

Ao entrarmos na casa, eu tive a sensação de estar em uma versão moderna das festas nababescas da Babilônia antiga.

Duas vezes mais espíritos do que pessoas, todos unidos em busca de um mesmo ideal: o prazer extremo. Cláudia e César, habituados a essas festas, chegaram se servindo, sem cerimônia. Em um grande "barzinho" na sala, serviram-se de vodca e uísque.

Alguns jovens estavam sentados à mesa, aspirando as extensas carreiras de cocaína sobre o móvel. Literalmente "em cima" deles, estavam os infelizes viciados desencarnados que, em perfeita simbiose, compartilhavam os tristes delírios oferecidos pela droga. Naquele ambiente escuro, apenas reluzia o pó branco sob a "luz negra", tão comum em festas noturnas. As entidades obsessoras eram uma pasta negra grudada nos encarnados distanciados de Cristo, que quando paravam de cheirar as carreiras eram estapeados pelos espíritos trevosos, que pareciam jóqueis sobre cavalos.

Após algumas horas, onde assistimos às mais impressionantes ligações entre encarnados e desencarnados pervertidos, que infelizmente não teremos tempo de narrar nesta obra, o abnegado Hermes solicitou a minha presença no segundo piso da casa.

Entramos em um dos quartos, que parecia ser dos pais do jovem Caco. A cena lá era muito triste. Três homens e duas mulheres sobre a cama na mais pervertida orgia sexual. Além destes cinco encarnados havia mais oito desencarnados sobre a cama, participando do ato desprezível. Se todos fossem encarnados, eu acredito que quebrariam os pés da cama, de tanta gente que rolava sobre aquele leito.

Uma das mulheres era Cláudia, realizando as mais tristes atitudes com os parceiros. A outra moça era muito bonita. Como eu sempre tive uma fraqueza pela beleza feminina, concentrei minha atenção naquele belo corpo. Hermes, percebendo minha atitude, disse-me:

— Olha para esta irmã com os olhos do espírito, não com os olhos superficiais da carne.

Olhei procurando atravessar as barreiras físicas, e percebi o seu espírito, coordenador das atividades que o seu corpo físico realizava. A alma da mulher estava completamente disforme, manchas escuras e feridas abertas por todo o corpo espiritual daquela bela moça. Na verdade ela era exatamente igual às entidades espirituais, que pareciam verdadeiros estupradores à nossa frente.

Enojei-me com o que vi. Todos ali, apesar da beleza física que os ilimitados recursos estéticos permitem, não passavam de criaturas com uma bela embalagem, mas com um conteúdo podre. Lembrei-me novamente, sob um outro ângulo, do ensinamento de Jesus: "Sepulcros caiados. Belos por fora, mas podres por dentro". Apesar da grande beleza externa, as suas almas eram verdadeiras chagas ambulantes.

Percebendo os meus pensamentos, o amigo inseparável disse-me:

— O ato sexual é uma das mais sublimes manifestações do amor de Deus. É a porta de acesso pela qual novos espíritos ingressam na escola física da vida. Quem tem este conceito no coração e pratica o sublime ato, única e exclusivamente, com a criatura que escolheu para companheiro nesta vida e, além disso tudo, abençoa a união sexual com o mais puro amor ao parceiro e à vida, não precisa preocupar-se com essa influência negativa. As trevas fogem da luz! Aquele que é puro no amor, realizará o ato sexual sempre protegido pelos espíritos de luz, que não permitirão o acesso dessas entidades infelizes no ninho de amor! Já os que entregam-se à impureza do sexo, não precisamos dizer nada, apenas aprecia essas horríveis cenas à nossa frente!

Aquela cena era realmente horrível; eu já estava extremamente enojado com os procedimentos dos desencarnados, que não eram só homens desencarnados, mas também mulheres. As atitudes nem de longe lembravam a personalidade feminina; mas, a busca pelos homens encarnados, pela cama, demonstrava sua natureza.

Eu estava, já, solicitando ao irmão Hermes para que nos retirássemos, quando vi no corpo espiritual de Cláudia um bicho estranho, parecia uma lagarta. Perguntei ao irmão Hermes o que era aquilo, que eu não via nos outros ali presentes.

— A tua mediunidade hoje está notável, Roger. Conseguiste ver a manifestação espiritual do vírus HIV. Em alguns meses, esta terrível doença descerá do corpo espiritual para o físico de Cláudia. Aliada à manifestação física desse vírus, com o qual Cláudia entra em contato quase todas as noites, através de suas orgias sem fim, a manifestação espiritual do vírus se transformará em uma cruel realidade para nossa irmã. Que Deus a ilumine para que ela saiba aproveitar o período de reflexão que essa doença lhe permitirá.

— Quer dizer, então, que a origem da AIDS está no espírito?

— Sim, meu querido irmão! Nada ocorre por acaso na vida criada por Deus. Todas as manifestações de nossas vidas são decorrentes do que fizemos no nosso dia-a-dia. Muitas pessoas entram em contato com aidéticos sem estabelecer contágio, devido a não ser do interesse do processo de reeducação daquela alma. Não é o que acontece com a nossa irmã Cláudia, que precisa passar pelos horrores que só essa doença oferece. Se não fosse assim, como explicar o contágio por parte de hemofílicos, diante do infinito Amor e Justiça de Deus? Somente através da lei de ação e reação, conhecida também por Carma, onde os espíritos resgatam seus deslizes de vidas passadas, é que podemos explicar os diversos sofrimentos, aparentemente injustos, pelos quais passam alguns de nossos irmãos.

Retiramo-nos do quarto. Ao sairmos, ainda era possível ouvir os deprimentes gemidos de prazer, que, em breve, iriam se transformar em gemidos de dor, para todos naquele quarto.

Regressamos para o cemitério. No meio do caminho, passamos por um arborizado parque. Solicitei ao irmão Hermes uma pequena parada. Eu precisava recuperar as energias perdidas naquele ambiente pesado.

Amanhecia em Salvador. Agradeci à mãe natureza pelos fluidos salutares da aurora. Sentamos no gramado que lembrou-me, palidamente, o Império do Amor Universal. Eu já estava com saudades daquele reino de paz e alegria. Os pássaros cantando, toda aquela beleza, enfim.

Lembrei-me das maravilhosas festas da cidade-luz. A bela música, as danças alegres e com uma coreografia que impressionaria os mais fabulosos coreógrafos do plano terrestre. Muita luz e muita saúde em tudo e em todos, ao contrário daquele ambiente depressivo que aquelas infelizes criaturas chamavam de festa.

Eu e o amoroso amigo, enquanto descansávamos, apreciávamos o trabalho dos espíritos de boa-vontade, que trabalhavam as energias da natureza para, posteriormente, encaminhá-las para hospitais e Casas Espíritas. De uma forma inopinada, perguntei ao benfeitor amigo:

— Quando a luz vencerá? Quando a dor será banida da Terra?

— A luz, meu amigo, começou a vencer há dois mil anos atrás, com a vinda de Jesus. O curso que ele ministrou agora exige a comprovação do aprendizado. Os que desprezam os Ensinamentos Divinos terão que continuar seus estudos em uma outra escola, longe daqui, como tu bem sabes. Mas quando será? Gabriel é o prenúncio da mudança! Ele, junto com a confirmação das profecias, simbolizam a Grande Transformação. Aguardemos com amor no coração e com fé na Providência Divina!

Enquanto conversávamos, pensei no meu corpo, que aguardava obediente, em Porto Alegre, as informações que ora meu espírito vivia. Pensei: "graças ao Bom Deus, por permitir o acesso a estas informações; que elas ajudem o homem moderno a despertar, visto que, pelos caminhos de luz do amor e da fraternidade, está muito difícil".

Chegamos às nove horas e trinta minutos ao cemitério. O caixão de Flora já estava sendo conduzido para o seu devido apartamento, naqueles carrinhos tradicionais. Sebastião, angustiado, procurava os filhos pelos corredores da grande mansão dos mortos. Olhava no estacionamento e nos corredores, mas nada. Mal sabia ele que, provavelmente, seus filhos estariam dormindo, entorpecidos, sob o efeito devastador da desequilibrada noitada.

Aflito, Sebastião acompanhou, com os olhos marejados de lágrimas, a despedida daquela que foi a esposa ideal, que sempre pedira a Deus, em sua juventude. Companheira inseparável, Flora foi a força que o amparou nos momentos difíceis e a flor que ornamentou, com imensas alegrias, sua vida. Além da dor da separação, Sebastião sofria com a ausência de seus filhos naquele momento de extrema dor.

Logo o sepultamento estava consumado. Os amigos e parentes estavam chocados com a atitude dos filhos de Flora. Sebastião desculpava-os dizendo que estavam muito abatidos, sem nenhuma condição de vivenciar aquela difícil despedida. Mas todos conheciam muito bem aquelas pobres criaturas. Por respeito à dor de Sebastião, nada disseram.

Abatido, Sebastião retornou para casa. Lá chegando não encontrou seus filhos. Deitou-se na cama e dormiu por horas. Durante o repouso teve um feliz sonho com sua esposa. Logo mais, em seu sonho, surgiu uma mulher nimbada de luz, que ele reconheceu como sua mãe, que lhe disse:

— Bastião, meu filho — só ela o chamava assim — momentos de glória surgirão para o teu cansado espírito, em breve. Prepara a tua alma com o adubo da fé e do amor, pois nascerá no terreno fértil de teu coração a Grande Tarefa. Neste dia perdeste o amor de tua vida, logo mais perderás a alegria de viver, devido a grandes desgostos, mas Jesus jamais desampara os filhos de boa-vontade. Direciona tua bússola para o norte angélico; muda teu rumo, meu filho, pois chegou o momento de abandonar as glórias do homem, Sebastião, para adquirires as glórias do Espírito. E não te esqueças da humildade, que sempre é pequena na alma daqueles que possuem as riquezas da matéria. Ora com Jesus e aguarda. E não te esqueças: Conserva sempre o coração em paz, pois longe da paz somos escravos da dor!

Algumas horas mais tarde, Sebastião acordou. Impressionado com o sonho, ele foi até uma pequena peça da casa que ficava ao lado do quarto de César. Naquela despensa, Sebastião e a esposa guardavam fotos e lembranças de suas viagens e passeios. Sentado no chão, como uma criança, Sebastião sentia os primeiros impulsos da saudade dos que ficam. Folheando os álbuns de fotografias, seu espírito viajou no tempo recordando bons momentos e "coisas" que gostaríamos de ter dito a quem amamos, mas só nos lembramos quando é tarde demais!

Viajando em seu mundo de sonhos, Sebastião levou um grande choque, quando ouviu o estrondo forte da porta batendo. Eram seus filhos retornando às seis horas da tarde para casa. O saudoso velho sentiu imediatamente um mal-estar. Ele queria ficar sozinho, portanto ficou quieto na despensa, lendo as cartas de amor que trocara com a esposa na juventude. Mas logo foi impedido pelo diálogo dos filhos, que dirigiram-se para o quarto de César.

— Será que o velho não voltou ainda daquela "lengalenga"? — disse César, que sofria poderosa influência de sua irmã.

— Essas coisas são demoradas, maninho — falou Cláudia, com ar de deboche. — Mas é melhor assim, pelo menos não vamos ter que ouvir o velho enchendo o saco por nós não termos ido "empacotar o defunto".

Sebastião deixou cair as cartas no chão e ficou de boca aberta ouvindo os absurdos que seus filhos falavam. Nós estávamos na despensa, com ele; senti um profundo sentimento de piedade ao ver a expressão de dor no rosto de Sebastião. Deve ser muito doloroso para um pai ter que ouvir isso de seus filhos!

Ferido em seu generoso coração, Sebastião ergueu-se e aproximou-se da porta, para melhor ouvir o que o seu coração não queria acreditar. Sebastião sabia que seus filhos tinham tão má personalidade. Há anos tentava corrigi-los, em vão. Mas aquilo que estava ouvindo era demais. Ele não conseguia crer no que ouvia, acreditava-se vivendo um terrível pesadelo.

Seus filhos, impiedosos, seguiram no diálogo.

— Graças a Deus, menos um para apoquentar nossa vida.

— A velha não era nada, pior é o pai. Por que não foi ele primeiro? A velha seria mais fácil de enrolar. Tiraríamos dinheiro dela de toda forma, depois colocaríamos ela em um asilo, alegando que ela estaria louca ou "sei lá o quê". Contrataríamos uns bons advogados para "ajeitar" as provas, e estaria, então, tudo resolvido.

— E por que a gente não faz isso com o velho? — perguntou César.

— O velho é mais difícil, e ainda mais ele é muito amigo do advogado da família. Nogueira é muito esperto, logo atrapalharia nossos planos de "enlouquecer" o coroa. Só temos uma solução!

— Qual?

— Temos que matar o velho!

César se arrepiou, aquilo era demais. A sua irmã não tinha limites. Sim, Cláudia pagaria qualquer preço pela liberdade extrema, com a qual poderia, através do dinheiro da família, satisfazer todos os seus hediondos prazeres.

Hermes analisando minha última frase, disse:

— Liberdade sem consciência é poder sem direção!

César, assustado, tentou dissuadi-la.

— Cláudia, a gente não está indo longe demais?!

Rapidamente Cláudia argumentou, como se fosse uma cobra dando o bote:

— Como está tua carteira? O pai não te dará dinheiro hoje, com certeza, ainda mais que não fomos no enterro. Daqui a pouco começarão tuas tremedeiras. Como é que tu vais comprar cocaína sem dinheiro?

Os argumentos eram muito poderosos para César. Completamente viciado, César rendeu-se à argumentação pesada de Cláudia. Ele apenas murmurou um "está bem", como quem arrasta penosa culpa na consciência.

— Vamos — disse ela — tomaremos um banho e iremos até a casa do Carlão hoje pagarei a tua quota com o meu dinheiro. — Mas demonstrando que não dá ponto sem nó, Cláudia disse: — Mas não te esqueças, tu me deves esta!

Eu e Hermes estávamos espiando pelas frestas da porta da despensa, utilizada para refrigeração natural da pequena peça. Logo os dois jovens saíram do quarto. Quando virei-me para Sebastião, estava ele, ao nosso lado, escorregando pela parede, em profundas lágrimas, até sentar-se no chão, abraçando-se em suas pernas. Condoído com a dor de Sebastião, eu e Hermes começamos também a chorar. O pobre homem soluçava desesperado de dor.

Logo vimos o auxílio divino que nunca falha. O espírito protetor de Sebastião, junto com outros irmãos de luz efetuavam passes na atormentada cabeça de Sebastião. O seu anjo guardião, então, lembrou-o do sonho que teve e das palavras daquela que achava ser sua mãe. Consolado, Sebastião começou a traçar planos novos para sua vida. Ele não se esqueceu da recomendação para manter o coração em paz. Em um primeiro momento, Sebastião pensou em chamar a polícia, mas percebeu que não era a atitude a tomar.

No dia seguinte ele assinou uma procuração dando plenos poderes a Nogueira, seu advogado, incumbindo-o de vender todos os seus bens, com exceção da casa que deixaria aos filhos, mais uma determinada quantia em dinheiro para que os jovens transviados se esquecessem dele, pois aí já teriam tudo

o que desejavam.
 Não foi difícil para Nogueira vender o patrimônio de Sebastião, sempre muito bem administrado e lucrativo. Há muito tempo já havia interessados em efetuar a aquisição de tão próspero negócio.
 Dois dias depois estavam Sebastião e Nogueira no aeroporto da cidade. Ainda não havia se concretizado a venda do patrimônio de Sebastião, portanto Nogueira insistiu:
 — Você tem certeza, meu amigo? É isto que você quer fazer?
 Tranqüilamente, Sebastião respondeu com uma pergunta:
 — Se você estivesse no meu lugar, que faria?
 Nogueira baixou a cabeça, sem resposta. E Sebastião continuou:
 — Nunca mais quero saber de notícias sobre esses meninos. Escreva-me sobre você e sua adorável família. Envie-me correspondência sempre para o meu novo nome. E não esqueça, quando você for transferir o meu patrimônio, faça de forma que ninguém possa descobrir o destinatário. Que esta fortuna desapareça de suas mãos sem deixar vestígios, pois eu não sei até aonde vai a ambição dessas duas criaturas, que um dia chamei de filhos.
 Nogueira concordou, com a cabeça. Lágrimas correram de seus olhos no abraço de despedida. Sebastião ali certificou-se de que poderia confiar no sigilo do amigo. Embarcando no avião, acenou para o velho companheiro e para a cidade que o acolhera durante seus quarenta e cinco anos de vida.
 Em breves minutos o avião estava decolando. E, em algumas horas, Sebastião estaria ingressando em uma casa, que havia sido comprada às pressas, e que se localizava a duas quadras da casa de Gabriel.

19.
O encontro com a luz

Quase dois anos haviam se passado desde a chegada de Sebastião à cidade em que vivia Gabriel. O desiludido empresário, agora vivia entregue às suas recordações do passado: algumas doces, outras amargas.

A separação da esposa e a ingratidão dos filhos dilaceravam-lhe o espírito. Angustiado, ele pensava em tirar a própria vida. Há muitos anos fumava, mas nestes dois últimos anos o hábito havia tornado-se contínuo, acendendo um cigarro atrás do outro. A dor, também, lhe trouxera uma nova amiga: a bebida.

O total isolamento da sociedade, a ausência de amigos e até mesmo empregados, colocou Sebastião em um clima altamente depressivo. Sempre de janelas fechadas, com uma garrafa de bebida na mão e um cigarro na outra, pouco a pouco, Sebastião ia destruindo o seu maior patrimônio: a própria vida.

Cultivando vícios e longe de conversas sadias, ainda mais com o coração envolvido em mágoa e rancor, Sebastião abriu as portas para o assédio de infelizes visitas espirituais. Os irmãos distanciados do amor de Cristo atacavam-no constantemente, impelindo-o ao suicídio.

Certa tarde, fomos à casa de Sebastião. Ele estava sentado em uma poltrona de seu escritório, onde passava as tardes ouvindo música e recordando os bons tempos de sua vida. Este procedimento é muito saudável, mas quando executado pela ótica de quem tudo perdeu, torna-se um grande martírio para a alma.

Junto a ele, estavam os infelizes espíritos obsessores. Estes passavam todo o tempo possível com ele, bebendo e fumando em uma simbiose perfeita. Tentavam matá-lo de toda forma. Espíritos que se sentiam prejudicados por Sebastião, num passado distante, desejavam o seu imediato retorno ao mundo dos espíritos para lá o fazerem sofrer as conseqüências da desforra cruel.

Após sugarem a vibração do álcool e do fumo, pela qual Sebastião alimentava os vícios daqueles irmãos perturbados, começavam, eles, uma grande tortura mental.

Pressionavam-lhe o cérebro com as palmas das mãos, causando-lhe uma forte dor de cabeça e, após, começavam a soprar-lhe, no ouvido, maus pensamentos, como verdadeiros demônios.

— Vamos lá, velho imbecil, pega o revólver e explode a cabeça. Estamos aqui te esperando. Não te daremos um minuto de sossego. Tu vais pagar até a última moeda, por todo o mal que nos fizeste.

Ouvindo aquelas palavras, Sebastião abriu uma gaveta da mesa, ao lado da poltrona, sacou um revólver e colocou-o na boca. Estava tocando uma bela música de Johann Sebastian Bach. Decididamente, a música não era compatível com aquele infeliz momento. O sublime compositor mantinha os mais elevados pensamentos quando compôs aquela música, há séculos atrás.

Mais ao lado, jogado para escanteio por seu próprio pupilo, estava o anjo da guarda de Sebastião, que há dois anos atrás havíamos conhecido na antiga residência do ex-empresário, que ele deixou de herança para os filhos.

De joelhos, o espírito protetor implorava a Jesus auxílio. Sentia que seu protegido estava em um momento muito delicado. Já não conseguia mais intuí-lo, pois ele estava completamente entregue a uma vibração inferior. Sebastião estava nas mãos dos espíritos que o queriam destruir, única e exclusivamente, por sua própria invigilância. Por esse motivo Jesus nos ensinou a "orar e vigiar". Sem a prática dessas duas palavras mágicas, perdemos o contato com nossos espíritos protetores e ficamos indefesos, nas mãos daqueles que se identificam com os infelizes pensamentos destrutivos, que, às vezes, cultivamos.

Quanto mais o seu anjo da guarda se esforçava em preces, mais decidido Sebastião ficava. A recordação dos últimos sofrimentos o estimulava mais e mais. Aliando a dor à influência nefasta dos obsessores, Sebastião, pouco a pouco, ia puxando o gatilho. Quando restavam apenas alguns milímetros para a arma efetuar o disparo, milagrosamente, alguém bateu à porta, não a da rua, mas a do escritório.

Assustado, Sebastião guardou a arma na gaveta, enxugou as lágrimas e perguntou: — Quem está aí?

A porta, então, se abriu. Estávamos todos no escuro, mas quando a porta foi aberta, a luz se fez. Foi uma cena maravilhosa! Cegos, ainda, pela escuridão, não podíamos enxergar claramente a figura que fitava, silencioso, o ambiente. Mas notamos logo a mudança de vibração no local. Os espíritos perturbados pareciam ratazanas fugindo da luz imensa que vinha da porta.

Logo nossos olhos conseguiram enxergar claramente. Era Gabriel, no auge de seus dezoito anos de idade. Com cabelos longos, à altura dos ombros, e com seu encantador olhar, o anjo disse:

— Desculpe-me, eu estava passando pela frente da sua casa. Bati palmas, mas ninguém atendeu. Vi que a porta estava aberta e senti um forte impulso para entrar. Sabe, eu estou ajudando o padre Antenor a angariar fundos para a festa de São Francisco de Assis, que acontecerá, agora, em outubro.

O espírito protetor de Sebastião ficou completamente extasiado com o retorno de sua súplica:

— Obrigado meu Deus, obrigado. Não somos dignos desta intervenção de Tua infinita misericórdia. Peço-te apenas um pequeno auxílio e tu envias o maior entre os encarnados até nós. Como poderei agradecer-te meu Deus? O menino-luz está entre nós! Graças a Deus!

O guia espiritual de Sebastião sabia que Gabriel cruzaria pelos caminhos da vida com seu tutelado, pois isso já estava planejado pelo alto há muito tempo, mas não sabia que seria em um momento tão especial e tão importante, portanto, ele ficou em estado de graça, ante a bênção recebida.

Sebastião, também, registrou a nova vibração do ambiente, sentindo mais paz e luz. Envolvido pela suave voz de Gabriel e por toda sua simpatia, sentindo, ainda, a sua vibração angelical, aliada à de Danúbio, que estava sempre ao seu lado, o perturbado senhor disse:

— Sente-se, meu filho.

Gabriel aproximou-se, com um olhar que abençoou todo o ambiente. Se porventura ainda existisse alguma vibração negativa naquela casa, com aquele poderoso olhar, se desfez. Os obsessores estavam, já, a "quilômetros" dali, assustados com uma luz que nunca haviam visto igual. Antes de sentar-se, o anjo disse:

— Adoro Bach, com certeza é o compositor clássico que mais se aproximou da música que eleva nossos sentimentos à glória de Deus.

— Pensei que jovens só gostassem dessas barulheiras modernas. Espanta-me que você aprecie esta boa música.

— Prefiro Vivaldi e Mozart, mas a "Ária na Corda Sol" da Suíte Orquestral número três é a mais bela música já concebida por um ser humano, na minha opinião, é claro.

Alegre com a conversa, de que já não desfrutava há anos,

Sebastião esboçou um belo sorriso. Ele não se dava conta de que o cheiro de bebida que saía de sua boca era insuportável. Gabriel, espírito forjado na infinita problemática do gênero humano, não demonstrava, em um segundo sequer, asco ou repulsa pela situação de Sebastião, tratava-o como um grande amigo que há anos não via.

Os dois ficaram horas conversando sobre música clássica. Gabriel, espírito de extrema inteligência, conhecia pormenores sobre o assunto, o que muito impressionou aquele homem desiludido da vida.

Sebastião corria de um lado a outro, como uma criança, procurando, entre seus CD's, músicas para mostrar a Gabriel e perguntar-lhe sua opinião. O anjo de Deus, serenamente, pediu-lhe a autorização para abrir bem as janelas e, assim, iluminar o ambiente com a luz divina do sol.

Observando Gabriel abrir as janelas, Sebastião percebeu a majestade dos gestos do belo jovem. Pensou: "Como eu gostaria que meus filhos fossem assim! Por quantos anos quis ter um minuto desta conversa, que tenho com este rapaz, com meus filhos. Trocar idéias sobre boa música. Conversar sobre algo construtivo".

E isto que Gabriel só havia falado de música, imaginem, então, quando o anjo começar a falar das coisas de Deus!

Os dois novos amigos passaram mais algum tempo conversando. Sebastião estava encantado com a serenidade e a personalidade marcante de Gabriel. Os olhos, espelhos da alma, demonstravam o caráter angelical do enviado de Jesus.

No momento da despedida, Gabriel perguntou se poderia retornar no dia seguinte para conversarem mais sobre música e outros assuntos. Sebastião, satisfeito com a espontaneidade do rapaz, concordou, convidando o jovem para o almoço. E Gabriel respondeu:

— Está bem, após sair da faculdade eu venho para cá!

— Você está na faculdade, Gabriel?

— Sim, iniciei este ano o curso de medicina, pela Universidade Federal.

Nas últimas despedidas, Sebastião perguntou ao anjo:

— O que você prefere comer no almoço amanhã?

Gabriel se ligando ao assunto do almoço, respondeu: — Frutas! — E despediu-se prometendo retornar no dia seguinte.

Enquanto Gabriel caminhava pelas calçadas do agradável bairro em que morava, Sebastião observava, do portão de sua casa, o rapaz que lhe deu novo ânimo para viver. Sem dizer uma palavra de censura, havia reerguido um coração à beira do suicídio. "De onde vem tamanho poder?", pensava Sebastião.

Ao lado de Gabriel, corriam crianças; simpáticas senhoras o paravam para conversar, com um sorriso que ia às orelhas; as moças, também, não conseguiam resistir a tamanha beleza, acenavam para o anjo de Deus com um brilho nos olhos. A rapaziada acenava e convidava Gabriel para um jogo de futebol, o anjo retribuía o cumprimento e confirmava a presença na partida em questão.

Sebastião estava impressionado com a alegria em torno daquela personalidade que era seu vizinho há dois anos, mas que ele nunca havia visto. Pudera, trancado em casa, saindo raramente, somente para resolver os assuntos mais necessários, desconhecia por completo toda a vizinhança, que vivia feliz e alegre naquele bairro agradável.

Com outros olhos, Sebastião começou a ver a vida que o cercava. Encantou-se com uma árvore em sua própria casa, que estava florida. Ele não havia percebido que a época das flores havia chegado. O sol de final de tarde banhava-lhe o rosto. Ele lembrou, então, das palavras de Gabriel: "Vamos abrir bem as janelas e, assim, iluminar o ambiente com a luz divina do sol."

Sebastião correu para dentro de casa e retornou com uma cadeira para sentar-se ao lado de sua árvore e, assim, receber, junto com a natureza, os últimos raios daquele belo dia, onde ele reencontrou a força de viver.

Os vizinhos vendo aquela reação insólita do arisco morador, passavam e acenavam para ele, com alegria. Sebastião retribuía o cumprimento com um brilho nos olhos e no coração.

Do outro lado da rua, sentados em um muro, estavam os espíritos obsessores que, há algumas horas atrás, quase levaram Sebastião ao suicídio. Hermes e eu atravessamos a rua e fomos ouvi-los:

— Quem era aquele sujeito iluminado? Era Jesus? Era Jesus?

— Não, não. O Nazareno não desce assim, ele está sempre ocupado com assuntos mais relevantes. Se não estou enganado, aquele rapaz deve ser Gabriel, que reencarnou há alguns anos para uma grande tarefa entre os homens. Só pode ser ele, vocês viram a força daquela luz? Queimou-me os olhos.

Olhando para Sebastião, sentado ao lado da árvore, que parecia protegê-lo, o cruel chefe dos obsessores disse:

— A casa está toda envolvida em luz. Aquele rapaz limpou completamente nossa influência perniciosa. E vejam o velho, está envolvido em luz. Hoje não poderemos fazer mais nada!

O grupo sinistro estava se preparando para partir, quando o irmão responsável pela tutela de Sebastião disse-lhes:

— Irmãos, esperem um momento, eu gostaria de falar-lhes!
— O que você quer?
— Estive ouvindo a conversa de vocês. Aquele que visitou meu protegido era realmente Gabriel. Ele prometeu retornar amanhã, também. E pelo que sei os dois ficarão muito amigos, ou seja, Sebastião reformará sua "casa mental" e, estando ao lado de Gabriel, será impossível qualquer tipo de assédio por parte de irmãos com más intenções.
— O que que é? Tu pensas que conheces as nossas forças? E ainda vens querer contar vantagem!
— Nada disso, meu irmãos. Quero apenas ajudá-los a entrar naquela casa novamente!

Todos entreolharam-se, intrigados. E o protetor de Sebastião continuou:

— Irmãos, chega de vingança e sofrimento. Se Sebastião errou com vocês, pensem naqueles a quem vocês, também, causaram prejuízo. Eu convido vocês a entrarem comigo naquela casa, amanhã, quando Gabriel lá estiver com Sebastião, para que todos possam desfrutar da luz e da paz de um verdadeiro anjo de Deus.

Desconcertados com a inusitada situação, todos concordaram.

No dia seguinte, na hora do almoço, Gabriel estava lá. Com os livros embaixo do braço, o anjo ingressou na sala da casa, que agora estava limpa e arejada. As janelas abertas permitiam o acesso da luz, ofertando um outro clima à casa de Sebastião.

Os obsessores de Sebastião estavam todos sentadinhos, ao lado do espírito guardião de Sebastião. Com as intenções mudadas, foi-lhes possível ingressar no ambiente, sem sentirem as dores que a luz causa nas almas com sentimentos perversos.

Ao verem Gabriel, todos ficaram deslumbrados. Como estavam no plano espiritual, eles podiam ver a imaculada luz que envolvia todo o corpo físico do anjo de Deus. Logo atrás, entrou Danúbio, que causou um espanto geral em todos, devido à elevada condição do anjo guardião de Gabriel. Os inimigos de Sebastião ficaram com receio de serem enxotados por aquela entidade iluminada. Mas o comportamento dos espíritos iluminados é bem outro! Vendo-os, Danúbio esboçou um grande sorriso e aproximou-se deles com grande simpatia e amor, o que os aliviou. O protetor de Sebastião, aproximando-se de Danúbio, disse-lhe:

— Nobre benfeitor, achei interessante que estes irmãos apreciassem as palavras de Gabriel. Espero não ter sido imprudente.

Danúbio abraçou o protetor de Sebastião e a cada um dos obsessores, doando-lhes uma grande quota de luz. Os irmãos perturbados nem imaginavam que poderiam um dia sentir tão pura energia invadir-lhes a alma. Em lágrimas, todos aguardaram a palavra amigável do sublime mentor espiritual de Gabriel.

— Fico muito feliz com a presença de todos! E vocês não serão os únicos a assistirem às palavras de Gabriel. Logo mais chegarão outros irmãos para assistirem a estes raros momentos de paz, onde um encarnado se digna a falar palavras de luz!

Analisando essas palavras de Danúbio, lembrei-me das reuniões do "Evangelho no Lar", muito comuns entre nós espíritas. Através da vidência, podemos observar o incontável número de espíritos que assistem a essas reuniões. As raras famílias que realizam essa reunião de amor auxiliam a um infinito número de irmãos desencarnados que precisam ouvir as palavras de Jesus para encontrarem a paz.

Infelizmente, quando estes irmãos desencarnados procuram a casa de seus familiares para uma palavra de conforto, só encontram conversações fúteis, ou então, as deprimentes telenovelas. Se todos dedicassem pelo menos trinta minutos por semana para a realização da leitura e de comentários sobre as passagens do Evangelho de Jesus, o mundo, hoje em dia, já estaria bem mais feliz e pacífico. Através dessa reunião de amor, paz e fé, nós podemos auxiliar a familiares que partiram e, também, realizar o que estamos vendo com Sebastião, a doutrinação de espíritos que procuram nos obsediar, devido a males que praticamos em um passado remoto ou recente. Através dessas reuniões, todos da família aprendem a cultivar a paz, o amor, a tolerância, a paciência e outras virtudes cristãs. E o mais importante, muitos dos conflitos familiares são resolvidos, através de uma mágica simples: o diálogo cristão.

Hermes chamou-me a atenção. Gabriel e Sebastião já estavam sentados à mesa, que estava repleta de frutas e, também, de feijão, arroz, saladas e carnes.

Antes de começarem a comer, Gabriel perguntou a Sebastião: — Posso fazer uma oração de agradecimento pelo alimento? — Sebastião, impressionado com as atitudes tão diferentes da média dos jovens da idade de Gabriel, assentiu imediatamente. O anjo, então, orou:

"Senhor, agradecemos pelo alimento que Tu nos ofereces,

Que os frutos da Terra possam sempre alimentar o mundo,

E que a esterilidade dos campos jamais ocorra nesta Pátria Amada, que Tu nos ofereceste por berço,

Inspira, Senhor, os dirigentes do nosso país, para que eles não se esqueçam da imensa multidão de famintos que vivem à margem da sociedade,

Ilumina, também, Senhor, nossos corações, para que façamos a nossa parte nos ofícios da caridade, auxiliando àqueles que sentem a dor que a falta de alimento proporciona,

Abre os olhos, Senhor, desta humanidade, que insiste em ter o direito de reclamar, mas não se acha nunca no dever de ajudar. Que Assim Seja."

Todos os espíritos desencarnados, ali presentes, estavam deslumbrados com a luz e a paz que a voz de Gabriel emitia. O sentimento que ele havia colocado na oração despertou os corações mais empedernidos naquela assembléia de desencarnados. Sebastião também achava-se emocionado com as palavras santas proferidas pelo anjo de Deus.

Gabriel serviu-se de feijão, arroz, algumas saladas e muitas frutas. Desprezou a carne de animais, que jamais ele havia colocado na boca. Espírito de elevada hierarquia espiritual, Gabriel não conseguia alimentar-se com os fluidos pesados causados pelo sacrifício animal. Aquele que veio para trazer a vida, não poderia manter suas energias físicas com a morte de animais que possuem o mesmo direito à vida que nós.

Sebastião, então, disse:

— Bela oração, Gabriel. Pelas suas palavras vejo que você tem muita intimidade com as coisas de Deus.

— Sim, meus pais sempre me deram uma educação voltada para a religiosidade. Desde pequeno ajudo nas obras da Igreja de nossa paróquia. — E direcionando-lhe um expressivo olhar, perguntou: — E o senhor freqüenta alguma religião?

— Sim, sou católico. Mas ando meio afastado, há dois anos para ser mais exato.

— Poderíamos ir juntos à missa, no domingo. Iria conhecer meus amigos e a comunidade da paróquia. O senhor irá adorar o padre Antenor. Ele é um homem muito bom.

— Por favor, Gabriel. Não me chame de senhor.

— Está bem, mas Sebastião é muito comprido. Vou chamá-lo de Bastião.

Ao ouvir a forma reduzida de seu nome, que somente sua mãe usava, Sebastião deixou correr duas lágrimas dos olhos. Lembrou, então, daquele dia fatídico em que sonhara com ela e, logo após, viveu os tristes momentos em que escutou a conversa dos filhos de dentro da despensa de sua antiga casa.

Gabriel, percebendo as lágrimas, pediu a Sebastião para que se abrisse com ele. O velho, que necessitava há anos de um confidente, não se fez de rogado.

A História de um Anjo

— Meu filho, há dois anos faleceu minha esposa. E, também, era minha mãe que me chamava de Bastião. Quando você me chamou assim fez-me lembrar dela.
— Desculpe, se quiser eu posso chamá-lo de Sebastião.
— Não, não, por favor. O tom da sua voz lembra-me dela. Chame-me quando quiser de Bastião.
Gabriel sorriu e disse:
— Eu tenho uns livros espíritas muito bons que narram a vida no mundo espiritual e que também nos dão notícias de parentes queridos que partiram para o mundo espiritual. Todos trazidos graças à mediunidade abençoada de irmãos de boa-vontade.
— Livros espíritas? Mas você não é católico?
— Sim, eu sou católico, mas também sou espírita! E respeito e me interesso por todas as religiões sinceras que sigam os ensinamentos de Jesus.
— Mas o Espiritismo se envolve com bruxarias e é contrário aos ensinamentos cristãos.
— Está enganado, meu amigo. A Doutrina Espírita é o advento do Consolador Prometido. Através das sábias elucidações dos espíritos, conseguimos compreender melhor a mensagem de Cristo, sem as distorções que os séculos impuseram à Verdade do Messias. Infelizmente, alguns fanáticos religiosos atacam a Doutrina Espírita, mais por desconhecimento do que por maldade. Os ensinamentos espíritas significam liberdade. É a fé raciocinada. A partir dela podemos descobrir todos os fenômenos que envolvem a vida criada por Deus e, assim, conquistarmos uma fé verdadeira, livre do medo e da desconfiança.

Jesus, no tempo em que esteve conosco, não pôde trazer a verdade de uma forma clara, pois o homem daquela época não estava preparado para tais revelações. Mas ele prometeu-nos que, quando chegasse o momento, ele nos enviaria mensageiros para elucidar as coisas mais sagradas. E isso está acontecendo há mais de cento e cinqüenta anos, através da Doutrina Espírita.

Através de mais esta janela divina, que Jesus descortina, podemos compreender melhor os seus conceitos de luz. O perdão ilimitado que ele sempre nos ensinou, compreendemos melhor, através da lógica das reencarnações a que o espírito se submete por infindáveis séculos. Como não perdoar aos nossos semelhantes se, talvez, aquele mal que sofremos pode ser fruto do mal que causamos, a esse que nos odeia, em um passado distante?

Por meio deste canal de luz, que a Alta Espiritualidade abre aos homens de boa-vontade, poderemos reavivar o Cristo na alma da humanidade entorpecida pela fragilidade atual das religiões convencionais.

Os espíritos ouviam atentos as palavras de Gabriel. Muitos ali precisavam ouvir aquelas palavras sobre o perdão, inclusive os obsessores de Sebastião. Também eles haviam prejudicado Sebastião em esquecidas vidas de um passado distante. O protetor de Sebastião abraçou a todos, demonstrando não estar magoado com toda dor que ele e seu protegido sofreram naqueles últimos anos, impostas por aqueles irmãos, até então desviados do Bem.

A palavra de Gabriel, envolvida em magnético amor, cativava a todos ali presentes. No rápido período do almoço, as elucidações de Gabriel, a sua serenidade e o tom cativante de sua voz haviam convertido espíritos que permaneciam há décadas aprisionados em seu próprio ódio.

Sebastião, ao despedir-se de Gabriel, nem percebeu as grandes realizações espirituais que ocorreram na sua casa, naquele dia. Almas que cultivavam um ódio ferrenho por anos, agora pediam-lhe desculpas por todo o mal causado. Sebastião, sentindo essa vibração de paz, orou a Deus pedindo que o Sublime Criador iluminasse seus caminhos, e se tivesse praticado algum mal, em seu passado distante, como havia dito Gabriel, que Ele perdoasse os seus erros, e que todos os que tivessem sido prejudicados perdoassem, também, as suas faltas.

Os espíritos obsessores sentiram-se confortados com aquela oração sincera de Sebastião e partiram em paz, em busca de novos rumos de amor e de luz.

A partir daquele dia, Sebastião estava livre de uma influência oculta que minou sua vida por longos anos. Quantos encarnados sofrem essa mesma influência de espíritos vingativos e não se dão conta? Quantos ficam impressionados com a "má sorte" que os assalta, alegando que tudo dá errado em suas vidas, devido às explicações mais sem cabimento? E a solução está, única e exclusivamente, na oração e na busca da prática de uma vida verdadeiramente cristã. Aquele que se diz Cristão e não perdoa, nem a menor das ofensas, não pode, jamais, exigir do Pai uma vida feliz e tranquila!

20.
Entre o catolicismo e o espiritismo

No domingo, estavam todos na Igreja São Francisco de Assis: Gabriel, Marco Antônio, Mariana, Ana Maria, a mãe de Gabriel e, também, Sebastião.

Eram sete horas da noite; Gabriel e Marcus preparavam-se para auxiliar o padre Antenor, através da música. Enquanto o padre aprontava-se para realizar a missa das sete e trinta, os dois jovens afinavam seus violões para tocarem músicas religiosas, entre uma e outra das diversas etapas que compõem o culto católico.

Antes de iniciar a cerimônia religiosa, os meninos tocavam para recepcionar os paroquianos. Sebastião, sentado em um dos bancos mais à frente, ao lado de Ana Maria, apreciava a bela arquitetura da Igreja São Francisco de Assis; enquanto isso, eu e o irmão Hermes apreciávamos os belos solos de violão que os dois anjos realizavam antes da entrada do padre Antenor.

Gabriel e Marco Antônio (Marcus) pareciam dois anjos na verdadeira acepção da palavra: Os cabelos lisos e longos, à altura dos ombros. O cabelo de Gabriel era castanho, já o de Marcus, negro. As calças jeans e as camisetas brancas, de mangas longas, demonstravam o espírito jovial dos rapazes, que estavam ingressando na fase adulta. O sorriso de ambos resplandecia nas suas faces alegres. Envolvidos no clima angelical da própria música que tocavam, cativavam, pouco a pouco, o público que lotava a casa de Deus.

Às sete e trinta, padre Antenor iniciou a missa. A igreja lotada de fiéis, graças ao carinho e desvelo que o bom padre dedicava aos paroquianos e, também, ao clima de imensa luz que os dois jovens propiciavam à cerimônia religiosa. Com os cânticos, acompanhados apenas por seus violões, os dois anjos iluminavam o ambiente, elevando os fiéis aos mais altos sentimentos da alma.

Após trinta minutos de liturgia, onde Gabriel e Marcus

auxiliaram o público, através de microfones, nos momentos em que os fiéis devem confirmar as palavras do padre, iniciou-se o sermão daquele dia. Antenor falou sobre o ensinamento da "Porta Estreita".

— Irmãos, o Reino dos Céus é como uma porta estreita; ao lado de uma imensa e larga porta, que é o caminho da perdição do homem. Jesus nos disse que é fácil e convidativo o caminho do mal, porque as más paixões são numerosas e a estrada do mal é freqüentada pela grande maioria. Através deste caminho encontra-se o comodismo e o conforto imerecido, portanto, os homens, desrespeitando as oportunidades de trabalho justo e honesto, entregam-se a este caminho de iniqüidades. Já a porta estreita exige sacrifício e desprendimento. Exige do homem uma reforma interior em seus conceitos de vida. A porta estreita reclama grandes esforços para aquele que queira por ela passar. Este estreito caminho exige do homem que ele vença suas más tendências, que ele se liberte de seus vícios, e poucos a isto se resignam.

Este ensinamento é semelhante àquele que nos diz: "Muitos os chamados, mas poucos os escolhidos". A Igreja, representante de Deus na Terra, repete o chamamento que Jesus nos fez há dois mil anos atrás, mas muito poucos são os que se esforçam para serem escolhidos. A grande maioria procura a larga porta da criminalidade, do egoísmo, da inveja, do ódio e da maledicência. Enquanto isso, a porta estreita é procurada por muito poucos. Estes poucos, são aqueles que amam seus semelhantes, aqueles que buscam amparar os necessitados, os que possuem uma palavra de amor e compreensão, os que buscam o trabalho honesto, os que são solidários. Os que procuram a porta estreita são aqueles que venceram seus vícios do corpo e da alma, e hoje são serenos como as pombas, onde nenhum mal existe.

E o que haverá atrás dessas duas portas? — perguntou ao público o padre Antenor, sendo que ele mesmo respondeu:
— Atrás da porta larga encontra-se aquela região onde Jesus nos disse que haverá "prantos e ranger de dentes". Já, atrás da porta estreita, que é de difícil acesso, existe uma grande recompensa, como é de esperar-se em todo o trabalho árduo. Ao transpormos a porta estreita encontraremos o Reino dos Céus, o Reino de Jesus, onde a paz e a luz prevalecem sobre todas as dores. Portanto, irmãos, analisemos nossas vidas e vejamos em que porta estamos batendo, por qual caminho estamos seguindo. Se estamos adentrando a imensa porta das iniqüidades, ou a estreita, mas valiosa, porta do Reino de Deus e de Jesus.

Eu fiquei emocionado com as palavras do padre Antenor. São padres como esse que iluminam o trabalho da Igreja Católica. Percebi que o mérito, para o grande público na missa, não era apenas de Gabriel e Marcus. Lúcido e verdadeiro, o padre Antenor não era apenas um excelente sacerdote, mas, também, um grande filantropo. A Igreja São Francisco de Assis, graças a ele e às operosas irmãs, realizava, já na adolescência de Gabriel, grandes trabalhos assistenciais, dos quais os dois anjos eram trabalhadores assíduos.

Após o sermão, iniciou-se o Sacramento da Eucaristia. Enquanto o padre Antenor realizava o ritual com a taça de vinho e a grande hóstia, Gabriel e Marcus preparavam suas partituras para cantarem, elevando o clima do ambiente, à medida que os fiéis fossem recebendo a comunhão.

A longa fila formou-se até o padre e as irmãs, que distribuíam o pão bento. Ao som de Gabriel e Marcus, um a um dos fiéis foi recebendo a comunhão, sempre seguida das tradicionais palavras: "Este é o corpo de Cristo".

Era um momento de meditação. Gabriel e Marcus tocavam música serena de louvor a Deus, que enaltecia as virtudes cristãs, através da prática do Bem. Percebíamos, com facilidade, como os fiéis daquela paróquia adoravam aquelas músicas e os meninos que há anos estavam sempre presentes no trabalho cristão daquela paróquia. Algumas senhoras estavam extasiadas, olhando para os dois belos moços, tão diferentes da maioria dos jovens deste final de século.

Logo após, o padre realizou mais alguns rituais típicos da Igreja Católica e disse algumas palavras finais ao público imenso. E, para encerrar a missa, solicitou a todos que se dessem as mãos enquanto os meninos "cantariam" o Pai-Nosso, junto com todos ali presentes.

Os dois esboçaram um grande sorriso, devido ao tom em que o padre havia dito aquela frase. Marcus, com a cabeça baixa, para melhor acompanhar as notas a serem tocadas no violão. Gabriel apenas realizando o acompanhamento em seu instrumento. Desde as primeiras músicas eu percebi que Marcus era mais habilidoso que Gabriel no instrumento. Para Marcus ficavam os solos, enquanto Gabriel apenas realizava o acompanhamento. Já na voz, Gabriel era insuperável. Sua voz cristalina envolvia a todos na igreja, não apenas pela pureza do som, mas pela magia da vibração dos sentimentos do anjo, que fazia aquele trabalho com o mais puro amor.

Após os primeiros acordes, todos começaram a cantar:
"Pai Nosso que estais no Céu,
Santificado seja o Vosso Nome,
Venha a nós o Vosso Reino,
E seja feita a Vossa vontade, assim na Terra como no Céu,

O pão nosso de cada dia nos dai hoje,
Perdoai as nossas ofensas assim como nós perdoamos a quem nos tem ofendido,
E não nos deixeis cair em tentação, mas livrai-nos do mal."

Terminada a canção, o padre Antenor abençoou a todos e encerrou a missa. Diversas pessoas vieram até o padre e os meninos. Um grande número de jovens conversavam com Marcus e Gabriel. Provavelmente colegas de algum grupo de jovens da igreja.

Enquanto todos confraternizavam, após o encerramento da cerimônia religiosa, eu e Hermes ficamos apreciando o incansável trabalho da Espiritualidade Maior, que trabalhava as energias positivas geradas no ambiente, levando os fluidos de luz, gerados pelos corações de boa-vontade, aos hospitais, penitenciárias e todos os lugares onde a dor reside.

Sebastião estava muito feliz; aos poucos ele ia recuperando a alegria de viver. A dor imposta pela separação da mulher e dos filhos ainda lhe doía na alma, mas a felicidade começava a encontrar espaço em sua mente e em seu coração.

Todos estavam indo embora, quando o padre Antenor pediu a Gabriel que ficasse mais um pouco, pois desejaria ter uma conversa em particular com ele. Gabriel avisou sua mãe que iria ficar mais um pouco na igreja. Sebastião, então, prontamente ofereceu-se para acompanhar Ana Maria até a sua casa, pois Marcus e Mariana já tinham se retirado.

Todos já haviam partido, quando Gabriel disse ao padre, que estava em silêncio, sentado nos degraus que levam ao altar da Igreja:

— Diga, padre, o que deseja?

O padre Antenor estava preocupado com as ligações de Gabriel com uma grande e conhecida Casa Espírita da cidade. Diversas pessoas comentavam na paróquia sobre esse assunto. Alguns criticando, outros elogiando. A conduta irrepreensível do anjo não abria margem a críticas, portanto, algumas pessoas ficavam pensando se Gabriel não estava certo em suas atitudes. Uma destas pessoas era o próprio padre Antenor.

Preocupado com esta situação, Antenor resolveu conversar alguns dias antes com Ana Maria, mãe de Gabriel, que lhe disse:

— Meu filho não é um homem comum, padre. Ele é um Grande Reformador. Um enviado de Deus para realizar as mudanças que o Altíssimo julgar necessárias. Digo-lhe estas coisas, porque o senhor conhece Gabriel desde criança, e entenderá que isto que digo não são afirmações de uma mulher desequilibrada. Padre, não posso tolher as iniciativas de Gabriel, pois em tudo que ele faz sinto a presença do Espírito Santo. Por favor, Padre-Antenor, não deixe que os preconceitos e o tradicionalismo intransigente ceguem seus olhos. Ouça Gabriel e analise seus pontos de vista. Verá que os ideais de meu filho são frutos do mais puro amor ao gênero humano!

Voltando a si, e percebendo que Gabriel aguardava suas palavras, o padre lhe disse em um tom sereno e amável, ganhando a total simpatia do anjo de Deus:

— Gabriel, meu filho, eu estou muito preocupado com os teus "estudos espirituais". Sei que freqüentas uma Casa Espírita, aqui da cidade. No início eu pensei que era mera curiosidade, mas agora vejo, através de outras pessoas, que estás seriamente engajado nas atividades dessa estranha religião. Eu fico preocupado contigo, meu filho. Dói-me o coração só em pensar que a Igreja pode perdê-lo. Viste nesta noite como os fiéis adoram a ti e a Marco Antônio. A igreja está sempre lotada, mas não por minha causa, mas por tu estares aqui, entre nós!

A humildade do padre cativou-me. Ele estava longe de ser daqueles religiosos prepotentes que se acham os "tais". A cada palavra do sacerdote, mais eu simpatizava com ele, e também Gabriel, que sentou-se nos degraus do altar, ao lado do padre, e disse-lhe:

— Padre Antenor, o senhor sabe, melhor do que ninguém, o quanto eu amo a Santa Igreja. E é por este motivo que mantenho um pé aqui e outro na Casa Espírita. A Doutrina Espírita será a religião cristã do futuro, do terceiro milênio! A humanidade está evoluindo rapidamente e, em breve, os conceitos e os rituais católicos, como das outras Igrejas Cristãs convencionais, perderão espaço para a lógica espírita, que é embasada em uma fé pura e consciente, liberta de rituais. Os homens, então, deixarão de procurar as religiões por mero formalismo, como ocorre hoje em dia, mas seguirão as religiões devido a possuírem uma verdadeira consciência espiritual.

Ligo-me a estas duas religiões, porque tenho a Igreja Católica no coração e a Doutrina Espírita na mente, como a maioria dos brasileiros espiritualizados.

Padre, a burocracia e o espírito retrógrado de alguns líderes da Igreja Católica estão matando a estrutura da maior das Igrejas do Cristo. O povo se distancia, pouco a pouco, de todo este formalismo, que não sente em seu coração. A Igreja está ficando sem brilho e sem atrativos, devido a estar aprisionada aos conceitos medievais de religiosidade. A Igreja São Francisco de Assis é uma das raríssimas exceções. Infelizmente, os fiéis se distanciam cada vez mais, devido aos conceitos abstratos de Céu e Inferno, em que o homem moderno já não mais acredita, por causa dos avanços da consciência coletiva em toda a humanidade.

O padre Antenor apenas observava as palavras de Gabriel, sem esboçar um gesto sequer. Tive que invadir o campo mental do padre para poder observar seus sentimentos. Ele estava impressionado com as idéias de Gabriel, mas não encontrava a explicação para aquele interesse tão grande pela Doutrina dos Espíritos. Pensava ele, enquanto Gabriel continuava com suas exposições: "Será que Ana Maria não está com a razão? Este jovem deve ser um Grande Reformador, enviado por Cristo para salvar a Igreja, transformando os corações de pedra, como fez Jesus."

Com os olhos envolvidos em misteriosa luz, Gabriel continuou:

— Hoje em dia temos três bases cristãs: Na primeira está a Igreja Católica, agrupando os irmãos de boa-vontade, mas sem entusiasmo no avanço espiritual. Nesta base encontramos, também, um grande número de pessoas que apenas ostentam uma fé que não possuem, ou seja, aqueles que são ateus e dizem-se católicos, apenas por formalismo. Na segunda base, encontramos as Seitas Pentecostais que envolvem os invigilantes das verdades espirituais em um fanatismo religioso, e algumas dessas religiões, infelizmente, ainda roubam o dinheiro do nosso povo sofrido. E, por fim, na terceira base, está a religião Espírita, que abre as portas para uma Nova Era de Evangelização entre os homens. Através de elucidações simples e coerentes, a Doutrina Espírita liberta o homem moderno do formalismo e da indiferença que a grande maioria das pessoas dedica às verdades espirituais, pois o espírita não se acredita perdoado e livre dos pecados apenas por ter ido à missa e se confessado, ou por ter enchido de dinheiro os bolsos de alguns pastores. O espírita só se acha em paz com Deus, quando conquista sua reforma interior, segundo os ensinamentos cristãos, tal como a Igreja Católica; só que a comunicação com o mundo espiritual traz explicações palpáveis sobre o plano espiritual, o que proporciona um grande estímulo àqueles que querem realmente encontrar a luz.

As infinitas reencarnações do espírito auxiliam os homens na compreensão de suas dores e de suas responsabilidades para com a família e a comunidade universal. E a reencarnação do espírito mostra, também, o rumo para a libertação das aflições, que é o Evangelho de Jesus. Quando o Mestre nos diz que "a cada um será dado segundo suas obras", nos lembramos das aflições e dores que cada um sofre em sua existência. Entendemos, então, a justiça Divina, que nos dá destinos diferentes, tão-somente devido ao nosso passado. Se tivéssemos uma única vida terrena, estaríamos vivendo em um mar de injustiças, pois vemos pessoas saudáveis e doentes, alegres e infelizes. O resgate de dívidas do passado abre a mente do homem moderno para a compreensão da infinita misericórdia de Deus, que permite aos infelizes irmãos, que no passado cometeram o mal, o resgate de suas dividas, para que todos, um dia, possamos nos encontrar em seu Reino de Paz e Luz!

Aquelas elucidações sobre o sofrimento humano arrancaram dos olhos do padre Antenor uma pequena lágrima. Espírito iluminado, que também havia sido eleito para auxiliar Gabriel em sua difícil missão, há anos se perguntava sobre a questão da justiça Divina, que não achava justa, segundo as explicações católicas.

— Padre — concluiu Gabriel — precisamos adaptar a Igreja às modernas concepções religiosas. E só poderemos conseguir isso estreitando os laços entre Católicos e Espíritas. A estrutura da Igreja Católica, aliada aos conceitos de luz da Doutrina Espírita, poderá arrebanhar as ovelhas desgarradas, que hoje estão distanciadas da luz do Cristo. Muitas delas até mesmo ridicularizam as Verdades Divinas. Esta união irá amparar, também, aqueles que se dizem fiéis, mas não movem uma palha para melhorar o seu comportamento no dia-a-dia. Os fiéis invigilantes precisam se conscientizar de que adorar a Deus, maldizendo os seus semelhantes, de nada vale.

Precisamos aproveitar os efeitos benéficos dessa possível união! A Doutrina Espírita é o Cristianismo Renascente! Através desta nova bendita "febre de Cristianização", poderemos fortalecer o espírito cristão entre os homens.

Com os olhos iluminados, fitando Antenor, Gabriel disse-lhe palavras semelhantes àquelas que ele havia dito ao padre em sua infância:

— Irmão Antenor, temos muito trabalho pela frente. E eu preciso de seu auxílio!

A eloqüência de Gabriel impressionou o padre, que desde muito cedo havia aprendido a ouvir antes de tecer suas opiniões. Acostumado a ouvir os problemas dos fiéis, em confissão, Antenor tinha sempre preciosos conselhos a dirigir a todos que o procuravam. Mas com aquele rapaz de dezoito anos ele perdia esta capacidade. Se ele se lembrasse de Gabriel, e de tudo que o anjo lhe fez em um passado distante, se ajoelharia imediatamente e pediria a ele que não mais pedisse, e sim ordenasse. Mas não foi o que ocorreu; o sacerdote apenas disse:

— Tuas palavras são verdadeiras, Gabriel. Sinto isso no coração, mas não sou eu quem dita as regras da Santa Igreja. Eu pensarei no que me disseste, e um dia voltaremos a conversar sobre este assunto.

Gabriel, sentindo que aquela postura do padre Antenor era

de quem acreditava, mas achava tudo um belo sonho, abriu, então, uma pequena mala de partituras musicais e retirou de dentro o Livro dos Espíritos e o Evangelho Segundo o Espiritismo, de Allan Kardec e ofereceu-os, em empréstimo, ao padre.

Sentado em um dos degraus do altar, em frente à imensa fileira de bancos da igreja, o padre folheou as primeiras páginas espíritas de sua vida. Meses mais tarde ele estaria lendo todas as obras da série Nosso Lar, ditado pelo espírito André Luiz, através da abençoada mediunidade de Chico Xavier.

O padre, após receber os livros, lembrou-se das palavras da mãe de Gabriel, quanto aos preconceitos religiosos. Levantou-se, então, do degrau em que estava sentado, e aceitou os livros com carinho, abraçando Gabriel com um fraterno sorriso. Ambos despediram-se e Gabriel pegou seu violão e sua malinha e partiu para casa, pensativo.

Chegando lá, abraçou e beijou sua mãe, que estava sentada em uma cadeira de balanço lendo o livro "Sexo e Destino", do espírito André Luiz. Aquela casa estava sempre iluminada pela luz de Gabriel e Ana Maria. Fazia três anos que Francisco havia desencarnado. Ana Maria, agora sozinha, dividia seu tempo entre a boa leitura e o trabalho assistencial na Igreja e, algumas vezes, na Casa Espírita. A pensão deixada pelo marido permitia a ela e ao filho uma boa condição financeira, que pagava os gastos diários e a faculdade de Gabriel.

Deixando o violão sobre o sofá, Gabriel saiu para o pátio de sua casa, sentou-se sobre o muro e recostou-se em uma mureta. Com os olhos voltados para o firmamento, Gabriel deixou correr dos olhos uma lágrima. Pensei que ele estivesse sentido com algo que eu não percebera durante a conversa com o padre Antenor, mas não.

Hermes convidou-me a invadir o campo mental do anjo. Foi o que fizemos. Ele estava pensando em Ethel! Mas como?, pensei. Como poderia ele recordar de tal forma algo que geralmente se perde, no processo reencarnatório? Todos nós, quando reencarnamos, esquecemos nosso passado, por misericórdia Divina. Imaginem se lembrássemos que fomos mensageiros da dor, em uma vida passada, para algum de nossos familiares desta vida. Ou então, se lembrássemos que odiamos e prejudicamos alguém que agora é nosso filho ou nosso pai. Deus, geralmente, coloca na mesma família os desafetos, para que através do amor, todos encontrem a harmonia e a paz na família universal.

O irmão Hermes, sentindo meus pensamentos, socorreu-me:

— Meu querido irmão, Gabriel, como disse a sua mãe, não é um homem comum. Sendo um espírito avançadíssimo, ele conseguiu transpor as barreiras do físico. Através dessa capacidade, ele conseguiu recordar, palidamente, a sua casa, o Império do Amor Universal e o seu grande amor, Ethel, que para ele, não reencarnou, pois durante a sua despedida ele não sabia ainda das resoluções de Jesus, quanto à encarnação de Ethel. Ele acredita que ela está lá, no Império do Amor Universal; mas ela está aqui, entre os encarnados.

— Danúbio — pensava Gabriel — por que não consigo falar com Ethel, como faço contigo?

No fundo d'alma, na mais pura mediunidade intuitiva, Gabriel ouvia a resposta de Danúbio, que estava sentado ao seu lado, no muro:

— Gabriel, não podemos te dar todas as respostas. Não vieste ao mundo para seres um privilegiado que recebe informações que os outros não conseguem obter. Caminha com as tuas próprias pernas e aguarda, com fé em Deus e Jesus. Tu acreditas que aquela que te ama por toda a eternidade te abandonaria? Sabes que não! Portanto tranqüiliza-te e busca fazer a tua parte, porque a parte de Jesus cabe a Ele resolver. Dedica-te ao Grande Plano e, em breve, receberás a Grande Bênção.

— A Grande Bênção será um encontro com Ethel? — perguntou Gabriel; mas Danúbio não mais respondeu.

Gabriel, consolado, agradeceu a Deus por poder, pelo menos, receber aquelas belas palavras de ânimo do Mundo Maior.

Sentindo-se só, Gabriel disse, enquanto algumas pessoas passeavam pelas ruas naquele final de domingo:

— Ethel, onde estiveres, saibas que te amo muito! Saibas que tu me fazes muita falta, e que, mesmo longe, meu amor por ti é cada vez maior!

O anjo olhava para as estrelas no céu, como se tivesse a capacidade de encontrar Ethel em alguma delas. Lembrava, fugaz, dos passeios que realizavam nos exuberantes parques do Império do Amor Universal. Recordava, também, as declarações de amor eterno, que eles trocavam às margens do Grande Lago. Gabriel sentia falta da companhia daquela que compartilhava com ele os mesmos ideais e os mais sublimes sentimentos de amor.

Em um mundo tão falso e distanciado de Cristo, Gabriel sentia-se como um náufrago à deriva, procurando uma ilha solitária, onde pudesse aportar o seu coração e descansar. Mas o anjo não podia repousar, pois havia muito a fazer. Restava-lhe apenas o consolo de saber que um dia, após a realização de sua missão, a morte bateria em sua porta, devolvendo-o à sua Verdadeira Pátria, onde a felicidade é eterna.

21.
Noite de luz

Após quatro longas semanas tentando convencer Sebastião a ir à Casa Espírita, Gabriel havia conseguido. Às sete horas e trinta minutos de uma terça-feira, encontramos os dois amigos na Casa Espírita Seareiros do Bem, localizada no mesmo bairro em que nascera Gabriel. Tudo previsto pela Espiritualidade Maior, como era de se esperar.

Sebastião entrou benzendo-se no simples mas confortável prédio de dois andares. Apesar de estar há algumas semanas lendo obras espíritas, Sebastião ainda tinha algum receio de entrar em uma Casa Espírita. Logo ele tranqüilizou-se, vendo que Casa Espírita não é nada do que algumas pessoas dizem.

O ambiente, livre de rituais e imagens desnecessárias, dava-nos a impressão de um prédio residencial comum, freqüentado por centenas de pessoas que vinham em busca da Luz Espírita.

No piso térreo encontramos diversas salas de atendimento espiritual, uma farmácia homeopática, uma livraria, com os mais diversos livros espíritas, e uma biblioteca, onde as pessoas poderiam retirar livros espíritas emprestados.

Gabriel e Sebastião subiram direto para o segundo andar, onde havia somente um grande auditório com capacidade para mais de quinhentas pessoas. Sebastião impressionou-se: o salão estava completamente lotado, inclusive com pessoas sentadas no chão, devido à falta de lugares. No fundo, local onde ficavam os palestrantes, havia um quadro do tamanho de toda a parede, com Jesus auxiliando Simão Pedro a curar uma criança, às margens do Tiberíades.

Ao entrarem no salão, Sebastião percebeu que todos começaram a olhar para eles e fazerem comentários, como se importantes pessoas estivessem ingressando no recinto. Constrangido, o ex-executivo do ramo canavieiro pensou ter sido reconhecido. Não sabia como, pois ele estava muito longe de sua cidade natal, e sua fama era apenas regional.

Logo Sebastião percebeu que os olhares eram para Gabriel, que recebia o cumprimento de todos. Algumas pessoas seguravam-no pelo braço, solicitando-lhe atenção. Outras empurravam suas crianças até Gabriel para que ele as abençoasse, o que o anjo fazia sem constrangimentos. Ele adora as crianças, como vimos no Império do Amor Universal!

Estando o salão cheio, Gabriel pediu a Sebastião para que esperasse em pé, entre as extensas fileiras de cadeiras.

Gabriel subiu até o tablado, onde os palestrantes falavam ao público, cumprimentou Marcus que lá estava, e disse ao público:

— Irmãos, deixem suas crianças virem sentar aqui, comigo!

Os pais, felizes com o convite, mandaram suas crianças até Gabriel. Todas sentaram-se no chão do tablado, liberando lugares para as pessoas mais idosas que aguardavam de pé. Gabriel fez um sinal para que todos ocupassem os lugares. Sebastião, então, sentou-se em um dos assentos vagos.

Enquanto Gabriel brincava com as crianças, sentado na cadeira do palestrante, Sebastião ficou pensando: "O que Gabriel está fazendo lá? Será que o responsável pela palestra da noite não ficará irritado ao ver Gabriel tomando seu lugar? Ou será que Gabriel é o palestrante? Não, ele é muito novo, não pode ser".

Gabriel não havia dito nada a Sebastião. E, exatamente às oito horas da noite, o salão silenciou. O anjo levantou-se e disse:

— Bem, irmãos, vamos elevar o nosso pensamento a Deus e a Jesus para tornarmo-nos dignos deste momento em que receberemos o amor e a luz do Alto.

Todos, em silêncio, realizaram uma rápida oração íntima, enquanto Gabriel, de pé, com os olhos fechados e com as mãos espalmadas para o Céu, iniciou a oração coletiva:

"Amado Mestre Jesus, mais uma vez estamos aqui reunidos em Teu Nome. E como Tu nos disseste, "onde dois ou mais estiverem reunidos em Meu Nome, lá Eu estarei", pedimos, então, a Ti e aos teus anjos de Luz, que são os espíritos iluminados pelo incessante trabalho cristão, que nos auxiliem aqui, nesta noite, para que possamos realizar este trabalho espiritual em paz e harmonia.

Pedimos a Ti, Senhor, também, que abras os nossos corações e nossas mentes, para que possamos analisar o ensinamento desta noite sem reservas e sem preconceitos. Que o nosso espírito esteja livre para receber as bênçãos do Alto sem ódio, ou qualquer tipo de revolta.

Que a paz esteja em nós, pelo menos nesta noite, como

sempre esteve contigo em todos os momentos de Tua caminhada neste mundo.

Inspira-nos, Senhor, o estado d'alma, que ainda não estamos à altura, mas que com Teu auxílio um dia conquistaremos, para Tua Glória e para Glória do Pai.

Permite-nos, Mestre Jesus, neste momento, estarmos um pouquinho mais perto de Ti, e assim, podermos melhor ouvir os Teus fraternos conselhos, que se seguíssemos na íntegra, afastaríamos, de nós, toda dor e todo sofrimento.

Senhor, permite-nos, também, proferir a Tua oração, que nos ensinaste há dois mil anos atrás, para que assim, elevemos nossos pensamentos ao profundo estado de pureza que este trabalho exige."

Após uma breve pausa, Gabriel continuou:
"Pai Nosso que estás nos Céus, Santificado seja Teu Sagrado Nome,

Venha a nós o Teu Reino,

E seja feita sempre a tua vontade, tanto na Terra como em todo Universo,

Dá-nos, ó Senhor, o pão do corpo e o pão do espírito,

Perdoa as nossas ofensas, assim como buscamos o sublime sentimento de perdão para com aqueles que nos ofendem,

E, ó Senhor, não nos deixes cair em tentação e livra-nos de todo o mal, pois são sempre Teus Todo o Poder e Toda a Glória. Que Assim Seja.

Neste instante, então, Senhor, damos por aberta mais esta reunião espiritual nesta Casa. Que Assim Seja".

Terminada a oração, estavam todos envolvidos pela luz e pela paz. Fluidos espirituais iluminados flutuavam na sala, imperceptíveis aos olhos humanos. Alguns trabalhadores desencarnados estavam com um sorriso que ia até as orelhas, outros, estavam com lágrimas de emoção.

Muitos dos encarnados, na platéia, estavam receosos e revoltados com os problemas do dia-a-dia. Procuravam a Casa Espírita para encontrar a paz, mas não estavam dispostos a se esforçarem nesta busca. Após a oração, abriram, realmente, seus corações, permitindo o acesso de seus anjos da guarda, que aproveitaram o momento para intuí-los sobre os problemas particulares que cada um vivia.

Se o homem procurasse elevar seu pensamento, periodicamente, através de orações ou bons pensamentos, ouviria com mais freqüência a voz amiga de seu espírito guardião, que busca sempre o bem de seu tutelado.

Todos já estavam saindo do estado de êxtase, quando Gabriel deu-lhes boa noite, e abençoou a todos, convidando-os a acompanhar o ensino da noite: Pedi e Obtereis, contido no capítulo vinte e sete do Evangelho Segundo o Espiritismo:

"... Não afeteis orar muito em vossas preces, como fazem os gentios, que pensam ser pela multidão de palavras que serão atendidos. Não vos torneis, pois, semelhantes a eles, porque vosso Pai sabe do que necessitais antes de o pedirdes.

Quando vos apresentais para orar, se tendes alguma coisa contra alguém, perdoai-lhe, a fim de que vosso Pai, que está nos Céus, perdoe também vossos pecados. Se vós não perdoais, vosso Pai que está nos Céus, não vos perdoará também vossos pecados."

Após a leitura destes dois parágrafos, Gabriel disse-lhes:
— A prece, irmãos, é poderosa arma que Deus nos oferece para vencermos as dificuldades do dia-a-dia. Através dela, podemos mobilizar o auxílio dos espíritos de luz, que certamente virão em nosso socorro. Por meio da oração, orientamos o nosso pensamento em uma linha positiva. O "pedi e obtereis", que Jesus nos ensinou, reflete a linha de ação e reação, a que todos estamos sujeitos. Se tivermos bons pensamentos, de luz e de esperança, alcançaremos a paz que procuramos. Agora, se formos derrotistas, atrairemos espíritos trevosos que sabem muito bem aproveitar-se dos nossos momentos de fraqueza. Por meio da prece, mantemos o nosso espírito iluminado, evitando as más influências.

Não podemos esquecer, também, que para pedirmos, temos que ter merecimento. Como Jesus nos disse, nesta leitura que acabamos de realizar, é necessário perdoarmos antes de pedir, pois o Pai é justiça e sabedoria. Sendo justiça, ele não pode dar a quem não faz por merecer. Através das dificuldades, Deus nos lembra que também precisamos de auxílio e de amparo, e que vivemos em sociedade, sendo que somos todos iguais e que todos somos merecedores de respeito mútuo. Aquele que acredita que não precisa perdoar, não recebe as bênçãos que pede a Deus, pois por ser egoísta não é digno de ser atendido.

Agora, aquele que tem fé e segue os ensinamentos cristãos, respeitando e perdoando seu semelhante, seja quem for, este, com certeza, será atendido em seu pedido.

É importante lembrar que a prece deve ser resultado da intenção de nossos corações. Jamais devemos realizar uma prece decorada, sem sentimento. Devemos realizar as nossas próprias orações! A nossa oração pode ser realizada com palavras humildes e desarranjadas, desde que seja com pureza de sentimentos e intenções. Mais vale, para o Pai, uma oração precária, mas de coração, do que a mais bela composição literária, mas fria e decorada.

Após estas palavras, Gabriel ficou em silêncio no meio da criançada sentada ao chão. De pé, com os olhos fixos na multidão, o anjo sorria sereno, aguardando uma pergunta para continuar suas exposições. E logo ela chegou:

— Tu disseste que Deus atende sempre as nossas orações, mas eu não concordo. Há anos faço um pedido em minhas orações, mas ele nunca é atendido. Eu sei que não sou nenhuma santa, mas procuro seguir com seriedade os ensinamentos do Evangelho de Jesus. Eu busco sempre perdoar e tenho fé, pois creio sinceramente na vida espiritual. Como me explicas isso?

Gabriel agradeceu a pergunta, sentou-se à grande mesa reservada aos palestrantes e elevou a cabeça para o teto do grande salão, meditando por alguns segundos.

Era uma bela cena! Gabriel sentado à mesa, as crianças à sua volta no chão e o quadro imenso com Jesus ao fundo, o que nos passava uma sensação de estarmos na mais pura casa de Deus sobre a face da Terra.

Logo Gabriel voltou a falar:

— Existe uma lenda que corre o mundo, que nos traz uma profunda lição.

Havia um bosque, em determinada região da Ásia, onde viviam felizes diversas árvores. Lá a paz e a felicidade reinavam. Até que certo dia chegou na floresta um grupo de lenhadores. Eles comentaram que necessitavam de três árvores especiais para atenderem a um último pedido que lhes havia chegado há dois dias. Os lenhadores analisaram as árvores do bosque, escolhendo, por fim, as três árvores que seriam cortadas no dia seguinte. Após a decisão, os lenhadores foram embora, enquanto as três jovens árvores choravam amargamente o triste fim que o destino lhes reservara.

Alguns minutos após, resignaram-se, pois eram árvores que tinham fé em Deus. E se o Pai assim desejava, assim seria. Consoladas pelas outras irmãs, as três resolveram fazer um pedido a Deus em suas derradeiras orações. A primeira pediu ao Pai que de sua madeira fosse confeccionado o trono para o maior rei do mundo. A segunda pediu a Deus, que de sua madeira fosse elaborada uma grande embarcação que iria conduzir o maior dos reis e suas grandes riquezas e, por fim, a terceira árvore pediu ao Criador que de sua madeira fosse construída uma grande torre que ligasse o homem a Deus.

Após realizados os pedidos, desceu do céu um anjo, enviado por Deus, que disse às três árvores: "Vossos pedidos serão atendidos, tenham fé em Deus e aguardem!" Todos na floresta festejaram, agradecendo a assistência Divina. E no dia seguinte os lenhadores foram à floresta e consumaram o plano do dia anterior. As três árvores tombaram serenas, confiantes na promessa Divina.

O tempo passou e a primeira árvore foi transformada em um cocho para a alimentação de porcos. A segunda, foi transformada em um pobre barco de pesca e a terceira, nada fizeram dela, apenas jogaram seus pedaços em uma penitenciária, para lá ser utilizada em qualquer eventualidade.

A notícia logo chegou ao bosque, onde as demais árvores se indignaram com a falsa promessa do anjo. Todas perderam a fé em Deus. Somente as três pobres árvores, que não entendiam o que estava acontecendo, mantiveram-se firmes na fé.

O tempo continuou a passar, até que um dia o cocho de alimentar porcos, que era a primeira árvore, foi comprado pelo dono de uma estalagem em Belém. Alguns meses após, José e Maria tiveram que repousar na estrebaria dessa estalagem, devido à falta de quartos. Naquela noite nasceu o Rei dos reis e o seu primeiro trono foi o cocho de alimentar porcos da estrebaria. Jesus repousou toda a noite na manjedoura que virou um símbolo mundial do nascimento de Cristo. A primeira árvore, percebendo que estava sendo o primeiro trono do maior rei do mundo, rejubilou-se e agradeceu a Deus por ter-lhe atendido o pedido.

Alguns anos mais se passaram, e a segunda árvore, que foi transformada em um barco de pesca, foi comprada por Simão Pedro Barjonas, um pescador de Cafarnaum. Algum tempo depois estava ele, o Grande Rei, passeando e pregando sobre aquela embarcação. Jesus carregava consigo o seu grande tesouro: seus ensinamentos! A segunda árvore, também percebendo que seu pedido tinha sido atendido, agradeceu a Deus. Ela que queria ser uma grande embarcação, para transportar um grandioso rei e suas riquezas, havia concretizado seu sonho.

Mais alguns anos depois, a terceira árvore foi retirada da carceragem por dois soldados romanos. Apreensiva, ela aguardou o desenrolar dos fatos, acreditando que sua oração seria atendida. Logo, seus pedaços foram unidos, apressadamente, em forma de cruz. Nela colocaram o melhor homem do mundo, pregando-lhe as mãos e os pés em sua madeira. Reconhecendo o filho de Deus, que os homens não souberam reconhecer, a terceira árvore, em prantos, disse: "Porque, meu Deus? Peço-te para ser uma torre que ligue o homem a Deus, e Tu me tornas o instrumento para a morte do Teu Amado Filho! Por que fizeste isto comigo?" As lágrimas da terceira árvore corriam pelos ombros do Nazareno, que estava agonizando no alto da cruz, quando uma voz falou-lhe: "Minha filha, neste momento estás sendo motivo de sofrimento para Meu Amado Filho, mas no futuro tu serás, junto com ele, o grandioso símbolo que ligará todos os meus filhos a mim. O símbolo do Cristo crucificado será o maior elo de ligação entre os homens e o Criador."

Compreendendo, por fim, que também seu pedido havia sido realizado, a terceira árvore converteu suas lágrimas de dor, na mais pura oferta de alegria a Deus, por tornar-se a grande torre que ligaria, por séculos, os homens a Deus.

Terminada a profunda lição, Gabriel baixou a cabeça para esconder as lágrimas, que não eram só dele. O público, em completo silêncio, inclusive as crianças, estava impressionado com a narração de Gabriel. A mulher que havia feito a pergunta estava envolvida em luz e lágrimas.

Mesmo dispensando conclusões, Gabriel disse a todos, após secar as lágrimas em sua camisa, com a voz embaraçada pela emoção:

— Nossos pedidos são como o destas árvores. Nós pedimos coisas sempre imaginando a glória e o conforto, que muitas vezes não é o melhor para nossos fracos espíritos. Quantos não pedem semanalmente para acertarem na loteria? E como são poucos aqueles que cresceriam espiritualmente se tivessem a posse das riquezas!

Deus sabe, mais do que nós, o que é melhor para o nosso crescimento espiritual. Devemos pedir a Ele que nos ilumine os caminhos e que se faça a sua vontade, pois ele sabe melhor do que ninguém o que é útil ao nosso progresso espiritual.

A prova da pobreza, muitas vezes, é uma bênção Divina que visa acordar os invigilantes. Pois, por quantos meios agradáveis Deus e Jesus tentam chegar até nós, mas poucas vezes percebemos? Então o Criador é obrigado a utilizar-se de recursos dolorosos, mas eficientes.

Através das dificuldades do dia-a-dia, de que desejamos sempre nos livrar, encontramos o passaporte para a ventura espiritual. Em meio às dificuldades aprendemos a dar valor às riquezas do espírito, como a paciência, a tolerância e a compreensão. Enquanto aqueles que possuem de tudo, e de nada precisam, vivem em redomas de vidro, alheios à dor e ao sofrimento de seus semelhantes, sem ter que, jamais, abrir mão de um capricho. Estes transformam-se em infelizes criaturas, indiferentes à dor de seus semelhantes. São pessoas vazias e egoístas, lembrando mais animais, do que a própria imagem de filhos de Deus.

Devemos, irmãos, pedir, sim, a Deus, a Jesus, a Maria, aos Santos e aos nossos Anjos Protetores. Mas pedir que Eles nos mostrem o caminho, segundo a sabedoria do Pai, colocando em segundo plano as nossas intenções. Se o nosso pedido for coerente, para o nosso progresso espiritual, nesta encarnação, Deus nos abençoará com a sua realização, caso tenhamos mérito; se não, tenhamos fé e paz no coração, e analisemos nossas vidas, pois, muitas vezes, nosso pedido já foi atendido, de outra forma, e não percebemos, porque estamos obcecados desejando que ele se realize tal qual imaginamos.

Sebastião, sentado no meio do grande salão, segurava as lágrimas. Jamais havia presenciado conceitos tão profundos. O mérito para receber as orações, o pedido justo, tudo estava repleto de sabedoria. Sebastião percebia, aos poucos, como era limitado o seu conhecimento das verdades espirituais. Ele começava a entender quão profunda é a Doutrina Espírita e como é importante que a humanidade tenha consciência disto.

Enquanto Sebastião meditava, Gabriel continuava iluminando consciências:

— Irmãos, nós mesmos avaliamos na oração do Pai Nosso tudo o que aqui foi dito. Quando dizemos "Seja feita a vossa vontade tanto na Terra como no Céu", estamos passando uma procuração a Deus para que ele oriente nossos caminhos, portanto, jamais devemos nos revoltar contra o nosso destino. E isto não significa que devemos ser meros espectadores de nossas vidas. Devemos batalhar pelas mudanças; pelas boas mudanças; mas devemos saber nos resignar quando não houver solução pacífica e cristã para determinada circunstância de nossas vidas. Antes fracassarmos com paz na consciência, do que vencermos causando algum prejuízo aos nossos semelhantes!

Irmãos, lembrem-se sempre: "É mais importante guardarmos riquezas no coração, pois poderemos levá-las por todo o Universo e para toda a eternidade; já as riquezas materiais perecerão com o nosso corpo físico." Com isto não queremos dizer que as pessoas devem abandonar seus bens, mas que estas pessoas compreendam que os bens materiais não são o motivo de nosso viver. Que as pessoas entendam que é mais importante o bem-viver em coletividade do que obter riquezas a qualquer preço.

Não esqueçam que Deus é amor e compreensão, e que Ele não aplaude a malandragem e a hipocrisia. Portanto, vamos todos orar pedindo auxílio aos Céus, mas lembrando que é dando que se recebe; dando amor e não dinheiro a religiosos mal-intencionados. Ofertando amor, atenção e carinho aos nossos semelhantes, sendo bons filhos de Deus, receberemos mil dádivas da parte de nosso Pai. E lembremos, também, que a quem muito for dado muito será pedido. A cada bênção que recebemos, contraímos uma dívida para com a obra de Deus. E ai daquele que só pede e nunca doa, pois Deus é onipresente, Ele está em todo lugar e a tudo vê.

Após estas palavras, Gabriel, percebendo que o tempo destinado àquela reunião estava esgotado, agradeceu a presença de todos e iniciou a oração de encerramento dos trabalhos da noite.

"Mestre Jesus, agradecemos a Ti a oportunidade que nos deste,

Através do Teu infinito amor foi-nos possível receber este banho de luz que nos ilumina, nesta hora, o espírito,

E que esta luz possa ir até as nossas casas iluminando nossos familiares,

Que esta pura energia possa despertar os nossos entes queridos e amigos, que ainda não te encontraram nos caminhos do coração.

Agradecemos, também, ó Senhor, a oportunidade de compreendermos melhor os mecanismos da oração e da fé,

Que nesta noite tenhamos aprendido a pedir, e que nós possamos fazer como Francisco de Assis, que encontrou na doação a melhor forma de receber, como ele nos mostra através da Oração da Paz:

Senhor, fazei de nós um instrumento de vossa paz!
Onde houver ódio, que nós levemos o Amor.
Onde houver discórdia, que nós levemos a União.
Onde houver ofensa, que nós levemos o Perdão.
Onde houver dúvida, que nós levemos a fé.
Onde houver erro, que nós levemos a Verdade.
Onde houver desespero, que nós levemos a esperança.
Onde houver tristeza, que nós levemos a alegria.
Onde houver trevas, que nós levemos a luz.
Ó Mestre, fazei que nós procuremos mais consolar que sermos consolados, compreender que sermos compreendidos, amar que sermos amados.

Pois é dando que se recebe, é perdoando que se é perdoado.
E é morrendo que se vive para a vida eterna. Amém."

Encerrada a reunião, todos foram cumprimentar Gabriel pela brilhante exposição. Sebastião continuava sentado, perdido em seus pensamentos, quando ouviu algumas pessoas dizerem ao sair:

— Este rapaz é muito prepotente, acha que é o dono da verdade! Vem com essa conversa mole e com esse nariz empinado e acha que temos que acatar o que ele diz.

— E o pior são estas suas idéias de misturar a Doutrina

Espírita com a Igreja Católica, isso é um absurdo!

Sebastião apavorado com o que ouvia, foi abordado por Marcus.

— Gostaste da reunião Espírita, Sebastião?

Sebastião, retornando do transe, respondeu:

— Sim, creio que aprendi muito com estas belas elucidações sobre a oração. E eu que pensei que já tinha visto de tudo em termos de fé cristã!

— É, Sebastião, às vezes eu também penso assim. Mas aí lembro-me das sábias palavras do filósofo Sócrates: "Quanto mais sei, mais sei que nada sei!" A evolução do espírito descortina, a cada dia, novas lições para o nosso espírito imortal.

— Tens razão, meu menino — disse Sebastião a Marcus, com lágrimas nos olhos. E voltando à cena que o havia chocado, minutos antes, perguntou a Marcus: — Quem são aquelas pessoas?

— Aqueles? — disse Marcus — são trabalhadores aqui da casa.

Sebastião narrou o que ouvira a Marcus. E o belo rapaz de olhos negros respondeu-lhe:

— Eu também ficava chateado com essas mesquinhas atitudes, mas Gabriel ensinou-me a relevar. Ele me disse que esses irmãos devem ser vistos como crianças, que não sabem o que fazem. Certa vez ele me perguntou: "Se uma criança te ofender, de tal forma que te cause grande mágoa, o que farás?" Respondi-lhe que uma criança não sabe o que faz. E ele me disse que estas pessoas invejosas e maledicentes são como crianças que merecem o nosso perdão, pois não sabem o que fazem. O que devemos fazer é educá-las, dentro do possível, e que não devemos nos preocupar, porque nada pode impedir a vontade de Deus, desde que nos dediquemos ao trabalho honesto e sincero.

— Mas, Marco, se eles são espíritas praticantes, não deveriam dar um bom exemplo?

— Sim, eles deveriam, mas não é porque são espíritas que serão anjos ou santos. Assim como nas outras religiões, aqui todos estão buscando a Deus, entre erros e acertos. Não é o título de espírita ou de católico que ilumina o homem, e, sim a prática incessante do Bem!

Impressionado com a lucidez e com o perdão incondicional das palavras de Gabriel, agora lembradas por Marcus, e também pela própria serenidade e sabedoria do jovem Marco Antônio, Sebastião abraçou o amigo inseparável do anjo de Deus. Ambos, então, foram cumprimentar o grande orador, que estava sendo extremamente assediado por mulheres que, literalmente, jogavam seus filhos sobre ele.

Intrigado, Sebastião perguntou o que ali estava acontecendo.

— Há um ano, Gabriel abraçou uma criança desenganada pelos médicos. Na semana seguinte o menino já não acusava mais a doença mortal que infectava seu frágil organismo. Algumas pessoas creditaram o mérito da cura ao abraço que Gabriel ofertou ao menino.

— E por que todos chamam Gabriel de anjo?

— Ah, isso vem desde que nós éramos pequenos, aqui no bairro. Gabriel é o nome de um dos mais importantes arcanjos de Deus, e, também, o nosso amigo em comum desde muito cedo demonstrou um grande interesse pelas Obras Divinas.

Após atender, com total paciência, a todos que o procuravam, Gabriel ficou alguns minutos conversando com uma bela menina de quinze anos, que estava sentada em uma cadeira de rodas.

Sebastião comoveu-se com a situação da pobre menina, que na flor da idade sofria as dores impostas por uma paralisia nos membros inferiores. Percebendo-o ao seu lado, Gabriel apresentou-o à menina.

Raquel, Gabriel, Marcus e Sebastião conversaram até que as portas da Casa Espírita começaram a ser fechadas. Sebastião ficou sabendo que Raquel era responsável pela pintura dos quadros expostos na Casa Espírita e que era a responsável pela confecção dos cartazes onde o público se inteirava dos festejos e trabalhos assistenciais da casa.

Marcus acompanhou Raquel, que estava em companhia da irmã, até sua casa. Gabriel seguiu com Sebastião que lhe fez a seguinte pergunta:

— Gabriel, fiquei muito impressionado com a infelicidade de nossa irmãzinha Raquel. Será que ela se enquadra no conceito das reencarnações dolorosas, onde o espírito deve retornar ao mundo material aleijado para resgatar os males que causou em vidas passadas?

Gabriel colocou sua mão sobre o ombro de Sebastião e disse-lhe:

— Sebastião, não existe regra sem exceção! Nem sempre as deficiências físicas devem ser somadas à imensa conta dos resgates de dívidas espirituais. Por este motivo, jamais devemos julgar esta ou aquela situação, como se a Doutrina Espírita permitisse aos encarnados vasculhar o passado de nossos irmãos. Cabe a nós amarmos aos nossos irmãos sem a preocupação de analisar seu passado espiritual, pois todos somos irmãos merecedores deste mesmo amor. E, também, Jesus nos alertou que "não deveríamos julgar para não sermos julgados!"

Estacando o passo, Gabriel olhou para o céu e disse:

— Algumas dessas pessoas que renascem deficientes, são grandes emissários de Jesus que, através de surpreendente esforço, tornam-se exemplos vivos de força e determinação, realizando proezas que muitos ditos "perfeitos" estão longe de realizar. Esses emissários jamais lamentam sua situação e buscam sempre tornar-se um exemplo para outros irmãos em semelhantes condições.

Gabriel, com um tom profético, concluiu, sob o olhar impressionado de Sebastião:

— Bastião, Raquel veio ao mundo para ser um exemplo do Poder e da Glória Divina! Em breves anos, ela ficará repleta das obras de Deus!

— Você sabe de algo que ninguém mais entre os vivos sabe? — perguntou Sebastião, assustado.

— Pelos caminhos da mente eu nada sei, mas pelos caminhos do coração eu sei que o que digo se concretizará, pois "a cada um será dado segundo suas obras". E esta máxima de Jesus não se aplica somente a quem faz o mal, mas, também, àqueles que procuram transformar sua vida em um exemplo de vida cristã. O coração desta menina vive em luz, portanto ela receberá a luz!

Sebastião e Gabriel continuaram caminhando pelas ruas daquele simpático bairro, abençoado naquela noite por uma bela lua cheia.

Eu e Hermes seguíamos os dois. Emocionado com a sabedoria e o amor de Deus e de Jesus, personificados em Gabriel, abracei o irmão Hermes, como o anjo havia feito com Sebastião. Olhei para o céu e agradeci a Deus pela perfeição de sua obra, que visa exclusivamente a felicidade de seus infinitos filhos.

Enquanto nós quatro caminhávamos felizes, em direção à casa de Sebastião, senti a presença de Jesus, a nos velar os passos, como o irmão mais velho que se preocupa com a segurança de seus amados irmãos.

22.
Grandes surpresas

Cinco anos passaram céleres. Todos os nossos amigos continuavam empenhados no trabalho cristão. A única diferença deste ano, o ano trinta e nove do início do período profético, quando Gabriel estava com vinte e três anos de idade, em relação a cinco anos atrás, era cada vez maior a popularidade de Gabriel.

As curas realizavam-se diariamente, bastava a simples presença de Gabriel. Nenhuma delas era incontestável, visto que não eram imediatas, e a medicina moderna sempre encontrava uma explicação, algumas até sem cabimento.

A popularidade de Gabriel chegou a tal ponto que ele teve que abandonar os trabalhos de passes espirituais que realizava na Casa, devido ao grande assédio do público que só queria ser atendido por ele. Em respeito aos demais colegas, que realizavam esse trabalho com imensa dedicação e boa-vontade, o anjo abandonou os atendimentos semanais, reservando-se a atendimentos eventuais.

Gabriel estava no último ano da faculdade de Medicina. Ele estava estagiando em um hospital amparado pelos serviços assistenciais da Casa Espírita Seareiros do Bem. Há muitos anos as verbas que o governo repassava já não eram suficientes para o tratamento dos pacientes. Os políticos, mais preocupados com seus interesses particulares e dominados pela difícil provação do poder, colocavam, pouco a pouco, a saúde do país em estado de calamidade. A população da região recorria ao hospital Santa Cecília, onde o atendimento era gratuito, mas de qualidade. Alguns dos trezentos e dezoito espíritos iluminados que reencarnaram no mesmo período que Gabriel, ali trabalhavam.

Retornamos, então, mais uma vez, à Casa Espírita Seareiros do Bem. Algumas modificações haviam sido feitas no grande salão. A administração da Casa havia colocado os microfones no teto, sobre a cabeça do palestrante, permitindo maior mobilidade do orador. Diversos oradores Espíritas, de todo o Brasil, já haviam passado por aquele salão, e ali dado a sua contribuição para a obra espírita com as bênçãos de Jesus.

Como sempre, o salão estava lotado. Gabriel estava mais maduro e seguro de si. A cada ano que passava a sua luz interior aumentava, emocionando a todos que o vissem ou conversassem com ele. Muitos chegavam às lágrimas, apenas por poder vê-lo. A pouca idade e a imensa sabedoria, outorgavam-lhe o título de incontestável mensageiro de Deus. Em uma época onde a sabedoria Divina era fartura de poucos, Gabriel, em tenra idade, demonstrava-se um milionário das riquezas da alma.

Enquanto o anjo preparava-se para mais uma noite iluminada, Sebastião, sentado na platéia, ao lado de Marcus, leva um susto. Nogueira, seu amigo e advogado, estava na porta do salão, esticando o pescoço à procura de alguém.

— Marco, aquele na porta é Nogueira, um antigo amigo meu. Que será que ele está fazendo aqui?

— Guarda este lugar — disse Marcus. — Ele deve estar te procurando, vou chamá-lo para sentar aqui contigo.

Marcus subiu os degraus da platéia e foi ao encontro de Nogueira, indicando-lhe onde estava Sebastião. O honesto advogado foi até o antigo amigo, que não via há anos, e abraçou-o.

— Nogueira, há quanto tempo! Como me encontrou aqui?

— Eu fui até a sua casa. E lá me disseram que você estava aqui, assistindo à palestra de "um anjo de Deus".

— Sim, sim — disse Sebastião, apontando para Gabriel que estava se preparando para iniciar os trabalhos daquela noite. — Um anjo chamado Gabriel. Vamos sentar e ouvi-lo, pois o momento exige silêncio e respeito.

Os dois amigos sentaram-se, enquanto Gabriel iniciava a oração de abertura. Logo após estávamos todos nós, sentados, ouvindo as iluminadas palavras do anjo de Deus. Eu e Hermes, sentados nos degraus da platéia, ficamos atentos às suas palavras.

Gabriel leu alguns trechos do capítulo quatro do Evangelho Segundo o Espiritismo, "Se alguém não nascer de novo, não pode ver o Reino de Deus".

— "Chegou isto aos ouvidos do Rei Herodes, porque o nome de Jesus já se tornara notório, e alguns diziam: João Batista ressuscitou dentre os mortos e, por isso, nele operam forças miraculosas. Outros diziam: É Elias; ainda outros: É profeta como um dos profetas. Herodes, porém, ouvindo isto, disse: É João, a quem eu mandei decapitar, que ressurgiu."

"Mas os discípulos o interrogaram: Por que dizem, pois, os escribas ser necessário que Elias venha primeiro? Então Jesus respondeu: De fato Elias virá e restaurará todas as coisas. Eu, porém, vos declaro que Elias já veio, e não o reconheceram, antes fizeram com ele tudo quanto quiseram. Assim também o Filho do Homem há de padecer nas mãos deles. Então os discípulos entenderam que lhes falara a respeito de João Batista."

Após a leitura das palavras de Jesus, contidas no Evangelho, Gabriel teceu suas explicações:

— Irmãos, através destas palavras do Evangelista Marcos, narrando passagens da vida de Jesus, não podemos mais contestar o dogma da reencarnação do espírito. Nessas palavras do Evangelho, concluímos, facilmente, que João Batista é o profeta Elias, que retorna à vida física, séculos após sua peregrinação entre os homens, quando profetizou a vinda do Messias.

Os sucessores dos discípulos de Jesus, pouco a pouco, devido a seu desconhecimento espiritual, foram perdendo os conceitos da reencarnação. Nas diversas traduções e recompilações dos textos santos, foi-se, paulatinamente, trocando-se o sentido das palavras, adaptando-as ao entendimento daqueles que as traduziam.

A reencarnação do espírito era uma idéia vaga para os judeus daquela época, portanto, este conceito no Evangelho de Jesus não é claramente definido. O Mestre, vendo que o povo não conseguia assimilar os seus mais elementares ensinamentos, preferiu deixar para o futuro o aprofundamento deste assunto, lançando apenas algumas senhas aos discípulos e seguidores mais atentos a essas verdades, que o homem daquela época ainda não estava preparado para receber.

Um desses seguidores foi Nicodemos, que, como nos narra o Evangelho, recebeu a explicação direta de Jesus sobre a reencarnação do espírito.

Gabriel, pegando mais uma vez o Evangelho, leu ao público a narração da conversa entre Jesus e Nicodemos, segundo São João.

"Havia, entre os fariseus, um homem, chamado Nicodemos, um dos principais dos Judeus. Este de noite foi ter com Jesus e lhe disse: Rabi, sabemos que és Mestre vindo da parte de Deus; porque ninguém pode fazer esses sinais que tu fazes, se Deus não estiver com ele. A isto respondeu Jesus: Em verdade, em verdade te digo que se alguém não nascer de novo, não pode ver o Reino de Deus. Perguntou-lhe Nicodemos: Como pode um homem nascer, sendo velho? Pode, porventura, voltar ao ventre materno e nascer segunda vez? Respondeu Jesus: Em verdade, em verdade te digo: Quem não renascer da água e do

Espírito, não pode entrar no Reino de Deus. O que é nascido da carne é carne; e o que é nascido do Espírito é espírito. Não te admires de eu te dizer: Importa-vos nascer de novo. O vento sopra onde quer, ouves a sua voz, mas não sabes donde vem, nem para onde vai; assim é todo o que é nascido do Espírito. Então lhe perguntou Nicodemos: Como pode suceder isto? Acudiu Jesus: Tu és Mestre em Israel, e não compreendes estas coisas? Em verdade, em verdade te digo que nós dizemos o que sabemos e testificamos o que temos visto, contudo não aceitais o nosso testemunho. Se tratando de coisas terrenas não me credes, como crereis se vos falar das celestiais?"

Gabriel, colocando novamente o livro sagrado sobre a mesa, retornou às suas explicações.

— Como todos puderam ver, até mesmo Nicodemos, um doutor da Lei Hebraica, teve dificuldades para entender o ensinamento da reencarnação. Mas aqueles que se detiverem na análise destas palavras, verão que Jesus falava sobre a impossibilidade de alcançarmos o Céu em uma única vida. Diz-nos o Mestre que devemos renascer da água, que é a matéria; e do espírito, que é a nossa renovação interior, a busca da evolução espiritual, através dos diversos estágios evolutivos na matéria.

Irmãos, o grau de perfeição para alcançar as esferas paradisíacas é muito alto, para crermos ser possível, com todas as nossas falhas, até lá chegar nesta única existência. Se tivéssemos uma única vida, o Céu estaria deserto e o inferno abarrotado de irmãos desviados da pureza máxima. A evolução espiritual é contínua e infinita, através de diversas reencarnações, sendo mera ilusão acreditar que, após uma única vida, ficaremos tocando flauta nos Céus, sentados em cima de nuvens, enquanto uma legião de irmãos sofrerá eternamente nas zonas de trevas.

Temos muito trabalho de auto-aperfeiçoamento pela frente, pois a pureza da alma necessária para alcançar as esferas sublimadas do plano espiritual é comparável ao estado de espírito de grandes missionários do Alto, dos quais ainda estamos longe.

Nesta última colocação Gabriel colocou-se junto com o público por pura modéstia e humildade, porque há séculos ele já era morador das esferas de luz.

Enquanto Gabriel falava, observei que ele não tirava os olhos de determinado ponto da platéia. Procurei entre o mar de pessoas, a quem ele fitava. Era a uma bela moça loura de olhos azuis, que logo reconheci. Era Ethel!

Gabriel sentiu um turbilhão de emoções em sua alma, até aquele momento desconhecidas para ele nesta encarnação. Mas o anjo não perdeu a maestria com as palavras, pelo contrário, com os olhos brilhando, devido a uma emoção que desconhecia, tornou-se mais encantador no trato com o público. Se isto era possível!

— Irmãos, se estas elucidações não foram suficientes para fazê-los crer na reencarnação do espírito, então analisemos pela ótica da justiça Divina.

Se Deus nos desse uma única vida para conquistarmos seu Reino de Amor e de Paz, elevando os bons aos Céus, e rebaixando os maus às zonas infernais, Ele não seria um Bom Pai e um justo Criador. Pois vejam quantas diferenças existem entre todos nós, que estamos encarnados neste mundo. Alguns nascem saudáveis e perfeitos, outros nascem com diversas deficiências físicas. Alguns nascem ricos, outros pobres. Alguns são abençoados com uma vida feliz, outros com contínuas dificuldades de toda a natureza. Como Deus poderia ser justo, se em uma única vida, ele colocasse seus filhos em diferentes situações com vistas a alcançar um mesmo objetivo? E isto sem falar daqueles que renascem sem nem ao menos possuírem a capacidade mental, que lhes permitiria optar pelo caminho de Deus ou o caminho do desregramento moral.

Analisando desta forma, vemos que é inaceitável a crença de uma única vida, pois se agora temos algumas dificuldades, estas são, provavelmente, frutos de vidas passadas. E se temos méritos, não devemos julgar ser fruto de uma graça divina, pois Deus não dá nada de graça aos seus filhos, pois isto seria injustiça com aqueles que não a receberiam. Tudo o que recebemos é fruto das diversas existências que vivemos, sejam boas ou más.

Jesus já nos dizia "A cada um será dado segundo suas obras" e a "Semeadura é livre, mas a colheita é obrigatória". Se hoje passamos por dificuldades, lembremo-nos que podemos encontrar a paz para as nossas vidas futuras, basta que nos entreguemos ao Bem, que se resume na prática do Evangelho de Jesus.

O público movia a cabeça em sinal de afirmação, ante as elucidações de Gabriel. Enquanto isso eu lembrava dos momentos que vivi, com o irmão Hermes, no Império dos Dragões do Mal; lá mesmo eu havia tecido algumas considerações sobre a lei de ação e reação a que todos estamos sujeitos na escalada evolutiva até Deus.

Gabriel estava alegre e descontraído, emocionado com os olhares daquela linda menina, que estava fascinada com a lógica e a sensatez das exposições do anjo. Alguns na platéia repararam o namoro dos dois anjos. Duas senhoras comentavam:

— Ah, como seria bom se Gabriel conhecesse aquela menina, ela parece-se com ele. Olhe o rosto angelical dela. Parece que ali nenhum mal teria vez. E Gabriel é tão só — dizia a senhora com os cabelos prateados.

O anjo não descansava enquanto as bondosas senhoras alimentavam esperanças quanto ao seu futuro amoroso.

— Irmãos, existe uma bela história que, de certa forma, nos elucida mais claramente a bênção Divina da reencarnação. Esta história foi-me passada por meu avô Emiliano, que não se encontra mais entre nós, neste plano da vida.

Há muito tempo atrás, havia em determinada região, uma grande seca e pouca fartura de alimentos. A infelicidade era total, em uma terra onde não havia conforto nem paz. Todos ali almejavam uma vida melhor.

Até que um certo dia chegou àquela região um Grande Homem, ensinando a todos o caminho para uma terra feliz e de paz, onde todos encontrariam segurança e tranqüilidade. Três jovens que estavam sedentos por estas bênçãos correram até este homem, que chamava-se Jesus, e perguntaram-lhe: Mestre qual o caminho para esta Terra Santa? Desejamos ingressar neste novo mundo onde, como o senhor diz, a felicidade é suprema. Mostre-nos, por favor, o caminho.

O Meigo Nazareno não se fez de rogado. Com todo o seu amor e simpatia, começou a desenhar no chão o mapa que levaria os três à bendita região. Encantados com o amor e a ternura de Jesus e com a facilidade para alcançar este reino de paz, os três agradeceram comovidos e saíram, em disparada, para a grande jornada.

Mas o Mestre pediu-lhes que esperassem, pois lhes daria algo muito importante para cada um levar durante toda a caminhada. Meus filhos, disse o Mestre, cada um leve uma destas cruzes, pois elas serão muito importantes em sua jornada. E é só disto que precisarão, meus amados; agora, vão com Deus!

Logo após a despedida do Mestre, os três começaram a caminhada com o enorme fardo nas costas. Via-se claramente a diferença de atitude dos três em relação à cruz. O primeiro carregava o madeiro com amor e esperança nas palavras de Jesus, o segundo, meio vacilante, carregava a cruz com dúvida entre carregá-la ou não, já o terceiro, estava indignado por ter que carregar aquele peso, segundo ele, desnecessário.

Poucos quilômetros se passaram, e o terceiro, que estava indignado por ter que carregar a cruz, jogou-a fora, dizendo: Eu não vou me sacrificar, eu não preciso desta madeira velha para me auxiliar a alcançar essa terra feliz. E saiu feliz cantarolando, seguindo o caminho que Jesus, com amor, lhe ensinara.

Alguns quilômetros mais, e o segundo, o indeciso, resolveu seu dilema com uma pseudo solução. Já que não sabia se carregava ou abandonava a cruz, resolveu quebrá-la ao meio. Assim carregaria um peso menor e ao mesmo tempo não abandonaria o instrumento que Jesus lhe havia ofertado.

Enquanto isto, o primeiro, que demonstrava fé nas palavras de Jesus, continuou sua caminhada com a grande cruz, sem reclamar e com esperança de um dia chegar ao Grande Reino. Rapidamente ele foi ficando para trás em relação a seus amigos que, livres do peso, já estavam dias à frente na viagem.

Aquele que abandonou a cruz, passava pelos caminhos desfrutando da paisagem e dos prazeres de uma viagem tranqüila e sem compromissos. Sempre descansado, ele tomava banhos de rio e repousava, por horas a fio, à sombra das árvores, visto que estava com folga de tempo no percurso.

Até que um certo dia, do alto de uma colina, ele viu ao fundo o Grande Reino, belo e exuberante. Correu até lá como uma criança. Lá chegando, ele viu que perto da entrada havia um grande precipício que o separava do reino de luz. Desesperado, ele gritou aos moradores do reino, que estavam na outra extremidade do grande abismo: Ei, onde está a ponte, para que eu possa atravessar? Os habitantes do reino, estranhando aquela reação, perguntaram-lhe: Mas tu não trouxeste a ponte? E ele respondeu: A ponte, que ponte? Com os olhos tristes por ver mais um fracassado, um dos habitantes do reino disse-lhe: A cruz de Jesus, meu irmão. Esta é a ponte!

Ouvindo aquelas palavras, o rapaz lembrou-se das palavras de Jesus: Meus filhos, cada um leve uma destas cruzes, pois elas serão muito importantes em suas jornadas. E é só disto que precisarão, meus amados; agora, vão com Deus!

Desesperado, devido ao incrível erro que havia cometido, o jovem saiu correndo em direção a um rumo desconhecido.

Mais alguns dias se passaram, e chegou, então, o segundo jovem, com a sua cruz debaixo do braço, pela metade, caminhando tranqüilamente. Chegando próximo ao grande penhasco, efetuou a mesma pergunta sobre a ponte aos moradores do reino, no que eles disseram: A ponte está em tuas mãos, basta usá-la. O rapaz estremeceu: havia cortado ao meio a cruz. Será que ela alcançaria o outro extremo? Vacilando, o rapaz tentou colocar a metade de sua cruz sobre o grande precipício, mas não conseguiu, quase caiu, junto com o madeiro, para dentro do grande abismo. Apavorado com o seu destino, solicitou aos amigos, que já estavam no reino, que lhe emprestassem uma cruz para que ele pudesse passar, no que eles disseram: Isto é impossível, pois quando passamos para este lado a cruz se desfaz, nos livrando de ter que guardá-la ou carregá-la!

O segundo peregrino, então, baixou a cabeça e começou a efetuar o caminho de volta.

Vários dias após, chegou, então, ao Grande Reino, aquele que carregou até o fim a cruz que Jesus lhe havia oferecido. Lá chegando, sereno e feliz, não perguntou nada aos habitantes do reino, apenas sorriu para eles, que estavam, também, felizes pela sabedoria do novo amigo que chegara. O jovem colocou a sua cruz sobre o grande precipício. A medida era exata, permitindo-lhe ingressar tranqüilamente no reino de luz. Logo após ao seu último passo sobre a cruz, ela se desfez. E aquele que mais havia demorado a chegar ao reino de paz, mas o único a seguir as recomendações do Mestre, foi quem conquistou o ingresso para a moradia de luz.

Mas Jesus não desampara! Aquele que havia cortado a cruz ao meio retornou ao Mestre chorando, pedindo-lhe perdão. E Jesus lhe disse: Meu filho, não chores, eu te darei outra cruz, para recomeçares tua caminhada. Mas desta vez, terás que carregar ela e mais a metade que abandonaste em meio ao percurso, que recolhi para ti e agora te dou. O rapaz, triste mas esperançoso, recebeu a metade da cruz que havia abandonado no caminho e mais uma cruz inteira, para recomeçar o caminho, com novas tribulações e com o peso que havia abandonado na primeira caminhada.

E vendo que o rapaz que havia abandonado a cruz inteira não retornava, o Mestre foi procurá-lo, encontrando-o desmaiado no meio da estrada. O Nobre Irmão tratou suas feridas e encheu-o de ânimo para a nova caminhada. Só que agora ele teria que carregar duas cruzes inteiras. A primeira que ele abandonou e uma nova para a caminhada que se iniciaria.

Foi possível ver o pobre rapaz carregando, com passos de formiga, quase de joelhos, o enorme fardo que o redimiria de seus erros pela infinita misericórdia do Cristo.

Gabriel, após encerrar a narrativa, disse ao público:

— Meus irmãos, a reencarnação é isto. Todos somos convidados a realizar determinados feitos em nossas vidas, ou seja, educarmos bem nossos filhos, vivermos em harmonia com nossos colegas de profissão e vizinhos, auxiliarmos na construção de um mundo melhor através de nossas ações do dia-a-dia, etc. Esta é a cruz que devemos carregar. Aquele que executa esta atividade integralmente, vence esta etapa de sua evolução espiritual. Já aqueles que fogem às suas responsabilidades, entregando-se a vícios e atitudes negativas, devem retornar em vidas futuras para cumprir suas obrigações, mas com uma carga maior, devido ao acúmulo de obrigações. É por isto que temos tantas diferenças no mundo. Alguns, além de fugirem de suas obrigações, semeiam o mal, causando prejuízos aos seus semelhantes. E, portanto, devem indenizar aqueles que foram lesados no patrimônio da vida.

Muitas vezes, irmãos, aquelas pessoas problemáticas de nossa família, que vivemos criticando, foram pessoas as quais prejudicamos em uma vida passada, e que agora necessitam de nosso auxílio para seu reequilíbrio. Portanto, não vamos criticar ou reclamar e, sim, trabalhar para auxiliar a todos aqueles que estiverem necessitando de amparo em nosso meio.

O público, mais uma vez, estava impressionado com as palavras de Gabriel. A sua lógica perfeita desvendou os mistérios de que a alma humana há milênios procura a resposta. Através de histórias simples, Gabriel ensinava a todos o caminho divino.

Nogueira, que estava assistindo pela primeira vez às palavras de Gabriel, estava emocionado, ao ponto de dizer a Sebastião: — Este rapaz é realmente um anjo de Deus! Impossível encontrar tanta sabedoria em tão pouca idade!

Sebastião recebeu o elogio como se fosse para ele. Com o sorriso nas orelhas, ele abraçou o amigo que recebia o ensinamento divino com nobreza de sentimentos.

— Meus irmãos amados, — continuou Gabriel — vejam como é importante a crença da reencarnação. E como eu ficaria feliz, particularmente, se a Igreja Católica estudasse e analisasse os ensinamentos espíritas. Um grande número de pessoas aqui presentes freqüentam, também, a nossa Igreja São Francisco de Assis. Vocês sabem o quanto eu luto por esta união de luz entre estas duas religiões de Cristo. E como seria bom, para toda a humanidade, se acabassem as divergências entre essas duas religiões irmãs. Assim poderíamos batalhar por uma Nova Era de conscientização espiritual para todos os povos, livres das discussões estéreis, tão comuns nos seios das religiões.

Realmente havia diversos católicos assistindo à palestra de Gabriel, inclusive algumas freiras estavam sentadas na platéia. Eram as professoras da infância de Gabriel, aquelas mesmas que pediam ao menino-luz para ele falar-lhes das coisas do Céu, que desde muito cedo ele dominava como ninguém. Eu pude perceber que elas também pensavam como Gabriel.

Após as suas últimas elucidações, Gabriel convidou a todos para acompanharem a oração de encerramento, abençoando a todos e convidando-os a retornar sempre que desejassem.

Logo após, formou-se, novamente, a extensa fila que já era uma rotina em todas as reuniões espíritas de Gabriel. O anjo estava apreensivo, não queria perder de vista aquela moça que o encantara, não com sua beleza, mas com sua expressão doce e angelical. Mesmo com o pensamento vagando em sentimentos particulares, Gabriel não desrespeitava as pessoas que lhe pediam auxílio e conselhos, atendendo-os um por um com total interesse.

Atendida a imensa fila, reparei que no recinto estavam apenas Gabriel, Ethel, Sebastião e Nogueira. Ethel levantou-se e foi ao encontro de Gabriel, que estava sentado na cadeira destinada aos palestrantes. Enquanto a bela moça descia, reparei que Sebastião e Nogueira estavam iniciando uma conversa séria, devido à expressão no rosto de ambos.

Eu fiquei perdido sem saber o que fazer. O irmão Hermes, então, disse-me:

— Sim, as duas conversas são importantes, mas não podemos nos desdobrar em dois. Vá com Ethel até Gabriel e deixe que eu narrarei o que está acontecendo com Sebastião.

Hermes aproximou-se de Nogueira que falava com Sebastião nos seguintes termos:

— Sebastião, não esperava vê-lo tão bem. Imaginei que você estivesse ainda remoendo o passado. Eu fico feliz em ver que você está dando novos rumos à sua vida.

— Nogueira, você não imagina o mundo novo que eu encontrei aqui nesta cidade. Nunca imaginei que eu poderia conhecer pessoas como aquelas com que me relaciono agora. Todos são pessoas sinceras e honestas. Eu estou há anos dedicando-me aos trabalhos assistenciais, tanto da Igreja como desta Casa Espírita.

— E quanto à tua fortuna? Espero que você não a tenha colocado em mãos desconhecidas. Você sabe que estas religiões estranhas, às vezes, têm duas faces.

— Não, não se preocupe. Eu nem tive coragem de dizer que sou rico. E, também, este pessoal não pensa nunca em dinheiro. Gabriel, este rapaz que você viu falar, sempre diz que não devemos nos preocupar com dinheiro para as obras assistenciais, pois este é um problema que Jesus sempre resolve. E por mais incrível que pareça, sempre aparecem contribuições para as obras de caridade.

Nogueira mudou o semblante, demonstrando a dor que as notícias que trouxera consigo iriam causar no amigo, com quem não confraternizava há anos.

— Sebastião, vim aqui por um grave motivo. Eu preciso dar-lhe notícias sobre seus filhos...

— Nogueira, eu já lhe disse no dia de minha partida. Eu não quero mais saber da vida desses meninos.

— É por isto mesmo, meu amigo, que venho lhe falar. Eles

já não fazem mais parte desta vida.

Sebastião baqueou com a notícia, e, com uma voz frouxa, perguntou:

— Como assim?

— Alguns meses após sua partida, Cláudia descobriu que estava contaminada pelo vírus da AIDS. O efeito devastador da doença foi rápido. Ela gastou alucinadamente a sua parte da herança com o tratamento, mas desesperada com o seu próprio estado de putrefação do corpo, jogou-se pela janela do hospital em que estava internada, morrendo instantaneamente.

Sebastião estava com os olhos voltados para o chão, rememorando a infância daquela menina que no início era seu tesouro, logo após, transformou-se em seu pesadelo. Sebastião recordou-se de seus últimos dias com a filha, no hospital e no enterro de sua mulher.

— E quanto a César? — perguntou Sebastião ao amigo.

— César, após sua partida, conheceu uma moça de valor, que dedicou-se com amor ao seu filho. Eles tiveram um belo menino, que chama-se Renato. O menino agora está com quatro anos. — Sebastião esboçou um sorriso de contentamento, mas as dores não cessariam aí. — Infelizmente, Sebastião, o seu filho não conseguiu vencer as drogas. Ontem à noite, enquanto sua esposa estava na aula da faculdade, ele foi encontrado em seu quarto com uma seringa cravada no braço, morto, sobre a cama. E o pior, o menino, que estava a seus cuidados, viu a cena deprimente do pai morto, e está em estado de choque.

— Não! — balbuciou Sebastião, colocando as mãos no rosto e agachando-se na cadeira.

— Se você realmente abraçou os conceitos cristãos, não desampare esta moça que está só e abandonada. Seu neto também precisa de você. Eles estão sem nada. César acabou com o dinheiro que você deixou para ele com a compra contínua de cocaína.

— Sim, precisamos viajar. O enterro de meu filho já se realizou?

— Não, será amanhã, pela tarde. Voei o mais rápido possível para vir lhe avisar a tempo. Eu sabia que você desejaria participar desta última despedida a César. Apesar de tudo, eu sei o quanto você amava esse pobre rapaz.

— Leve-me para minha casa, eu preciso pegar algumas coisas para a viagem.

Na saída, Sebastião avisou a Marcus, que estava na livraria da Casa Espírita, pedindo que ele informasse a todos da inesperada viagem para assuntos particulares. Marcus abraçou-o, intuindo o drama que estava estampado no rosto de

Sebastião. Este gesto natural de Marcus resultou em uma grande transfusão de energia para Sebastião, que estava completamente debilitado pelas notícias. Nogueira percebeu a pureza dos sentimentos daquele jovem, e perguntou-se: Onde estamos, será que estamos no Céu? Um fala como um sábio e o outro parece um anjo iluminado.

Enquanto este fato se desenrolava, eu estava descendo as escadas do auditório, ao lado de Ethel, que dirigiu-se até o grande orador.

Quando a bela menina chegou perto de Gabriel, ele levantou-se e teve uma atitude completamente inesperada para mim. O anjo disse-lhe:

— Obrigado, meu Deus, por permitir-me receber tão belo olhar!

Gabriel repetiu exatamente a mesma frase que ele havia dito na primeira vez em que encontrou Ethel, há mais de mil e oitocentos anos terrenos. Ambos ficaram desconcertados com a atitude de Gabriel. Ethel sentiu aflorar em seu íntimo emoções e sentimentos que, às vezes, o processo de reencarnação não consegue bloquear. Os sentimentos do coração são mais fortes que os da mente!

Gabriel, então, pediu desculpas, alegando não saber o que havia acontecido com ele. Pediu à bela moça que se sentasse e desconsiderasse suas primeiras palavras, no que ela respondeu:

— Jamais desconsiderarei estas tuas palavras, pois eu nunca ouvi algo tão bonito. E não te preocupes, eu sei que não és uma pessoa mal-intencionada. Pelo menos foi o que mostraste durante toda esta noite.

Ambos riram, envolvidos ainda pelos seus olhares, que não se desgrudavam. Eu fiquei emocionado com a magia da troca de energias daquelas duas almas gêmeas. Aqueles que possuem a vidência mediúnica, para poderem ver as coisas do plano espiritual, veriam naquele momento a beleza das luzes diamantinas que envolviam todo o ser dos dois jovens.

— Qual é o teu nome? — perguntou, então, Gabriel.
— Carolina! — respondeu a moça.

Após a resposta de Ethel, coloquei as mãos na cabeça e percebi a confusão. Gabriel, através de sua mediunidade havia relembrado o nome de Ethel e alguns de seus traços. Por diversas vezes ele havia solicitado a Danúbio, que agora estava ao meu lado, um minuto da presença de Ethel, pois a saudade machucava-lhe a alma. E agora, Ethel, apresentando-se com o seu primeiro nome de batismo, Carolina, não despertaria em Gabriel a certeza do encontro tão esperado.

A sua alma sentia uma grande atração por aquela moça, mas ele recordou, então, de Ethel, que acreditava estar no mundo espiritual. Lembrando que o seu coração já tinha dono, o jovem tomou uma posição mais serena, mas ainda cativado pela simpatia daquela bela moça.

— Gostaste da reunião? — perguntou Gabriel.

— Sim, foi muito bonita. Eu fiquei emocionada com a história dos três peregrinos em busca do Grande Reino. E, também, pelos conceitos da reencarnação! Realmente, não existiria a justiça Divina, se tivéssemos uma única vida. Além disso, eu já sentia na alma, antes de ouvir estas tuas palavras, a existência de outras vidas, pois, às vezes, sinto já ter passado por lugares onde nunca fui e, também, tenho sonhos de lugares e pessoas que não conheço e que me parecem tão reais.

Ethel havia sonhado diversas vezes com Gabriel, que passeava com ele, durante o sono físico, nos jardins do Império do Amor Universal. A bela menina possuía a faculdade de lembrar claramente dos sonhos, o que já não era o caso de Gabriel, que ao retornar ao corpo físico lembrava-se vagamente dos sucessos noturnos.

— Eu achei muito bonito o teu respeito pela Igreja Católica. São poucas as religiões que respeitam outras linhas de pensamento.

— Mas não poderia ser de outra forma, Carolina. Se eu agisse de outra maneira, que não esta, eu não seria um verdadeiro cristão, pois a Doutrina de Cristo é de Amor e Respeito, não comportando espaço para a inveja e o egoísmo.

Ethel, alma de elevado quilate espiritual, estava com a certeza de haver encontrado o amor de sua vida. Ela, a partir de agora, se dedicaria incessantemente a auxiliá-lo em suas iniciativas divinas. A doce menina aguardaria serenamente que Gabriel despertasse para o seu amor. Sendo ela uma alma iluminada, não teria os acessos nervosos dos jovens comuns, que não conseguem esperar o momento certo para um toque, um beijo, um abraço, ou até mesmo a união sexual. Ethel aguardaria, serenamente, desfrutando unicamente do amor espiritual que Gabriel dedicava a todas as criaturas.

Ambos ficaram ali no grande auditório, conversando sobre os mais diversos assuntos. Enquanto os anjos dialogavam, vi Sebastião, no outro lado do salão, colocando as mãos sobre a cabeça num gesto desesperado. Gabriel e Ethel estavam nas nuvens, nem perceberam quando Sebastião passou pela porta do auditório, quase carregado por Nogueira. Eu fiquei curioso sobre as recentes notícias, mas resolvi aguardar os esclarecimentos do irmão Hermes, que alguns minutos após, já estava, novamente, junto a mim.

Enquanto o belo casal conversava sobre assuntos de somenos importância, o irmão Hermes narrou-me os acontecimentos que já foram descritos acima.

Ficamos ali por alguns minutos mais, até que o vigilante da Casa Espírita começou a desligar as luzes, forçando o casal a se retirar.

Enquanto saíam, Gabriel falava de seus projetos de amparo aos necessitados, no qual colocava os recursos necessários nas mãos de Jesus. Falou sobre o hospital que era amparado pela Casa Seareiros do Bem e convidou a moça, que demonstrava-se interessada, para conhecê-lo.

Quando chegaram ao hospital, que ficava a pequena distância da Casa Espírita, dirigiram-se à recepção, para que Gabriel solicitasse um crachá de identificação que permitisse o ingresso de Ethel à casa de saúde. O horário de visitas já havia encerrado, mas Gabriel não teve dificuldades em obter a autorização, devido ao grande respeito e apreço que todos lhe dedicavam e, também, por Ethel trabalhar na área médica.

Gabriel apresentou à bela moça as áreas de atendimento do hospital, narrando, ao mesmo tempo, os projetos que tinha em mente para um atendimento mais espiritualizado para os pacientes ali internados.

Em cada nova ala do hospital em que o casal ingressava, Gabriel era recebido com sorrisos pelos colegas e pelos pacientes, que não dormiam enquanto não recebessem uma visita do anjo.

Ethel manifestava um grande interesse por tudo, como demonstrava o brilho em seu olhar, cativando mais ainda o coração do anjo de Deus, que percebeu que não estava enganado em relação àquela bela moça que encontrou no meio de uma platéia com mais de quinhentas pessoas.

A conversa fluía alegre entre os dois anjos, quando eles ganharam uma área destinada a doentes terminais. Ethel se encheu de piedade ao ver aquelas pessoas em tão precário estado, às portas da morte.

Ambos caminharam entre as fileiras de camas; senti que Ethel recordou intuitivamente as suas atividades no hospital do Império do Amor Universal. Tratando, com imenso carinho, aqueles irmãos que não conseguiam repousar, devido a tantas dores, Ethel disse a Gabriel:

— Eu gostaria de poder ajudar-te, no que for possível, nesta tua bela obra!

Gabriel emocionou-se com as palavras sinceras de Carolina. Vendo suas belas roupas e analisando sua pouca idade, vinte anos, disse-lhe:

— Carolina, tu conseguirás beber deste cálice amargo?

Com os olhos marejados de lágrimas, Carolina Ethel respondeu:

— Gabriel, o Reino de Luz está no mundo espiritual de Jesus. Aqui na Terra temos que sofrer a incompreensão dos homens e amparar a dor dos nossos irmãos invigilantes.

Gabriel estava impressionado com a resposta de Carolina, quando um dos pacientes, que estava na cama ao lado dos dois, pegou na mão de Gabriel pedindo-lhe auxílio. Ethel, vendo que o paciente estava mal posicionado, com dores nas costas, correu para ajudá-lo. A bela menina amparou o doente com desvelo e determinação, enquanto Gabriel efetuava um passe reconfortador no pobre doente que, imediatamente, manifestou a melhora, dizendo:

— Gabriel, meu anjo, trouxeste hoje a tua namoradinha?
— Gabriel ficou vermelho com a pergunta; Ethel, sorriu, divertida. — Que bela menina! — continuou o moribundo. — Eu fico muito feliz em te ver assim, feliz, com este brilho no olhar. Se eu tivesse aprendido antes a viver assim como vocês, longe dos vícios e das atitudes destrutivas, hoje eu teria uma vida melhor e mais feliz. Mas, pelo menos, eu tenho o consolo de ser amparado por anjos nos meus derradeiros momentos.

— Descansa, Guilherme — disse Gabriel. — Amanhã conversaremos, já é muito tarde. Tu precisas repousar.

As palavras de Gabriel praticamente desligaram aquele paciente que estava entre a vida e a morte. Ele apenas conseguiu dizer: — Sim, tens razão — antes de dormir.

Gabriel, então, elogiou a prática de Carolina no trato com os doentes. E ela respondeu:

— Gabriel, não me ofereço para trabalhar contigo sem motivos. Eu estou fazendo a faculdade de Enfermagem e estou estagiando no hospital Santo Cristo, como disse a ti e ao recepcionista. Eu vim assistir à tua palestra, pois, lá no hospital em que trabalho, muitos colegas comentam sobre ti e sobre as tuas idéias renovadoras no campo da religião. E quanto a conseguir beber deste cálice amargo, é só o que eu espero fazer na minha vida. Minha mãe sempre insistiu para eu seguir outra profissão, mas eu sinto-me muito bem sendo útil às pessoas que necessitam do amparo médico.

Gabriel, empolgado com o que ouvia de sua nova amiga, disse-lhe:

— Amanhã mesmo falarei com o Dr. Rossi! Ele é o médico responsável com o qual trabalho. Eu pedirei a ele que te contrate para trabalhar conosco.

Os dois sorriram e abraçaram-se. Um calor correu pelo

corpo dos dois anjos, gerando uma poderosa energia que aliviou a todos os doentes daquela ala. Os que não estavam acordados, sonharam que estavam em um mundo de paz e luz.

Os dois, então, se despediram dos pacientes e médicos de plantão e foram embora. Gabriel acompanhou Ethel até sua casa, que também não era muito longe dali. A moça havia se mudado para aquela cidade há poucos meses. Eles pareciam dois grandes amigos que não se viam há anos. E realmente eram!

Chegando à porta da casa de Ethel, exatamente à meia noite, Gabriel disse-lhe:

— Foi muito bom te conhecer! Anota neste papel teu telefone, amanhã eu te ligo, para te falar sobre a resposta do Dr. Rossi.

Carolina anotou o número do telefone, revezando olhares entre o papel e os olhos de Gabriel. Após anotar o número, Ethel disse-lhe:

— Eu preciso entrar, já é muito tarde. Minha mãe deve estar aflita pela minha demora.

E sem permitir nenhuma reação de Gabriel, a menina deu-lhe um rápido beijo no rosto. Gabriel sentiu o perfume dos cabelos da menina, que, serelepe, correu para dentro da casa. Antes de entrar ela deu um último aceno para aquele que seria por toda a eternidade a luz de seu viver.

Eu e Hermes ficamos rindo de Gabriel, que ficou completamente no mundo da lua. Ele não sabia nem para que lado ficava a sua casa! Um rio de emoções desaguava sobre o seu coração, que vivia, naquele instante, sentimentos típicos da juventude saudável e equilibrada.

Alegre como nunca o havíamos visto nesta encarnação, Gabriel retornou para sua casa com um novo ânimo no coração. Com os olhos voltados para o Céu, Gabriel agradecia a Deus por aquele encontro marcante, onde o anjo conquistou uma amiga que poderia entender plenamente seus anseios e planos.

Marcus era um grande companheiro, Mariana também, mas sua alma precisava de uma cúmplice para seus mais elevados projetos. Agora ele teria uma companheira para continuar iluminando o mundo, sob as bênçãos de Jesus.

23.
Com o poder da fé

Três semanas depois, estávamos entrando novamente na Casa Espírita Seareiros do Bem. Seguíamos Sebastião, que estava retornando de Salvador em companhia da nora e do pequeno netinho.

O menino ainda estava chocado com a horrível cena da morte do pai por overdose de drogas. Apesar do estado de choque do menino, percebi a sua imensa pureza e o brilho de sua alma, tão incomum naquele período de Final dos Tempos. O irmão Hermes, então, disse-me: — Este é mais um dos enviados para auxiliar Gabriel na Grande Missão. Vê como são belíssimos os desígnios de Deus!

Concordei plenamente com Hermes. Através das linhas do destino, Jesus ia alicerçando a grande obra de Gabriel.

Entramos no grande salão. Ethel estava sentada ao lado de Raquel que, em sua cadeira de rodas, estava mais bela do que nunca. A jovem moça conversava alegremente com Ethel, demonstrando sua fé e sua determinação para auxiliar na divulgação espírita. Apesar de frágil na forma física, aquela menina era uma guerreira. Jamais esmorecia ante as dificuldades.

Gabriel estava brincando alegremente com as crianças. Ao ver Sebastião, a nora e o neto, o anjo correu até o amigo e abraçou-o dizendo:

— Que saudades, Bastião. Fico feliz em revê-lo. E quem é este menino lindo?

A criança jogou-se nos braços de Gabriel despertando automaticamente do estado de choque em que estava envolvido. Sua mãe, Eliana, impressionou-se com a reação do filho, que estava realizando sessões psiquiátricas desde a morte do pai, sem nenhum resultado positivo.

Enquanto Sebastião apresentava sua nora, o menino ficou pendurado na perna de Gabriel. Parecia que o menino não queria perder o tesouro que havia encontrado. Inconscientemente, aquele pequeno anjo havia encontrado o motivo de sua reencarnação: estabelecer em seu coração as idéias de Gabriel para divulgá-las ao mundo.

Logo mais, o menino já estava brincando com as outras crianças, demonstrando estar recuperado do forte trauma. Mais um dos incontáveis milagres do anjo de Deus.

Faltavam cinco minutos para iniciar a reunião, quando Sebastião disse a Gabriel:

— Meu filho, eu preciso muito falar contigo. Eu tenho um grande peso em minha consciência e preciso revelá-lo. Eu sinto que traí você ocultando meu passado.

— Calma, Bastião. Nunca tiveste obrigação alguma para comigo. Tu tens obrigações para com Deus e Jesus! Se no templo do teu coração revelaste a Deus o motivo de tua angústia, pedindo-lhe perdão e te predispondo à correção, já estás em plena paz contigo e com Deus. Quanto a mim, ficarei muito feliz em te ouvir, mas amanhã à tarde. Após o meu plantão no hospital, eu irei até tua casa. Mas agora vamos, pois está na hora de iniciarmos os trabalhos.

Enquanto Sebastião e a nora procuravam um local para sentar, o pequeno Renato enfileirava-se junto com os outros meninos aos pés de Gabriel.

Encerrada a oração de abertura, Gabriel abriu o Evangelho Segundo o Espiritismo no capítulo vinte e quatro: Não coloqueis a candeia sob o alqueire.

"Não se acende uma candeia para colocá-la sob o alqueire; mas se a coloca sobre um candeeiro, a fim de que ela clareie todos aqueles que estão na casa."

Gabriel, olhando para o público, disse, então:

— Este é um dos mais importantes ensinamentos do Evangelho e um dos mais incompreendidos, devido à dificuldade de entendimento das palavras aqui mencionadas: "Não coloqueis a candeia sob o alqueire."

Hoje em dia, é pouco comum a utilização destes termos, dificultando, portanto, o entendimento das palavras iluminadas do Cristo. Mas vamos colocá-las em uma linguagem atual para termos um bom entendimento.

Vamos substituir o "coloqueis" por "colocar". A "candeia", por "lampião", ou lamparina. Já a palavra "sob", por "debaixo" e, finalmente, substituiremos a palavra "alqueire" por "mesa" ou armário.

A frase, então, em uma linguagem moderna, ficaria: "Não colocar o lampião debaixo da mesa", ou seja, Jesus nos alerta para que não venhamos a esconder a luz que nos ilumina. E que luz seria esta? A luz espiritual, meus irmãos!

Todos nós, que já possuímos uma compreensão das verdades Divinas, não podemos "esconder" a luz. Não devemos colocar a luz embaixo da mesa e, sim, em cima dela, para podermos iluminar a todos que nos rodeiam. Irmãos, nós temos que procurar divulgar as verdades espirituais para que nossos irmãos possam libertar-se das trevas, que é a ignorância espiritual. Este convite torna-se mais importante na atualidade, onde já estamos de posse dos conhecimentos da Doutrina Espírita, que abre um novo mundo de conhecimentos espirituais ao homem comum. Quantos irmãos teriam outra sorte em suas vidas se tivessem conhecimento da Doutrina Kardecista?

Vejam o tamanho de nossa responsabilidade, pois, atualmente, fazemos parte do raro grupo de irmãos encarnados que possuem alguma consciência espiritual neste mar de trevas em que se encontra a humanidade encarnada.

Os espíritos nos relatam, através de conceituada literatura, sobre a importância da divulgação da Doutrina Cristã entre os homens. Pois, através da educação convencional, a humanidade cresce no campo tecnológico, mas é por meio da educação espiritual que nós conquistamos o maior dos patrimônios deste mundo criado por Deus: a boa conduta moral. E é somente através deste patrimônio Divino, que cabe às religiões fornecer, que poderemos construir um mundo mais humano e mais justo.

Com estas palavras, não desejo estimulá-los a um fanatismo religioso, onde pobres irmãos tentam incutir, à força, suas convicções religiosas. Mesmo porque, todos temos o nosso momento de despertamento. A tarefa do verdadeiro cristão está no esclarecimento sincero e amoroso, buscando a conscientização dos irmãos afastados da luz. Afastando de si, sempre, a idéia de prepotência, de imposição e de condenação para aqueles que não aceitam o caminho traçado pelo Cristo.

Aquele que realmente ama seu semelhante e deseja "colocar a luz sobre a mesa", para iluminar a todos, demonstra em suas atitudes e em seu coração o ideal que prega. Assim como Jesus, que retornou à pátria espiritual perdoando e amando como sempre ensinou em toda a sua iluminada vida física.

Gabriel, abençoando a todos com seu fraterno olhar, aguardou a participação do público, que já estava acostumado a tomar parte do banquete de luz promovido pelo anjo celestial.

— Gabriel — disse um senhor — concordo contigo. Mas como fazer com algumas pessoas que sabemos que irão ridicularizar os nossos conselhos e dirão que a Doutrina Espírita é coisa de sentimentalistas alienados?

— Obrigado, irmão, pela valiosa pergunta que nos ajudará a analisar este importante ponto — disse Gabriel.

Devemos sempre perdoar e compreender as limitações desses irmãos que ridicularizam a nossa fé, e lembrar que eles são crianças que ainda ignoram o que a alma do homem espiritualizado já conhece há muito tempo.

Se os nossos filhos nos dissessem que não querem ir à escola, pois acham as aulas chatas e que isto não lhes interessa, por acaso nós nos resignaríamos com essa atitude dos infantes, aceitando a insensatez da ingênua criança?

Gabriel aguardou alguns segundos para que o público assimilasse a comparação.

— Claro que não devemos cercear o livre-arbítrio desse irmão que foge da luz, mas temos o compromisso Divino de mostrar-lhe a nossa crença, permitindo-lhe um campo maior de análise, do que o restrito universo em que ele vive, para que ele venha, através do conhecimento de nossa argumentação, decidir por si só qual o caminho que deseja seguir.

À medida que Gabriel dissertava ao público, sobre a questão da divulgação espírita, eu pensava nos fanáticos que gritam e ameaçam em nome de suas crenças. Pensei nos pobres irmãos que condenam e desprezam seus semelhantes, embasando-se nas profecias apocalípticas. Quanta ignorância! Se a doutrina de Jesus é de amor e fraternidade, como pode um suposto "pastor" ou um padre tratar seus fiéis com gritarias e ameaças? Agora eu via Gabriel, com imenso amor, falar das coisas de Deus sem fanatismo, mas lembrando ao público da seriedade que o trabalho de divulgação do Cristianismo Redivivo exige. O anjo de Deus demonstrava a verdadeira personificação dos ensinamentos de Jesus, longe da prepotência, da arrogância e das atitudes raivosas. Ele parecia o próprio Jesus falando ao povo. E eu posso falar disso com segurança, pois recebi a bênção de ouvir as Sublimes Verdades dos lábios do próprio Mestre dos Mestres.

Gabriel, todo iluminado pela luz de Danúbio e de uma imensa assessoria de irmãos iluminados, continuou, irradiando paz por todo o grande salão.

— Através das obras mediúnicas recebidas por Chico Xavier, foi-nos possível conhecer um fato, relatado pelo Irmão X, na obra "Cartas e Crônicas", que muito nos esclarece sobre este assunto.

Nesse livro, o nobre escritor brasileiro narra a história de dois grandes amigos: Fonseca e Mota. Os dois eram advogados e vizinhos, e compartilhavam grande parte do dia, tanto no trabalho, como no lazer. Mota, era Espírita convicto. Dedicava-se com afinco à busca do conhecimento espiritual. Reparando que tanto seu amigo do peito como os demais amigos não simpatizavam com o seu sentimento religioso, Mota começou a esconder seus livros espíritas no quarto, deixando na sala apenas as obras da literatura comum.

Os anos foram se passando e Mota tornava-se cada dia mais convicto da seguinte tese: "Religião é uma questão particular. E cada um deve descobri-la por si só, sem a interferência ou o aconselhamento alheio".

O espírita oculto crescia em sabedoria e em bem-viver, enquanto Fonseca, seu melhor amigo, resvalava nos problemas do dia-a-dia. Problemas de ordem conjugal, diferenças com seu filho, deslizes no campo da honradez e nos caminhos do respeito aos semelhantes.

Longe de uma linha filosófica elevada, como é a Doutrina Espírita, ano após ano, Fonseca foi entrando em decadência moral. Até que certo dia veio a desencarnar prematuramente.

Mota, sentindo a grande saudade que lhe dilacerava o coração e ciente da possibilidade da comunicação entre encarnados e desencarnados, certa noite, orou, antes de dormir, pedindo à Espiritualidade a oportunidade de encontrar o amigo de tantos anos durante o sono.

Após o repouso do corpo físico, chegou até o quarto de Mota uma equipe de amigos espirituais encarregados de atender ao seu pedido. Desligado do corpo físico, Mota foi levado até um hospital espiritual, onde encontrou, repousando em um leito, o grande amigo Fonseca.

O convalescente ao ver a chegada de seu melhor amigo, pulou da cama com os olhos esgazeados e abraçou-o, agradecendo a Deus, nestes termos:

— Graças a Deus! Meu amigo, como pedi a Deus por esta oportunidade. Não temos tempo a perder. Lembras-te durante a nossa juventude, quando começaste a estudar as idéias espíritas?
— Percebendo o sinal afirmativo de Mota, Fonseca continuou:
— Pois bem, meu irmão. Tudo aquilo que tu dizias e nós desdenhávamos é a mais pura verdade. Tu precisas aproveitar que ainda estás na carne para integrar-te aos ensinamentos de luz.

— Calma, Fonseca — disse Mota, com um ar de realizado nos caminhos da evolução. — Eu sempre acreditei na vida após a morte, desde aquela época, mas percebendo que tu e os nossos amigos desdenhavam as glórias imortais, resolvi seguir o caminho por mim mesmo, em consórcio com os irmãos de Doutrina que sempre tive. Lembras-te dos compromissos que eu tinha às terças e às quintas? Pois bem, eram na Casa Espírita que eu convidei vocês a freqüentar há trinta anos atrás.

Com um olhar apavorado, Fonseca perguntou-lhe:
— Quer dizer, então, que tu sempre soubeste das teorias

sobre a reencarnação do espírito? — A todas as perguntas Mota respondia afirmativamente, com um ar alegre. — Sabias, também, dos compromissos espirituais que todos temos com nossos familiares, muitas vezes, frutos de tragédias de encarnações passadas? Tu sabias que os problemas dos vícios de meu filho poderiam ser resultado de obsessões espirituais violentas? E que eu e minha esposa, escravizados pelos desejos materiais, perdemos a harmonia familiar por pura estupidez, bastando-nos estarmos integrados ao Evangelho do Cristo para termos uma vida feliz e em paz?

Percebendo que Mota respondia afirmativamente a todas as suas perguntas, Fonseca começou a gritar, enlouquecido, no quarto em que estava convalescendo.

— Sai daqui, seu impostor, seu mentiroso. Tu não és o meu amigo Mota, pois ele não sabia de nada disto que tu afirmas saber. Durante todos estes anos ele nunca afirmou saber algo sobre as verdades espirituais. Mota era tão ignorante sobre este assunto quanto eu. E ele era meu melhor amigo, se ele soubesse disto que tu afirmas saber, ele jamais me deixaria morrer em total ignorância espiritual!

Apavorado com as palavras de Fonseca, Mota saiu correndo pelos corredores do grande hospital. Tropeçando nos equipamentos médicos, Mota foi recolhido pela equipe espiritual que o havia trazido até ali. Durante o trajeto de volta, o Espírita oculto ainda ouvia os gritos desesperados de seu amigo, lembrando-lhe que todo o seu zelo com a sua crença, havia acarretado grandes tragédias para a vida do amigo que, com certeza, lhe ouviria as palavras espirituais após conhecê-las. Mota sempre esteve mais preocupado em não ser humilhado pelos amigos do que permitir-lhes liberdade de escolha no campo religioso!

Religado ao corpo físico pelos técnicos espirituais, Mota deu um grande salto na cama, sendo acordado por terrível pesadelo. Levantou-se suando da cama, relembrando os sucessos da noite. Em estado de choque, ele abriu a janela de seu quarto e, do alto do apartamento, contemplou a cidade que dormia às quatro horas da madrugada, e pensou: Quantas pessoas estão na mesma situação de Fonseca, devido aos que "escondem a luz debaixo da mesa", como eu. Não coloqueis a candeia sob o alqueire! Disse-nos o Mestre!

Após narrar este importante fato verídico, Gabriel disse ao público:

— Vejam, irmãos, como é importante falarmos sobre os ensinamentos espíritas, que renovam a Doutrina Cristã. Os nossos familiares e amigos precisam ter a opção de escolha. Nós devemos sempre nos colocar como o porto seguro esperando o navio perdido nas tormentas do mar. Nós temos que mostrar a todos que nos cercam que somos espíritas e que conhecemos, modestamente, os mecanismos da vida criada por Deus, através dos ensinamentos dos Espíritos de Luz. Jamais devemos impor nossas idéias e nos tornarmos fanáticos que só falam em religião, mas também, não podemos esconder a luz. Quando o momento exigir nossa intervenção com palavras cristãs, nós não podemos ocultá-las, arranjando mil desculpas, como se sentíssemos vergonha das idéias imortais que sabemos ser a única forma de redimir a humanidade de todas as suas iniqüidades.

Ademais, escondendo a luz espírita, nós estamos dando espaço para fanáticos religiosos envolverem os fiéis despreparados com suas falsas promessas.

Analisem a história que acabamos de narrar. Não seria melhor que Mota mostrasse aos amigos a sua crença religiosa? Ele resolveu esconder a Verdade Divina por vergonha das chacotas de que seria vítima. Mas se ele mostrasse claramente que era espírita, provavelmente Fonseca recorreria a ele nos momentos de aflição pelos quais passou, encontrando a luz sem nenhuma imposição prematura. Analisando os conceitos de luz, Fonseca resolveria seus dilemas familiares com mais acerto e ingressaria no Mundo Maior em paz.

Meus amigos, nós precisamos aprender que entendimento religioso não é só assunto para padres ou carolas, ou então, assunto de santos. O conhecimento cristão deve ser instrumento de todos nós, libertando-nos de nossas fraquezas e vícios, tanto do corpo como do espírito.

Chegará, em breve, o dia em que não necessitaremos mais apelar para líderes religiosos, pois todos os homens terão a sua consciência espiritual. Jesus nos disse, em sua passagem pela Terra: "Conhecereis a Verdade, e a Verdade vos libertará." Este é o caminho para a verdadeira felicidade. E só consegue encontrar este caminho aquele que empenha-se em conhecer-se e conhecer a Deus.

Com um olhar meigo e compreensivo, Gabriel ergueu suas mãos aos Céus e disse ao público, com um brilho nos olhos verdes, que mais pareciam esmeraldas:

— Irmãos, quantas dádivas recebemos do Pai! Por quantas dificuldades passamos e Ele sempre ouve o nosso apelo, amparando, segundo o nosso merecimento, as nossas dores. E o que Ele nos pede? Apenas que vivamos conforme suas leis de Amor e de Justiça para que um dia possamos habitar o seu Grande Reino de Luz. Ele pede-nos, também, um pouco de auxílio em sua Obra para a Redenção da Humanidade. Ele pede aos poucos que encontraram a luz, que mostrem-na para que todos a vejam. O Criador, através de Jesus, pede-nos, apenas, que mostremos aquilo que recebemos com Amor, através de sua infinita misericórdia. O Divino Mestre pediu-nos, e ainda nos pede, que coloquemos a nossa luz em um local visível a todos, para que todos possam tomar conhecimento dela, e assim possam encontrá-la dentro de seus próprios corações. Pois o Mestre nos disse que "o nosso Templo está dentro de nossos corações", portanto, basta que o encontremos.

Encerrada estas palavras, Gabriel agradeceu ao público e convidou todos à oração de encerramento da reunião daquela noite.

Após o encerramento dos trabalhos, Gabriel recebeu todos do público e os abençoou. No auge de seus vinte e três anos, o anjo de Deus era tratado pelos freqüentadores da Casa Espírita como um nobre sábio e um grande santo.

Naquela noite, eu vi um brilho diferente no olhar de Gabriel. Danúbio e uma imensa falange de espíritos pareciam estar realizando grandes atividades no plano espiritual. Aquela, com certeza, não era uma noite comum.

O anjo, após atender a todos, foi até Carolina e Raquel que, apesar de se conhecerem há apenas três semanas, já estavam muito amigas, devido aos laços eternos que ligam as almas afins por toda a eternidade.

Ao sentar-se ao lado das meninas, Gabriel ouviu de Raquel as seguintes palavras:

— Gabriel, como é importante este ensinamento desta noite. Nós temos um grande compromisso de divulgação da Doutrina Espírita! Que Jesus continue dando-me forças para que eu possa, dentro de minhas limitações, colaborar no que for possível.

— Com certeza Ele te dará, minha amiga — disse Carolina.

— Sim — disse Gabriel. — Quanto trabalho temos pela frente! A humanidade está cada vez mais afastada de Deus, como foi profetizado pelos grandes sábios. São poucos os que procuram as religiões por verdadeira fé. A grande maioria procura somente solucionar seus problemas do dia-a-dia, desprezando a busca da reforma interior, que é o verdadeiro caminho para Deus.

Com lágrimas nos olhos, Raquel, que estava com vinte anos, disse:

— Sim. Há tanto trabalho a realizar em nome de Jesus. E quantas pessoas em plena capacidade física desprezam a dádiva Divina de ter um corpo saudável, com vícios e atitudes inferiores. Quantas pessoas deformam-se nas estradas apenas para chegar um minuto mais cedo, ou devido à embriaguez. Vocês sabem que eu não estou reclamando da minha condição, pois eu sei que Deus é sábio em seus planos e resoluções, mas eu fico tão triste por ver este grande desperdício de vitalidade. Se Deus me abençoasse com a capacidade de andar, eu iria gastar solas e mais solas de sapatos para levar a todos os ensinamentos do Divino Mestre.

Todos riram da última afirmação de Raquel. Enquanto Carolina enaltecia os trabalhos artísticos de Raquel, lembrando-lhe que Deus nos limita em determinadas áreas, mas nos fortalece em outras, Gabriel ficou meditativo.

Eu e o irmão Hermes ficamos observando a alucinante preparação que o ambiente estava recebendo por parte dos espíritos iluminados.

Alguns minutos depois, Danúbio aproximou-se de Gabriel e disse-lhe, em viva voz:

— Gabriel, é chegado o momento de maravilhares o mundo!

O anjo baixou a cabeça e ficou em estado de oração. Uma forte luz, invisível ao homem comum, começou a desprender-se de todo seu ser.

Enquanto Gabriel orava, Ele apareceu do nada. Do nada para mim, provavelmente ele estava em outra freqüência vibratória, a qual eu não conseguia perceber. Jesus aproximou-se do anjo. Ao contato das duas auras diamantinas, sentimos todos uma grande paz e bem-estar. O Mestre disse, então, a Gabriel:

— Gabriel, meu filho, Eu estou aqui contigo para a grande realização. Tem fé! E não te esqueças de que aquele que acredita em mim tem o poder para remover montanhas!

Gabriel ergueu a cabeça e viu ao seu lado o Divino Mestre. Através da mediunidade da vidência, o anjo rompeu todos os estágios dimensionais até chegar à elevada faixa vibratória de Jesus e, assim, pôde contemplá-lo em sua esplendorosa beleza.

Após ouvir aquelas palavras de Jesus e fitá-lo, Gabriel, com os olhos marejados de lágrimas, aproximou-se de Raquel e segurou suas mãos. Ajoelhado à frente da jovem e, sob os olhares de todos, Gabriel perguntou-lhe:

— Raquel, tu desejas realmente trabalhar com afinco nas obras de Deus, caso possas andar?

A menina que acreditava, há muito, no poder de Gabriel, disse-lhe convicta:

— Sim! Assim eu o farei! Como o farei se Jesus não me der esta bênção, pois sinto que o motivo de meu viver está em seguir os teus abençoados passos.

Gabriel, então, levantou-se e afastou-se a uma distância de

dois passos da menina e, para o espanto geral, disse-lhe, com os braços estendidos para ela, aguardando-lhe os primeiros passos:

— Raquel, Levanta-te e Anda!!!

Naquele instante, Gabriel estava mediunizado pelo próprio Cristo, recebendo diretamente Dele o poder curador instantâneo. O anjo de Deus estava sendo auxiliado pelo próprio Espírito Santo.

Eu, o irmão Hermes e a espiritualidade presente observamos, impressionados, a poderosa descarga energética que Raquel recebeu. A energia cristalina invadiu todo o corpo da menina, excitando os centros nervosos de todo o seu organismo. Aos olhos de um leigo, parecia que ela estava recebendo uma grande descarga elétrica, gerando fios de luz que variavam do azul-celeste ao branco-imaculado.

Determinada, a menina levantou-se e, com passos cambaleantes, caminhou até Gabriel, terminando por cair em seus braços, devido ao despreparo muscular. Em alguns meses de fisioterapia, Raquel já estaria caminhando normalmente!

O grande número de pessoas que ainda estava no salão não acreditava no que estavam vendo. Todos conheciam aquela menina e sabiam que ela era paralítica de nascença. Muitos ajoelharam-se no chão, agradecendo a Jesus. Alguns, intuitivamente, perceberam a presença do Mestre, que, feliz com mais uma de suas grandes realizações, esboçava um cativante sorriso.

Gabriel, em lágrimas, agradecia, também, ao Mestre, enquanto as pessoas o abraçavam. Os pais de Raquel, naquela noite, conheceram o Céu. Enquanto isto, Raquel, sentada em sua cadeira de rodas, mostrava a todos os movimentos, débeis, mas convictos, de suas pernas.

Sebastião e sua nora estavam boquiabertos. Logo o pessoal que estava no andar térreo da Casa Espírita ficou sabendo. Até mesmo as pessoas que já estavam se retirando da Casa, retornaram impressionadas com a notícia que ouviram, mas que não conseguiam acreditar sem ver com os próprios olhos.

Em meio à imensa festa, percebi nos olhos de Jesus a sua imensa satisfação e a sua ilimitada fé nos homens. Mesmo recebendo há dois mil anos apenas desprezo por grande parte da humanidade, o Sublime Messias não desacreditava no amadurecimento de seus irmãos menores. Parecia que aquele momento era uma novidade para quem há milênios realizava grandes proezas. Abraçando, então, a Danúbio e aos outros colaboradores, Jesus despediu-se de todos. E, antes de partir para o seu Reino de Glória, passou sua iluminada mão nos cabelos do jovem Gabriel, que recebeu o carinho com lágrimas nos olhos. Jesus sabia o quão difícil seria sua jornada daquele momento em diante. O Mestre sabia disso com conhecimento de causa, pois havia vivido esses mesmos momentos há dois mil anos atrás!

O público comemorava, alegremente, o milagre. Gabriel também estava feliz, pois o planejamento do mundo espiritual estava transcorrendo com invulgar precisão. Além da alegria, o anjo demonstrava em seu semblante certa tristeza, pois ele sabia que aquele milagre atrairia uma multidão de pessoas que ele deveria educar com as bênçãos do Cristianismo, segundo os moldes do terceiro milênio, mas que muitas destas mesmas pessoas o procurariam apenas com desejo da cura do corpo, desprezando a inadiável cura do espírito!

24.
O Senhor é o Nosso Pastor

No dia seguinte, ao final da tarde, seguimos Gabriel até a casa de Sebastião. O dia havia sido quente, nos dois sentidos. Além do grande calor, naquele dia não se falou de outra coisa na cidade inteira, que não fosse sobre o milagre que Gabriel havia realizado na noite anterior.

Apesar de ser uma cidade de médio porte, todos os habitantes já conheciam Gabriel e sua fama de Enviado de Deus, portanto, a notícia correu rápido. Para alguns, surpresa e admiração, para outros, aquilo que já era esperado. Muitos acreditavam que Gabriel era Jesus que havia retornado, como acreditam algumas religiões. Até mesmo Sebastião, em determinado momento, havia perguntado a Marcus sobre este assunto. Ao que Marcus respondeu:

— Não, Gabriel não é Jesus! Mas ele é um dos maiores no Reino do Cristo. Algumas religiões acreditam na volta de Jesus na carne, mas isso é impossível, porque Jesus já alcançou um grau de elevação espiritual que tornaria extremamente complicado o seu regresso à carne. Há dois mil anos, quando ele esteve no plano físico, já foram tomadas incríveis providências para a sua encarnação. Imagine agora, que o seu Espírito Glorioso avançou mais na contínua evolução espiritual a que todos estamos sujeitos. Jesus voltará sim! Mas não pelo meio físico, mas por intermédio do espírito. Neste Final dos Tempos ele vibrará mais forte nos corações de boa-vontade! Iluminando aqueles que desejarem ficar à direita do Cristo.

Quando Gabriel chegou à porta da casa de Sebastião, observamos a grande formação de nuvens sobre nossas cabeças. Em breves minutos teríamos chuva. Graças a Deus! Pois aquele início de verão estava insuportável.

O anjo foi recebido com beijos e abraços pelo três: Sebastião, Eliana e o pequeno Renato. Os três estavam ansiosos pela chegada de Gabriel. Eliana, que o conhecia há algumas horas, estava fascinada pela luz e a beleza de Gabriel. Desiludida no amor, devido a um marido bêbado e drogado, ela sentia imenso bem-estar com a presença daquele jovem que contrariava todas as tendências inferiores da juventude moderna.

Todos sentamos. Sebastião, emocionado, falou-lhe do que viu pela cidade. Contou-lhe sobre os comentários de todos, a respeito de seu milagre. Gabriel apenas sorria, enquanto Sebastião gesticulava alucinadamente para contar o que ouvira nos locais em que havia passado.

— Gabriel, o padre Antenor chegou a chorar quando ficou sabendo do teu glorioso feito. Ele apenas lamentou pelo milagre não ter ocorrido na Igreja, onde ele poderia participar do maravilhoso momento.

— Fico feliz por termos o padre Antenor em nossa paróquia. Ele é um homem iluminado. Mas, Bastião, o glorioso feito não é meu, e, sim, de Jesus. Não esqueças disto. Somos apenas instrumentos para a glória Divina.

Sebastião passou a mão na cabeça de Gabriel, brincando com o anjo que dava incríveis mostras de humildade. Os três, então, ficaram por mais alguns momentos conversando sobre os acontecimentos do dia. Com o neto no colo, Sebastião narrou o assédio que Ana Maria, a mãe de Gabriel, sofrera na Igreja. Muitos fiéis queriam a atenção de Ana Maria para obter graças indiretamente de Gabriel. O anjo percebeu que a sua mãe sofreria, também, as constantes importunações de que ele seria vítima.

— Isto é uma pena, Bastião, pois não sou eu quem realiza os milagres, mas Jesus por meu intermédio. Se a pessoa não possuir o merecimento, eu nada poderei fazer. No caso de Raquel, ela é quem foi a grande mediadora, através de sua fé incondicional e de sua força de vontade para viver em perfeita harmonia com as leis de Deus. Eu sei que muitos me procurarão, mas poucos serão os que eu poderei ajudar. Infelizmente, o homem não compreende a importância da renovação interior, ante a cura do corpo. Aquele que cura sua alma, ganha, por acréscimo Divino, a cura do veículo físico. Já aquele que se entrega aos atos contrários à Lei Divina, adquire as enfermidades do espírito, que descem rapidamente para o corpo de carne.

Todos refletiram sobre as palavras de Gabriel. Inclusive Renato, que fez uma carinha triste, após as palavras do anjo.

A conversa corria tranqüila, quando Sebastião olhou para o céu, para os primeiros pingos da chuva que começavam a molhar a grama, e disse com a voz embargada:

— Gabriel, eu preciso lhe dizer a verdade sobre minha vida. Eu nunca quis falar-lhe, pois, no início, você era um desconhecido, e depois, fiquei com medo e vergonha, ao mesmo tempo, pelo meu passado.

Sebastião falou sobre tudo que já conhecemos. A sua fortuna, seus filhos, explicou a relação da nora com César, o motivo que o fez viajar apressadamente há pouco mais de três semanas e as tristes realidades que ficou sabendo, em relação aos seus descendentes.

Enquanto Sebastião falava, Eliana chorava, devido às lembranças tristes do passado recente. A voz de Sebastião ficava, pouco a pouco, mais embaraçada. O anjo, então, levantou-se e abraçou os dois, consolando-os. Gabriel, sábio conhecedor do segredo místico de consolar almas, disse-lhes:

— Meus amigos, a vida não é só de alegrias, ainda mais no atual período em que estamos vivendo. Infelizmente, nem todos estão dispostos a viver em paz e harmonia. E não esqueçamos que somos todos irmãos, filhos do mesmo Pai. Nós fizemos a nossa parte, talvez não tão bem como deveríamos, mas tivemos boa-vontade. Agora confiemos estes nossos irmãos na conta da infinita misericórdia de Deus, que nunca abandona seus filhos.

E quanto a ti, Bastião, não te entristeças por não teres me dito nada quanto à tua fortuna, pois não é a ela que procuro, mas, sim, a amigos que sejam valorosos. E não te preocupes com o tempo perdido em relação aos projetos que sempre acalentei, pois Deus sabe o momento certo para todas as iniciativas do Bem.

— Mas Gabriel, nós poderíamos já estar há muito tempo realizando os teus sonhos, que agora são também meus. Mas a minha indecisão fez-nos perder um precioso tempo.

— Não penses assim, meu irmão. Os recursos financeiros são o que menos importa em uma tarefa do Bem. Quantas pessoas alegam a falta de dinheiro para as grandes realizações e, quando obtêm este dinheiro, nada fazem. Isto prova que o dinheiro não é o mais difícil nas grandes obras; o mais difícil é a determinação no projeto em questão. Ademais, sigamos os ensinamentos de Jesus, que nos diz: "Não andeis ansiosos pela vossa vida, quanto ao que haveis de comer ou beber; nem pelo vosso corpo quanto ao que haveis de vestir. Não é a vida mais do que o alimento, e o corpo mais que as vestes? Observai as aves do Céu: não semeiam, não colhem, nem ajuntam em celeiros; contudo vosso Pai celeste as sustenta. Porventura, não valeis vós muito mais do que as aves? Qual de vós, por ansioso que esteja, pode acrescentar um côvado à sua estatura? E por que andais ansiosos quanto ao vestuário? Considerai como crescem os lírios do campo: eles não trabalham nem fiam. Eu, contudo, vos afirmo que nem Salomão, em toda a sua glória, se vestiu como qualquer um deles. Ora se Deus veste assim a erva do campo, que hoje existe e amanhã é lançada no forno, quanto mais a vós outros, homens de pequena fé?"

Espantei-me ao ver Gabriel repetir literalmente aquele trecho do Evangelho "de cabeça", somente através da utilização de sua própria memória. O anjo olhava para o céu, acompanhando a beleza da chuva, que trazia a todos na cidade o perfume da terra. Eliana, então, jogou-se de joelhos aos pés de Gabriel e beijou suas mãos, agradecendo a Deus por aquele momento de luz. Gabriel acariciou seus cabelos e disse-lhe:

— Não chores, mulher. Em breve farás parte deste grande empreendimento de luz, que Bastião proporcionará ao povo. Precisamos de teu empenho e de tua força. Esquece o passado e tudo que te aflige. Faze como Maria Madalena, que transformou a sua vida num cântico glorioso de louvor a Deus.

Eu fiquei curioso querendo desvendar o passado daquela mulher, mas percebi que não era o momento, e não era cristão. Sebastião, também, desconhecia os motivos daquela crise da moça, mas manteve-se sereno respeitando seu passado. O ensinamento "não julgue para não ser julgado" já morava no coração do bom velhinho.

Renato, que estava brincando na chuva, devido ao forte calor, correu até sua mãe e perguntou-lhe por que ela estava chorando. E ela respondeu:

— Meu filho, não se preocupe. Mamãe está chorando de alegria! Agora vá brincar.

Enquanto o menino corria pelas poças d'água da abençoada chuva, Gabriel continuou iluminando a todos ali presentes, encarnados e desencarnados.

— Façamos, nós, como as aves do céu, que não semeiam e não colhem, mas Deus lhes dá o devido sustento. Ou seja, precisamos nos preocupar com o espírito de serviço! Bastião, quantas vezes nós necessitamos de dinheiro para as obras assistenciais e ele surgiu das formas mais imprevistas possíveis? Não se preocupe, portanto, com os recursos materiais, pois Jesus sempre nos abastece, como Deus alimenta as aves há séculos!

E não podemos esquecer, também, do Salmo 23, que nos diz: "O Senhor é o Nosso Pastor, nada nos faltará". Se estamos com Deus e Jesus, basta apenas confiar e dedicar-se ao trabalho que enobrece a alma.

Se só agora a tua fortuna chega até Cristo é porque assim estava escrito. Antes tarde do que nunca! E não te esqueças de que a Obra de Deus é maior do que todos os anseios humanos. Se não fosse o teu dinheiro, seria o dinheiro advindo de outra origem, porque é a vontade de Deus que realizemos este projeto. "E quando Deus quer, o homem não pode!"

Portanto, meu irmão, sossega teu coração, porque Deus espera de ti muito empenho. A tua fortuna é só um pequeno acréscimo de tua participação.

Sebastião ficou mais tranqüilo, eu percebi que ele agora respirava aliviado, como se estivesse livre de enorme fardo que lhe pesava nos ombros. Todos ficamos envolvidos pela beleza da chuva que caía, docilmente, sobre as árvores e calçadas da rua. Com certeza, Renato era o mais feliz, pois em sua espontânea infância, desfrutava das alegrias de um bom e refrescante banho de chuva!

Após aquela tarde, Sebastião, Gabriel, Ethel, Marcus, Marianna, Ana Maria, Dr. Rossi, Eliana e todos aqueles que simpatizavam com os projetos de Gabriel, tanto do hospital, como da Casa Espírita ou da Igreja, começaram a trabalhar na criação de um grande hospital de assistência física e espiritual.

Gabriel, obtendo o diploma de medicina, começou a dirigir o hospital Santa Cecília, que foi comprado da União com parte da fortuna de Sebastião. A Casa Espírita e a Igreja sofreram grandes remodelações, construindo-se novas dependências para o auxílio aos necessitados e para a divulgação do Cristianismo.

No hospital foram implantadas novas técnicas de atendimento, sendo demitidos os médicos frios e calculistas e integrando à equipe profissionais que dedicavam-se à profissão por ideal. Foram criadas áreas para a realização de palestras para os doentes em condições de serem deslocados. Os casos mais graves eram acompanhados por enfermeiras que velavam ao pé da cama, lendo páginas espíritas previamente selecionadas e, sempre, o Evangelho de Cristo.

Foi implantado no hospital Santa Cecília o tratamento de Cromoterapia e de passes terapêuticos. Enormes filas formavam-se à frente do hospital para receber o salutar atendimento cristão.

Observamos, algumas vezes, os médicos realizando orações, de mãos dadas, pedindo auxílio a médicos desencarnados e a Jesus para a realização de difíceis intervenções cirúrgicas.

Enquanto os hospitais tradicionais quebravam, devido ao descaso do governo, o hospital Santa Cecília crescia dia a dia, amparado por doações e campanhas de arrecadação realizadas pelo hospital. Vendo o dinheiro empregado em prol da comunidade, todos os pedidos de ajuda do hospital eram atendidos pelo povo. As iniciativas de Gabriel tornaram-se um modelo copiado pelos outros enviados que desceram à Terra com o anjo divino, e que estavam localizados em diversas localidades do planeta.

Quanto à Casa Espírita, ela foi ampliada e modernizada, criando-se novas filiais em outros bairros da cidade. O grande aumento de adeptos da Doutrina Espírita, fez com que a Casa Seareiros do Bem não comportasse mais o grande público que procurava aquela casa de Deus. Gabriel, agora, realizava palestras esporádicas, devido ao grande assédio do público, que chegava a ficar de fora da Casa, onde eram colocados alto-falantes para que o "público externo" pudesse ouvir as palavras do anjo.

Com a ampliação da Casa e a construção de filiais, resolveu-se relativamente o problema. Mas a lotação da Casa ainda era impressionante. Quando algumas pessoas descobriam a intenção de Gabriel ir à noite realizar alguma palestra ou participar da missa na Igreja São Francisco de Assis, então, não havia nenhuma condição de acomodar aquele mar de gente que invadia as casas de Deus.

Até mesmo na realização de palestras por parte de outros trabalhadores da Casa Espírita, inclusive Marcus, que também era muito querido pelo público, a Casa ficava completamente lotada.

Na Igreja, todas as obras de melhoria e investimentos iniciais para obras assistenciais foram assumidas pela fortuna de Sebastião. A grande atividade da Igreja São Francisco de Assis, que sempre foi um exemplo de trabalho cristão, cativou muitos fiéis, resgatando aqueles que haviam abandonado a Igreja.

Aos poucos, os dois casais, Ethel e Gabriel, Marcus e Mariana, mudaram a ideologia da juventude moderna. Através de um viver saudável, justo e honesto, os anjos começaram a tornar-se exemplos de bem-viver. Longe dos preconceitos, dos vícios e das visões fanáticas de alguns religiosos, os quatro anjos cativavam os jovens, exigindo-lhes apenas uma conduta cristã.

Apesar de estarmos passando por um período apocalíptico, onde o mal está fortemente estruturado, Gabriel e seus amigos conseguiam reverter a situação, criando o Céu na Terra.

Muitos ataques o anjo sofreu, principalmente de alguns representantes da esquerda do Cristo, que estavam infiltrados na Igreja Católica. Apesar de existirem muitos irmãos de boa-vontade na estrutura da Igreja, a força destrutiva do grupo de exilados do Clero trouxe muitas dificuldades para Gabriel. Essas criaturas preconceituosas insistiam em boicotar o projeto de União das Doutrinas Cristãs, criado por Gabriel.

Mas logo, o processo foi se revertendo. Os infelizes irmãos que boicotavam o Plano Divino foram morrendo um a um, e, em substituição a eles, foram assumindo espíritos da direita do

Cristo, que renovaram a estrutura eclesiástica.

Fortes ataques surgiram, também, por parte dos materialistas, que, mesmo vendo a grande obra de assistência ao próximo, atacavam as idéias de Gabriel, chamando-o de fanático e louco.

Mas Gabriel não se preocupava com as críticas, e seguia abençoando e iluminando a todos, transformando seus conceitos em novas formas de viver. O anjo alertava a todos que suas palavras não eram moda, mas que vieram para ficar. Pois ele falava as palavras do Cristo, e como o Mestre mesmo havia dito: "O Céu e a Terra passarão, mas minhas palavras ficarão!"

Em poucos anos, toda a fortuna de Sebastião já estava investida nos grandes centros sociais construídos em toda a região, auxiliando até mesmo irmãos que viviam em regiões vizinhas. Novas frentes eram abertas em outras regiões do país por irmãos de boa-vontade, que visitavam Gabriel e alistavam-se para o Serviço Abençoado.

Daquela época em diante, as obras seriam assistidas por iniciativas particulares e pelo próprio amparo das verbas públicas.

Durante todo este período, Gabriel continuou pregando a palavra do Cristo e curando as enfermidades do corpo e do espírito. Algumas pessoas procuravam-no com interesse em reconstruir suas vidas, outras, somente com o interesse imediato de obter a cura para o corpo físico. Alguns que não recebiam a cura instantânea de Gabriel, chamavam-no de charlatão e curandeiro, mesmo ele não cobrando absolutamente nada dos que o procuravam. Estes não estavam prontos para receber a grande bênção. A doença lhes era um benéfico remédio para suas almas amargas! Certa noite, o jovem anjo chegou a receber um soco no rosto, devido a não ter curado determinada pessoa. Irado por não receber o retorno que esperava, após longa viagem, o homem agrediu fisicamente Gabriel, chamando-o de mistificador e oportunista.

Gabriel orava e pedia a Deus e a Jesus mais forças para levar sua missão adiante. Perdoava as atitudes inferiores daquele grande grupo que o procurava exclusivamente para curar enfermidades, que eram uma grande bênção para aquelas revoltadas criaturas. A dor desperta as almas que não encontram a luz por seu próprio esforço!

Abastecendo-se com o combustível Divino, que é a oração, Gabriel seguia firme, junto com seus amigos, no trabalho de preparação da humanidade para o terceiro milênio. Auxiliado pelos verdadeiros trabalhadores da Doutrina Espírita, da Igreja Católica e de outras religiões cristãs sinceras, o anjo transformou o país, de forma serena e gradual. A "sede por luz" do povo brasileiro e sua inegável receptividade a novos conceitos religiosos facilitaram a realização do trabalho determinado pelas Altas Esferas Espirituais.

Alguns grupos de interesses tentavam prejudicar a missão de Gabriel, mas Jesus já havia determinado o início das reencarnações dos eleitos. Muitos da esquerda do Cristo ainda peregrinavam pelo plano material, mas estavam alheios e desorganizados para oferecer resistência às mudanças. Eles desejavam apenas desfrutar a vida, afastados de qualquer local de elevação espiritual. Inconscientemente eles sabiam que seus dias na Terra estavam contados, portanto, tentavam viver alucinadamente, como se o mundo fosse acabar em poucos dias. Para eles, realmente iria!

Aquele período, o ano quarenta e três do início do Plano de Exílio, estava comprovando literalmente as profecias de João Evangelista, no epílogo do livro do Apocalipse: "... O injusto faça ainda mais injustiças, o impuro pratique mais impurezas. Mas o justo faça a justiça e o santo santifique-se ainda mais...", ou seja, "aquele que for da direita do Cristo ficará ainda mais à direita e o que estiver à esquerda ficará ainda mais à esquerda". Enquanto os puros dedicavam-se com empenho à propagação do bem, os impuros afundavam-se escandalosamente no desregramento moral.

Com o tempo, a cidade em que morava Gabriel tornou-se a "Meca" da União das Doutrinas Cristãs. Além das grandes conferências espiritualistas, também lá se reuniam grandes médicos para definir os primeiros passos da medicina do futuro, baseada em tratamentos espirituais, com base em remédios homeopáticos. O Santa Cecília era o hospital piloto para a implantação de novas técnicas, que desde cedo apresentaram impressionantes resultados.

Entre uma atividade e outra, Gabriel encontrava tempo para, de surpresa, aparecer nas reuniões Espíritas da Casa Seareiros do Bem, e assim, falar ao público. Há alguns meses Gabriel falava mais em ginásios, estádios de futebol e na televisão, do que nos pequenos auditórios, devido à falta de espaço para o imenso público.

Em uma dessas reuniões, Gabriel realizou mais um grande milagre. Antes de começar a falar ao público, uma senhora muito pobre aproximou-se de Gabriel e pediu-lhe auxílio financeiro para enviar seu filho aos Estados Unidos, onde ele deveria realizar uma complicada cirurgia, devido a uma rara doença que possuía.

Naqueles dias, Gabriel e Sebastião já haviam gasto toda a fortuna nos projetos de infraestrutura básica do Grande

Projeto. Sem um centavo, apenas contando com o apoio de empresas, do governo e do povo em geral, o anjo arrecadava fundos para manutenção da obra, que segundo ele, estava nas mãos de Jesus. O anjo, então, disse à senhora:

— Minha irmã, não temos este grande valor que nos pedes, mas tentarei arrecadar junto ao nosso caridoso povo. Eu falarei com a nossa comunidade e veremos o que podemos fazer. Por enquanto, eu não tenho o que procuras, mas o pouco que tenho eu te dou!

Gabriel, então, abraçou o menino, com lágrimas nos olhos. Aquela fantástica luz se repetiu, lavando as iniqüidades da alma. Jesus estava novamente amparando o anjo. Após aquele fraterno abraço, a mãe do pequenino agradeceu, comovida, a atenção de Gabriel. E sentou-se para assistir a palestra do anjo, que ficou com o menino aos seus pés, durante toda a reunião.

Na semana seguinte, a senhora retornou avisando a Gabriel que não era mais necessário arrecadar a verba necessária para a intervenção cirúrgica. O médico que tratava do menino, após estranhar a súbita melhora do garoto, realizou novos exames, que não detectaram o menor resquício da doença.

O novo milagre correu o país, confirmando as virtudes de Gabriel, que eram incontestáveis. Mesmo os que não simpatizavam com as idéias renovadoras do anjo rendiam-se ante sua nobreza de caráter e seu espírito de caridade. Em uma época em que os médicos saíam para almoçar, tranqüilamente, enquanto pacientes morriam nos corredores por falta de atendimento, Gabriel dava impressionantes mostras de carinho e de consciência cristã. O anjo virava noites atendendo os pacientes e só se retirava quando era substituído por outros colegas.

Muitos outros milagres Gabriel realizou, inclusive a cura de cegos, mudos e surdos. Em determinado dia, Gabriel falava informalmente com algumas pessoas no pátio da Igreja São Francisco de Assis. O anjo dissertava sobre as questões da fé e da confiança na força Divina, quando um casal humilde aproximou-se com uma criança raquítica nos braços e com incrível humildade disseram ao anjo:

— Senhor, sabemos que o poder de Deus tudo pode realizar! E sabemos que o poder de Deus está com o senhor! Nosso filho nunca pôde andar, nem falar.

E colocaram a criança aos pés do nobre jovem, que ficou com olhos rasos de lágrimas ao ver a situação triste daquela criança. Envolvido em profunda confiança na Força Divina, como ele estava falando aos que o cercavam, Gabriel agachou-se até a criança e disse-lhe:

— Teus pais têm muita fé e muito amor no coração, portanto, levanta-te e anda!!

Com o auxílio do anjo, a criança deu os seus primeiros passos e disse: — Papai! Mamãe!

Os pais do menino ajoelharam-se para abraçar o menino e agradecer a Deus e ao anjo Gabriel. O anjo, ainda de cócoras, disse-lhes, então:

— Vocês acabaram de contrair imensa dívida para com a Obra de Deus. Não esqueçam que: "a quem muito for dado, muito será pedido!" Portanto, vão com Deus e convertam suas vidas em um hino de amor a Deus e aos seus semelhantes, para que não sofram tragédias piores.

E isto digo a todos! Não se entreguem jamais às perversões do espírito, seja qual for o motivo, pois tudo que precisamos está nas mãos de Deus. Basta pedirmos e obteremos, fazendo, é claro, nossa parte, através do trabalho honesto. Lembrem-se sempre: "O Senhor é o Nosso Pastor; portanto, nada, jamais, nos faltará!"

25.
Crer ou não crer, eis a questão

No ano quarenta e quatro do período profético, Gabriel possuía enorme influência em toda a região. O anjo, envolvido em diversas atividades cristãs, tinha pouco tempo para atender todas as solicitações que lhe eram dirigidas. Aos vinte e oito anos de idade, Gabriel assombrava o cenário religioso nacional, sendo convidado para diversos encontros, seminários e pregações em grandes ginásios de todo o país. Muitas vezes dividiu o centro das atenções com ilustres oradores espíritas e de outras religiões.

Neste ano, vamos encontrá-lo, em uma tarde, no jardim botânico de sua cidade. Ele e Ethel estavam realizando um íntimo piquenique sob uma frondosa árvore.

Era o entardecer de um belo dia de sol. O casal estava deitado sobre uma toalha azul, comendo algumas frutas. A alguns metros estava Nico, um cãozinho Pastor Alemão, que Gabriel havia ganho de sua mãe há pouco mais de um ano.

Gabriel e Ethel conversavam ao som das Quatro Estações de Vivaldi, enquanto Nico não largava uma bola de borracha, que mordia insistentemente.

Eu e Hermes nos sentamos ao lado do cachorro. Enquanto eu procurava ouvir os dois anjos, o irmão Hermes brincava com o pequeno cão, como se fosse uma criança.

— Carolina, — disse Gabriel — passamos por anos de trabalho intenso. Desde que te conheci foram poucos os momentos em que ficamos assim, descontraidamente descansando em contato com esta exuberante natureza. Fico preocupado contigo. Tenho receio de estar te exigindo demais e, também, tu tens direito a ter uma vida sentimental.

Gabriel falou essas palavras com um "nó na garganta". O anjo amava aquela bela moça, que estava no auge de seus vinte e cinco anos, mas sentia que não poderia dar-lhe o amor que ele havia prometido a Ethel. A presença de Carolina lhe era muito confortante. Gabriel nunca acreditou poder encontrar uma mulher com tais qualidades de espírito. O anjo agradecia todas as noites a bênção divina de poder compartilhar sua caminhada com tão maravilhosa mulher. Mas seus sonhos de felicidade completa iam por água abaixo quando ele se lembrava de Ethel, pois ela era, e é, o seu amor eterno.

Ethel, então, disse:

— Gabriel, não precisas te preocupar comigo. Eu adoro este trabalho! Não sei se eu seria tão feliz em outro lugar, ou em outra atividade. O trabalho cristão enche o meu coração de paz e alegria. E quanto a minha vida sentimental, não te preocupes, pois eu já encontrei o grande amor da minha vida!

O anjo, deitado de lado na toalha e apoiado em um dos cotovelos, deixou correr uma lágrima dos olhos. Ele também amava aquela menina, mas o seu coração estava aprisionado a uma cruel dúvida.

Mesmo possuindo uma impressionante capacidade mediúnica e uma intuição apurada, Gabriel aprisionou-se à razão. Os espíritos que reencarnam no veículo de manifestação masculino geralmente terminam por apegar-se extremamente à razão, ao contrário das mulheres, que sabem utilizar-se da intuição com maestria.

Gabriel sentia no coração que a presença de Carolina junto a ele desencadeava sentimentos que somente a sua alma gêmea poderia despertar, mas as lembranças de sua despedida antes de reencarnar confundiam seus sentimentos. E como todo homem, optava Gabriel pela lógica e pela razão, esquecendo-se de que, às vezes, a vida nos foge ao entendimento.

Carolina Ethel percebendo sua angústia, disse-lhe:

— Gabriel, Marco me contou sobre as tuas visões e teus sonhos sobre uma linda mulher chamada Ethel. E que antes de reencarnar te despediste dela, deixando-a no plano espiritual. Ele me contou, também, sobre as confirmações de Danúbio, teu mentor, sobre a existência dessa tua alma gêmea. Mas Marco disse-me que ela nunca apareceu para ti. Por que será?

O anjo não entendeu onde Carolina queria chegar. Enquanto Ethel continuava com suas colocações, aparentemente sem sentido, Nico mordia o pé de Gabriel, que estava descalço.

— Gabriel, pega a minha carteira de identidade, que está em minha bolsa — disse-lhe Ethel.

O belo rapaz sacudiu a cabeça sem entender onde Carolina queria chegar. Ela insistiu, enquanto levantava-se para brincar com Nico. Gabriel abriu a bolsa de Ethel, confuso; enquanto isto, Carolina corria com o belo cão à procura da pequena bolinha de borracha.

Gabriel, encontrou, então, a carteira de identidade de Carolina e leu: "Carolina Ethel de Moura Brandão, nascida no ano dezenove do período profético..." Ele caiu de costas sobre a toalha e colocou o antebraço com a carteira sobre os olhos e gritou: "Ethel! Uuuhhh!" O anjo levantou-se e saiu correndo atrás de Ethel e de Nico.

Ethel sorria, enquanto corria, formosa, dentro de um belo vestido branco e de pés descalços. Gabriel, com as calças dobradas até o joelho, e também sem calçados, saiu em disparada atrás do amor de sua vida, que agora fugia dele entre as árvores. Nico estava adorando a festa, acreditando que ele era o motivo da brincadeira.

— Porque não me disseste antes, Ethel?

— Se tu ouvisses mais o teu coração, do que a razão, já terias percebido. Seu cabeça-dura! — gritou Ethel, enquanto fugia dos braços do anjo de Deus.

Gabriel, então, conseguiu agarrar Ethel. Os dois rolaram pela grama, obviamente, junto com Nico, que não desgrudava um minuto sequer!

— Mas eu me lembro de nossa despedida. Como pode ser? — disse Gabriel.

— Eu também me lembro, meu amor! Tu me disseste que me amavas do tamanho do Oceano. Lembras-te? Mas não me perguntes como eu estou aqui, encarnada junto contigo, pois eu também não sei!

Com os olhos iluminados fixos nos de Ethel, o anjo disse:

— Isto só pode ser obra do infinito amor de Deus, que sempre deseja a felicidade de seus filhos. — E olhando para o céu, Gabriel disse sábias palavras: — É, essas coisas só o amor pode explicar!

Ethel, deitada na grama, com Gabriel sobre si, puxou-lhe o pescoço e deu-lhe um longo beijo, e após disse-lhe:

— Eu esperei muitos anos por este momento. O meu amor é eternamente teu! Tu és o único que eu sempre amei; e te amarei por todo o sempre!

— Eu te digo o mesmo, meu amor. — E sacudindo a cabeça, Gabriel disse: — Quanto tempo te fiz esperar!

— Não fiques chateado, Gabriel. Apesar de tudo, tu sempre foste meu namorado. Ninguém recebeu tanto tua atenção e teu carinho, como eu recebi de ti em todos estes anos. Nós somos namorados desde o primeiro dia em que nos conhecemos, apenas não sabíamos disto, pois o verdadeiro amor transcende as coisas materiais!

— Sim, tens razão. E agora, mais juntos do que nunca, converteremos este planeta ao amor do Cristo. Romperemos as fronteiras e levaremos ao mundo a força redentora do Evangelho de Jesus. Eu sinto que, em breve, estas árvores serão mais verdes, este lago, onde passeiam estes patinhos, será mais azul e, em pouco tempo, os eleitos transformarão este mundo, onde se viverá na mais completa paz e harmonia.

Os dois anjos ficaram por horas namorando em contato com a exuberante natureza do lugar, que nem de longe se comparava com os grandes parques do Império do Amor Universal. Nico estava sempre junto deles, pulando de um lado ao outro, atrás de qualquer coisa que se movesse. Entre um arremesso de bola e outro, Nico voltava para atrapalhar o namoro dos dois anjos que personificavam a pureza do amor entre almas sublimadas...

Naquele mesmo dia, Gabriel e Ethel foram até o estacionamento do hospital Santa Cecília, onde havia sido montado um palanque para Gabriel falar ao público, como já estava previamente agendado.

Ao chegarem, de mãos dadas, provocaram um grande burburinho de todos. Marcus abraçou-os delirando de alegria, Mariana, também, ficou muito feliz pela amiga. Ela sabia há muito tempo sobre o grande amor de Ethel. Sebastião abraçou Gabriel, com lágrimas, feliz por ver a felicidade de seu "filho adotivo". Ethel abraçou Ana Maria dizendo-lhe: Finalmente posso chamá-la de "minha sogra". As duas sorriram felizes. Ana Maria adorava Ethel e desejava muito que seu filho e Ethel namorassem, pois, como ela dizia: "Se alguém neste mundo merece ser a companheira de Gabriel, este alguém é Carolina!"

Enquanto Ethel contava a todos os seus amigos sobre as grandes novidades da tarde, Gabriel preparava-se para falar ao público que se espremia na extensa área aberta ao lado do hospital.

Gabriel estava muito feliz, mas ao ver a gritaria e o empurra-empurra do povo, buscando, cada um, apenas resolver seus problemas, o anjo entristeceu-se e resolveu mudar o assunto que iria falar naquela noite. Danúbio estava com ele e, também, Jesus. Foi a primeira vez que vi o Mestre inspirando as palavras de Gabriel.

Após a oração de abertura, que foi realizada por Sebastião, Gabriel disse à multidão:

— Irmãos, hoje falaremos sobre o tema: "crer ou não crer, eis a questão", pois há muitas pessoas que buscam a cura, mas não crêem na força que irá operar a grande bênção. Muitos estão aqui em busca da cura do corpo, mas não querem sacrificar-se para obter o amparo divino. É imprescindível a reforma do espírito para obtermos a cura do corpo. Ouço, às vezes, nos corredores da Casa Espírita, pacientes reclamando de terem que ouvir a lengalenga dos palestrantes; mas irmãos, é exatamente ali que está a vossa cura! De nada adianta efetuarmos passes, desobsessões, tratamentos homeopáticos e todo tipo de terapias espirituais, se o mais importante, que é a reforma íntima, não for realizada. Nós temos que buscar a cura do corpo, porém é inadiável a conquista da saúde espiritual, pois sem ela, de nada adiantará o nosso esforço.

Portanto, vamos crer naquilo que buscamos! Pois se estamos aqui, apenas por "estarmos", nada obteremos. Nós temos que ter em mente que aquele que opera as curas é Jesus; se não crermos em Seu poder e em Sua doutrina, e se não nos esforçarmos para merecer as Suas bênçãos, através da reforma de nosso viver, o que buscamos aqui? Nós temos que saber orientar a nossa vontade com sinceridade e honestidade. Jesus ensinou aos seus discípulos: "Não dêem pérolas aos porcos." O Mestre lembrava aos discípulos sobre o absurdo de dar bênçãos àqueles que não as merecem. Talvez seja por isto que ainda não encontramos a felicidade neste mundo, pois quão poucos são aqueles que realmente crêem e seguem os Mandamentos Divinos.

Gabriel olhou para o céu estrelado, meditou por alguns segundos e continuou:

— Um estranho caminhava por uma área em construção, em uma pequena cidade do interior brasileiro. Vendo dois operários trabalhando, ele foi até um deles e perguntou: "Meu amigo, o que tu estás fazendo?" E o infeliz operário respondeu: "Eu estou colocando estes malditos tijolos uns sobre os outros. Eu não vejo a hora de terminar esta chatice e ir para casa tomar umas cervejinhas." Impressionado com a resposta do operário, o forasteiro dirigiu-se ao outro trabalhador: "E tu, meu amigo, o que fazes?" O outro rapaz, com um sorriso nos lábios respondeu: "Eu estou construindo esta bela escola, onde todas as crianças do nosso povoado poderão estudar!"

Meus irmãos, conto-lhes esta estória para que todos analisem-se. Muitas pessoas são como este primeiro operário, que disse estar apenas empilhando malditos tijolos. Estes são os que vêm em busca de cura, mas passam o tempo todo reclamando de terem que aturar "as chatices religiosas"; estes, nada conseguem! Encontramos, também, o que muito nos alegra, irmãos que se enquadram na descrição do segundo operário, que disse estar construindo uma bela escola, estes são os que estão edificando o seu próprio crescimento espiritual; estes, tudo conquistam!

Portanto abram seus olhos. Como disse Jesus: Aqueles que tiverem olhos para ver que vejam! A grande maioria dos incrédulos diz não acreditar em Deus e nos Espíritos, simplesmente porque nunca tiveram uma prova concreta. Mas quantas provas irrefutáveis já foram mostradas aos descrentes e estes nunca se convencem. A maior entre elas, está na mediunidade de Chico Xavier, que através de indiscutíveis mensagens comprovou a imortalidade da alma. Filhos queridos, desencarnados, retornaram do além para consolar suas mãezinhas, testemunhas do outro mundo retornaram para inocentar pessoas injustiçadas. Através da análise da caligrafia dos espíritos, comprovou-se a autenticidade das mensagens, que foram reconhecidas como autênticas inclusive por peritos da polícia e aceitas por juízes. Mas a prova mais incontestável está na incrível sabedoria dos inúmeros livros Espíritas psicografados pelo médium de Uberaba, que sem possuir formação acadêmica, trouxe-nos mais de 400 obras literárias com profundos conhecimentos sobre as mais diversas áreas do conhecimento humano, com inegável precisão e sabedoria. Qual homem neste mundo conseguiria possuir tamanha sabedoria em assuntos como filosofia, ciência, poesia e outros, sem permitir nenhuma contradição? Este trabalho impressionante só poderia ser realizado por um cérebro incomum ou, então, o que cremos, este trabalho é realizado por diversas inteligências invisíveis que utilizam este médium para trazer seus ensinamentos do seu mundo invisível: o mundo dos espíritos!

Enquanto ouvíamos Gabriel, chamei a atenção do irmão Hermes para uma moça que caminhava entre a multidão, com uma grande garrafa d'água, para atender as pessoas idosas vítimas do forte calor.

— Vê, meu irmão! — disse-lhe. — Aquela não é Raquel, a moça que Gabriel curou da paralisia faz cinco anos?

Hermes confirmou minhas suspeitas. A menina nem parecia que algum dia teve qualquer problema físico. Aquela cena alegrou-me muito, pois ela era a manifestação viva das palavras que Gabriel falava naquele instante. Raquel, desde sua cura, estava empenhando-se com invejável dedicação à Obra do Cristo. A cada dia a União Cristã obtinha expressivos seguidores, que, através de seus exemplos, demonstravam a seriedade e a elevação da Obra que tinha o anjo de Deus na figura de líder.

— Meus queridos irmãos — prosseguiu o anjo — para que alcancemos nossa felicidade e nossa melhora espiritual, precisamos ser menos pessimistas. O negativismo é um veneno que aniquila as maiores realizações de nossas vidas.

Vejam, por exemplo, o trabalho dos grandes cientistas desta humanidade. Eles sempre foram desacreditados por seus contemporâneos. Por volta do século dezesseis, grandes astrônomos, entre os quais Kepler, Copérnico e Galileu Galilei, defendiam a tese de que a Terra era redonda, como uma grande esfera, enquanto todos acreditavam que ela era um disco chato e circular, como se fosse um grande "long play". Estes sábios defenderam, também, a tese de que a Terra não era o centro do Universo, que os astros não giravam em torno dela, como se acreditava naquela época, mas, sim, que ela apenas fazia parte da grande arquitetura universal, criada por Deus. Estes grandes homens foram ridicularizados e ameaçados pelos homens de sua época. Hoje, eles são personalidades lembradas com respeito e amor por toda a humanidade. Já os seus contemporâneos, que os criticavam, fazem, agora, parte das sombras do passado.

Da mesma forma podemos falar sobre as verdades espirituais! Quantas pessoas ridicularizam e não acreditam, por não ter "olhos para ver", assim como o povo do século dezesseis não "enxergava" as afirmações dos nossos sábios cientistas, que diziam ser a Terra redonda, como uma esfera, e que o nosso planeta não é o centro do Universo e, sim, uma infinitesimal partícula de uma grande galáxia. Em um futuro próximo, as verdades espirituais serão uma verdade incontestável e aqueles que crêem nelas, através do sublime mecanismo da fé, serão os glorificados pelo Cristo. E aqueles que a ridicularizarem serão apenas parte de um passado distanciado de Deus!

Irmãos, vamos recordar a passagem do Evangelho que nos narra a cura da filha de Jairo: Jesus chega até a casa de Jairo e encontra todos chorando pela morte da menina. O Mestre lhes diz: "Por que choram? A menina apenas dorme!" E, então, uma das mulheres da casa, transtornada, responde ao Meigo Nazareno: "Achas que não conhecemos a morte quando a vemos?" O sábio Rabi, responde, então, com os olhos resplandecendo luz pelo ambiente: "Eu sei que vocês conhecem a morte, mas Eu conheço a Vida!" E o Mestre trouxe, então, de volta ao convívio dos seus, a menina que estava morta sobre a cama.

Portanto, irmãos, eu lhes pergunto: Vocês acreditam na morte, ou na vida? Aquele que não acredita em seu potencial e não deseja transformar-se para as virtudes cristãs vive cultuando a morte e, não, a vida imortal que o Pai confere a todos os seus filhos! Jesus também nos lembra que se tivermos a fé do tamanho de um grão de mostarda, a menor das sementes, poderemos remover montanhas! Ou seja, somos filhos do Altíssimo e, portanto, somos muito poderosos, basta apenas direcionarmos este poder para o Bem. Se assim fizermos, seremos eternamente felizes!

Aguardando alguns segundos, Gabriel fechou os olhos para melhor receber a intuição Divina das Esferas Superiores. Enquanto isto, o público admirava o belo jovem, estático, de olhos fechados. Apenas seus cabelos se moviam, devido à forte brisa que se fazia presente, naquela noite, no estacionamento do hospital.

— Meus irmãos — continuou o anjo — todas as aquisições da filosofia e da ciência terrestres são flores sem perfume, ou luzes sem calor e sem vida, quando não se tocam das claridades do sentimento, aliada à busca da sabedoria. Aqueles que desejarem seguir o Supremo Caminho, lembrem-se: É necessário desenvolver as duas asas dos anjos de Deus. A asa direita do amor e a asa esquerda da sabedoria.

Não basta sermos apenas intelectuais frios e insensíveis, nem sermos pessoas extremamente amoráveis, mas completamente distanciadas do saber que ilumina. A preguiça na busca de leituras que iluminam é um veneno que corrói a alma. Enquanto perdemos tempo assistindo telenovelas decadentes, nossos filhos afogam-se nas drogas e nos tristes caminhos da adolescência inconseqüente. Devido ao descaso dos pais, muitas crianças terminam sofrendo fortes deformações de caráter, que tornam-se irreversíveis com o passar dos anos. Através de leituras edificantes, formamos uma base filosófica e religiosa para melhor podermos enfrentar os problemas do dia-a-dia. O equilíbrio e o bom-senso, aliados ao conhecimento espiritual, são armas poderosas para educarmos aqueles que convivem conosco. E não se esqueçam que Deus nos colocou nesta vida, com estes familiares, para que juntos possamos crescer. Aquele que despreza esta oportunidade, com uma vida ociosa e improdutiva, terá que responder ao Pai pelo desleixo cometido.

Enquanto Gabriel falava ao público, amparado por Danúbio e pelo próprio Cristo, percebemos que ele olhava para um homem na platéia, sentado em uma cadeira de rodas. O seu rosto tinha uma horrível mancha, um de seus olhos estava morto, completamente esbranquiçado. Por seu corpo havia inúmeras deformações. Os cabelos eram minguados; as suas pernas e o braço esquerdo estavam deformados. A uma primeira análise diríamos que apenas o braço direito e a cabeça tinham movimento, sendo que ele nos passava uma estranha sensação de paz e felicidade, mesmo sendo portador de tantas deficiências.

Olhei para Hermes e disse rápido:
— Este é Joachab! Estou certo?
— Sim, Roger. Exatamente. Este é Joachab, reencarnado com o nome de João. Este irmão será mais um a mostrar ao mundo a glória de Deus!

Ficamos em silêncio, pois Gabriel voltou a falar, após breve pausa:
— O que mais atrai as pessoas aos centros religiosos é a busca de alguma cura milagrosa; mas será que já estamos prontos para nos livrarmos do mal que nos aflige? Existe um sábio

ditado oriental que nos diz: "Não reclames da dor, aprende com ela!" E será que estamos aprendendo com as nossas dores? Pois só assim poderemos dispensá-las! As limitações são formas pela qual o Pai procura aperfeiçoar nossas almas na infinita escalada evolutiva. Algumas pessoas são colocadas em cadeiras de rodas para evitar que elas cometam os mesmos desvarios que praticaram em vidas passadas. Será que estes estão prontos para viver com saúde plena em um mundo que cultua os vícios degradantes? Ou, então, os cegos, mudos e surdos! Não serão eles mais felizes por poderem anular as tentações inferiores, que afundam os ditos perfeitos? Por estes motivos, mais uma vez, lembramos: primeiro busquemos a cura do espírito, para recebermos após a cura do corpo. Do que vale curarmos o corpo por dez, vinte anos e, depois, ao retornarmos ao Mundo Imortal, constatarmos que nossa alma está com incontáveis deformidades, devido às nossas falhas de caráter? É mais sábio curar o espírito, pois quando chegarmos ao Plano Maior da Vida, que é o mundo espiritual, poderemos dizer: Eu estou curado e tenho um corpo belo e perfeito, que é o reflexo do meu próprio estado d'alma!

As palavras de Gabriel tocavam fundo na consciência da platéia. A maioria, naquela noite, só queria chegar perto de Gabriel para tocá-lo e, quem sabe, obter a cura que procuravam, e depois voltariam a sua vidinha comum, distanciados das virtudes cristãs. Por incrível que pareça, algumas pessoas lamentavam estar perdendo o capítulo da novela daquela noite!

— Meus irmãos, antes de encerrarmos, gostaríamos de lembrar uma passagem do Evangelho, que é uma das mais importantes e belas do Texto Sagrado. Estou falando do momento em que Jesus aparece aos discípulos, após ter sido morto na cruz. Antes da aparição do Mestre, Tomé havia dito que só acreditaria na Ressurreição do Messias se tocasse em suas feridas, causadas pelos cravos impiedosos que sustentaram o Senhor do Mundo na cruz.

O Mestre, então, aparece para Tomé e os demais discípulos, em um fantástico processo de materialização espiritual, e oferece suas mãos para o incrédulo discípulo tocar. Ao fazê-lo, Tomé percebe que Jesus está com o corpo perfeito e sadio, sem hematomas e feridas. O Mestre apresentava o seu corpo espiritual aos discípulos, iluminado e imaculado. E, após, Jesus diz ao apóstolo incrédulo: "Tomé, tu me viste e creste, mas bem-aventurados são aqueles que não me vêem e crêem em mim."

Meus eternos amigos, lembrem-se, sempre, destas palavras do Mestre Jesus — continuou o anjo, movendo a cabeça ao longo de toda a platéia e com isso abrangendo a todos com o seu olhar — Kardec, na codificação da Doutrina Espírita, nos estimulou a busca da fé racionalizada; ele nos encorajou a buscar respostas para os fenômenos espirituais, mas não devemos esquecer que a fé com sabedoria nos permite entrar em um estado de espírito que nos faz romper as barreiras da matéria, ingressando nos arquivos do Mundo Maior e assim trazer os avanços que a nossa humanidade necessita. Leonardo da Vinci, Miguel Ângelo, Einstein e outros realizaram grandes feitos, pois encontraram Deus dentro de si. A comprovação da vida espiritual encontra-se nos sentimentos d'alma e, não, em questões materiais de somenos importância. A análise do microcosmo (a vida humana) não nos apresenta a causa, apenas a conseqüência. No macrocosmo (a vida espiritual) é que encontraremos a causa primária de todos os questionamentos humanos.

Após estas últimas palavras, Gabriel abençoou a toda a imensa platéia. O belo jovem ergueu as mãos ao público e pediu a Deus que iluminasse a todos na busca de suas conquistas espirituais. Encerrada a oração, todos partiram, cabisbaixos, refletindo sobre as advertências do anjo de Deus. Poucos aguardaram para conversar, em particular, com Gabriel. Entre estes poucos, estava Joachab.

Sentado em uma cadeira, tomando água, devido ao forte calor, Gabriel aguardou a aproximação de Joachab. Acompanhado por um jovem rapaz, que empurrava a sua cadeira de rodas, o velho conhecido de Gabriel disse-lhe:

— Boa noite, irmão. Magníficas palavras, disseste ao povo. Tomara que Deus os ilumine, para que eles possam acordar para as verdades do espírito.

— Deus te ouça! Mas é inevitável que muitos percam a essência do ensinamento desta noite. Poucos eram os que estavam preparados para assimilar estas verdades. Infelizmente, muitos esquecerão, amanhã mesmo, de tudo que foi dito, como se as palavras entrassem por um ouvido e saíssem pelo outro. Mas como te chamas, meu amigo? Parece que te conheço de algum lugar.

— Chamo-me João. Eu viajei de Belo Horizonte até aqui para te conhecer. Na minha cidade natal, eu costumo falar ao povo sobre a Doutrina Espírita, que estudo desde criança. — Joachab estava com trinta e oito anos. — E eu gostaria de unir-me à União Cristã, se tu me aceitares. Eu farei o possível para auxiliar, até onde minhas deficiências permitirem.

Gabriel olhou João, de cima a baixo, e penalizou-se. O anjo, então, resolveu efetuar a cura de Joachab. Ele levantou-se e quando aproximou sua mão direita da cabeça de João, este segurou seu pulso, surpreendendo Gabriel. Com os olhos deformados em lágrimas, Joachab disse ao anjo:

— Meu irmão, por favor, não faças isto! Eu sei que tu tens as melhores intenções, mas lembra-te do que tu disseste, agora há pouco, sobre a cura do corpo antes da cura do espírito. Eu não sei se tenho condições de ter um corpo perfeito, portanto, prefiro ficar assim como eu estou. O meu objetivo agora é curar as minhas enfermidades da alma. E se for a vontade de Deus, como tu disseste, receberei por acréscimo a bênção da saúde do corpo, que para mim não é o mais importante no momento. Se desejas me ajudar, aceita-me entre os teus colaboradores, pois desejo trabalhar em prol dos teus ideais!

Gabriel comoveu-se com a sabedoria daquele homem que compreendia tão bem suas sábias palavras. Ninguém havia chegado tão perto da cura com tamanha nobreza de caráter. O anjo, então, resolveu acatar o pedido do novo amigo, acreditando ser a vontade, também, do Senhor do Mundo. Entre comovido e satisfeito, Gabriel abraçou Joachab, sem repulsa por suas deformidades, mas com imensa alegria por encontrar uma rara criatura que compreendia os verdadeiros valores da vida. E disse-lhe:

— Sim, meu amigo, tu farás parte do nosso grupo. E digo-te isto com imensa satisfação.

Joachab sorriu e agradeceu a oportunidade. Ele se converteria, em pouco tempo, em um grande orador. Apesar de todas as suas deformidades, Deus o havia abençoado com uma bela e cativante voz, bem diferente daquela que conhecemos, no Império dos Dragões do Mal, antes de sua reencarnação, que era triste e cavernosa. Por meio da palavra Divina e de emoções puras e sinceras, pouco a pouco, Joachab iria transformar o seu espírito deformado em um corpo espiritual saudável e iluminado, graças à força transformadora do amor!

26.
A União Cristã

Mesmo com todo o assédio que sofria, dos que o procuravam na condição de um santo, Gabriel não abandonou as missas realizadas pelo padre Antenor. Ao lado do bom padre, Gabriel e Marcus continuavam auxiliando na realização do culto católico, agora, eventualmente, devido aos exageros do público, que superlotava a igreja nos dias em que os anjos acompanhavam Antenor.

Em determinado domingo, vamos encontrar Antenor conversando com Gabriel e Marcus, antes do início da missa.

— Meus filhos, vocês têm tantas atribuições agora, por que ainda auxiliam este cansado padre? Se vocês desejarem, podem desistir desta tarefa. Não se prendam por mim. Eu sei que vocês possuem tarefas de maior relevância para realizar. As abençoadas atividades que vocês exercem por toda esta região são mais importantes do que as atribuições que aqui vocês realizam. Ademais, a igreja está sempre lotada! Este é o maior presente que eu poderia receber. Eu sempre sonhei com a dedicação verdadeira dos fiéis, mas, infelizmente, antes de vocês revolucionarem este país, nossos irmãos vinham à missa apenas para ostentarem o título de católicos. Vestiam-se com ricas roupas, aturavam-me por uma hora semanal e depois saíam indiferentes pela rua, esquecendo-se completamente das palavras de Nosso Senhor. Agora eu sou um homem feliz e realizado, pois vejo que a palavra de Jesus está repercutindo, pouco a pouco, nos corações dos nossos fiéis. Graças a Deus!

Portanto, meus filhos, sou-lhes muito grato. E quero que fiquem à vontade, caso queiram desistir de auxiliar-me nas missas.

Gabriel olhou para Marcus com um ar travesso e disse:

— Vê só Marco, quanta ingratidão! Trabalhamos a vida inteira auxiliando o padre Antenor e agora ele nos manda embora.

Marcus compreendendo a brincadeira, atalhou:

— Sim, eu nunca esperei tanta ingratidão. Eu dediquei toda minha vida a este trabalho, e agora, ser enxotado assim. Eu estou muito triste!

Vendo que Antenor estava ficando angustiado, acreditando que eles estavam falando sério, os dois anjos correram até o padre, sorrindo, e começaram a fazer-lhe cócegas, relembrando os tempos de criança, quando o sacerdote brincava com os meninos, fazendo-lhes este mesmo gesto carinhoso.

Antenor abraçou-os e disse-lhes, com os olhos marejados de lágrimas:

— Não façam isto comigo, meus filhos, eu os amo tanto. Jamais desejaria afastá-los de mim, mas se for a vontade de Nosso Senhor, que assim seja! Eu só queria liberá-los para terem mais tempo para o descanso. Eu fiquei sabendo, por Ethel, que tu, Gabriel, tens dormido apenas quatro horas por noite. Meu filho, tu precisas cuidar da tua saúde. O repouso é necessário para a saúde do corpo!

Abraçados ao padre, ambos disseram, em uma só voz:

— Padre, isto não é um trabalho para nós, mas um prazer!

— Eu sabia que vocês iriam dizer isto.

Os três riram e se dirigiram da sacristia para o altar da igreja, pois a missa já iria começar.

Eu fiquei emocionado com a cena. Eu nunca havia visto um padre tão espontâneo e amigo. Talvez porque eu nunca tenha conhecido algum, assim, tão intimamente. Após conhecer Antenor, eu mudei a minha forma de ver a Santa Igreja Católica. Eu sempre a respeitei, mas só agora passei a admirá-la, devido a padres como o bom Antenor.

Antenor e Marcus chegaram primeiro ao altar. Logo após, Gabriel pegou o seu violão e saiu da sacristia, entrando na igreja. À entrada do anjo de Deus, começamos a ouvir um burburinho. Algumas mulheres correram até a porta da casa de Deus. Lá estavam crianças que tinham sido incumbidas de avisar a outras pessoas sobre a presença do anjo na missa, visto que Gabriel já não participava de todas as reuniões na Igreja São Francisco de Assis, devido ao excesso de pessoas que, literalmente, invadiam a igreja para ouvir o anjo apenas cantar.

O padre Antenor, no altar, olhava, impressionado, a atitude das senhoras. Agora ele compreendia porque aquela meninada ficava sentada à porta da igreja, nas missas de domingo, fazia já algumas semanas.

Em poucos minutos diversas pessoas correram para a igreja. Via-se que algumas pessoas estavam, inclusive, trabalhando ou envolvidas em outros afazeres importantes. Um homem ingressou na igreja com um macacão de pintor todo manchado de tinta. Gabriel era realmente uma febre na cidade e no país.

O padre Antenor iniciou, então, o culto litúrgico. Após o início da missa, Antenor baixou a cabeça e ficou alguns segundos pensando. Gabriel e Marcus estranharam a atitude do padre que, após alguns instantes, disse aos fiéis, que já estavam por toda a parte da igreja, inclusive sentados no chão:

— Meus filhos, hoje tomarei uma atitude que talvez possa chocar alguns seguidores da Igreja Católica, porém, sinto-me no dever de fazer isto. Talvez por Inspiração Divina. Quem sabe?!

O padre respirou fundo e continuou:

— Há muitos anos, quando Gabriel era pequeno, conversei com ele, nesta igreja. Eu estava sentado naquele banco ali, enquanto o menino estava de pé à minha frente.

O padre apontou para o quarto banco da primeira fileira da esquerda, perto do confessionário. Enquanto isto, Gabriel e Marcus colocaram seus violões no chão, pois pressentiram que naquele dia não iriam tocar, nem cantar. Sentados, com as mãos sobre o colo, os dois anjos ouviam, pasmos, as palavras do padre.

— Naquele dia, Gabriel disse-me, com a sua voz infantil, que jamais esquecerei: "Padre, nós temos muito serviço pela frente!" E este menino me disse mais. Ele disse-me, entre outras coisas, que era necessário que todos os cristãos se unissem para fazer soar mais alto a voz de Jesus. Ele disse-me, também, que era preciso que todas as Igrejas do Cristo viessem a se unir, pois a mensagem do Cristo era, e é, uma só: "Amai-vos uns aos outros com eu vos amei". Este menino falou-me, então, que quem havia lhe dito isto era seu anjo protetor. Hoje, irmãos, tenho certeza que tudo o que ele disse não era fruto de uma fantasia infantil, mas, sim, a mais pura verdade.

O bom padre respirou fundo e continuou:

— Há alguns anos atrás, chamei-lhe a atenção sobre outras religiões, inclusive a Doutrina Espírita, que ele já seguia. Gabriel, então, emprestou-me dois livros espíritas, que jamais lhe devolvi. — Todos riram da expressão do padre ao dizer estas últimas palavras. — Após ler estes livros que ele me emprestou, li outras obras espíritas e cheguei à conclusão que Deus e Jesus também estão nesta religião, não havendo, portanto, porque desprezá-la, ou atacá-la; atitude da qual me orgulho de nunca ter tido, porque um sacerdote de Deus tem o compromisso de amar e, não, de odiar.

Portanto, hoje vou atender ao chamado que o menino Gabriel lançou-me há quase vinte anos atrás: "Padre, nós temos muito serviço pela frente". Hoje, então, vocês não ouvirão este padre chato falar, mas, sim, este "anjo de Deus".

O padre Antenor estendeu as mãos para Gabriel, que estava com o rosto completamente lavado de lágrimas. O grande sábio mais parecia uma pequena criança. Ele correu para os braços de Antenor e abraçou o bom velhinho, que lhe disse:

— Vai meu filho, ilumina o mundo, também através desta igreja, que é somente de Deus!

Gabriel aproximou-se do microfone, tímido, olhando para Antenor com indisfarçável gratidão. O anjo, chegando ao pequeno palanque, olhou para todos, enquanto secava suas lágrimas na manga da camisa. Os fiéis estavam em silêncio, emocionados, aguardando a palavra daquele que estava transformando o mundo com seus inovadores conceitos. O anjo, então, disse:

— Eu sonhei com este momento por muitos anos! Sonhei com o dia em que falaríamos de todas as religiões como irmãs, e não, como concorrentes. Se buscamos os mesmos ideais por que não trocarmos benefícios, com o objetivo de restaurar a força do Cristo entre os homens? Ainda mais que buscamos o mesmo objetivo: converter o homem moderno às virtudes cristãs!

Graças a Deus, podemos, hoje em dia, falar sobre as diversas doutrinas religiosas abertamente, sem punições. O homem hoje é livre! E este é o seu maior patrimônio. Antigamente eram queimados em fogueiras, aqueles que ousavam falar sobre assuntos espirituais. A Doutrina Espírita, por exemplo, não teria o campo de atuação, que tem hoje, devido ao forte preconceito e à limitada consciência da humanidade da Idade Média. Hoje em dia, a humanidade já está evoluindo e compreendendo que Deus se manifesta em todas as religiões que cultivam o Bem e que Jesus mora em todos os corações de boa-vontade!

A humanidade compreende, pouco a pouco, que não há mais espaço para farsas nas relações com Deus, pois ele vive em nossos corações e sabe tudo o que fazemos e pensamos. Os homens aprendem, também, que não há mais como distorcer os ensinamentos de Jesus. Os conceitos de humildade, amor, paciência, perdão e desprendimento dos bens materiais são incontestáveis no Evangelho. Não há mais credibilidade para aqueles que se acham os donos da verdade, pois isso era algo admissível na Idade das Trevas, mas não agora, às portas do terceiro milênio.

Já que estamos falando sobre o terceiro milênio, devemos lembrar a todos que estamos entrando em uma Nova Era, onde os conceitos religiosos se transformarão, convidando aos homens de boa-vontade a uma nova compreensão da vida criada por Deus. A Doutrina Espírita já está muito adiantada, em relação às outras religiões, no campo das novas descobertas da Espiritualidade. O intercâmbio entre encarnados e desencarnados propicia, a cada dia, novas descobertas para os que estão vivendo o estágio da carne. Através destes novos conceitos, o homem encontra forças para converter-se aos ensinamentos cristãos, tão distorcidos nestes séculos. Devido a diversos conceitos e atitudes hediondas, nestes dois mil anos, muitas pessoas afastaram-se dos ensinamentos cristãos. E isto não é culpa da Igreja Católica ou Luterana, dos Protestantes ou dos Evangélicos, dos Espíritas ou dos Adventistas. Isto é culpa de certos homens que se agregaram a essas religiões, com suas visões fanáticas, que muitas vezes tinham o objetivo único de atender seus próprios interesses. Estes infelizes irmãos terminaram por manchar os imaculados e sábios ensinamentos do Cristo de Deus. Mas agora é o momento da transformação, de agirmos como verdadeiros cristãos, colocando de lado todas as diferenças em prol da união que faz a força. Força que vencerá a degradação moral da humanidade!

Através da união de todas as religiões cristãs, a humanidade se reencontrará, despachando de vez o materialismo doentio, que o homem moderno insiste em cultuar. Os conceitos consumistas e de satisfação exclusivamente própria serão varridos da face deste mundo. O homem transformar-se-á da animalidade para a razão, e da razão para a angelitude, segundo a vontade de Deus.

As religiões cristãs abrirão seus corações para compreender a mediunidade, tão cultivada pela religião Espírita. E este divino instrumento deverá ser utilizado por todas as religiões, em um futuro breve. Os dogmas seculares, preconceituosos, serão queimados na fogueira da evolução, convertendo todas as Doutrinas Cristãs em uma só, com um único nome: a "União Cristã".

Meus irmãos — disse Gabriel com o corpo todo envolto em luz — eu vim ao mundo para cumprir a vontade do Pai. E a Sua Magnânima Vontade é a União Cristã. Muitos tentarão opor-se à vontade do Pai. Mas quando Deus quer, o homem não pode! Portanto ouçam-me e creiam: Em poucas décadas estas palavras se confirmarão!

Gabriel referia-se ao final do período profético, o ano cem, quando todos os espíritos da esquerda do Cristo já estarão exilados, iniciando-se uma Nova Era de evolução para a humanidade.

Enquanto Gabriel preparava-se para continuar a falar ao público, o irmão Hermes pediu-me para que eu me concentrasse, em oração, no anjo amigo. Olhando para Gabriel, percebi a figura sutil de Maria. a mãe de Jesus, atrás do anjo, iluminando-lhe o verbo.

Olhando, então, para todos, com um grande amor nos olhos, Gabriel continuou suas afirmações:

— Algumas pessoas dizem que eu estou tentando apagar a religião Católica, unindo-a ao Espiritismo. Mas não é isto que pretendemos, irmãos! O nosso objetivo é unir forças, mas devemos, indiscutivelmente, acatar alguns conceitos da Doutrina Espírita, como a reencarnação, por exemplo. Ao mesmo tempo a Doutrina Espírita terá que aperfeiçoar alguns de seus pontos, para que no futuro, possamos ter uma única, e sábia, forma de contato com Deus. Atualmente ainda existe a necessidade de diversas religiões, em diversos estágios de entendimento, mas, a partir da Nova Era, a Terra deixará de ser um mundo de expiação, de resgates de dívidas de encarnações anteriores, para tornar-se um mundo de regeneração, ou seja, de progresso espiritual para toda a humanidade. Portanto, estes conceitos que aceitamos e seguimos atualmente, deverão ser reavaliados.

O anjo respirou fundo, percebendo a delicadeza do assunto em que iria entrar, e continuou:

— Irmãos, analisemos, por exemplo, a questão das promessas. Quantos pedidos fazemos a Maria, a Mãe Santíssima, prometendo-lhe, como retribuição ao pedido atendido, velas, flores, caminhadas exaustivas e até mesmo subidas de escadarias imensas de joelhos. Vocês acreditam que nossa querida Santa Maria fica feliz com estes pagamentos desproposUados? Maria e os demais santos, que são Espíritos de Luz, esperam como pagamento, única e exclusivamente, a nossa reforma íntima. Eles aguardam, pacientemente, que nós nos tornemos pessoas melhores, seguindo o Evangelho de Jesus.

Estes Espíritos Iluminados se compadecem de nossa ignorância e de nosso desleixo para com os Ensinamentos Sagrados. Eles vêem o nosso desgaste, muitas vezes sobre-humano, e derramam lágrimas espirituais pelos nossos equívocos. O mais triste para eles, com certeza, é quando fazemos promessas e entregamo-lhes dúzias de velas e flores, porém, em casa, descarregamos a nossa ira e a nossa intolerância sobre os nossos familiares e amigos. Onde estaria o mérito para o atendimento do pedido por parte da Espiritualidade Maior, neste caso?

O público refletia sobre as palavras de Gabriel com um "nó na garganta". As palavras do anjo eram fortes para muitas pessoas ali presentes, que cultivavam o hábito da "promessa mecânica", sem a busca da reforma interior. Mas eles serenavam seus corações, pois sabiam que Gabriel era a personificação do perdão e da compreensão. Víamos em seus olhos a dor que lhe causava magoar as pessoas com aquelas palavras, mas era necessário para o próprio bem daqueles irmãos de boa-vontade.

O crédito de Gabriel naquela comunidade permitia-lhe continuar com suas colocações:

— Irmãos, quando precisarmos realizar uma promessa, vamos pedir à Mãe Santíssima a solução daquilo que nos aflige, mas, em contrapartida, vamos prometer à Nobre Santa que iremos nos tornar pessoas melhores. Vamos ser honestos e prometer a ela exatamente aquilo que é mais difícil em nosso crescimento espiritual. Se não sabemos perdoar, vamos prometer-lhe que buscaremos incessantemente o perdão aos nossos semelhantes, seja quem for; se não temos paciência, que o pagamento da promessa seja a busca desta nobre virtude; se temos ódio de determinada pessoa, vamos prometer à nossa Mãe querida que nos esforçaremos, ao máximo, para amar esta criatura que é alvo de nossa ira. E lembrem-se: Se vocês amam realmente a Maria ou ao Santo a quem fazem promessas, façam assim como eu disse, pois vocês lhes darão uma alegria tão grande que posso já sentir a vibração de amor e paz que eles deitarão sobre esta humanidade sofrida!

Gabriel havia aberto os braços e estava com os olhos voltados para a bela cúpula da Igreja São Francisco de Assis; quando ele voltou-se para o público, viu que todos estavam de joelhos, nos bancos da Igreja e, aqueles que não conseguiram bancos, estavam de joelhos no próprio chão.

O anjo de Deus olhou para Marcus que estava extravasando de alegria pela glória obtida naquela inolvidável noite. Após, ele olhou para o padre Antenor, que estava sentado no seu lugar, ao lado de Marcus. O bom padre estava com os olhos marejados de lágrimas e aprovando as palavras do anjo.

A credibilidade que Gabriel possuía naquela paróquia havia-lhe permitido tocar em um ponto delicado da fé Católica.

— Irmãos, existem outros pontos em que eu gostaria de tocar, porém, tudo tem o seu momento, eu gostaria de lembrá-los só mais uma coisa, nesta noite.

Quando forem orar ao Pai, a Jesus, a Maria e aos santos, lembrem-se: Eles ficam imensamente felizes quando a oração vem do nosso próprio coração e com as nossas próprias palavras e sentimentos. A oração decorada nem sempre reflete aquilo que vai em nossa alma! Falem com os nossos irmãos iluminados com as palavras dos seus corações!

Gabriel dirigiu ao público um olhar de imenso amor. A beleza e as expressões angelicais de Gabriel cativavam os corações mais empedernidos. As suas atitudes humildes e que, ao mesmo tempo demonstravam o Grande Espírito que era, deslumbravam as pessoas, que aceitaram todas as observações de Gabriel com paz no coração.

Após falar dos Católicos, Gabriel falou dos Espíritas, que estavam "em massa" na Igreja.

— Os nossos irmãos Espíritas, como sempre lhes falo em nossas reuniões, também necessitam corrigir algumas atitudes para alcançarmos a Verdadeira Forma de nos ligarmos a Deus. Infelizmente, contrariando até mesmo os preceitos básicos de Allan Kardec, o codificador da Doutrina Espírita, alguns confrades se escravizam a simpatias e mandingas que nada têm a ver com o Espiritismo Cristão. Outros procuram a Doutrina Espírita somente para saberem quem eles foram em encarnações passadas, ou, então, para saberem o motivo pelo qual reencarnaram na família em que vivem. Também ficam questionando o porquê de terem vindo ao mundo associados com aquele pai, aquela mãe ou aqueles filhos. Estes esquecem-se que a Doutrina Espírita possui a finalidade de elucidar a imortalidade da alma, aproximando o homem da conduta cristã e, não, de resolver os problemas particulares de cada um, que devem ser solucionados com uma sincera prática cristã.

Para que possamos implantar a União Cristã no mundo, todos os seguidores de todas as religiões Cristãs devem corrigir suas atitudes e seus conceitos. Já é chegada a hora de nos libertarmos de certos hábitos, que estão arraigados às nossas religiões por nosso puro comodismo. Assim como a borboleta liberta-se do casulo, quando evolui para uma vida superior, nós, homens, a mais perfeita criação de Deus, devemos nos libertar de dogmas e crenças que atendiam ao estágio evolutivo da humanidade no passado. Agora devemos abraçar os ensinamentos da Nova Era que são trazidos constantemente por espíritos de luz e de outros mundos. A Lei de Deus é a Lei da Evolução!

Isto não quer dizer que devemos violentar nosso modo de pensar e nossas crenças, mas que temos que começar a nos preparar para as mudanças que inevitavelmente acontecerão no futuro. Não seremos nós que barraremos a linha do progresso no seio da Obra de Deus! Os irmãos concordam comigo?

Ethel estava de joelhos, junto com o público, rezando para que Gabriel conseguisse revelar com amor e paz aquelas difíceis verdades. As preces da menina foram atendidas, pois o público concordava sinceramente com suas palavras!

— Irmãos — continuou Gabriel — digo-lhes isto, pois o que mais aflige meu coração na atualidade, não é quanto aos desregrados, que cada vez mais se distanciam do aprisco do Senhor; estes, inevitavelmente ficarão de fora do "Grande Banquete". O que mais me preocupa é a falsa crença de alguns, que acreditam que estão quites com Deus, simplesmente porque realizam alguns rituais. "A cada um será dado segundo suas obras!" Se insistirmos em viver apenas ostentando uma religião, sem realmente praticá-la, teremos que colher exatamente isto que plantamos, ou seja, colheremos apenas aparências exteriores, que para Deus não têm valor algum.

Meus queridos amigos, cabe a nós escolher o caminho que desejamos seguir: O caminho da evolução por sorrisos, ou o caminho da evolução por lágrimas. Deus, Nosso Pai, convida-nos a seguirmos a estrada alegre do bem-viver, segundo o Evangelho de Jesus, mas a imensa maioria prefere o caminho fácil da perdição, que leva às lágrimas de dor.

Irmãos, não se esqueçam destas palavras: A maioria dos nossos irmãos na Terra caminha para Deus através do triste túnel de trevas, mas não vamos ficar aguardando o convite das sombras, pois Deus oferece a todos o calmo caminho das estradas claras do amor!

Após aquelas lindas palavras, Gabriel caminhou até sua mala de partituras, apanhou uma folha de papel e disse ao público:

— Eu sempre quis ler esta linda mensagem aqui na igreja. Este texto eu recebi de uma inesquecível amiga da Casa Espírita de nosso bairro.

Gabriel baixou os olhos em direção ao papel e leu o texto:

"DEUS
Passei tanto tempo te procurando!
Não sabia onde estavas.
Olhava para o infinito e não te via.
E pensava comigo mesmo:
Será que tu existes?
Não me contentava na busca e prosseguia.
Tentava te encontrar nas religiões e nos templos.
Tu também não estavas.
Te busquei através dos sacerdotes e dos pastores.
Também não te encontrei.
Senti-me só, vazio e desesperado, descri.
E, na descrença, te ofendi.
E, na ofensa, tropecei.
E, no tropeço, caí.
E, na queda, senti-me fraco.
Fraco, procurei socorro.
No socorro, encontrei amigos.
Nos amigos, encontrei carinho.
No carinho, vi nascer o amor.
Com o amor, eu vi um mundo novo.
E, no mundo novo, resolvi viver.
O que recebi, resolvi doar.
Doando alguma coisa, muito recebi.

E, em recebendo, senti-me feliz.
E, ao ser feliz, encontrei a paz.
E, tendo a paz, foi que enxerguei
Que dentro de mim é que tu estavas.
E sem procurar-te foi que te encontrei!"

Terminada a leitura da mensagem, Gabriel dobrou o papel, olhou para o público e disse:
— Irmãos, as religiões são instrumentos para nos ligarmos a Deus, mas somente através de uma verdadeira prática cristã é que encontraremos o que tanto procuramos. A União Cristã é isto. A sua finalidade é libertar o homem moderno dos grilhões que escravizam a alma aos preconceitos religiosos e através da união das religiões Cristãs vivermos integralmente o Evangelho de Cristo para a felicidade de nossas vidas!

Satisfeito com o resultado obtido, Gabriel pediu ao padre Antenor a oportunidade de orar a Deus em agradecimento. O bom padre levantou e abraçou-o, dizendo-lhe:
— Meu filho, faze o que desejares, pois sei que de ti só receberemos a luz de Deus!

Gabriel, então, disse a todos:
— Vamos, então, dar-nos as mãos para ofertarmos o nosso preito de gratidão a Deus, a Jesus e a Maria, que é a Grande Dirigente dos destinos da Igreja Católica.

"Obrigado Meu Deus, obrigado Mestre Jesus, obrigado Santa Maria,

Graças às vossas bênçãos foi-nos possível realizar esta atividade pioneira nesta Santa Igreja,

Para mim, esta noite ficará marcada em nossos corações por todo o sempre,

E espero que meus irmãos, aqui presentes, também, pensem assim,

Que nossa União hoje possa servir de semente para a grande árvore que nascerá dentro de algumas décadas,

Que nós, os primeiros Cristãos Universalistas, possamos honrar os vossos Santos Nomes, hoje e sempre,

Mesmo que venhamos a demorar para modificarmo-nos, pelo menos

Senhor, permita-nos sermos prudentes e compreensivos com nossos irmãos de outras crenças, pois fora do amor não há salvação!

Que Assim Seja."

Após a comovente oração, todos levantaram-se leves e felizes. O pintor que havia corrido para a Igreja, com o macacão sujo de tinta, agradeceu a Deus e aos meninos pelo aviso. Ele abraçou a mulher e os filhos e seguiu feliz para casa. Aquela foi uma das cenas que mais me marcaram nesta fantástica experiência. A determinação de um homem que encontrou uma forma de participar de um momento de luz, mesmo estando atarefado. Isto só comprova que aquele que deseja encontrar a luz não encontra barreiras intransponíveis! Fiquei pensando, então, naqueles que não lêem o Evangelho, nem obras Espíritas, alegando falta de tempo. Pobres irmãos! Pois o tempo, quem faz, somos nós!

Enquanto eu viajava em meus pensamentos, o irmão Hermes chamou-me a atenção para que eu olhasse para o anjo de Deus. Ele estava de pé, com um olhar perdido, quando Maria de Nazaré aproximou-se, em espírito, e beijou a testa do anjo com extremo amor. A cena foi comovente! A beleza indescritível de Maria, à frente do Grande Enviado, era algo inenarrável. Eu senti que Gabriel percebeu a presença de Maria e, em pensamento, o anjo disse: "Obrigado minha Mãe Querida!"

Realmente, as esferas de luz são locais de extrema felicidade! Naquele instante recordei-me do Império do Amor Universal e disse de mim para comigo: "Nós temos muito que crescer em amor e sabedoria para vivermos em tais planos de luz!"

Enquanto eu estava perdido em meus pensamentos, o padre Antenor aproximou-se de Gabriel e disse-lhe:

— Meu filho, que achas de falar ao público todas as semanas neste horário.

— Mas padre, a igreja ficará abarrotada de gente!

— Não te preocupes, meu filho. Nós daremos um jeito para acomodar a todos. Lembra-te: "Não coloqueis a candeia sob o alqueire."

Gabriel sorriu com a lembrança do padre, que citou a passagem do Evangelho que o anjo elucidou com tanta propriedade anteriormente nesta obra.

A partir daquela noite, Gabriel e Marcus revezaram-se nas palestras na igreja, em todos os domingos à noite. Nesses dias, a liturgia Católica era colocada de lado, para os anjos terem mais tempo para realizar o que a Igreja conhece como "Sermão". Em algumas noites, o padre Antenor tomava também a palavra, demonstrando estar se entrosando com as novas mudanças implementadas por Gabriel.

A notícia logo chegou à cúpula da Igreja. Os grandes mandatários da Religião Católica tentaram oferecer alguma resistência às inovações, mas, em breves anos, o estilo religioso da "União Cristã" já estava sendo cultuado em todo o país, pois era, e é, a vontade de Deus!

27.
A hora de Sebastião

Quatro anos após, fomos encontrar Gabriel e Sebastião no amplo salão de festas da Igreja São Francisco de Assis, em uma manhã chuvosa de abril. Eles, junto com o padre Antenor e as irmãs, estavam entregando mantimentos e algum dinheiro às famílias necessitadas que procuravam o apoio da caridosa Igreja.

Sebastião estava fortemente abatido, havia perdido vários quilos. Há um ano e meio ele havia recebido o diagnóstico de câncer no pulmão. Pouco a pouco, o seu organismo lhe pedia o pagamento por diversos anos de ataques impiedosos do fumo. O bom velhinho percebia que era curto o seu tempo entre os encarnados, portanto procurava estar sempre trabalhando pela comunidade e pela divulgação da Doutrina Cristã.

Naquela manhã, nossos amigos recebiam uma extensa fila de necessitados. Cinco pessoas distribuíam os mantimentos: Gabriel, Sebastião, padre Antenor, irmã Idalina e irmã Cristina.

Após conversar alguns minutos com a família necessitada, o grupo religioso entregava uma cesta básica de alimentos ou algum dinheiro, para que o necessitado pagasse as contas mais urgentes.

Em determinado momento, aproximou-se de Gabriel um homem que aparentava uns trinta anos. Ele estava com uma roupa suja e rasgada e com a barba por fazer. Os seus passos cambaleantes demonstravam o que ele tinha dentro de uma garrafa enrolada em um pacote de supermercado. O homem, com um forte hálito de cachaça, pediu a Gabriel uma soma em dinheiro, alegando estar precisando de auxílio para o sustento de sua família. O anjo, então, lhe disse:

— Meu irmão, infelizmente não tenho o dinheiro que me pedes. Mas estamos necessitando de um servente para trabalhar aqui na paróquia. Nós te pagaremos um salário por mês para que trabalhes, em turno integral, de segunda a sexta-feira. Aceitas?

O rapaz, até então humilde, fez um gesto de indignação e disse:

— Eu não vim aqui procurar emprego. Eu vim buscar auxílio para as minhas necessidades. Será que até a Igreja está nos abandonando?

— Meu irmão — disse Gabriel — a Igreja não está abandonando a ninguém, pelo contrário, ela está te dando a oportunidade de teres um trabalho honesto, o que te permitirá sustentar os teus familiares por anos. Basta que tu estejas disposto ao trabalho!

O homem virou-se de costas e saiu resmungando, dizendo estar sendo discriminado pela Igreja, pois todos os outros estavam saindo com sacolas e com dinheiro no bolso.

Após o amparo a todos os irmãos necessitados, os trabalhadores da Igreja aguardaram ansiosos a palavra de Gabriel. O anjo vendo que seus colegas de ideal necessitavam do "pão do espírito", disse-lhes:

— Meus irmãos, a caridade é a base da Doutrina Cristã. Jesus, em seus ensinamentos, nos convoca ao auxílio mútuo para o nosso crescimento espiritual. Também Allan Kardec, ao codificar o Evangelho Segundo o Espiritismo, percebeu a importância do tema, dedicando um capítulo inteiro ao assunto, sob o título "Fora da Caridade não há salvação".

Pela importância do tema em questão, torna-se imprescindível entender que caridade não é sustentar aos nossos irmãos, mas, sim, auxiliá-los a crescer por si só. Ou seja, não devemos dar o peixe, mas, sim, ensinar a pescar!

As instituições assistenciais devem ajudar as pessoas trabalhadoras que são prejudicadas pela péssima distribuição de renda deste injusto sistema social que predomina no mundo. Mas o objetivo básico da verdadeira caridade é aproximar-se das pessoas necessitadas e educá-las para o trabalho.

Vejam o caso deste irmão que veio nos pedir dinheiro. Ele foi convidado ao trabalho e negou a grande oportunidade de crescer por si só. Ele desejava apenas mais dinheiro para continuar alimentando o seu vício, que estava contido dentro daquela garrafa enrolada no pacote do supermercado. Se déssemos dinheiro a ele, não estaríamos sendo caridosos e, sim, estaríamos prejudicando seu futuro, alimentando o seu degradante vício.

Ofereci-lhe trabalho com o objetivo de dar-lhe a verdadeira caridade, onde ele se transformaria para Deus, mas ele negou a santa oportunidade de recuperação, preferindo continuar como um parasita da sociedade. Os nossos recursos, irmãos, são escassos e precisamos direcioná-los para aqueles que realmente necessitam. Estes são aqueles que buscam trabalhar honestamente para sustentar a si e aos seus.

Se sustentarmos a estes irmãos que maldizem do trabalho, estaremos tirando o alimento da boca de crianças que realmente necessitam deste amparo. A estes irmãos que fogem da sagrada responsabilidade do trabalho, devemos também amparar, mas somente com a oportunidade do trabalho e do auxílio a sua profissionalização. Jamais com dinheiro sem o esforço próprio, pois estaremos incentivando a sua degradação moral e física.

Ouvindo estas palavras de Gabriel, lembrei-me de quando estávamos no plano espiritual, nas trevas, e o anjo ensinou ao irmão Casemiro a direcionar suas forças àqueles que estavam prontos para receber o auxílio. Naquele momento, Casemiro tentava auxiliar a um irmão aprisionado por uma alucinação um tanto exótica: maços de cigarros sobre uma ribanceira, no vale das sombras. O auxílio, naquele momento, foi inútil.

Gabriel, majestoso na sua sabedoria de falar na hora certa, continuou com elegância:

— Nós não poderemos ficar o resto de nossas vidas dando o "peixe" para determinado irmão se alimentar. Um dia estaremos ausente! E como ele resolverá o problema, se ele jamais procurou resolvê-lo por suas próprias forças? Mas se "ensinarmos a pescar" estaremos dando-lhe autonomia e liberdade para que ele possa viver por si só.

Infelizmente é mais fácil dar o peixe, pois não precisamos nos relacionar com estes necessitados. Basta entregarmos o dinheiro, a roupa ou o alimento e pronto, está tudo resolvido. Já, ensinar a pescar, implica em contínuos contatos com estes irmãos para ensinar-lhes os conceitos de bem-viver e de auto-afirmação, para que eles possam, por si sós, tornarem-se livres e felizes.

Gabriel olhou para todos e disse:

— Qual destas duas caridades possui mais méritos aos olhos de Deus? Dar o peixe ou ensinar a pescar?

Todos concordaram com as palavras do anjo, que seguiu falando descontraidamente:

— Sim irmãos. Vamos nos preocupar mais em divulgar os ensinamentos cristãos, do que alimentar e vestir aos que nos procuram. Porque a comida se vai em um dia, a roupa se desfaz em alguns meses, o dinheiro, muitas vezes, é a perdição da alma; já o alimento do espírito, que são as palavras do Cristo, sacia o homem por toda a eternidade!

Aquele que compreende os ensinamentos Divinos e os pratica, com sinceridade, em seu dia-a-dia, pode tranqüilizar-se, pois

Deus sempre lhes dará o devido sustento do corpo e do espírito.

Gabriel, então, abraçou a todos que, felizes, conversavam com ele. Até que um menino de nove anos, que era filho de um dos colaboradores, aproximou-se do anjo e perguntou-lhe:

— Irmão Gabriel, quem é Deus? Onde ele está? Eu quero vê-lo.

O anjo, então, fez algo inusitado. Agachou-se até o menino e prendeu o nariz e a boca da criança, não deixando-o respirar. Em poucos segundos, o menino debateu-se, assustado. Gabriel, então, permitiu-lhe o acesso ao oxigênio. E disse-lhe:

— Meu filho, Deus é como o ar que respiramos. Não o vemos, mas ele está por todo o lugar. E quando sentimos sua falta, percebemos a Sua Grande Importância!

O menino sorriu, compreendendo as sábias palavras do anjo, e abraçou Gabriel com intraduzível ternura. O anjo de Deus levantou-se com a criança no colo e disse:

— Abençoadas sejam todas as crianças, pois elas são a personificação dos anjos! Aquele que tiver a sinceridade, a meiguice e a honestidade das crianças entrará no Reino de Deus!

Aquela foi a última participação pública de Sebastião no projeto da União Cristã. Três meses depois, fomos encontrar Gabriel, com a roupa branca dos médicos e com um estetoscópio pendurado no pescoço, sentado ao lado do leito de Sebastião, que agonizava no hospital Santa Cecília.

— Gabriel — falou Sebastião — acho que eu estou chegando ao fim de minha jornada entre os homens. Eu estou muito feliz pela vida que Deus me deu. Apesar da extrema dor que sofri com os meus filhos, sinto que Deus e Jesus foram muito generosos comigo. Eu pude partir de uma vida de arrogância e prepotência no mundo dos negócios para uma vida simples e sábia ao teu lado, meu filho. — Sebastião sorriu, entre os espasmos gerados pela debilidade orgânica e continuou: — Será que devo chamá-lo de "meu filho", ou de "meu pai", porque tanto aprendi contigo que hoje coloco-me na condição de teu filho.

— Não digas isto, Bastião. Somos apenas irmãos — respondeu o anjo com os olhos verdes marejados de lágrimas.

— Não, não meu querido amigo. Tu és o maior entre os encarnados. Jamais imaginei que eu poderia um dia conhecer e conviver com uma criatura que realizasse o que tu realizaste em tão pouca idade. Tu, desde que te conheci, só mostraste ao mundo a pureza e o amor dos anjos! Os milagres, as palavras e o teu amor para com os necessitados despertaram na humanidade as virtudes cristãs, que estavam há muito tempo adormecidas. Hoje em dia, o mundo já se divide em antes da tua chegada e após a tua chegada ao mundo. Assim como sempre se dividiu em antes de Cristo e depois de Cristo.

Gabriel abaixou a cabeça, envergonhado com os elogios de Sebastião. O anjo nunca procurou as glórias do mundo, apenas havia realizado o que ia em seu coração.

Sebastião, então, perguntou-lhe:

— Gabriel, desde que eu te conheci sempre tive uma dúvida, que hoje já não tenho mais. Eu perguntei para o Marco e para diversas pessoas e todos me responderam com evasivas o que agora eu vou te perguntar, apenas para confirmar minhas suspeitas. Tu és um anjo da Casa de Deus que desceu ao mundo para nos iluminar?

Gabriel olhou para Sebastião e segurou sua mão. Com os olhos baixos, por alguns segundos, Gabriel meditou. Logo após dirigiu seu olhar para o enfermo e disse-lhe, em um tom suave:

— Bastião, se eu te disser que sou um anjo de Deus, não terás a certeza da verdade, pois eu posso realmente o ser; ou, então, posso ser apenas um rapaz pretensioso que deixou se levar pela vaidade de crer ser algo que não é. E, meu amigo, se eu disser que não sou um anjo iluminado, posso simplesmente estar falando a verdade; ou posso estar realizando um gesto extremo de humildade e modéstia, negando a verdade para não colocar-me em um pedestal.

Portanto, qualquer coisa que eu diga não comprovará a minha condição espiritual, pois não somos nós que nos outorgamos títulos, mas, sim, Deus que nos abençoa, de acordo com os nossos méritos.

O que posso te dizer, é que sou um filho de Deus empenhado nesta Grande Tarefa de Transformação da Humanidade. E aqueles que trabalham pelo aperfeiçoamento moral da humanidade conquistam este nobre título. Logo, se não sou um anjo, um dia eu serei! Assim como tu, que já deste os teus primeiros passos para este caminho que é sem volta, pois o espírito jamais regride na evolução, somente avança na escadaria Divina que leva ao Pai.

Sebastião sorriu e disse:

— Eu sempre te disse que deverias ser um político. Tu sempre tens respostas para as complicadas questões. A única diferença é que as tuas respostas iluminam, enquanto as dos políticos tradicionais atrasam o desenvolvimento e afastam a felicidade do povo. Tu serias um grande presidente para este sofrido país!

— Não é a vontade do Pai, meu amigo. Este povo ainda deve sofrer devido à sua própria semeadura do passado e à insensatez do presente. Nós estamos aqui para mostrar o caminho para uma nova vida e não para derrogarmos a Lei do Pai. Se todos ouvirem este chamamento poderão participar do Grande Banquete de Luz, desta nova era que está se iniciando. Em poucos anos a Terra será abençoada com a luz e a paz. Os corruptos e cruéis governantes deste país e do mundo serão enxotados, dando oportunidade para os da direita do Cristo, que são os reais proprietários desta terra abençoada.

Quem sabe não serás tu, este grande governante, na próxima encarnação. Sempre foste um excelente administrador. Tuas antigas indústrias, assim como o projeto da União Cristã são um notável sucesso. Todos os teus empreendimentos foram administrados com notável competência. Creio que, em breve, tu retornarás a este mundo e, ao lado de Flora, tua amada esposa, realizarás grandes proezas no campo do desenvolvimento social.

Após Gabriel citar o nome de Flora, Sebastião deixou correr uma lágrima dos olhos e disse:

— Sim, minha querida Flora. Será que ela está aqui ao meu lado, esperando o meu retorno para a Pátria Maior?

Eu tive vontade de gritar: Sim, ela está aqui, ao teu lado! Mas não adiantaria nada, ele não me ouviria. Flora já estava há muitas horas ali, ao seu lado, acariciando os seus cabelos brancos. Junto com ela estavam os técnicos responsáveis pelo processo desencarnatório, conhecidos no além como "Anjos da Morte", no bom sentido, é claro.

Gabriel, então, disse:

— Tu achas que ela não estaria aqui, neste momento tão importante de tua infinita existência?

— Sim. Tens razão, Gabriel. Mas tu consegues vê-la, através da mediunidade?

— Sim — respondeu Gabriel, sem nem ao menos olhar para os lados. Foi intuição pura do anjo, que desde o seu nascimento dominava perfeitamente o contato com o mundo espiritual — ela está ao teu lado direito, acariciando teus cabelos faz algumas horas.

Sebastião, com imensa dificuldade, virou sua cabeça para aquele lado, onde para os céticos nada existia, e disse:

— Eu te amo, meu amor!

— Eu também te amo, meu querido! — disse Flora, com um belo olhar.

Segundos após, Gabriel repetiu as palavras de Flora.

— Ela disse que também te ama muito, Bastião.

Sebastião tentou sorrir, mas teve um forte acesso de tosse. Gabriel levantou-se e começou a ministrar um passe no enfermo. Menos de um segundo após a imposição de mãos do anjo, Sebastião acalmou-se. Enquanto o doente repousava, de olhos fechados, Gabriel continuou energizando o organismo debilitado. Os espíritos que trabalhavam o corpo de Sebastião aproveitaram com grande alegria a ajuda do anjo encarnado, que transfundia sua abençoada luz sobre o moribundo. Isto facilitou em muito o trabalho de desligamento corpo-espírito.

Após o passe, Gabriel disse a Sebastião, que estava com os olhos rasos de lágrimas:

— Bastião, algumas vezes o processo de desencarnação prega-nos algumas peças. Toma cuidado com teus pensamentos, pois viverás uma experiência única em tua existência. Não é todo dia que desencarnamos! — disse o anjo brincando, para descontrair o grande amigo.

Ao chegar ao plano espiritual, não te desesperes! Confia em Deus e em Jesus! Com certeza tu sofrerás algumas perturbações, mas serão mínimas, se comparadas com a grande maioria dos encarnados. Apesar de teus últimos anos de total dedicação à Verdadeira Vida, talvez ainda sofras alguma influência de teu passado longínquo. Mas não te esqueças que: "O Senhor é o Nosso Pastor, portanto nada nos faltará".

E lembra-te, pede a intervenção de Deus e de Jesus e, também, de teu anjo da guarda, este nosso amigo inseparável, a que tão pouca importância damos.

Sebastião sacudia a cabeça, agradecido pelas recomendações de Gabriel. Ele sentia que o momento era chegado, pois as fortes dores começavam a se tornar mais freqüentes. Pouco a pouco, ele estava perdendo o contato com o mundo material. As suas últimas palavras foram:

— Gabriel, em minha casa, no cofre, está meu testamento.... Tudo que era meu... agora é teu... segundo a vontade do Pai.... O patrimônio material da União Cristã agora está em teu nome...

O anjo abraçou-se no amigo, em seus derradeiros segundos, ofertando-lhe imenso bem-estar. Segundos após, Sebastião rompia as barreiras dos dois planos. Confuso, Sebastião correu alguns metros por um corredor escuro que brilhava, esporadicamente, devido a fortes luzes. Enquanto ele corria, ouvíamos vozes gritando:"Canalha, canalha, você destruiu a vida do meu marido!""Onde estão agora aqueles que te protegiam?".

Ouvindo aquelas ameaças, eu percebi o como é difícil para um rico manter a consciência tranqüila. E não só os ricos, mas todos aqueles que buscam o lucro atropelando o direito de seus semelhantes, pois só aqueles que foram lesados verdadeiramente é que podem atuar diretamente na consciência do espírito desencarnante.

Sebastião, percebendo que estava entrando em confusão

mental, lembrou das palavras de Gabriel sobre a importância da oração no momento do desenlace. Imediatamente ele jogou-se de joelhos ao chão e orou ao Pai, com humildade:

"Meu Deus, eu sei que pequei, eu sei que cometi muitos equívocos na condição de homem de posses,

Mas graças ao teu amado filho Gabriel, hoje eu sou um novo homem,

Portanto perdoa meus erros e mostra a estes que me cobram, o meu arrependimento e a minha disposição para corrigir os meus erros, através de uma nova encarnação, na qual indenizarei até o último ceitil a quem devo,

Ouve meu apelo, Senhor, pois ele é de coração."

Ajoelhado, em lágrimas, Sebastião começou a ouvir outras frases soltas no espaço: "Eu só quero justiça, mais nada. Você prejudicou o meu marido... Eu não sei o que fazer, estou muito transtornada... Meus filhos ficaram sem ter o que comer. Eu preciso de ajuda.... As tuas palavras sinceras aliviaram minha alma, eu só quero descansar....

Após estas últimas palavras, a voz rompeu em choro convulsivo. Sebastião ainda ouviu vozes pedindo à mulher calma e serenidade, pois agora ela receberia a paz. Ele ouviu, ainda, exortações à paz e ao perdão, lembrando à mulher transtornada que Sebastião já não era mais aquele homem indiferente, mas, sim, um Cristão renovado no fogo da dor e da sabedoria. Os espíritos que amparavam a transtornada senhora diziam a ela que ele a ampararia em nova oportunidade no plano físico.

Sebastião ouvia a tudo, ajoelhado, com a cabeça ao chão, como fazem os muçulmanos, quando estão em adoração a Meca. Alguns minutos depois, surgiu à frente de Sebastião uma forte luz que iluminou todo o ambiente.

Impressionado com a luz, Sebastião levantou a cabeça, mantendo-se de joelhos. A forte luz não permitia ver as três entidades, que estavam à sua frente, iluminadas. Confuso, Sebastião perguntou:

— Quem são vocês? Em nome de quem vieram?

Uma das entidades, uma mulher, aproximou-se um passo de Sebastião e disse-lhe:

— Nós somos tuas irmãs, Sebastião. E estamos aqui em nome de Deus, de Jesus e... do Anjo Gabriel!

A nobre mulher ofertou um amável sorriso para Sebastião, que levantou-se e atirou-se nos braços da mulher. E começou a gritar como uma criança:

— Eu sabia, eu sabia, Gabriel é um anjo de Deus!

— Um dos maiores em nosso planeta! — disse uma nobre senhora que estava mais atrás, envolvida em luz.

O bom velhinho silenciou imediatamente e virou-se, envolvido em fortes emoções. Ele havia reconhecido aquela voz e disse sereno:

— Flora... és tu?

A mulher aproximou-se, permitindo a visibilidade de Sebastião, e disse-lhe:

— Sim, meu amor, sou eu!

Sebastião correu até ela e abraçou-a. Somente quem viu esta cena, ou viveu semelhante situação, poderá compreender a emoção que Sebastião sentiu neste grande reencontro!

28.
Gabriel e o Papa

No ano quarenta e nove do período profético, fomos encontrar Gabriel e Ethel na Europa. O anjo de Deus já havia instaurado em toda a América a União Cristã. O Brasil firmava-se na condição de coração do mundo e pátria do Evangelho do Cristo. Os demais países latino-americanos seguiam, empolgados, a nova linha Cristã. Apesar de a humanidade estar vivendo um grave período, marcado por fortes tragédias e incríveis desregramentos morais, a União Cristã mostrava a sua força perante o mundo. Pouco menos da metade, naquela época, eram os da direita do Cristo. A reencarnação de espíritos eleitos estava sendo realizada sistematicamente, purificando, pouco a pouco, a Terra.

No Brasil, Marcus e Marianna dirigiam a União Cristã, apoiados pelo imenso grupo de espíritos iluminados que reencarnaram naquela época para a Grande Missão. Enquanto isto, Gabriel e Ethel, do outro lado do oceano, tentavam levar ao Velho Mundo os conceitos da Nova Era.

Fomos encontrar Gabriel na Inglaterra, discursando em um seminário onde ele era a estrela principal. Entre os povos latino-americanos, Gabriel teve que direcionar sua linha Evangélica na União das Igrejas do Cristo. Entre os povos europeus, o anjo teve que lutar contra a cética concepção materialista da vida. Nas terras do Velho Mundo, Gabriel teve que lutar contra o tradicionalismo conservador e contra o materialismo doentio de um povo fascinado pelos luxos e a tecnologia do Final dos Tempos.

Acreditando-se senhor de todas as revelações da ciência, um dos participantes do congresso, após as palavras do anjo, perguntou:

— Meu rapaz, tu és muito eloqüente no falar, mas tuas palavras não me convencem. Estas tuas idéias podem ser facilmente aceitas em povos humildes e de cultura restrita; mas não aqui. As pessoas que já detêm um relativo grau de conhecimento científico, tranqüilamente encontrarão contestações em tuas afirmações. Se o "mundo espiritual", como tu dizes, é tão rico e pleno, por que não encontramos comprovações palpáveis?

Gabriel olhou para aquele homem com profunda piedade e disse-lhe:

— Meu irmão, como comprovar algo espiritual com provas materiais? Se falamos de espírito, temos que provar em espírito, apesar de serem possíveis algumas comprovações materiais, que muitos dizem ser uma "grande farsa". Mas, meu amigo, tenho certeza, de que se estudares os ensinamentos espirituais com a mesma dedicação com que te dedicas ao estudo de tuas ciências, encontrarás a comprovação que tanto procuras. Não pelos caminhos das letras, mas pelos caminhos do coração, que somente a palavra de Deus pode despertar!

Com uma expressão enjoada no rosto, o cidadão retrucou às afirmações de Gabriel dizendo, em um inglês carregado, que Hermes ajudou-me a traduzir:

— Olhe, meu filho, isto que tu disseste são apenas palavras com que podemos jogar com extrema facilidade. Já que tu desejas convencer-nos, desafio-te a responder a uma extensa lista de comprovações de farsas e enganos por parte daqueles que, como tu, tentaram comprovar estas fantasias. Comprovamos, em nossos estudos, a existência de diversos médiuns fraudulentos; de chamados sensitivos que reconheceram seus erros e fugiram dos grupos espiritualistas; de pessoas que desenvolveram a suposta mediunidade e depois afirmaram ter sido vítimas de mentiras piedosas através de uma "lavagem cerebral"; de ilusionistas que operam em nome de poderes imaginários da mente; e, além disso, temos, também, um grupo de intelectuais que estudaram a parapsicologia e comprovaram que tudo é fruto de nosso próprio poder mental. O que me dizes a este respeito?

Gabriel baixou a cabeça e manteve-se, por alguns segundos, em prece. Naquele instante, ele refletiu sobre a incredulidade humana e sobre a dificuldade que algumas pessoas possuem para "sentir" a presença de Deus. Percebi que Gabriel estava exausto de tanto lutar contra o ceticismo dos homens. Mesmo possuindo tamanha força interior, seu espírito estava abatido. Pudera, carregar nos ombros tamanha responsabilidade para com a evolução da humanidade.

Enquanto Gabriel meditava, naquele breve instante, percebemos a presença de um nobre senhor de longas barbas grisalhas que lhe disse:

— Meu menino, descansa tua poderosa mente! Apenas repete essas palavras que já proferi aos homens no passado.

Era Bezerra de Menezes, um dos maiores colaboradores para o enraizamento do Espiritismo no Brasil. Aquele que havia preparado o solo para o plantio que Gabriel agora estava realizando. Após este breve momento de silêncio, que para mim pareceu uma eternidade, Gabriel respondeu, aliando energia e brandura à sua palavra, que demonstrava-se Divina até mesmo na língua inglesa:

— Meu irmão, enquanto tu mostras esta tua extensa lista, eu me reservo o direito de te perguntar: Quantas pessoas no mundo o materialismo reergueu moralmente? Quantos malfeitores foram regenerados à dignidade humana? A quantos infelizes o materialismo devolveu o ânimo de viver? Quantos doentes da mente foram resgatados das fronteiras da loucura pelo materialismo? Quantas vítimas de tentações escabrosas encontraram a paz do coração, através da moral materialista? Quantas mulheres infortunadas e prostituídas reencontraram o Verdadeiro Caminho por meio do materialismo? A quantas pessoas o materialismo devolveu o ânimo de viver após a morte de um ente querido? Quantas destas pessoas receberam o calor da esperança de suas teses frias e calculistas? Quantas viúvas e órfãos foram amparados pela sempre indiferente crença materialista? Quantos irmãos receberam os sábios e renovadores conceitos de bem-viver do Mestre Jesus, através do materialismo, como por exemplo, o perdão e a paciência? De quantas criaturas condenadas injustamente, o materialismo conseguiu remover o ódio e o desejo ardente de vingança, substituindo-o pelo bálsamo da tolerância? Diga-me, também, meu irmão, quantos enfermos ou paralíticos foram tranqüilizados com princípios de justiça, para que aceitem pacificamente o rio de lágrimas que o mundo lhes reservou? E quantos pais receberam amparo do materialismo para compreender a ingratidão dos filhos, e vice-versa? Quantos tristes, meu irmão, o materialismo imunizou contra o suicídio? E quantas lágrimas estas tuas teses enxugaram dos olhos daqueles que passam longas noites com o coração apertado por uma dor moral que dilacera as últimas fibras da alma? E, por fim, quantos caídos de todas as procedências receberam apoio do materialismo para que se levantem?

O anjo, que eu não cansava de admirar e amar, enxugou as lágrimas dos olhos e concluiu, inspirado por Adolfo Bezerra de Menezes, o médico dos pobres e santo dos Espíritas:

— Ah! Meu amigo, meu amigo!... Se vocês fizeram, ou fizerem, tudo isso, metade das vezes que o Espiritualismo já fez, oferecendo socorro moral aos nossos irmãos para a libertação do sofrimento, eu aceito analisar toda esta lista, inclusive, abandonando meus conceitos e comprovando as vossas teses!

Um profundo silêncio fez-se no grande auditório. Muitas pessoas estavam com os olhos repletos de lágrimas. O autor da proposição ficou cabisbaixo, meditando sobre as profundas questões que Gabriel formulara.

Percebendo que a platéia havia se rendido às suas divinas afirmações, Gabriel aproveitou o grande público e as redes de televisão presentes para propagar mais algumas palavras sobre o Cristianismo Renascente.

No final da noite Gabriel havia conquistado o Reino Unido, iluminando os irmãos europeus. Daquele dia em diante, os irmãos do Velho Mundo abriram seus corações para receber a luz de que Gabriel era portador.

Algumas semanas após, Gabriel estava no Vaticano, pronto para realizar mais um de seus grande sonhos: um encontro com o Santo Padre — o Papa!

Ele não se continha de tanta alegria. Gabriel sempre foi um fervoroso católico. Podemos dizer, até, o grande Salvador da Igreja Romana, pois ele conseguiria, em sua vida, reestruturá-la para evitar a sua morte por obsolescência.

Desde muito cedo, ele sempre sonhou com esse encontro com o Santo Padre, onde ele poderia expor suas idéias maravilhosas e renovadoras. O anjo sabia que o aval do Papa arrebanharia uma imensidão de fiéis para a União Cristã, que, ao contrário de outras religiões, não buscava converter pessoas à sua crença, mas, sim, unir todas as Doutrinas Cristãs, segundo as exigências de evolução espiritual da humanidade para o terceiro milênio.

Quando o Papa entrou na sala em que Gabriel seria recebido, o anjo ajoelhou-se e beijou a mão do Santo Padre. O Papa impressionou-se com a humildade e sinceridade daquele gesto. Eu fiquei aliviado, pois senti que aquele homem era honesto e verdadeiramente cristão, pois ele pediu a Gabriel que se levantasse e abraçou-o com um grande afeto, demonstrando a pureza de suas intenções.

Os dois sentaram-se sob a mira dos fotógrafos e câmeras de televisão. Ambos conversaram exclusivamente sobre a difusão dos ensinamentos do Cristo pelo mundo. O Papa elogiou o trabalho de Gabriel no Brasil e em toda a América. Ele mandou, também, recomendações ao Padre Antenor, na paróquia de São Francisco de Assis. Com esta atitude sutil, o Santo Padre demonstrava sua aprovação ao projeto da União Cristã, pois a Igreja de Antenor foi a pioneira na União dos conceitos espiritualistas, sendo que esta foi muito atacada pelos representantes do Clero Brasileiro que estavam à esquerda do Cristo, no início do projeto, que agora já estava consolidado no Brasil.

Após quase uma hora de conversa na frente dos repórteres, o Papa convidou Gabriel a acompanhá-lo a uma sala reservada, para conversarem a sós, longe da insistente imprensa.

O anjo o acompanhou, segurando o braço do sincero velhinho que já estava em avançada idade.

Ao entrarem na sala reservada, o Papa ajoelhou-se aos pés de Gabriel e beijou sua mão. O anjo constrangeu-se e ajudou o Santo Padre a levantar-se, dizendo:

— Vossa Santidade, o que fazeis? Eu é que devo ajoelhar-me perante vós!

— Meu filho — disse o líder da Igreja — faço minhas as palavras de Nicodemos a Jesus: "Sei que tu vens da parte de Deus; porque ninguém pode fazer estes sinais que tu fazes, se Deus não estiver com ele." Meu filho teus milagres e esta conversão em massa aos teus ideais somente comprovam a tua Natureza Divina. Tu não sabes há quantos anos eu rezo a Deus pela vinda do Seu Reino de Luz a este mundo.

Eu deveria ter tido esta reação na frente da imprensa para divulgar ao mundo meu ostensivo apoio às tuas palavras. Mas, meu filho, onde há poder e riquezas, como existe aqui, na cúpula da Igreja, sempre existem aqueles irmãos que fariam de tudo para manter as coisas como estão. Caso eu me pronunciasse ostensivamente a teu favor, certamente eu seria afastado do cargo máximo da Igreja por alegação de doença ou, quem sabe, até por uma morte prematura. A melhor forma de eu auxiliar ao teu Divino Trabalho é através da sutileza dos atos. Eu tenho certeza de que o mundo perceberá a minha simpatia aos teus projetos, pois os teus ideais vibram, há anos, em meu coração. Eu só peço a Jesus que ele me perdoe por esta minha atitude cautelosa. Mas creio que serei mais útil trabalhando dia a dia pela Grande Transformação que tu operas no mundo.

Gabriel estava comovido com as palavras do Santo Padre. Nunca em sua vida ele esperou receber aquela demonstração de apreço do Grande Líder da Igreja no mundo. A figura que ele tanto admirava demonstrava-lhe o mesmo sentimento para com ele. O anjo segurava firme a mão do bom velhinho que olhava para ele com os olhos cansados da longa caminhada da vida, mas com um brilho mágico, que só as almas que já alcançaram o auge dos sentimentos espirituais podem compreender.

O enviado de Jesus, então, ajoelhou-se na frente do Papa, como uma criança ingênua. Gabriel estava no auge dos seus trinta e três anos. Por trás daquela expressão singela e infantil, sabíamos que reinava a personalidade de um dos gênios mais sábios da Terra. O Santo Padre também sabia disto e comovia-se, pois somente uma modéstia e humildade ilimitadas poderiam permitir que um espírito de tal envergadura se colocasse tão humildemente aos seus pés. Muitos dos da esquerda do Cristo, que ainda estavam infiltrados na estrutura eclesiástica, não se colocavam daquela forma na presença do Papa. O Santo Padre compreendia muito bem esta atitude. A humildade é uma virtude de grandes almas e, não, de espíritos imperfeitos e primários!

— Eu estou muito feliz com essas palavras, meu querido amigo. Eu sei que não podes te expor! Isso que meus ouvidos ouvem dos teus santos lábios é mais do que eu esperava receber de teu magnânimo coração. Creio já estar abençoado e recompensado pela minha vinda até aqui, somente com estas tuas palavras que me enchem o coração de paz e determinação na continuidade de meu trabalho.

Após estas palavras de Gabriel, que o Papa recebeu com indisfarçável alegria, o anjo sentou-se novamente ao lado do Bom Padre, que disse:

— Meu filho, tu terás que trabalhar como Francisco de Assis, ou seja, sem o auxílio direto da Igreja, pois as mudanças devem vir de fora. Jesus nos ensinou que "o nosso templo está dentro de nosso próprio coração". Ele deve ter dito isto, pois sabia da incompatibilidade das coisas espirituais com as organizações burocráticas. A vaidade humana termina sempre destruindo as instituições. Talvez seja por isto que o Mestre tenha seguido pelo mundo descalço e sem paradeiro fixo. Ele assim evitou que as raízes da inveja e da vaidade se estabelecessem no seio de sua Doutrina, que iniciava-se para a salvação da humanidade.

Eu sinto que Francisco de Assis inspira teus passos, meu filho. Pois a tua vida muito se parece com a dele. Independente de tudo e de todos vocês transformaram o mundo. Alheios às contrariedades, tanto tu como Francisco, modificaram a concepção religiosa do mundo. Quem sabe não é mais que apenas coincidência esta grande revolução ter iniciado em uma paróquia com o nome do Santo de Assis?

Gabriel sorriu, enquanto o padre continuava, feliz:

— Sim, meu filho. Tu és feliz pelo que és e decidiste ser no panorama do mundo. A tua vida é um Evangelho, que podemos ler nos teus próprios atos. E tudo que tu disseste, e disseres, se confirmará, pois além de anjo iluminado, tu és um grande profeta. O terceiro milênio será uma Nova Era, como tu apregoas. Os homens devem se preparar para esta nova linha de vida que a humanidade receberá com as bênçãos de Deus.

O Santo Padre olhou nos olhos de Gabriel com infinito

amor e disse-lhe:

— E mais... Eu sei que tu disseste que "a sede da Igreja não será mais em Roma, neste terceiro milênio, e, sim, nos corações dos homens e no Reino do Pai!" Esta tua afirmação é mais uma de tuas profecias que se confirmarão! Porque não há mais espaço no mundo para esta ostentação e este luxo que são incompatíveis com os ensinamentos de Nosso Senhor Jesus-Cristo. Quem dera eu pudesse vender todas estas riquezas para aliviar a fome do mundo. Enquanto nós caminhamos sobre ricos tapetes e com quadros milionários nas paredes, os nossos irmãos padecem dores atrozes pela falta de alimento e pela falta de condições mínimas de saúde.

Algumas vezes, meu filho, sinto-me triste, com saudades do tempo em que eu era apenas um padre comum. Naquela época eu podia sair às ruas e auxiliar diretamente as pessoas necessitadas. Eu sei que hoje possuo um alcance em nível mundial, mas posso realizar pouco, devido aos intrincados trâmites burocráticos e aos protocolos, cansativos e pouco produtivos, da Igreja. Eu não sou mais livre para realizar o que penso. Se na estrutura da Igreja houvesse mentalidades tão cristãs como a tua, poderíamos realizar grandes obras em nome de Jesus, que é o verdadeiro líder desta Instituição, mas que tão poucas vezes é ouvido na decisão dos rumos da Igreja.

Gabriel ouvia as afirmações do Papa com profundo respeito e admiração. Sentimentos, estes, em que me associei a Gabriel. Eu também fiquei profundamente emocionado com aquelas palavras. Quem dera os homens fossem menos vaidosos e egoístas; talvez, o mundo seria bem mais feliz e os ensinamentos de Jesus seriam mais praticados, aliviando as infindáveis zonas de trevas que abrangem considerável área do mundo invisível, adjacente à Terra.

Com os olhos voltados para o luxo impressionante do Vaticano, a que antes não havia dado nenhuma atenção, Gabriel disse ao Papa:

— Tens razão, meu bom amigo, mas não fiques triste, pois Deus é perfeito em seus atos. Observo isto até mesmo em teu cargo. Por diversos séculos o Governo Pontifício foi exercido por irmãos despreparados, mas, justamente no momento da Grande Mudança, o final dos tempos, Nosso Pai coloca neste trono um espírito de luz.

O Papa ficou feliz com o carinho e a atenção das palavras de Gabriel, que continuou iluminado:

— Continua, meu irmão, este teu trabalho sutil, pois as almas puras e sinceras são sempre intuídas por espíritos iluminados, portanto esta deve ser a vontade de Jesus. Cada um em sua linha de ação trará a sua pequena contribuição para a Grande Mudança. Fica certo, meu querido amigo, que tu estás fazendo a tua parte e que Jesus está aplaudindo os teus esforços. E lembra-te de que uma atitude autoritária no seio da Igreja contrariaria os ensinamentos de paz e amor de Nosso Mestre Jesus. Trabalhemos com afinco e com paz para a glória da Obra do Senhor!

Os dois se abraçaram, felizes. Eu pude perceber nos olhos do Santo Padre uma emoção que somente o anjo de Deus poderia provocar.

Enquanto os dois confraternizavam com infinito amor, eu fiquei pensando neste futuro que nos espera, onde todas as religiões se unirão e todos os filhos de Deus, que ficarem na Terra para o terceiro milênio, se amarão e se respeitarão na mais completa paz!

29.
A grande despedida

Os anos seguintes correram sem maiores novidades. Após a visita de Gabriel ao Vaticano, a Europa entregou-se de corpo e alma à União Cristã. Para todos era como se fosse apenas uma grande transição, pois as palavras de Gabriel tão-somente reforçavam os ensinamentos do Cristo. A única diferença era a preparação gradual da humanidade para a inadiável assimilação de novos conceitos espirituais. Diríamos conceitos mais coerentes e verdadeiramente cristianizados, que libertavam as religiões dos vícios seculares que o homem cultivava, devido à sua própria imperfeição no decorrer da evolução. Graças a Gabriel, as religiões se tornavam um verdadeiro instrumento de ligação do homem a Deus. A humanidade, pouco a pouco, entregava-se à verdadeira devoção: a prática sincera e verdadeira do Evangelho de Cristo, sem a hipocrisia tão comum no decorrer dos séculos.

Haviam se passado quatro anos desde aquela visita ao Papa. O ocidente inteiro já estava adaptado aos ensinamentos do santo moderno. Mas a humanidade vivia um grande conflito. Enquanto alguns se tornavam mais puros, outros afundavam-se mais ainda no lamaçal de iniqüidades.

Eu e Hermes fomos encontrar Gabriel em sua casa. Ao chegarmos, vimos o anjo deitado em sua cama, com Nico em seu colo.

Ele estava com um olhar angustiado, seu rosto estava pálido, abatido. Preocupei-me ao vê-lo assim. O que estaria acontecendo, pensei? Hermes socorreu-me.

— Gabriel está chegando ao fim de sua vida física, Roger. O corpo físico que foi-lhe fornecido para essa missão, apesar de aprimoradíssimo, não consegue mais manter-se coeso ao espírito. A impressionante capacidade mental do espírito de Gabriel está destruindo, pouco a pouco, o seu cérebro físico. Sendo um espírito com um elevado potencial de força espiritual, Gabriel não consegue mais controlar a sua fulgente luz. A poderosa energia que vibra em seu ser desgastou o seu organismo físico. Como foi previsto pelos técnicos siderais, antes de sua reencarnação, Gabriel está chegando ao seu fim entre os homens.

O anjo, então, sentindo que seu momento estava chegando, levantou-se da cama, ajoelhou-se no chão e disse:

— Pai, mostra-me o futuro! O que falta para a conclusão do Teu trabalho na Terra, no qual sou humilde operário.

Através da vidência espiritual, os elevados instrutores do Mundo Maior plasmaram, aos olhos de Gabriel, cenas que não no foi possível observar. O anjo, a princípio, sorriu, mas, depois, chorou e disse:

— Pai, eu fiz o que pude por todos, mas muitos não quiseram me ouvir!

O anjo, então, começou a rezar mentalmente, de joelhos e com a cabeça baixa. Terminada a oração, ele ergueu sua cabeça e vimos o seu rosto coberto de sangue, que descia das têmporas até as faces.

Lembrei-me das palavras de Jesus a Ethel, antes da reencarnação da bela moça. O Mestre havia-lhe dito que Gabriel, em seus derradeiros momentos, suaria sangue, assim como Ele, no Horto das Oliveiras em Jerusalém, há dois mil anos atrás.

Senti que estávamos chegando a um momento extremo de nossa tarefa. Eu olhei, angustiado, para o irmão Hermes, que mantinha-se sereno e tranqüilo, apenas analisando o transcorrer desta impressionante história que eu e os espíritos amigos formulamos há quase cinco décadas. Até hoje não acredito que faço parte desta criação, pois tudo foi uma constante surpresa para mim.

Gabriel, fortemente abatido e em lágrimas, apenas murmurou:

— Danúbio, fale comigo!

Naquele instante, então, surgiu, à frente do anjo, a figura do belo ancião, que desde a infância inspirava Gabriel para a Grande Tarefa, que, naquele momento, estava quase concluída.

A figura de Danúbio era belíssima. Todo envolto em luz e com reflexos por toda a túnica branca, como se fosse o reflexo do sol sobre a água. O iluminado mentor de Gabriel, então, disse-lhe:

— Gabriel, meu irmão e amigo, é chegado o momento de retornares ao Mundo Maior; mas não te aflijas, pois nossos irmãos estão trabalhando o teu organismo para que suportes as fraquezas do corpo por mais algum tempo. Terás a oportunidade de uma última palavra ao mundo, enquanto nós prepararemos o teu retorno. Não te preocupes quanto ao destino da União Cristã, pois é por este motivo que Jesus enviou Ethel a este mundo. Ela será a responsável pela conclusão do teu trabalho. Agora, meu querido irmão, descansa, para que a espiritualidade revitalize o teu corpo e o teu espírito!

Gabriel, consolado com as palavras de Danúbio, deitou-se na cama, enquanto Nico, hipnotizado com o que via e sentia, nem respirava. Logo após, o cachorro amigo de Gabriel, que estava acuado de espanto, pulou na cama e deitou-se aos pés do anjo. Enquanto isto, a espiritualidade trabalhava as energias do Mundo Maior para recuperar o debilitado organismo de Gabriel, sob o olhar atento de Nico.

O anjo terminou adormecendo, enquanto Danúbio afagava seus cabelos, que já estavam grisalhos, devido ao grande desgaste que o anjo sofreu durante todos estes anos de luta pelo ideal Cristão. E quando ele acordou, estava completamente recuperado, inclusive com o rosto limpo, sem nenhuma mancha de sangue.

Gabriel nem tinha se levantado da cama, quando sua mãe bateu na porta do quarto, avisando que estava na hora de ele se preparar, pois ele iria falar ao público no grande parque da cidade, dentro de duas horas. O anjo lembrou-se das palavras de Danúbio sobre "a sua última palavra ao mundo". Com certeza, seria naquele entardecer. O anjo levantou-se, tomou um banho e orou com fervor até a hora prevista para o grande discurso. Ele pediu a Danúbio e a todos os espíritos iluminados deste planeta para que o inspirassem, permitindo-lhe despedir-se do mundo com um recado marcante para toda a humanidade.

Na hora aprazada, lá estava Gabriel. Ele nem parecia a figura abatida de algumas horas atrás. Estava com o rosto corado e muito alegre. O anjo abraçava e conversava descontraidamente com todos. Víamos que a Espirtualidade Maior o assistia constantemente, para manter o seu organismo em perfeitas condições para a realização daquela última palestra ao imenso público, que se aglomerou no principal parque da cidade.

Após a oração de abertura, Gabriel disse ao público, direto:

— Havia um pai, que tinha dois filhos. Um era sábio e sensato, trabalhava com afinco nas terras do pai para garantir o alimento da família. O outro era um jovem inconseqüente; ele detestava o trabalho no campo e insistia diariamente com seu pai para que lhe desse sua parte na herança, pois ele desejava ir para a cidade e viver do empréstimo de dinheiro.

Tanto o rapaz insistiu, que o pai vendeu parte de sua fazenda e lhe deu a parte que lhe cabia na herança. O rapaz ficou muito, mas muito feliz. Em dois dias ele estava com suas malas prontas para viajar em direção à cidade grande, onde ele haveria

A História de um Anjo

de fazer fortuna emprestando dinheiro a juros.

O jovem, chegando na grande metrópole, encantou-se com o luxo e os prazeres. Logo ele comprou roupas caras e "caiu" na vida noturna, gastando dia após dia a sua parte da herança. Muitos amigos surgiram para compartilhar as noitadas com o novo boêmio que pagava todas as festas. Primeiro ele iria tirar algumas férias, dizia ele. Precisava renovar as energias para o trabalho.

Mas em pouco tempo ele estava sem nenhum centavo. O jovem desesperou-se e procurou a ajuda dos amigos, mas todos fugiram, pois não queriam sua amizade e, sim, seu dinheiro.

O jovem perdulário passou grandes necessidades, chegando ao ponto de ter que mendigar para poder conseguir um simples pedaço de pão. Desesperado, ele procurou emprego, mas a região estava sofrendo com uma grande seca e ninguém tinha emprego para lhe oferecer. Com frio e fome, ele encontrou um pequeno agricultor que, a princípio, lhe negou emprego, pois não tinha condições de lhe pagar. Mas vendo o estado de penúria em que se encontrava o jovem, ele se compadeceu e disse-lhe: "Meu filho, não tenho dinheiro algum, estamos passando por uma grande crise, mas se tu alimentares os porcos, podes ficar com o que sobrar da comida deles".

O rapaz aceitou a tarefa e alimentou os porcos. Após colocar a comida no cocho, ele atirou-se junto com os animais na busca pelo alimento. Até mesmo os porcos ficaram chocados com aquele concorrente que lutava desesperadamente por uma porção daquela "lavagem".

Após alguns minutos, o rapaz caiu em si e, olhando para os seus braços empastados de comida de porcos, disse: "Meu Deus, no que eu me tornei! Até mesmo os servos de meu pai têm uma comida mais digna." Então, ele teve uma idéia genial, recolheu seus pertences e voltou para casa, dizendo: "Eu irei até meu pai e lhe suplicarei para que me empregue como um de seus servos".

Quando ele estava aproximando-se de casa, um dos servos o viu e avisou ao dono da terra. Este, vendo a chegada de seu filho, correu até ele e disse: "Meu filho, meu filho, tu estás vivo e com saúde, graças a Deus." E o rapaz lhe disse, cabisbaixo e humilde: "Meu pai, eu pequei contra Deus e contra ti. Eu não sou digno de ser chamado teu filho, mas, por favor, apenas peço-te que me empregues como um dos teus servos, pois estou passando fome e necessidade." E o pai, com os olhos marejados de lágrimas, respondeu: "Nunca, nunca, meu filho!" Então o pai gritou a todos: "Pessoal, meu filho voltou. Tragam minha melhor túnica para eu vesti-lo, coloquem um anel em sua mão e sapatos em seus pés e tragam um bezerro cevado e matem e assem e vamos comer e festejar."

E a festa entrou noite adentro, enquanto isso o filho mais velho trabalhava no campo. O primogênito retornou tarde da noite. Percebendo o barulho da festa, ele perguntou a um dos servos o que estava acontecendo. E o servo respondeu que seu irmão havia retornado. Impressionado, ele perguntou se seu irmão havia feito fortuna, como prometido. O servo respondeu que não, que ele havia perdido tudo.

Indignado, o filho mais velho foi falar com o pai, neste termos: "Meu pai todos estes anos tenho servido ao senhor e nunca o desobedeci, e o senhor nunca me deu um carneiro, que seja, para eu comemorar com os meus amigos. Mas tão logo meu irmão volta para casa, aquele que desperdiçou metade da sua fortuna, o senhor mata um bezerro cevado para ele!" E o pai respondeu: "Eu teria feito o mesmo por ti. Filho, eu amo a vocês dois e tudo o que me resta é de vocês. E se fosse necessário eu entregaria todos os meus bens e me tornaria um homem pobre, se com isto tu e teu irmão se tornassem homens sábios e de bem. Teu irmão sofreu muito para adquirir sabedoria, mas tu, meu filho, já nasceste sábio".

Emocionado com as palavras do pai, o rapaz abraçou àquele que daria sua vida para que seus filhos fossem sábios e justos. Após o fraterno abraço, o pai disse ao filho: "Venha, meu filho, vamos festejar, pois seu irmão estava morto e renasceu; estava perdido e foi encontrado".

Pai e filho, então, entraram felizes para dentro da casa para festejar a volta do filho pródigo.

Terminada a exposição, Gabriel respirou fundo e aguardou alguns segundos, para que o público pudesse refletir sobre a parábola do evangelho chamada "O Filho Pródigo".

— Meus irmãos — disse o anjo — esta parábola de Jesus, "O Filho Pródigo", mostra-nos o amor e a misericórdia de Deus, Nosso Pai. Mesmo o filho tendo desperdiçado sua parte da herança com festas degradantes, o pai o perdoou. Nós, também, desperdiçamos o patrimônio Divino, através de um malviver. Desprezamos, insistentemente, a oportunidade de sermos sábios e homens de bem, alegando mil e uma desculpas. Mas até quando, irmãos, ficaremos no grupo do irmão perdulário, que termina os dias comendo a comida dos porcos por pura invigilância?

Deus, com todo o seu amor, nos permite novas e renovadas oportunidades através da reencarnação, mas muitos as desprezam, tendo que padecer nas zonas de trevas até nova oportunidade. Não seria mais fácil tentar lutar contra os instintos inferiores e buscar a sabedoria que ilumina e traz a paz e a felicidade?

Por toda a história da humanidade Deus iluminou o caminho de seus filhos. Primeiro com as revelações de Moisés, depois com os ensinamentos de Nosso Senhor Jesus-Cristo e seus enviados e, agora, por fim, com o Advento do Consolador Prometido às portas do Terceiro Milênio. Mais do que nunca este é o momento de reflexão e análise, pois a lenda de Adão e Eva se repetirá! Aqueles que insistem em cultuar a "maçã do pecado" perderão o paraíso Terra, tendo que seguir suas vidas em um novo mundo de dor e sofrimento. Acordem irmãos! Acordem!

Digo isto àqueles que não se definiram pela direita do Cristo, que é a verdadeira postura cristã. Estamos vivendo a última oportunidade de redenção na Terra, pois ela será herdada pelos da direita do Cristo, sendo que os da esquerda terão que partir. Pensem nisso! De que lado estamos? Pois é isso que definirá nosso futuro por séculos e mais séculos de nossa evolução espiritual.

E não se esqueçam que Deus é amor e perdão. Nunca é tarde para a transformação, desde que seja sincera e de boa-vontade, implicando esta conversão no desejo de reconstrução de nossas vidas para a glória de Deus.

Gabriel estava completamente iluminado. Os seus cabelos balançavam com o vento que prenunciava uma chuva para a noite. Seus olhos brilhavam como duas esmeraldas. Após tomar um copo d'água e aspirar profundamente a brisa do entardecer, o anjo continuou:

— Não quero ser um fanático que prega o Apocalipse, mas aqueles que tenham olhos para ver, que vejam. Uma análise superficial dos acontecimentos que envolvem a nossa humanidade, atualmente, é suficiente para comprovar todas as profecias apocalípticas!

Por isto lhes digo: Acordem! Pois é chegado o momento de separar o joio do trigo, os da esquerda do Cristo dos da direita do Cristo, separar os lobos das ovelhas.

Irmãos, cabe somente a nós decidirmos em que grupo queremos ficar. E não é preciso muito para ficar com o Cristo. Não precisamos virar fanáticos religiosos, precisamos apenas amar e respeitar a todos os nossos semelhantes como se eles fossem nossos irmãos muito amados. E precisamos tornar-nos pessoas melhores em todos os sentidos, resgatando a verdadeira dignidade que esta humanidade há muito perdeu.

Eu fiz a minha parte! Fui um instrumento dos mentores siderais para clarear as trevas da incompreensão e do comodismo. Dediquei minha vida a lhes provar a glória do Reino de Deus. Nada disto foi mérito meu, mas de Meu Sublime Irmão Jesus, que vela por todos nós dos Céus, que é a pátria espiritual, a nossa verdadeira pátria!

Eu espero que todos vocês tenham aprendido com a União Cristã a amar e serem amados. Que todos tenham encontrado a verdadeira felicidade, que se esconde no amor sincero e espiritualizado, longe dos caprichos e dos desejos puramente sensuais. Eu espero, também, que a minha vinda não tenha sido em vão, pois a minha alegria está na salvação de cada um de vocês. Desejo sinceramente encontrar um por um de vocês na Pátria Maior, saudáveis e felizes.

Que Jesus abençoe a todos nós, iluminando nossos caminhos e nos trazendo a paz, pois é com ela que encontramos a estrada que nos leva ao Reino de Luz.

Gabriel refletiu mais alguns segundos e retomou a palavra:

— Meus queridos amigos, eu gostaria de deixar uma frase especial com todos vocês, para que seja analisada e gravada em seus corações. Porque nela encontraremos a chave para a nossa libertação espiritual. A frase é: "Amai-vos uns aos outros como eu vos amei." Vocês sabem que esta frase não é minha, mas de Jesus, aquele que deveríamos seguir em todos os momentos de nossa vida. Pois ele é o caminho, a verdade e a vida, e ninguém vai ao Pai sem que seja por Seu intermédio.

Lembrem-se sempre disto, irmãos. A chave da felicidade humana sempre esteve ao alcance de todos, mas muito poucos foram os que descobriram esta inesquecível senha. Esta chave é o Evangelho do Cristo, que já esteve, e está, presente em muitas casas, mas por muito poucas pessoas foi lido com o desejo sincero de transformação moral.

Em uma das passagens desse valioso livro, encontramos a parábola do tesouro escondido e da pérola. O Mestre Jesus compara o Reino dos Céus a um tesouro que foi encontrado por um homem que, emocionado com sua descoberta, vendeu tudo o que tinha e comprou aquele campo. E, também, o Mestre compara o Reino de Luz a uma pérola de grande valor, que quando encontrada por um negociante de pérolas, moveu-o a vender tudo o que tinha para adquiri-la.

Irmãos, realmente, o Reino de Deus é este grande tesouro. Quisera Deus eu pudesse mostrá-lo, a olhos vistos, para que todos se convencessem sobre a sua incrível beleza e paz, que é direito adquirido daqueles que seguem as Leis de Deus. Mas, infelizmente, não posso, devido aos mecanismos da fé que ainda são necessários a esta humanidade. Só posso pedir-lhes que confiem em minhas palavras e esforcem-se, pois este "tesouro escondido" é, certamente, de um imenso valor para a nossa existência imortal.

O público ouvia, entre emocionado e confuso, as palavras de Gabriel. Todos estranhavam aquelas palavras do anjo, que mais pareciam uma dolorosa despedida. Apesar de feliz, o anjo demonstrava estar se afastando, pouco a pouco, através de suas palavras, que ficaram mais claras em sua última frase, antes da oração de encerramento da confraternização daquela noite:

— Irmãos, obrigado por todo o carinho que me dedicaram. Não sei se eu resistiria aos fortes ataques, que sempre sofri durante todo este projeto Divino, se não fosse pelo amor que senti nos olhares das pessoas de boa-vontade. Apesar de todo o respeito que recebi dos da direita do Cristo, eu tive que ouvir muitas calúnias e sofri muitas humilhações dos que sempre se colocaram à esquerda d'Ele. Mas se Jesus, que é o mais perfeito espírito deste planeta, sofreu em sua missão, por que eu não haveria de sofrer?

Mas só tenho a agradecer a tudo que recebi desta vida, pois o meu sonho dourado neste mundo se concretizou. Eu sou um homem plenamente realizado, pois realizei o que me propus. Eu já cumpri o meu papel! Agora cabe a cada um de vocês cumprirem com os seus papéis. O primeiro passo é cada um descobrir a sua própria luz interior. E o segundo passo é auxiliar aos seus irmãos nesta busca divina.

Todos estavam emocionados com as palavras de Gabriel. A chuva estava se aproximando, o anjo, então, olhou para o céu e disse, com um cativante sorriso e com um inesquecível brilho no olhar:

— Vamos nos dar as mãos para orar ao Pai, antes que a chuva chegue para abençoar a natureza.

"Mestre Jesus, agradecemos a ti por mais esta noite de paz e amor!

Enquanto os povos guerreiam e se destroem! aqui, nas terras do Cruzeiro do Sul, vivemos em paz, devido ao teu infinito amor, que mora nos corações destes cidadãos.

Peço-te, Senhor, que tu ampares aqueles que sofrem e que despertes para a luz aqueles que são instrumentos da dor.

Senhor, tu que és o Doador da Vida, acorda-nos a consciência, para que sejamos teus semeadores nos vales sombrios da dor.

Não nos concedas a paz interior, enquanto não vencermos os monstros da guerra e do ódio.

Auxilia-nos a abrir os olhos desta humanidade que vive cega, devido ao seu próprio orgulho e à sua própria vaidade.

Liberta-nos, Senhor, da hipnose do desfrute do luxo e do prazer, enquanto nossos irmãos morrem de fome debaixo de pontes e viadutos.

Não permitas, Sublime Amigo, que nossos ouvidos adormeçam ante o clamor daqueles que chamam por socorro nos círculos do sofrimento.

Pois a nossa felicidade encontra-se nos caminhos, muitas vezes dolorosos, do espírito de caridade.

Desperta, Senhor, aqueles que sempre se acham no direito de pedir, mas nunca, no dever de ajudar.

Lembra a esta humanidade, Divino Amigo, que não existe felicidade sem merecimento, que não existe riqueza sem o esforço próprio e que não existe luz sem a devida reforma interior de nossos atos.

Ilumina-nos hoje e sempre e, principalmente, neste período, em que passamos por um momento tão delicado de nossas vidas imortais!

Que Assim Seja!

Enquanto Gabriel orava, começaram a cair os primeiros pingos de chuva naquela noite quente. Todos receberam a chuva com alegria, pois há muitos dias não chovia e o calor era extremo.

Após o encerramento, Gabriel desceu do palanque, onde foi assediado por todos que não entendiam o tom de despedida das palavras de Gabriel. Naquele momento, a chuva caía forte, molhando a tudo e a todos. O anjo esquivou-se das perguntas e pediu desculpas a todos, retirando-se, alegando como motivo a forte chuva que caía.

Enquanto isto, Danúbio conversava com alguns assessores. O irmão Hermes convidou-me a segui-los, enquanto Ethel parou com um carro ao lado de Gabriel para ele poder fugir do assédio do imenso público e dos repórteres.

Enquanto começávamos a subir, seguindo Danúbio e seus amigos, pude ver a preocupação estampada, também, no rosto da bela Ethel, que aos trinta e quatro anos continuava linda e deslumbrante como sempre.

Volitamos por alguns minutos, atrás de Danúbio e seu grupo, até entrarmos no paraíso: O Império do Amor Universal. Durante o caminho, Danúbio convocou mentalmente uma reunião urgente no salão nobre da Casa da Sabedoria. Este recurso mental utilizado por Danúbio causaria muita inveja no "fã-clube dos telefones celulares".

Ao entrarmos no referido salão, encontramos diversos irmãos iluminados aguardando o bom Danúbio, que sorriu para todos, amavelmente, e foi direto ao assunto.

— Irmãos, como todos sabem, o corpo de Gabriel já está

literalmente "vivendo com ajuda de aparelhos". Ele só se manterá vivo, de agora em diante, com o nosso auxílio incessante, através das energias que são doadas pela "falange protetora".

— Vivendo com a ajuda de aparelhos? Falange protetora? O que é isto tudo? — perguntei ao irmão Hermes.

— Gabriel estaria fisicamente morto se não fosse o amparo constante dos seus espíritos protetores. Eles utilizam recursos impressionantes para isto, que não vêm ao caso serem citados. E quanto à falange protetora, são os espíritos encarregados da proteção do anjo desde o seu nascimento. Encarnados comuns possuem um espírito guardião para protegê-los e inspirá-los durante suas vidas, já espíritos missionários são protegidos por uma falange de espíritos, devido ao forte assédio das sombras, que não descansam um minuto com o objetivo único de destruir os projetos divinos.

Concordei com um gesto, enquanto Danúbio continuou sua exposição:

— Gabriel deverá encerrar a sua presença no mundo físico com "Chave de Ouro", conforme planejado. Ele desencarnará de uma forma especial, que despertará a lembrança dos homens por longos séculos, assim como ocorreu com o Mestre. Infelizmente, esta humanidade ainda é muito primitiva para assimilar a luz sem acontecimentos espetaculares. Ainda são necessários milagres e grandes feitos. E no momento das despedidas, estes irmãos precisam da dor para que o trabalho divino não se perca no esquecimento. É fato, esta humanidade ainda precisa da dor para gravar os ensinamentos divinos no coração!

Chegou o momento de abrirmos a guarda e permitirmos que os magos das sombras, inconscientemente, sirvam aos nossos propósitos. Através da ação destrutiva do mal, concluiremos o grande plano da encarnação de Gabriel. Deixemos aos nossos irmãos perdidos no caminho das trevas a tarefa gloriosa de gravar na alma dos encarnados a mensagem de Gabriel, que despertará a humanidade definitivamente para as glórias divinas.

Todos na sala dialogaram por diversos minutos, até que uma moça encantadora, que, segundo Hermes, é uma psicóloga sideral, se podemos chamar assim, disse:

— Irmão Danúbio, Flávio e Anita estão tendo problemas com um irmão que insiste em matar o nosso querido anjo. Ele está há diversos meses sendo alvo de infelizes obsessores que desejam a desencarnação de Gabriel. Acreditamos, segundo nossas análises, que amanhã ele tentará novamente. Se for da vontade divina, poderemos "abrir a guarda".

Eu estava impressionado com aquela conversa. Realmente Allan Kardec tinha razão, quando disse que somos governados pelos espíritos em quase todos os momentos de nossas vidas.

Hermes, percebendo meus pensamentos, concluiu:

— Meu querido irmão, o que seria dos encarnados se não fosse o apoio incessante dos amigos que estão do lado de cá! Por este motivo, Jesus sempre nos advertiu sobre dedicarmos o amor a todos, até mesmo aos inimigos, e que deveríamos oferecer a outra face, quando agredidos. Pois do contrário, poderemos estar cultivando inimizades no plano oculto da vida.

Já Gabriel tem inimigos gratuitos, pois ele trabalha pela luz no mundo, o que ofende as trevas. Desde o seu nascimento, a Espiritualidade Maior está incessantemente abortando as tentativas de destruição da missão de nosso anjo amigo, mas agora, acredito que eles deixarão as trevas serem instrumento da luz. Os nossos estúpidos irmãos escravizados pelo ódio, sem saber, em um primeiro momento, serão os responsáveis pela glória da missão de Gabriel, assim como aconteceu com Jesus, há dois mil anos atrás.

— Mas Gabriel está sempre orando e vigiando. Ele é a personificação da luz. Como podem os espíritos maléficos prejudicá-lo? — perguntei.

— Roger, os espíritos do mal nem mesmo conseguem aproximar-se de Gabriel, mas eles podem manipular, como estúpidas marionetes, aqueles que vivem em pecado. Este é o grande problema! Os encarnados distanciados do Cristo são, constantemente, lançados como pedras sobre Gabriel. E a Espiritualidade Maior defende o anjo destas investidas invisíveis.

— Mas, e estas criaturas que são instrumentos das trevas, não terão que responder por um crime que não cometeram, já que são manipulados por espíritos trevosos?

— Ninguém neste mundo faz algo que não quer. Somente em raros casos de possessão isso acontece. Estes irmãos que são instrumentos do mal, são apenas "incentivados" em algo que já vive em seu coração e suas mentes há muito tempo, tanto que termina por alimentar uma associação com os irmãos das trevas.

Lembra-te, Roger, o Cristo, referindo-se ao adultério, disse-nos que, se apenas pensássemos no ato, sem cometê-lo, já seríamos responsáveis por ele, aos olhos de Deus. Isso é uma lei que se aplica a todos os casos. Pois, se desejamos o mal a alguém, já o fizemos, em espírito, basta apenas a concretização do ato infeliz.

Retornamos nossa atenção ao grupo, quando Danúbio disse a todos:

— Sim, boa idéia, minha irmã. Eu vou levar essa solução à apreciação de Jesus. Se ele aprovar, pela manhã tomaremos as devidas providências!

Todos retiraram-se da sala para realizarem suas devidas tarefas. Que certamente seriam as mais difíceis nestes trinta e sete anos da vida física de Gabriel. Tudo deveria ser perfeito, não havia margem para erros.

Eu fiquei sentado em uma cadeira, meditando sobre tudo aquilo. Hermes, ao meu lado, de pé, com a mão sobre o meu ombro, acompanhava o alucinante trabalho dos irmãos iluminados.

Naquele instante, eu pensei que estava preparado para os próximos momentos que viveríamos. Este foi o meu grande engano!

30.
Retorno ao Mundo Maior

Na manhã seguinte, fomos encontrar Gabriel e Ethel na creche da Casa Espírita Seareiros do Bem. Marianna trabalhava diariamente naquela casa de assistência aos infantes, assim como fazia, antes de reencarnar, no Império do Amor Universal. Além de Marcus e outros amigos, também estavam presentes uma série de espíritos desencarnados em contínua atividade. Era fácil perceber a preocupação dos irmãos desencarnados. Com uma seriedade e concentração raras, os técnicos espirituais organizavam os preparativos necessários aos sucessos inesquecíveis que ocorreriam naquela manhã quente e ensolarada.

Gabriel brincava alegremente com as crianças, enquanto Ethel estava nervosa e apreensiva. Ela sentia no coração um mau pressentimento, que se confirmaria. Além disso, as palavras do anjo na noite anterior a intranqüilizavam. Após o discurso de despedida de Gabriel, Ethel havia pedido explicações ao anjo, que apenas lhe disse: "Ethel, fique tranqüila! Aguardemos a vontade de Deus, pois ele sabe melhor do que nós quais os caminhos que devemos seguir. Apenas mantenha a fé e a confiança em Deus."

Os minutos passavam lentos. Eu e Hermes, sentados, apenas acompanhávamos a movimentação nos dois planos da vida: o plano físico e o plano espiritual. Eu já estava ficando entediado, quando um dos meninos correu porta afora. Eu fiquei preocupado, pois não sabia se o portão da casa estava fechado. O menino poderia se perder ou sofrer um acidente, caso saísse para a rua. Fui atrás do garoto.

Ao chegar na soleira da porta, levei um forte susto. Um homem estava entrando, a mil, pelo portão da creche. E o pior, ele estava colocando um revólver na cintura das calças e tapando-o com o casaco. Ele não parecia ser um marginal, mas as aparências muitas vezes enganam. Junto com aquele pobre infeliz havia um cortejo de espíritos odientos.

Eu voltei correndo para dentro da casa, enquanto uma das trabalhadoras da creche resgatava o pequeno menino e perguntava ao homem o que ele desejava.

Rapidamente comuniquei ao irmão Hermes sobre o que eu havia visto. Ele apenas tranqüilizou-me dizendo: "Calma, tudo está correndo conforme o planejado."

A moça que havia atendido o rapaz aproximou-se de Gabriel para comunicar-lhe a presença daquele estranho sujeito que gostaria de falar-lhe. O anjo autorizou a entrada do rapaz, que apresentou-se amavelmente e com um cínico sorriso. Ele falou sobre o seu interesse em difundir as idéias de Gabriel em sua escola. De fato, a escola era apenas fruto de sua imaginação, com o objetivo de ganhar tempo, enquanto decidia como realizaria o seu ato macabro.

Gabriel sabia qual era o verdadeiro motivo da presença daquele homem ali. O anjo aguardava o decorrer dos acontecimentos com um olhar melancólico. Enquanto isso, o homem falava sem parar um único minuto, impacientando até mesmo os espíritos obsessores que vieram com ele.

Cansado da falsa ladainha, o anjo disse-lhe:

— Tu sabes que o amor é o único caminho para a felicidade?

O infeliz rapaz, que se apresentou com o nome Alaor, fez um gesto demonstrando não estar entendendo a mudança de rumo que Gabriel impunha à conversa. E o anjo, então, foi mais claro:

— Quem fere com ferro, com ferro será ferido!

Depois destas palavras de Gabriel, Alaor começou a gritar alucinadamente e sacou o revólver apontando para o rosto do anjo e disse com uma voz cavernosa, sob os aplausos dos espíritos trevosos que o acompanhavam:

— Está bem! Está bem! Ninguém pode te enganar, não é? Eu sei o porquê. É porque tu tens parte com o demônio.

Gabriel mantinha-se sereno, enquanto todos estavam extremamente nervosos. Marianna recolheu as crianças para a sala ao lado e, quando faltava apenas a última, o cruel assassino a impediu.

Bufando como um animal, ele continuou atacando Gabriel com palavras:

— Eu já estou cheio desses teus planos de mudanças. Essas tuas profecias e condenações ridículas. Não podemos "encher a cara". Nada de cigarros, nada de drogas. Temos que ser "perfeitinhos". Quem tu pensas que és, para nos dar ordens?

— Eu não dou ordens, meu irmão. Eu apenas ofereço conselhos.

— Chega desta conversa. Eu não quero mais saber disto tudo. Antes de tu apareceres, tudo era muito bom. Nós tínhamos o controle da situação!

As palavras de Alaor não tinham muito sentido aos olhos dos encarnados, porque eles não podiam perceber a presença dos obsessores do pobre rapaz, que falavam através de perfeita simbiose com o organismo físico do desregrado jovem.

Gabriel, extremamente penalizado com a situação do infeliz irmão, que estava completamente obsedado pelas tristes entidades, disse-lhe:

— Meu irmão, pede a Deus paz para o teu coração e te sentirás melhor. Utiliza-te dos recursos da prece.

De nada adiantaram as advertências de Gabriel, pois o rapaz ficou mais nervoso e histérico, para a alegria dos seus "amigos invisíveis". Um destes espíritos obsessores literalmente subiu nas costas de Alaor e ofereceu-lhe satisfazer todos os seus desejos caso ele acabasse com a vida de Gabriel. Os desejos do rapaz eram de ordem extremamente inferior, justificando suas amizades invisíveis. Alaor rapidamente registrou no subconsciente a oferta das trevas.

Percebendo que o jovem estava meio abobalhado, o espírito montado em suas costas deu-lhe um tapa na cabeça. Naquele mesmo instante Alaor voltou a gritar, enlouquecido, com a arma apontada para Gabriel:

— Chega desta conversa! Eu vou te matar!

Naquele instante, eu percebi o trabalho dos espíritos responsáveis pelo processo de desencarnação. Quase todos os "laços" que ligam o corpo ao espírito já estavam desligados em Gabriel.

Todos estavam nervosos, menos o amorável anjo. Até eu perdi o controle e tentei interferir no ato que estava prestes a se consumar. O irmão Hermes, então, repreendeu-me:

— Roger, o que é isto? Não podes interferir! Gabriel não é uma individualidade, mas a personificação do Bem!

— É por isto que temos que interferir. Estão matando o Bem! Mais uma vez o Mal está vencendo!

— Não, não está! Gabriel agora torna-se o Cordeiro de Deus, que oferece sua vida em holocausto para a glória do Plano Divino. Não ouviste as palavras de Danúbio: "Esta humanidade ainda precisa da dor para gravar os ensinamentos divinos no coração?"

Acalmei-me, envergonhado pelo meu descontrole. Mas as cenas eram muito reais e doía-me n'alma a idéia da morte de Gabriel.

Ante a serenidade do anjo de Deus, o rapaz titubeou em

disparar o projétil fatal. A dignidade de Gabriel, naquele delicado momento, despertou um sentimento de respeito no cruel algoz.

Mas os obsessores rapidamente resolveram o problema. Havia um menino sentado no chão, ao lado de Gabriel. O único que ainda estava ali. Ele estava brincando com um jogo de montar, antes daquele tumulto. Agora, o menino estava atônito, sem saber o que estava acontecendo.

Um dos obsessores então disse a Alaor:

— Atire no garoto! Atire no garoto!

Sem pensar um minuto sequer, Alaor direcionou o revólver para o garoto e disparou impiedosamente.

Com uma agilidade incrível, Gabriel ajoelhou-se na frente do menino, de costas para o assassino. Antes da bala atingir as costas do anjo, Danúbio colocou as mãos nos ombros do anjo e desligou o espírito de Gabriel da matéria. Enquanto a bala atravessava o corpo físico de Gabriel, Danúbio amparava o espírito imortal do anjo, em seus braços.

A bala atravessou todo o pulmão esquerdo do corpo físico de Gabriel, abaixo do coração, terminando por se alojar no antebraço do anjo. O anjo de Deus, conhecedor do poder destrutivo dessas malditas armas, teve o cuidado de colocar seus braços em frente ao peito para evitar que a bala viesse a atravessá-lo e, por fim, atingir o garoto.

Ainda tonto, nos braços de Danúbio, Gabriel viu as primeiras gotas de sangue que corriam de seu corpo físico. Ligado unicamente pelo cordão prateado, laço-mestre que permite a comunicação espírito-corpo, Gabriel manteve seu corpo de joelhos diante do menino e com um sorriso no rosto, para evitar um forte trauma na criança.

Eu pensei, naquele momento: "nem mesmo no momento extremo de sua vida Gabriel deixa de se doar". Em um momento em que ele teria todo o direito de chorar, gemer e até mesmo gritar, ele abriu mão de seu direito para privar aquela criança de quatro anos da cena triste de sua morte, ofertando-lhe, em contrapartida, um amigável e inesquecível sorriso.

Marianna percebeu a dificuldade de Gabriel e seu empenho para que a criança não percebesse o que estava acontecendo. Contrariando qualquer determinação do cruel assassino, que estava agora em estado de choque, Marianna correu até a criança e a retirou daquela sala, levando-a para junto das outras crianças, que agora estavam no "play-ground", atrás da casa que servia de amparo aos pequeninos órfãos.

Naquele mesmo instante, o corpo de Gabriel caiu com o rosto no chão. Ethel soltou o grito de dor mais sentido que eu ouvi em toda minha vida. A voz sempre meiga e serena daquela bela mulher dilacerou-me a alma. Aqueles gemidos, seguidos de lágrimas angustiantes, fizeram-me chorar também.

Todos correram até o corpo de Gabriel, enquanto ele, em espírito, apoiado nos braços de Danúbio, assistia a tudo, sereno e tranqüilo, e recuperando rapidamente a sua consciência imortal. A cada segundo sua luz crescia de uma forma impressionante.

Ethel colocou rapidamente a cabeça de Gabriel em seu colo. O anjo, deitado ao chão e com sangue por todo o seu peito, mantinha aquele inesquecível olhar de amor, paz e perdão, que ele sempre doou a todo o gênero humano.

Enquanto Ethel acariciava seus cabelos, Gabriel olhava para ela e para Marcus, que, de joelhos, segurava firme a sua mão. Apesar de estar com o corpo lavado de sangue, o anjo sorria, pedindo a Ethel que se acalmasse e que mantivesse a fé e a paz no coração.

Todos estavam muito abalados, inclusive eu. Sempre pensei que já havia superado os desequilíbrios tão comuns quando uma pessoa desencarna, mas não. Eu estava completamente abalado. Encostado na parede, comecei a escorregar até sentar-me no chão. Com os braços sobre os joelhos, eu senti o forte "nó na garganta" que Ethel deveria estar sentindo.

Eu estava preparado para a morte de Sebastião e de qualquer pessoa que morresse naturalmente. Mas não para a morte de Gabriel e naquelas condições. Com a mão direita no rosto, eu chorei. Eu nunca mais serei o mesmo depois desta inesquecível experiência! Penalizado com a minha situação, o irmão Hermes abraçou-me e disse:

— Eu deveria ter te preparado melhor. Desculpe-me.

Aquele gesto espontâneo e humilde de Hermes, aliviou meu coração. Retribuí o abraço e sequei as minhas lágrimas na túnica do meu benfeitor amigo. Não havia tempo para pensar em mim, tínhamos que trabalhar.

Ethel soluçava desesperadamente, enquanto Marcus, de joelhos, olhava penalizado para o assassino, que mais parecia uma estátua de pedra, tal o estado de choque em que ficara.

Gabriel, em espírito, ao lado de Danúbio, percebendo a atitude de todos, utilizou o cordão prateado como se fosse um controle remoto entre ele o corpo físico que estava à beira da morte. E disse:

— Irmãos... lembrem-se das palavras de Jesus no alto da cruz: "Perdoai-os, Pai, pois eles não sabem o que fazem"... Eu desejo que vocês amem a este irmão, como a mim vocês amaram... No Reino de Luz não existe espaço... para o rancor e o ódio... Amparem-no para que ele encontre... a luz.

Ethel aproximou sua cabeça ao rosto de Gabriel e beijou seus lábios que já estavam esbranquiçados. O contato de seus lindos cabelos louros no rosto de Gabriel foi como o mais puro bálsamo para o anjo. Vimos que Gabriel, em espírito, de pé, sentiu perfeitamente o beijo de seu amor, através do conduto espiritual que ainda o ligava à matéria. Então Ethel disse-lhe:

— Por favor, Gabriel, não morra!

O anjo respondeu-lhe com um sorriso inesquecível nos lábios:

— Ethel, eu não estou morrendo.. eu estou renascendo para a Vida Eterna!

Esta, com certeza, foi uma das mais célebres frases que eu ouvi em toda esta fantástica viagem que meu espírito realizou. Gabriel, em uma única frase, destruiu as sombras da morte, elucidando, a todos, a verdadeira face do desligamento do corpo, que é o renascer para a Verdadeira Vida!

Ethel serenou o seu coração, reencontrando a paz de espírito através da imortalidade da alma, que jamais separa, apenas permite um curto período de distanciamento entre aqueles que se amam e não sabem se comunicar pelos caminhos da alma. Ethel saberia ligar-se a Gabriel, e isso a tranqüilizou. O amor de sua vida não se afastaria, apenas trabalharia, com ela, em uma outra das diversas dimensões da vida criada por Deus.

Gabriel percebeu que Ethel recuperava o equilíbrio e disse-lhe:

— Ethel... evangelizamos o mundo ocidental... mas ainda falta o oriente... Lembras-te quando tu disseste que não sabias por que tu havias reencarnado... Pois eu... te digo... Vieste concluir a minha obra... E não tenhas medo, pois eu estarei sempre contigo... Os irmãos orientais aceitarão a União Cristã... com mais facilidade... A reencarnação e o Karma são conhecimentos que eles dominam... há séculos... basta que eles associem aos ensinamentos de Buda e Krishna a sabedoria do Senhor do Mundo... Jesus...

Após estas palavras, Gabriel, em espírito, aproximou-se de seu corpo, com grande determinação, e rompeu o cordão prateado com suas próprias mãos; imediatamente a "falange protetora" afastou-se do corpo, que caiu, morto, nos braços de Ethel. O anjo correu até Danúbio e abraçou-o. Gabriel não queria ver a dor daqueles irmãos que ele muito amava. Danúbio apenas lhe disse, para confortá-lo:

— Gabriel, nós vencemos! Tu conseguiste transformar o mundo!

Gabriel, em lágrimas, corrigiu o amigo:

— Não, Danúbio, "nós" conseguimos! Sem o teu auxílio constante e o auxílio do nosso Irmão e Mestre Jesus, a União Cristã não se concretizaria.

Para aqueles que, como eu, viram estas cenas nos dois planos da vida, não saberíamos dizer se o momento era de alegria ou tristeza. O momento era triste pela separação dos anjos, mas muitíssimo alegre pela vitória do Plano Divino e, também, pelo retorno de Gabriel às esferas paradisíacas da vida espiritual, que é muito superior e infinitas vezes mais agradável que o conturbado plano físico, no qual vivemos.

Enquanto todos choravam sobre o cadáver de Gabriel, a Espiritualidade Maior comemorava o êxito da Missão Divina.

Após alguns momentos, em que eu fiquei refletindo sobre a situação, aconteceu algo inusitado. O assassino de Gabriel despertou do estado de choque e começou a chorar desesperadamente, enquanto os espíritos obsessores comemoravam alegremente a sua "vitória". Mal sabiam eles que tinham sido instrumentos da Glória Divina. Eles haviam transformado Gabriel no "Mártir da Nova Era".

Esses infelizes espíritos perceberam que a morte de Gabriel, as suas palavras de perdão e aqueles minutos de reflexão haviam "despertado" Alaor, convertendo-o ao arrependimento sincero. Eles, então, decidiram destruir o instrumento que utilizaram, com o seu consentimento, devido a uma vida distanciada de Cristo.

O infeliz irmão desencarnado, que parecia ser o chefe de todos, aproximou-se de Alaor, que, ajoelhado ao chão, chorava como uma criança. E disse-lhe:

— Seu estúpido, idiota, agora tu vais padecer na cadeia. Eles te colocarão em uma penitenciária suja p'ra tu morreres lá. E sabe o que mais, Gabriel era muito querido pelos presos. Assim que tu chegares lá, tu irás viver o inferno na carne. Eles vão te violentar, vão fazer tu comeres as fezes deles! É melhor tu destruíres esta tua desprezível vida!

Após estas palavras, aquela criatura suja e repugnante, envolvida em uma aura graxosa, soltou uma gargalhada que causaria inveja a qualquer filme de terror!

Alaor recebeu todas as palavras do cruel obsessor em forma de cenas em sua mente. Ele deu um grito e correu para dentro do banheiro da creche. E lá fechou-se a chave. Segundos depois, colocou o cano do revólver na boca e disparou a arma.

Inenarrável o momento, sob o olhar espiritual. Após o tiro, o corpo espiritual de Alaor começou a debater-se dentro do corpo físico. Os diversos laços que ligam o espírito à matéria estavam muito coesos. Não havia como rompê-los. Alaor queria fugir, mas estava aprisionado em seu próprio corpo. E, além disto, os espíritos que lhe eram companhia inseparável correram para sugar-lhe toda a energia vital que escorria do corpo morto, em plena vitalidade.

Alaor ficou preso ao corpo por semanas, sendo, inclusive, enterrado junto com o seu vaso físico, onde padeceu o horror da decomposição da matéria, aliado ao impacto do disparo do revólver que parecia repetir-se a cada minuto. Cena esta que repetiu-se por trinta e dois anos, período que lhe restava de vida, segundo o planejamento espiritual. Após o período em que ficou preso ao corpo, Alaor desceu às trevas, onde aguardou, em estranho estado de inconsciência, o seu afastamento para o planeta exílio.

Mas voltemos a Gabriel. Após o seu desligamento definitivo, o anjo resplandeceu em luz. A figura de Danúbio ficou pálida, se comparada à luz e ao brilho de Gabriel. Em questão de poucos minutos ele estava completamente recuperado. Danúbio, que o estava abraçando, afastou-o de si e disse-lhe:

— Vai, meu irmão, segue para o Reino Maior, onde desfrutarás um merecido descanso. Eu cuidarei de tudo até que tu possas retornar e assumir tuas atividades como o mentor de Ethel. Eu espero poder ser teu auxiliar!

Gabriel sorriu e disse-lhe: — Com certeza, tu serás!

— Agora vai meu amigo, galga os degraus que te separam dos planos de infinita luz, porque todos os teus amigos te esperam para te homenagear!

O anjo olhou para o lado que Danúbio indicava e viu uma grande escadaria branca repleta de luz e, ao pé da ampla escada, estava, ajoelhado e com uma parca luz, Sebastião.

Gabriel sorriu e correu até o bom velhinho que mantinha-se de olhos fechados em oração, para manter-se digno daquele augusto momento. O anjo, sem cerimônia, ergueu o amigo e abraçou-o com indescritível carinho. Ao que Sebastião disse-lhe:

— Desculpe-me, Gabriel, eu não gostaria de vir atrapalhar a festa dos anjos, mas eles insistiram para que eu viesse te recepcionar no início de tua ascensão aos planos espirituais paradisíacos. Eu confesso que estou com muitas saudades de ti e estou muito feliz e honrado em ser o primeiro a te cumprimentar pelo grande êxito, mas eu não tenho a luz necessária para receber tão iluminada entidade Divina.

Gabriel sorriu e, com lágrimas nos olhos, sacudiu a cabeça dizendo ao bom amigo:

— Que grande idéia meus amigos tiveram. Eu fico muito feliz em te ver tão bem assim, Sebastião. E se o teu problema é luz, então vamos solucionar este problema.

Gabriel abraçou o amigo e realizou uma poderosa transfusão de luz a Sebastião, que ficou todo iluminado. Aquilo me surpreendeu, pois Gabriel havia desencarnado há pouco e deveria estar seriamente debilitado. Mas não existe regra sem exceção, ainda mais quando se trata de espíritos iluminados.

Abraçado ao bom amigo, Gabriel foi subindo os degraus e recebendo os cumprimentos de centenas de irmãos que o aguardavam em seu regresso à Pátria Maior. Eu e Hermes seguíamos o anjo a uma distância de mais ou menos dez degraus.

A cada novo passo que davam, Sebastião ficava mais opaco, enquanto Gabriel brilhava com mais intensidade. Em determinado trecho, um dos irmãos estendeu a mão a Sebastião, que já estava preocupado com a sua presença naquelas esferas. Gabriel abandonou o amigo, compreendendo que não poderia violentar as leis da evolução espiritual. Sebastião, feliz com aquele momento, acenava do meio da escadaria, enquanto o anjo subia e recebia as mais calorosas demonstrações de apreço pela fantástica realização no mundo dos homens.

À medida que Gabriel subia e recebia os cumprimentos, sentíamos, atrás dele, o perfume que ele exalava no ar e a música encantadora que se expandia por todo o ambiente. A música era muito parecida com "Jesus Alegria dos Homens" de Johann Sebastian Bach.

A cada novo passo de Gabriel, víamos, em todo o seu ser, o brilho e a glória dos anjos de Deus. A túnica branca de Gabriel, com cordéis dourados, brilhava mais e mais. Ao estender suas abençoadas mãos, que tantos milagres propiciaram aos homens, percebíamos a luz que se expandia de seu ser.

Quanto mais ao alto da escadaria, mais amigos Gabriel encontrava, sendo que faltando quinze degraus para o topo, encontramos grandes personalidades religiosas como o próprio Francisco de Assis, Maria, Paulo de Tarso, Allan Kardec, Bezerra de Menezes, Emmanuel, Ramatís e outros.

Enquanto conversava com estes, Gabriel olhou para o topo da escadaria. Lá, no centro, no fim dos degraus, estava Ele, o Mestre dos mestres, resplandecendo em uma luz que variava do branco ao dourado. O anjo deixou correr uma lágrima dos olhos e correu os últimos degraus até jogar-se nos braços de Jesus.

Ele abraçou forte o Mestre e disse:

— Irmão, eu fiz o que pude, conforme combinamos. Espero que alcancemos um bom resultado.

— Tranqüiliza-te, Gabriel, pois eu sei que deste o teu máximo. Aqueles que não quiseram seguir-te os passos, ainda não estão prontos para a glória e a felicidade. Aguardemos um novo momento, pois a vida é infinita. Agora rejubila-te, porque são muitos os que alcançarão às glórias da Vida Eterna com o teu auxílio!

Alguns degraus abaixo, estávamos, eu e Hermes, assistindo àquele comovente momento. Finalmente, então, compreendi que, enquanto alguns sofrem a dor da separação, outros recebem a bênção do reencontro. Em algumas décadas, Ethel estaria vibrando de alegria, enquanto os que iriam ficar sofreriam a dor da separação.

31.
A dor de Sebastião

O corpo de Gabriel foi cremado. Infelizmente, não foi possível utilizar seus órgãos para doação, como ele havia manifestado interesse que fosse feito, alguns anos antes, devido a sua morte ter fugido às condições necessárias. Logo após a cremação, Ethel jogou suas cinzas sobre o grande parque de sua cidade natal. Ele amava a natureza e gostaria que algo dele ficasse lá, sob aquele belo espetáculo do entardecer, que ele tanto admirava.

Eu fiquei imaginando a alegria das pessoas que viessem a receber os órgãos de Gabriel, caso isso tivesse sido possível. Assim como os objetos, os órgãos emitem a vibração energética daqueles que eram seus proprietários. Os felizardos que recebessem os órgãos de Gabriel sentiriam toda a vibração de paz e luz do anjo, mesmo após anos de sua partida.

A cerimônia de cremação foi muito bonita. Uma extensa fila formou-se para a despedida do anjo. Devotos de todas as religiões Cristãs foram oferecer sua última homenagem àquele que sempre tratou a todos como irmãos, rompendo as barreiras dos preconceitos religiosos. Gabriel havia instaurado no mundo uma nova concepção religiosa. O anjo reconstruiu a Doutrina de Cristo segundo a sua essência: o amor universal.

Um fato a citar, são as palavras ditas por uma importante personalidade da Igreja Luterana a Ethel: "Existem homens que nasceram para ser alunos, outros para ser professores e poucos para ser mestres. Gabriel está entre este último grupo. Ele nasceu para iluminar a humanidade. Ele fez o que nenhum de nós, em tempo algum, teria talento para realizar".

A missão de Gabriel havia sido coroada de êxito em todo o mundo ocidental. A sua morte gloriosa, demonstrando os seus augustos ensinamentos, havia despertado definitivamente a humanidade para a União Cristã. Mesmo desencarnando jovem, Gabriel havia se transformado em um sábio inquestionável. Ele havia trabalhado por dez sábios em um período inferior a quarenta anos. Seus conceitos haviam tocado até os incrédulos, despertando-lhes o sentimento religioso. A exemplo da missão de Jesus, a missão de Gabriel havia atingido todos os seus objetivos. Restava agora a Ethel o trabalho de conclusão.

Duas semanas depois, eu e Hermes fomos visitar a cidade astral Esperança. Entramos em um determinado quarto, de um simples mas aconchegante prédio, onde Sebastião, voltado para a janela, rezava de joelhos. Entramos em silêncio e nos sentamos.

Sebastião orava nestes termos, com os olhos voltados para o sol que se punha no horizonte.

"Meu Deus, ajuda-me;

Meu coração sofre com a dor da separação;

Eu preciso ver meus filhos; onde estarão eles neste momento?

O meu coração de pai displicente pede-te, humildemente, a oportunidade do reencontro;

Ah, meu Deus, se eu tivesse despertado antes para as Verdades do Espírito!

Será que meus filhos não teriam outro destino?

E quantos pais e filhos peregrinam alucinados pela matéria, sem crer no triste destino que os espera, quando estamos longe de Cristo!

Permite-me, Senhor, que eu ajude a quem está perdido nos caminhos da Vida, mas dá-me o bálsamo do espírito através do reencontro de meus meninos..."

Naquele instante, Gabriel começou a materializar-se no quarto de Sebastião. O bom velhinho ficou com os olhos marejados de lágrimas, quando reconheceu o ilustre amigo, que lhe falou:

— Bastião, desculpa a demora. Muitas atividades, nestas duas semanas, impossibilitaram-me de realizar esta visita antes. Eu sei que tu e Flora estão ansiosos para ver teus filhos.

— Sim, Gabriel. Desde que retornamos para cá, os nossos instrutores nos recomendam aguardar o teu retorno para visitá-los. Eu sei que tu tens diversos compromissos, mas não agüentamos mais esperar. Nós precisamos ver os nossos meninos.

— Está bem. Chama Flora! Para que possamos partir para o Vale dos Viciados.

Sebastião sentiu uma forte angústia ao ouvir o nome daquele lugar. Enquanto foi buscar sua esposa, ele refletiu sobre os padecimentos atrozes que seus filhos deveriam estar sofrendo. Relembrou o ensinamento evangélico: "A cada um será dado segundo suas obras" e constatou que não poderia ser de outra forma, pois seus filhos só haviam semeado o mal e os vícios durante suas vidas.

Logo estavam os três reunidos para partir. Gabriel, então, lhes disse:

— Meus irmãos, lembrem-se, fazemos parte da família universal. Todos somos irmãos perante Deus, portanto, não olhem para seus filhos da última encarnação com a forma exclusivista da matéria. Lembrem-se que eles são irmãos muito amados que necessitam de nosso amparo e, não, de nosso desespero.

Os três partiram. Sebastião e Flora estavam com um aperto no coração, enquanto Gabriel meditava sobre a melhor forma de realizar aquela difícil tarefa.

As zonas de trevas são áreas realmente angustiantes, ainda mais neste determinado período, às portas do Grande Exílio, onde as almas transviadas estão mais desesperadas e gritam enlouquecidas, pressentindo o apartamento da Terra.

Era a primeira vez que Flora e Sebastião desciam em uma zona tão escura e dolorosa. Apesar de trabalharem nos postos assistenciais, eles não tinham, neste passado recente, visitado uma região tão dolorosa como aquela.

Os três caminharam por diversos minutos, desviando aqui e ali dos corpos estendidos no chão. A escuridão era imensa, mas havia diversos trabalhadores no local, o que facilitava a iluminação e o acesso.

A separação do joio e do trigo já havia sido iniciada há algumas décadas; portanto, os espíritos da esquerda do Cristo já estavam sendo agrupados para, em blocos, ser enviados para o novo mundo que lhes serviria de escola. Isso facilitou a visita dos três àquela região. O trabalho incessante dos operários de Cristo não permitia o assédio dos trevosos, que estavam enlouquecidos com a perda de seus domínios.

Em alguns minutos mais de marcha nas trevas, Gabriel encontrou César, com o auxílio dos trabalhadores da região. O filho mais novo de Sebastião e Flora estava deitado em uma maca, sofrendo fortes convulsões.

O casal, impressionado com o que via, aproximou-se do jovem rapaz, que estava irreconhecível. Os olhos estavam quase saltando das órbitas. O olhar parado, as manchas e feridas por todo o corpo e as tremedeiras incessantes, nos permitiam assistir a um doloroso quadro. Na boca do rapaz, os técnicos haviam colocado um mordedor para que ele não mordesse a própria língua.

Os seus pais tentaram falar com ele, mas era inútil. O estado de loucura causado pelas drogas havia apagado de sua memória qualquer lembrança que o ligasse a eles.

Entre tremedeiras, gemidos e gritos histéricos, César colhia o triste plantio de sua vida. Quem dera os viciados em drogas acordassem para esta triste realidade! Além de causar fortes perturbações no corpo espiritual, as drogas levam o infeliz viciado a praticar todos os crimes para conseguir o seu objeto de desejo. O endividamento espiritual cresce, então, a largos passos.

Mais uma vez parei para refletir sobre os dois extremos da vida: a luz e as trevas. Alguns reclamam da vida que levam, mas todos temos bons momentos, momentos de paz; mas ali não havia um minuto sequer de tranqüilidade para aquelas almas, que não dormiam, apenas desmaiavam de cansaço quando suas mentes já não mais suportavam a tortura contínua que sofriam, tanto da consciência, como da dependência de drogas.

Enquanto Gabriel consolava o casal, eu e o irmão Hermes olhávamos para aquele extenso vale que muito se assemelha ao inferno mitológico. Muitas pessoas ridicularizam as lendas religiosas, mas elas possuem o seu fundo de verdade!

Voltamos nossa atenção para Gabriel e o casal. Flora segurava a mão encarquilhada do filho, enquanto Sebastião perguntava a Gabriel:

— Ele será mesmo exilado? Não há como evitar?

— Não, meu amigo, não há! Isto que me sugeres é impossível! Ele teve diversas encarnações para despertar, mas não quis. Mas crê em minhas palavras: o exílio será melhor para ele!

Doía em meu coração ver Flora, ajoelhada ao lado da maca de César, chorando. Eu sei que jamais um homem poderá compreender a imensidão da dor de uma mãe, mas eu soube, naquele momento, que este sentimento ultrapassa os limites da compreensão humana. Eu rezei para Jesus aliviar o coração daquela mulher. Não sei se obtive resultado. Só sei que ela serenou um pouco e voltou para perto de Sebastião, repousando seu rosto, lavado de lágrimas, no ombro do marido.

Sebastião disse, então, a Gabriel:

— Não poderíamos ir junto com nossos filhos para esse novo mundo?

Gabriel olhou para Sebastião com amor e compreensão e disse-lhe:

— Eu lhes disse para ver seus filhos como irmãos da família universal. Nesta vida eles foram seus filhos, mas em outras, não. Nós devemos amar aqueles que dividiram o lar conosco, mas temos que nos lembrar de outros irmãos que deixamos na pátria espiritual e que necessitam de nosso auxílio. Vocês terão novas vidas com outros filhos que necessitam do seu carinho e amparo, assim como o jovem César necessitou. Não se preocupem com ele! Ele terá nesse novo mundo uma nova família que

lhe ensinará, por outros métodos, o caminho do Bem.
— Poderemos retornar novamente aqui para visitá-lo, antes que ele parta para esse estranho mundo?
— Infelizmente, não! A caravana que levará este grupo, em que César está incluído, parte amanhã. Mas, lembrem-se, isto será melhor para este rapaz. Aqui ele não conseguiria vencer suas fraquezas, assim como um rapaz rico não consegue estímulo para o trabalho enquanto não necessitar de seus benefícios.

A maca de César, após a autorização do iluminado Gabriel, foi conduzida pelos operários de Cristo, enquanto o anjo abraçava Sebastião e Flora que assistiam, com o rosto lavado de lágrimas, à partida de seu filho.

Sebastião, então, baixou a cabeça e perguntou ao anjo:
— Gabriel, nós tivemos culpa?
— Ninguém tem culpa, meu irmão! Ele teve a oportunidade de viver uma vida feliz e saudável. Perto da grande maioria, ele teve uma excelente formação. É uma pena ele não ter aproveitado! É claro que uma vida de prática e de estudo cristão poderia, quem sabe, ter convertido César. Mas quem neste mundo estava preparado para uma vivência verdadeiramente cristã, na época em que vocês viveram com ele?
— Tu estavas! — respondeu Flora.
— Vamos, meus irmãos — disse Gabriel. — Temos muito trabalho pela frente. Rezemos pelo futuro de César, pois é só o que podemos fazer no momento.

Quando eles começaram a se deslocar, uma mulher jogou-se aos pés de Gabriel e disse-lhe, acreditando que o anjo de Deus poderia solucionar seus problemas:
— Senhor, eu estou sendo injustiçada. Eu preciso de mais uma chance para mostrar o meu valor!
— Já tiveste a tua chance, minha irmã. E não soubeste aproveitá-la. E naquela época tu disseste estas mesmas palavras!

A mulher se indignou e disse, raivosa:
— Como tu sabes o que eu disse ou deixei de dizer?
— Está escrito nos teus olhos! — disse o anjo.
— Maldito! Maldito!

A mulher, que havia cometido assassinatos e roubos e que havia destruído a vida de muitos com o veneno da língua, em sua última existência, pulou em Gabriel, dando-lhe socos no peito. O anjo, então, abraçou-a, imobilizando seus braços e disse-lhe:
— Minha irmã, não te revoltes. Será melhor para ti que inicies uma nova vida em condições mais difíceis. Por quantas vezes tu tentaste vencer as tentações que te escravizam e não conseguiste? Neste novo mundo teu espírito será forjado com

A História de um Anjo

o fogo da dor e do sacrifício, libertando-te dos teus caprichos infantis que não permitem à tua alma alçar vôo para o paraíso. Lá tu aprenderás a viver em conformidade com a Lei de Deus. Eu te garanto, lá tu serás mais feliz do que sempre foste, nesta série de encarnações que foram desperdiçadas por ti! Crê em mim!

A mulher caiu de joelhos ao chão, em prantos, enquanto Gabriel acariciava seus cabelos completamente empastados de lodo. Logo chegou um dos operários de Cristo e conduziu-a até o agrupamento que em breve partiria da Terra.

Gabriel, então, ergueu-se e olhou para aquele céu continuamente carregado de nuvens negras e disse:

— Graças a Deus a humanidade encarnada acordará, em breve, para as inadiáveis transformações da alma. Como é triste ver estes irmãos que se iludem estupidamente na vida física e depois retornam ao Mundo Maior neste deplorável estado!

Gabriel convidou Sebastião e Flora para retornar aos planos mais elevados, ao que Sebastião perguntou, humilde:

— Gabriel, não poderemos ver nossa filha Cláudia?

O anjo aproximou-se dos dois e abraçou-os, dizendo:

— Meus irmãos, vocês me pediram um favor. E eu também quero lhes pedir um obséquio. Deixem-me atender a somente metade do seu pedido. Vocês pediram-me para ver seus filhos, e eu los levei até César. Mas, quanto a Cláudia, é melhor que guardem na lembrança a sua imagem quando ainda ela estava encarnada. Não poderemos fazer nada por ela, nem mesmo o consolo de uma despedida. Por favor, atendam ao meu pedido, desistam de vê-la antes do exílio. Vamos aguardar o passar dos séculos, pois um dia poderemos vê-la bela e saudável, assim como César. Pois a lei é de evolução! Em breves séculos estas almas torturadas se tornarão Anjos da Casa do Senhor!

Sebastião e Flora baixaram suas cabeças e compreenderam as advertências de Gabriel. A situação dramática de César já lhes doeu profundamente n'alma. Eles imaginaram, então, o que seria de seus corações ao ver Cláudia, que deveria estar em situação muito pior. O casal concordou com Gabriel e seguiu seu conselho. Eles buscaram nos escaninhos da mente a fase infantil daquela menina, que Deus lhes havia ofertado como filha.

Os dois, então, sorriram com as lembranças daquela meiga menina, que, segundo Gabriel, um dia, em um futuro longínquo, cultivaria no espírito a inocência e a graça daquela bela fase infantil, onde todos somos puros e felizes.

32.
A missão de Ethel

Havia se passado um mês, desde a morte de Gabriel, no ano cinqüenta e três do período profético. Encontramos o anjo deitado em um confortável divã, ao ar livre, na poética paisagem do Grande Lago no Império do Amor Universal.
Chegamos junto com Danúbio, que surpreendeu Gabriel dizendo:
— Gabriel, tu estás preocupado com a depressão que Ethel está sentindo?
— Sim, Danúbio. Ela não está conseguindo vencer a tristeza em seu coração. Eu acredito que teremos que intervir diretamente para devolver-lhe o ânimo.
— Sim, meu nobre amigo. Ethel necessita da tua "presença viva", assim ela se motivará para a conclusão do Grande Plano. Vamos providenciar um processo de materialização espiritual, semelhante ao que Jesus realizou para mostrar-se aos seus apóstolos, após sua morte. Necessitaremos de um médium de efeitos físicos. Existe algum no círculo de amizades de Ethel?
— Sim, há uma menina na creche de Marianna que gera um ectoplasma de impressionante qualidade. Solicitaremos aos anjos guardiões de todos para que intuam seus pupilos para que se promova a aproximação de Ethel a esta menina.
E assim se fez. Dois dias após, Ethel levou a menina para dormir na sua casa, que era a mesma de Gabriel. Desde a morte do anjo, Ethel havia se mudado para fazer companhia a Ana Maria, mãe de Gabriel, que estava muito solitária e abatida com a morte do filho.
A menininha, intuída por seu espírito protetor, chorou e esperneou, porque queria dormir na casa de Ethel. Comovida, a bela moça consentiu, preparando o elemento principal para a manifestação física do anjo Gabriel.
À noite, por volta das dez horas, fomos encontrar Ethel sentada no muro em que muitas vezes vimos Gabriel olhando

as estrelas, em busca daquela que agora, ali, repetia o mesmo gesto. A linda moça procurava por Gabriel nas estrelas, mas, em breves minutos, ela o encontraria de uma forma que jamais pudera imaginar.

A menina médium dormia no quarto bem próximo ao muro, onde estava sentada Ethel. Em poucos minutos, graças a um complicado trabalho realizado pelos técnicos espirituais, a bela moça sentiu o perfume de Gabriel, que já estava presente naquele local há trinta minutos. Ela assustou-se e começou a olhar para os lados, a procura de alguém que pudesse lhe explicar a origem daquele agradável aroma. Nisto, Gabriel aproxima-se de Ethel e lhe beija a fronte. Ela sentiu perfeitamente os lábios de Gabriel e emocionou-se, enquanto o anjo começava a materializar-se, como um gênio dos contos de Aladin; primeiro da cintura para cima, logo após, os membros inferiores.

O anjo, então, disse-lhe as primeiras palavras:

— Que a paz e a luz de Deus e de Jesus estejam contigo, meu amor!

Eu vim para confirmar as palavras que eu te disse em meu derradeiro momento entre os homens. Eu estarei sempre contigo a todo o momento, pois eu te amo e necessito de teu auxílio para a concretização do Grande Plano. Tu precisas fortalecer mais ainda a União Cristã, porque o período pelo qual passa esta humanidade é muito conturbado. Nossos irmãos encarnados ainda não estão firmes na fé. Portanto, precisamos enraizar melhor a base Cristã do terceiro milênio. E mais, tu deves levar ao Oriente as minhas palavras, meu amor!

Ethel estava alegre e confusa. Seus olhos brilhavam de felicidade ante aquele que era o amor de toda a sua vida eterna. Gabriel estava belíssimo, aparentando trinta anos de idade e com um brilho em toda a sua túnica branca, que encantava os olhos de Ethel, e os nossos.

Maravilhada, ela apenas disse:

— Mas, meu amor, eu não me acho em condições de realizar tão grande trabalho. Tu és iluminado e para ti tudo é possível, mas eu...

— Ethel, meu amor! Basta que tu tenhas a fé do tamanho de um grão de mostarda, a menor das sementes. Lembras? E, também, que tenhas o desejo incessante de trabalhar com afinco. O resto é por nossa conta. Apenas tem fé e trabalha dia a dia, que no final de tua vida física haveremos de obter o êxito planejado pelo Alto. Não te preocupes com críticas e com as dificuldades, pois aquele que trabalha com Deus tudo pode realizar!

Ethel sorriu e disse:

— Eu te amo e farei tudo para alcançar as metas divinas, se Jesus confiou em mim, enviando-me a ti para concluir a tua obra. Assim será feito!

Os olhos de Gabriel brilharam de felicidade e todo o seu espírito brilhou com mais intensidade, encantando os olhos de Ethel, que estava renovada. Nesse instante, Danúbio recomendou a Gabriel que encerrasse a conversação, devido à dificuldade daquela espantosa manifestação. Gabriel acenou com a cabeça e pediu, mentalmente, mais alguns minutos. O anjo virou-se para a porta da casa e gritou:

— Minha mãe!

Em alguns segundos, Ana Maria surgiu à porta, assombrada com o que via. Gabriel, então, lhe disse:

— Sou eu, minha mãe. Eu venho do Reino Maior de Meu Pai, para comprovar-lhes a imortalidade da alma. E peço-te que auxilies Ethel e meus amigos no trabalho de divulgação das minhas palavras. Pois após a concretização de suas missões, eu virei buscar a cada um para morar comigo nos Reinos de Luz.

As duas estavam abraçadas, envolvidas em fortes emoções, quando Gabriel despediu-se, dizendo-lhes:

— Eu as amo muito! E estarei sempre com vocês, trabalhando do lado de cá. Mantenham a fé, elemento renovador e instrumento para transformar os sonhos em realidades.

Agora devo ir! Adeus, meus amores!

Enquanto Gabriel dizia estas últimas palavras, o seu corpo ia se desfazendo no ar, até que desapareceu por completo. Ethel e Ana Maria choravam de felicidade, alegres com aquela rara comprovação da imortalidade da alma, que tão poucas pessoas conquistam o mérito de presenciar.

Após aquela noite, Ethel assumiu o comando da União Cristã, com uma determinação invejável, contagiando a tudo e a todos. A notícia da aparição espiritual de Gabriel transformou-o definitivamente em um santo aos olhos do mundo. A própria reação de Ethel, de um dia para outro, confirmava a veracidade do fato insólito.

E a cada dia surgiam mais colaboradores para o trabalho de renovação espiritual da humanidade. Enquanto Marcus dirigia no Brasil todas as iniciativas do ocidente, Ethel viajava com Marianna pelo oriente, associando os ensinamentos de Cristo aos conceitos religiosos orientais. Sábios e espiritualizados há séculos, os líderes religiosos orientais receberam com grande alegria a proposta de universalização espiritual que há muito já esperavam. Há mais de um século, fraternidades espirituais do oriente já trabalhavam no plano espiritual do ocidente para estabelecer o Grande Plano; e isso era do conhecimento dos iniciados orientais.

Por longos anos Ethel viveu no oriente. Ela retornava poucas vezes ao Brasil, acreditando ser desnecessária sua presença, já que a sua terra de origem estava madura espiritualmente e estava, também, sob o iluminado comando de Marcus. Marianna é que voltava constantemente para matar as saudades que sentia do grande companheiro de Gabriel.

Os anos se passavam e Gabriel dividia-se entre inspirar seus amigos, ainda ligados à carne, e aos trabalhos de separação do joio e do trigo no plano espiritual.

Com o passar dos anos, Gabriel buscou um por um de seus amigos para a Pátria Maior. Primeiro o padre Antenor, logo após sua mãe, em seguida Joachab, que trouxe impressionantes contribuições para a União Cristã, alguns anos depois foi a vez de Marcus, um mês após Raquel e, por fim, Marianna. Continuando encarnada, apenas Ethel.

Após o desencarne de Marcus, Ethel teve que retornar do Oriente e assumir as atividades no Brasil. O trabalho já estava concluído. Era necessário apenas a presença de um líder que mantivesse a unidade em todo o mundo.

Ethel realizou por dez anos esta última etapa de seu trabalho. Até que fomos visitá-la em uma praia do Nordeste Brasileiro. Ethel estava com setenta e quatro anos de idade. Vivíamos o ano noventa e três do período profético. Ela estava frágil e com os cabelos completamente brancos. Lembrava palidamente aquela bela mulher que acompanhava "São Gabriel", como já era chamado o anjo de Deus.

Ethel estava caminhando pela beira da praia, a passos muito lentos, na companhia de um nobre senhor, chamado Rodrigo, que era exatamente o menino do qual Gabriel jogouse à frente para proteger do disparo, em sua morte. Indiretamente, o anjo de Deus havia protegido o último de seus sucessores. Ethel estava muito cansada para as atividades, portanto havia delegado plenos poderes para Rodrigo, que agora dirigia com amor e dignidade a liderança Cristã.

Rodrigo seria o último líder da União Cristã. Após a sua morte, a humanidade seguiria independente, apenas consultando o Evangelho do Cristo e todas as literaturas espiritualistas. O mundo não necessitava de um nova estrutura Papal, bastaria apenas seguir os ensinamentos divinos, mediante o "tribunal da consciência".

Em determinado trecho da caminhada à beira-mar, Ethel solicitou a Rodrigo que a deixasse só, pois ela gostaria de meditar. A cultura oriental havia lhe proporcionado novos e saudáveis hábitos.

    Rodrigo cedeu sem insistir. Ele acompanhou a nobre senhora com os olhos, por alguns minutos, e depois se retirou. Ethel caminhou por mais de uma hora, até uma praia pouco movimentada. A cada passo que dava ela sentia seu coração mais fraco. Até que uma forte dor rompeu-lhe o coração, e ela caiu. Mas foi amparada por fortes braços. Ela reconheceu a túnica branca e as mãos lindas e perfeitas. Ethel olhou também para suas próprias mãos e viu que não estavam mais velhas e enrugadas. Ela olhou para mais baixo e viu seu corpo caído, morto na areia da praia. E, então, ela ouviu aquela bela e inesquecível voz, que jamais esqueceria:

    — Ethel, levanta-te e entra de queixo erguido no Reino Maior de Teu Pai!

    Ela ergueu seus olhos azuis, marejados de lágrimas, e viu aquele belo rosto angular, com os lindos olhos verdes e com os longos cabelos castanhos. Ethel olhou para si e viu que a velhice não dominava mais seu ser. O seu corpo espiritual estava jovem e radiante.

    Gabriel colocou a sua iluminada mão no escultural queixo de Ethel e ergueu seu rosto. E disse-lhe:

    — Meus parabéns, Ethel. Realizaste a tua parte na Grande Obra com perfeição. Graças a ti, a União Cristã está consolidada no mundo. De agora em diante, a humanidade terrena viverá uma vida mais plena e feliz. O mal será apenas uma triste página de um passado primitivo.

    Gabriel beijou Ethel, pegou-a no colo e volitou para o Império do Amor Universal, onde uma grande festa aguardava a missionária Divina que havia concluído os planos de Deus na Terra.

33.
O fim do Juízo Final

Quando o casal divino chegou ao Império do Amor Universal, eles foram recebidos com uma grande festa. Ethel já estava sendo aguardada por todos os seus amigos. Marianna correu até ela e abraçou-a por longos minutos, enquanto todos aplaudiam o trabalho inesquecível realizado.

Ethel já não era mais a mesma. A sua luz estava mais bela e pura, assim como Gabriel. Os dois haviam se elevado mais ainda na escala evolutiva. Jesus, que estava presente ao banquete de luz, disse ao casal:

— Sim, meus irmãos, vocês já avançaram muito além do estágio evolutivo da Terra. Caso queiram, poderão continuar suas jornadas evolutivas em mundos mais evoluídos e felizes do que a Terra.

— Amado Mestre, se não te opões, nós gostaríamos de continuar na Terra, pois eu e Ethel receberemos muitas orações dos nossos irmãos que aqui buscam sua ventura espiritual. E nós ficaríamos muito felizes se pudéssemos continuar nesta pátria amada, que é a Terra, onde poderemos auxiliar a toda esta humanidade no caminho da evolução até Deus !

Ethel, abraçada em Gabriel, apenas concordava com a cabeça, demonstrando que por nada desse mundo se separaria novamente de sua alma gêmea.

O Mestre disse, então, em um tom engraçado:

— Mas será que ninguém quer ir embora da Terra? O que será que temos aqui de tão bom?

Com alegria nos olhos e abraçando os dois, o Mestre mesmo respondeu:

— O que temos de bom aqui é o amor que todos sentimos uns pelos outros e, também, a necessidade que sentimos de amparar e libertar os nossos irmãos ainda escravizados nos caminhos da descrença e do ódio.

Todos, então, deram-se as mãos e apenas olharam para

aquele maravilhoso céu do Império do Amor Universal. Nenhuma palavra foi dita por mais de um minuto. E nem precisava, sabíamos que cada um fazia a sua prece de agradecimento a Deus pela beleza da vida criada por Ele. Eu e o irmão Hermes, no nosso plano independente, também nos demos as mãos e repetimos este mesmo gesto.

Logo após, todos se despediram e foram cuidar de seus afazeres. Gabriel e Ethel foram passear às margens do Grande Lago, como há tempo não faziam, livres do corpo físico. Abraçados, os dois anjos caminharam por um longo tempo e conversaram sobre tudo que lhes havia acontecido naquela última jornada no mundo físico.

Então, Gabriel lembrou-se de algo. Ele convidou Ethel para rever um velho amigo. Ela perguntou se era Sebastião, pois estava com muita saudade daquele novo amigo. O anjo disse que não. Apenas pediu-lhe paciência, pois era uma maravilhosa surpresa.

Os dois volitaram até uma cidade astral no plano intermediário. Era uma cidade semelhante àquela em que Gabriel visitou Sebastião, inclusive, muito parecida com um agradável lugar da própria Terra. Uma pessoa que não soubesse que estava desencarnada, acreditaria estar vivendo no próprio mundo físico.

Ao chegarmos lá, Gabriel foi recebido por um belo rapaz, que possuía pouquíssima luz, mas era dono de uma beleza incontestável. O seu sorriso irradiava uma paz e uma felicidade incomum.

Gabriel, então, perguntou a Ethel, na frente do jovem:
— Ethel, tu reconheces este nosso irmão?

A bela moça ficou confusa. Ela não sabia onde Gabriel queria chegar, pois ela nunca tinha visto aquele garboso rapaz.

A moça, então, disse ao rapaz:
— Desculpe, meu irmão, mas não creio conhecê-lo!
— Tu me conheces sim, minha irmã — respondeu o jovem.
— Mas não com esta forma. Nós fomos muito amigos nesta nossa última encarnação. Eu era João, mas prefiro que tu me chames de Joachab! Eu entendo que não me reconheças, pois o meu corpo tinha uma outra forma. Agora as minhas deficiências físicas e espirituais fazem parte de um passado distanciado de Cristo, o qual jamais desejarei voltar a viver.

Ethel não se conteve de alegria e abraçou, em lágrimas, aquele irmão que tanto colaborou na divulgação da União Cristã. Ele venceu suas inferioridades espirituais e agora encaminhava-se para a ventura espiritual. Em alguns séculos, ele se transformaria, também, em um anjo, desmistificando por completo a idéia de anjos criados por Deus ou de demônios condenados eternamente ao inferno. Joachab havia renascido das suas próprias cinzas, como a ave mitológica Fênix, comprovando a justiça e a sabedoria de Deus, que permite a todos a remissão de seus erros.

Somente quem viu Gabriel recolher Joachab na cidade astral Império dos Dragões do Mal e depois o viu encarnado em deplorável situação física e, por fim, o via agora, poderia compreender a alegria daquele rapaz que, desde o seu retorno à pátria espiritual, vivia em plena felicidade.

A conversa corria solta, quando Gabriel mudou de assunto:

— Joachab, tu sabes que hoje os técnicos irão exilar os habitantes do Império dos Dragões do Mal?

Joachab espantou-se e respondeu que não sabia.

— Sim — disse Gabriel — faltam poucos grupos no mundo inteiro. E um destes agrupamentos é esta tua conhecida cidade.

— E Dracus, como ele está reagindo? — perguntou Ethel.

— Dracus não comanda mais o Império dos Dragões do Mal. Espíritos mais cruéis do que ele o depuseram. Ele não é mais o mesmo. O amor começa a encontrar espaço naquele coração atormentado.

— Não seria bom se fôssemos visitá-lo, antes do exílio? —disse Joachab.

Os dois concordaram com Joachab e partiram para a horrível cidade. Lá encontraram inúmeros operários de Cristo trabalhando naquela zona infernal. Os espíritos trevosos fugiam como ratazanas da estranha aparelhagem que tinha a finalidade de agrupar os da esquerda do Cristo para o exílio.

No plano físico, os últimos encarnados da esquerda do Cristo já estavam desencarnando, pois faltavam menos de dez anos para o fim do período de exílio. Eles ironizavam diariamente as tragédias que ocorriam no orbe, alegando serem apenas coincidências localizadas, mas o Criador estava promovendo no plano espiritual o juízo final, comprovando as profecias apocalípticas.

Enquanto a espiritualidade trabalhava na higienização do planeta, nossos amigos procuravam o antigo líder da cidade. Ouvíamos a alguma distância as ameaças dos novos líderes daquela cidade, que depuseram Dracus; eles ofereciam uma feroz resistência aos trabalhadores de Cristo.

Algum minutos depois, fomos encontrar Dracus caído em um lamaçal, escorado em uma sólida rocha. Por incrível que pareça ele reconheceu Joachab imediatamente. E isso apesar

de estar muito escuro naquele lugar. Ethel, em boa luz, não o havia reconhecido, mas Dracus o fez com invejável precisão. Achei aquilo estranho.
— Joachab, és realmente tu? — disse Dracus. — Como estás diferente! Agora tu também possues luz, meu irmão.

Dracus sorriu e continuou a falar, contente:
— Eu fico feliz de que tenhas feito o negócio correto. Tu tiveste mais visão que eu.
— Dracus, isto não é um negócio. São as nossas vidas! Isso não se resolve com negociatas, e sim com amor! — disse Joachab.

As lágrimas corriam soltas dos olhos de Joachab, que estava profundamente penalizado com a situação de Dracus, que estava jogado ao chão como um mendigo.
— Amor... — disse Dracus — amor! Será que um dia eu entenderei o que isso significa? Deve ser algo muito bom, porque te vejo e te sinto tão bem. Eu acompanhei, daqui, a tua jornada pelo mundo. Tu venceste todas as dificuldades e te tornaste grande. A cada passo que tu davas eu me convencia mais de que tu havias seguido o caminho correto. Como disse Jesus: o caminho da verdade e da vida, o caminho que leva ao Pai. Tanto te admirei e fiquei feliz, que perdi o comando da cidade. Eu fui traído por assessores que sentiram minhas fraquezas. Mas não reagi, pois isto não me traz mais alegria. Eu só quero agora aguardar este exílio e começar vida nova. Quem sabe neste novo mundo eu não descubra o que é o amor?

Joachab, então, caiu de joelhos no chão e, em lágrimas, abraçou Dracus. Gabriel e Ethel aguardavam a alguns passos de distância, comovidos com a beleza daquele momento.
— Dracus, meu irmão, meu coração chora de felicidade por tomar conhecimento de tua intenção de mudar. Eu te agradeço do fundo de minha alma pela notícia que me trazes. Tu não sabes quantas noites eu chorei, lembrando-me de tua situação penosa nestes charcos pestilentos.
— Não deverias te preocupar comigo, meu irmão! Continua a tua caminhada em paz, pois tu já fizeste tudo o que poderias fazer por mim. Tu me despertaste das trevas! Agora vai, meu querido irmão!

Naquele momento eu compreendi que eles se chamavam de irmão não por fazerem parte da família universal, mas, sim, por terem sido irmãos em diversas encarnações na Terra. Os laços que os ligavam eram mais fortes, e Gabriel sabia disto, por isso o anjo avisou Joachab da partida do irmão que ele havia abandonado em busca do Bem.

Joachab beijou a fronte do irmão, levantou-se e despediu-se, enquanto Dracus era atraído por um estranho aparelho que recolhia os espíritos que estavam com "a túnica nupcial maculada", ou seja, com as suas almas ainda impregnadas com as pesadas toxinas do ódio e de sentimentos inferiores.

Antes de ser levado, Dracus ainda disse, olhando nos olhos de Gabriel:

— Obrigado por teres resgatado meu irmão das trevas! Eu sei que deveria ter te ouvido naquela época, mas agora eu farei isso. Eu te prometo!

Gabriel apenas deixou correr uma lágrima, que simbolizou o seu apreço pelas palavras de Dracus. Enquanto ele se afastava, Gabriel e Ethel abraçavam Joachab, que chorava como uma criança. Nem sempre nossas almas estão preparadas para as providências inevitáveis da vida!

Enquanto se desenrolava esta cena, eu perguntei ao irmão Hermes:

— Como Dracus pode ter sido líder deste inferno? Se nesta cidade existem estupradores, seqüestradores, assassinos, enfim, espíritos cruéis como a própria manifestação do demônio! Enquanto isso vejo Dracus com bons olhos, até mesmo com uma grande simpatia!

— Dracus já foi tudo isso que falaste! Assim como nós, também, em um passado muito distante, cometemos nossos erros. Mas agora ele está se transformando para o Bem. Ele está se libertando dos grilhões do ódio e da inferioridade espiritual. Em breve, ele será como Joachab, um espírito redimido de seus pecados por seu próprio esforço e pela infinita misericórdia de Deus.

Eu fiquei alguns minutos refletindo sobre as palavras do irmão Hermes. Realmente não devemos julgar, nem condenar a ninguém, apenas aconselhar com espírito de fraternidade, pois no passado talvez tenhamos cometido erros semelhantes, embora a nossa limitada memória não nos permita romper as barreiras de nossas infinitas reencarnações.

Lembrei-me, então, naquele momento, de uma frase psicografada por Chico Xavier, de autoria do espírito André Luiz, no livro "Agenda Cristã", que diz mais ou menos o seguinte: "Devemos amparar os caídos e não condená-los, pois não sabemos onde nossos pés tropeçarão" (ou já tropeçaram).

Após aquele inesquecível encontro de Joachab com Dracus, ficamos acompanhando o trabalho da espiritualidade nos processos de exílio para o planeta de ordem inferior. Na chegada do ano cem do período profético, não havia mais nenhum espirito da esquerda do Cristo encarnado na Terra. As últimas caravanas com os exilados estavam partindo para o novo mundo, onde aqueles irmãos teriam que recomeçar suas vidas, através de novos instrumentos de evolução.

Após a conclusão de todo o processo de exílio, nós ouvimos, dentro de nossas almas, a seguinte frase proferida pelo onipresente Jesus:

— Vinde a mim, meus bem-amados. Porque bem-aventurados são os mansos de coração. E estes herdarão a Terra!

34.
O começo de uma Nova Era

Eu sentia que nossa missão estava chegando ao final. A humanidade estava mudando. Os novos conceitos de vida dos espíritos de boa-vontade que estavam encarnando na Terra transformavam, pouco a pouco, a ideologia de vida no planeta de Jesus.

Parecia que eu estava vendo aquela mesma peça teatral que havíamos visto no Império do Amor Universal, representada pela Companhia Teatral Filhos do Vento.

Ainda existiam equívocos e conflitos no mundo, mas eram bem menores. E tudo era fruto de uma inexperiência espiritual. Nada era realizado por maldade, pura e simples. Todos eram irmãos de boa-vontade, que apenas erravam por não saber reagir às circunstâncias da vida.

Com o tempo, os da direita do Cristo adquiririam sabedoria e aprenderiam a viver na mais plena paz. Ademais, um grande número de encarnados eram espíritos muito elevados, o que muito auxiliava aos espíritos em evolução.

A Terra abandonava a classificação de planeta de expiação e resgate de dívidas para assumir a denominação de planeta de regeneração espiritual.

Enquanto eu e os Espíritos Amigos assistíamos a estas cenas, comecei a me preparar para o encerramento desta fantástica viagem, assim como um espectador que prepara-se para levantar de sua cadeira no final de um inesquecível espetáculo.

O irmão Hermes, então, solicitou-me calma, pois nossa missão ainda não havia se encerrado. Iríamos dar mais um "salto no tempo" para concluir "A história de um anjo". Hermes convidou-me a darmos um salto de quase trezentos anos, após o término do juízo final.

Chegando lá, eu vi grandes avanços tecnológicos e morais. Uma humanidade esforçada no trabalho e no estudo, mas com muito interesse pelas artes e pelo lazer. A estrutura familiar era muito bem organizada e o bem-comum era meta prioritária. Existia um único Governo Supremo em todo o planeta. E cada país produzia determinado produto para o interesse geral. No mais puro sentimento de fraternidade, todos repartiam as riquezas de forma igualitária. Naquela época, já eram raríssimos os casos de polícia. Seriam um grande choque para a humanidade casos de assassinatos e crimes hediondos.

O amor, o respeito e a paz eram lemas seguidos à risca pelos espíritos eleitos. Apesar de não terem ainda alcançado a perfeição, segundo os padrões terrenos, todos caminhavam com passos firmes para novos estágios evolutivos da escalada infinita até Deus. As trevas tradicionais nas quais a Terra viveu por milênios, eram apenas lembradas como um triste período da evolução planetária, neste futuro não muito distante.

A natureza era respeitada e todas as destruições realizadas pelo homem já haviam sido recuperadas. Os cientistas já haviam comprovado que o contato com o Criador é a única forma capaz de desvendar os mistérios criados pela Inteligência Suprema.

A humanidade já havia dado grandes saltos no campo do conhecimento espiritual. A morte já não impunha mais medo. Os homens entravam constantemente em contato mediúnico com o mundo espiritual para decidir sobre os novos rumos que deveriam seguir para o bem da coletividade.

A felicidade finalmente havia chegado à Terra. O homem havia descoberto que somente o amor e uma vida espiritualizada, apartada da animalidade tão comum no milênio anterior, poderiam trazer a paz e a felicidade que tanto a humanidade procurava.

O irmão Hermes, então, convidou-me a visitar Gabriel. Ele estava trabalhando ativamente, quando o encontramos. Mais belo e iluminado do que nunca.

Mal havíamos chegado e ele recebeu um comunicado, que há muito tempo aguardava.

Logo ele deslocou-se para um outro mundo. Gabriel dirigiu-se para o planeta onde foram exilados os espíritos da esquerda do Cristo da Terra. Chegando lá, o arcanjo desceu às zonas de trevas daquele estranho mundo.

Uma equipe espiritual estava próxima de um rapaz que gemia e contorcia-se no lodaçal. Os espíritos que estavam próximos comunicaram a Gabriel a situação do rapaz. O anjo agachou-se e disse-lhe:

— Alaor, pede a Deus paz para o teu coração e te sentirás melhor. Utiliza-te dos recursos da prece.

O rapaz que estava gemendo silenciou, assustado. Ele reconheceu aquela sublime voz e aquelas mesmas palavras que havia ouvido há mais de trezentos anos atrás.

Ele olhou para o anjo e balbuciou:

— Gabriel!

O anjo sorriu e disse-lhe:

— Chega de sofrer, irmão. Vem conosco! Vamos começar uma nova vida!

Boquiaberto, Alaor perguntou-lhe:

— Tu te lembras de mim? Fui eu quem destruiu tua vida! Eu sou o verme que destruiu a "luz do final dos tempos". É o que estes vampiros sempre me dizem.

Alaor se referia aos espíritos galhofeiros que atormentam os desencarnados com peso na consciência. Esses infelizes irmãos jogam habilmente com os dramas de consciência daqueles que se distanciaram de Cristo.

Gabriel, então, respondeu:

— Eu sei quem tu és, Alaor. Por este motivo vim te ajudar a encontrar a paz.

— Mas eu te matei! Tu deverias querer te vingar, e não me perdoar!

Gabriel olhou para Alaor, com seu olhar mágico que consegue levar às lágrimas os mais empedernidos corações, e disse:

— Alaor, a vingança é uma lâmina de dois gumes. Uma das extremidades da lâmina fere a vítima e a outra, a consciência de quem a empunha! Portanto, a vingança não beneficia a ninguém. Vamos falar de algo que beneficia a todos. Vamos falar do perdão!

Gabriel sentou-se ao lado de Alaor, naquele lodo repugnante, e continuou, com toda a tranqüilidade do mundo:

— O Evangelho de Nosso Senhor Jesus Cristo nos narra que Simão Pedro perguntou a Jesus: "Senhor quantas vezes perdoarei ao meu irmão, quando ele tiver pecado contra mim? Será até sete vezes?" O Mestre lhe respondeu: "Eu não vos digo até sete vezes, mas até setenta vezes sete vezes".

O anjo olhou para Alaor e disse:

— Meu irmão, eu só tenho amor e carinho para te dar! Cabe a ti perdoar a ti mesmo, pois eu já havia te perdoado antes mesmo de cometeres aquele crime, porque é isto que Jesus nos ensina. Perdoar sempre! Vamos, meu irmão, esquece este teu erro, mas guarda a lição, pois só assim encontrarás a paz e poderás reconstruir a tua vida. Conta com o meu apoio, pois eu farei o que estiver ao meu alcance para te ajudar.

Alaor levantou-se meio tonto e abraçou Gabriel. O rapaz chorava desesperadamente, como se as palavras do anjo tivessem libertado sua alma de um eterno inferno. Que era o que ele realmente estava vivendo.

Após o abraço fraterno, Alaor foi conduzido para um hospital espiritual daquela região. Gabriel visitou-o por diversos anos até sua reencarnação naquele novo mundo.

Eu fiquei por alguns minutos apreciando a alegria do anjo, que em todos os momentos demonstrou sua felicidade em ajudar os semelhantes. Eu acredito até que é ele quem mais recebe de Deus nestes momentos. A sua felicidade é tão grande que seu espírito chega a brilhar com mais intensidade.

Então, eu pensei: Como são felizes aquelas pessoas que trabalham no que gostam!

Todos os espíritos amigos, então, ficaram ao meu redor e o irmão Hermes disse-me:

— Roger, agora acabou. A história de um anjo está materializada no papel. Nossa parte do trabalho está pronta. Agora é por conta dos encarnados que lerem estas páginas. Que Deus os ilumine para que eles abram seus corações e mentes para compreender a importância desta Obra!

Todos nós nos abraçamos, felizes pelo dever cumprido. Enquanto os Espíritos Amigos comemoravam, eu olhei para o Céu com a certeza de que a felicidade verdadeira está com aqueles que acreditam sinceramente que Deus está lá, dirigindo nossos caminhos!

Posfácio

Amados Irmãos:

Nós esperamos que a figura simbólica de Gabriel sirva como um "detonador psíquico", com o objetivo de despertar os encarnados para as inadiáveis transformações d'alma.

Gabriel e seus amigos personificam, nesta obra, todos missionários de Deus responsáveis pela grande transformação a se realizar em nosso mundo. Os fatos, acontecimentos e descrições ocorridas ao longo da história constituem a mais pura verdade. Por este motivo, lembramos ao leitor amigo sobre a importância de uma sincera auto-análise e de uma honesta preparação espiritual para este momento tão delicado pelo qual está passando esta humanidade.

O leitor prudente saberá identificar a perfeita compatibilidade desta obra com tudo o que foi falado e escrito sobre estes assuntos. Cabe, pois, aos homens de boa-vontade, apenas prepararem-se para a felicidade extrema com que Jesus abençoará este mundo. E aqueles que desprezam as Palavras Santas devem se preparar para "a dor e o ranger de dentes" que serão uma constante no inevitável exílio.

Esperamos contar com a presença de todos vocês nessa Nova Era de paz e felicidade na Terra, portanto, coloquem-se à direita do Cristo, para que possamos seguir juntos pelo caminho das "Bem-Aventuranças" de Jesus, que há dois mil anos aguardamos ansiosamente.

Ouçam, irmãos, o secular convite que o Rabi da Galiléia ofertou à humanidade. Libertem-se do ateísmo materialista, pois a chave da felicidade eterna está na humildade e na modéstia perante o Criador dos Mundos!

E que Deus lhes abençoe hoje e sempre

Espíritos Amigos
Porto Alegre, 10 de fevereiro de 1996.

Últimas palavras

Prezado Leitor:
O que posso dizer? Em muitos casos, eu fiquei tão surpreso como vocês que folhearam estas páginas. Verdade ou mentira? Não será fruto da imaginação deste rapaz? Eu sei que todas estas hipóteses serão levantadas. Mas eu deveria evitar a publicação deste importante material, que iluminará a muitas pessoas, simplesmente por ele ultrapassar os limites da compreensão humana? Deveria eu mentir para mim mesmo, evitando a publicação desta obra que é um inesquecível aviso aos homens e um rico conjunto de informações e instruções para a evolução espiritual da humanidade? Não, jamais!

A cada ano que passa, a cada década, o homem evolui em todos os sentidos. E já está na hora da humanidade evoluir também no aspecto espiritual. Enquanto o homem conquista a Lua e o espaço, percebemos que ele não conseguiu entrar um milímetro para dentro de si mesmo e descobrir de onde veio e para onde vai.

A evolução para o terceiro milênio exige-nos uma sensibilidade mais apurada para podermos perceber o que nossos olhos não podem ver. Jesus já alertava que suas verdades eram para aqueles "que tivessem olhos para ver"!

Eu gostaria, também, de aproveitar estas últimas linhas para desculpar-me com os Espíritos Amigos, pelas vezes em que combinamos um horário de trabalho e apresentei-me para a tarefa sem o equilíbrio necessário. Nestas vezes eu tive que ouvir as repetidas palavras: "Roger, vai descansar! Tu não estás em sintonia." Desculpem-me, irmãos, mas, às vezes, torna-se difícil manter a serenidade ante os diversos problemas do cotidiano.

Para encerrar, só posso dizer aos leitores que viajaram por estas páginas, que fui sincero e honesto em todo este trabalho que muito me orgulha, e que fiz o possível para não distorcer aquilo que os amigos do Mundo Maior me comunicaram.

E foi isto que eu vi, ouvi e senti, nesta fantástica viagem astral que ficará gravada em minha mente e em meu coração por toda a eternidade!

Que a paz e a luz de Deus e de Jesus estejam sempre com todos nós

Roger Bottini Paranhos
Porto Alegre, 10 de fevereiro de 1996.

Os Últimos Dias de Pompéia
EDWARD BULWER-LYTTON
ISBN 85-7618-042-1 • Formato 14 x 21 cm • 512 pp.

Em meio à tragédia que se abate sobre a cidade de Pompéia no ano de 79 d.C., quando as lavas do adormecido Vesúvio ressurgem petrificando para sempre o cotidiano e as riquezas de seus habitantes (aliás, uma alegre e imponente engrenagem de prazer!), ganha vida a atribulada história de amor entre o rico ateniense Glauco e a bela napolitana Ione. O romance surge num ambiente marcado pela inveja e pela maldade de Arbaces, cujo gélido semblante parece entristecer o próprio Sol. A qualquer preço o astuto mago egípcio pretende possuir sua jovem tutelada, e acaba por envolvê-la num plano sórdido e macabro que choca pela crueldade.

Pontuada por intrincados lances de puro lirismo, fé e feitiçaria, a trama envolve ainda os primórdios do cristianismo, que busca se afirmar numa cultura marcada pelo panteísmo e pela selvageria das arenas e sua sede de sangue.

Narrado brilhantemente por Edward Bulwer-Lytton, numa perspectiva presente, este instigante romance histórico, aqui condensado em um único volume, revela que a eterna busca do homem pelos valores superiores ultrapassa a própria História e até as grandiosas manifestações da natureza.

Com toda certeza, *Os Últimos Dias de Pompéia* é obra de enorme valor literário que vai conquistar o leitor brasileiro, assim como ocorreu em inúmeros países onde foi traduzido e se fez best-seller.

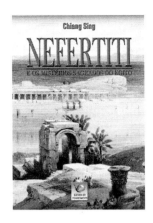

Nefertiti e os Mistérios Sagrados do Egito
CHIANG SING
ISBN 85-7618-065-0 • Formato 14 x 21 cm • 352 pp.

Nefertiti e os mistérios sagrados do Egito não é uma obra a mais sobre a terra dos faraós; é uma contribuição séria e importante para aqueles que desejam penetrar no âmago da história do antigo Egito e desvendar os sagrados mistérios de seu povo, seus costumes, seus deuses e seus governantes. O leitor pode aceitar ou não as conclusões que Chiang Sing apresenta, porém é incontestável a seriedade dos seus documentos e a inegável honestidade das fontes que ela utilizou como alicerce para a confecção desta obra histórica. Inspirada nos papiros, Chiang Sing preferiu adotar a versão de que Nefertiti é quem foi a incentivadora do culto a Aton no Egito, contribuindo para a transformação das idéias religiosas de seu esposo, o faraó Akhnaton. "Que cada um escolha a sua própria versão. A verdadeira talvez nunca venha a ser conhecida", afirma o diplomata egípcio Mohamed Salah El Derwy admirador e amigo da autora.

A HISTÓRIA DE UM ANJO
foi confeccionado em impressão digital, em maio de 2024
Conhecimento Editorial Ltda
(19) 3451-5440 — conhecimento@edconhecimento.com.br
Impresso em Luxcream 70g. – StoraEnso